Alemania y la crisis del euro

Una hegemonía fallida

Miguel Ignacio Purroy

Alemania y la crisis del euro. Una hegemonía fallida
© Miguel Ignacio Purroy U., 2019

Primera edición de tapa blanda: enero de 2019
ISBN: 978-1731493736

Diseño de portada: Equis Creadores de Imagen

Maquetación: Valentina Truneanu

Todos los derechos reservados. Bajo las sanciones establecidas en las leyes, queda rigurosamente prohibida, sin autorización escrita del titular de los derechos de autor, la reproducción total o parcial, distribución o transformación de esta obra en cualquier tipo de soporte, comprendidos la reprografía, la grabación y el tratamiento informático.

TABLA DE CONTENIDO

Prefacio 11
Introducción 13

PRIMERA PARTE
HISTORIA DE UNA RELACIÓN DIFÍCIL

I. LA CENTRALIDAD DE ALEMANIA EN EUROPA: CUATRO SIGLOS DE "PROBLEMA ALEMÁN" 29
 Alemania, de sujeto pasivo a actor principal de la conflictividad europea 30
  De la atomización a la unificación en el Congreso de Viena (1814-1815) 31
  La hegemonía prusiana y la nueva Alemania unificada 34
  La angustia de ser rodeada y sitiada: profecía autocumplida... 36
 Dos guerras mundiales: Alemania siempre en el centro 40
II. MOTIVACIONES POLÍTICAS DE LA INTEGRACIÓN EUROPEA .. 47
 El nuevo orden europeo: integración para superar las guerras 48
 La particularidad británica: permanente ambigüedad 55
 Tratado de Roma y Comunidad Económica Europea 62
 El eje franco-alemán: matrimonio de conveniencia 66
 Acta Única Europea y la ruta hacia Maastricht: nuevamente el juego de poder entre Francia y Alemania 71
 La década de la gran ampliación y de las reformas institucionales: 1995-2005 80
III. UNIÓN MONETARIA EUROPEA: ¿CABALLO DE TROYA DEL MARCO ALEMÁN? 85

De Bretton Woods al Sistema Monetario Europeo: de la hegemonía del dólar a la del marco alemán. 86
Hitos hacia la unión monetaria: el (supuesto) fin de la dominación del marco alemán. 92
Las razones de economía política: Francia y Alemania unidas en la divergencia 99
Los bancocentralistas: arquitectos de la Unión Monetaria . . 102

SEGUNDA PARTE
CRISIS DEL EURO, NARRATIVA Y CAUSAS

IV. CRISIS FINANCIERA GLOBAL Y CRISIS DEL EURO: UNA NARRATIVA DE LOS HECHOS 109
El euro en la Europa de las maravillas (1999-2007) 110
La crisis financiera global 2008-2012: esta vez tampoco fue diferente 117
Narrativa de la crisis de la eurozona 123
    Primera fase (2008-2009): crisis bancaria del *subprime* 123
    Segunda fase (2009-2011): crisis de deuda soberana 124
    Tercera fase (2011-2012): contagio y crisis del euro 126
    Cuarta fase (2012-2014): el prestamista de última instancia toma las riendas. 131
USA vs Europa: una evaluación de la gerencia de la crisis. . . 135
La receta alemana para superar la crisis: la falacia de la austeridad 144

V. PROBLEMAS MEDULARES DE UNA UNIÓN MONETARIA IMPERFECTA 153
La venganza de la teoría del Área Monetaria Óptima: los disparaderos de la crisis 155
    El impacto de la divergencia de tasas reales de interés en el *boom* económico de la periferia. 157
    Modelos económicos divergentes, diferenciales de competitividad y desequilibrios externos. 159
    Sobre-endeudamiento privado y reverso de capitales. 165
    Buenos y malos desequilibrios: cuando los capitales huyen en estampida. 170

Incentivos para la indisciplina fiscal 172
Bundesbank über alles: la política monetaria de talla única .. 178
    Política monetaria de promedios 180
    Fragilidad sistémica de los mercados financieros en una unión monetaria: el pecado original 182
Un Banco Central con gríngolas: ausencia de prestamista de última instancia 185
    El círculo perverso de crisis bancarias y crisis soberanas: los mercados de bonos 187
Anexo v-1. ¿O será que no había alternativa?: comparación entre el patrón oro y la unión monetaria 191

VI. La orfandad política del euro y el vacío de solidaridad 195
El euro, una moneda huérfana y sin patria 196
¿Es posible una unión monetaria sin unión política? 199
¿Unión política o unión solidaria? 204
Reparto desigual de las cargas del ajuste 206
La economía política del ajuste 209
Anexo vi-1. Dos modelos de reparto de las cargas del ajuste 212

VII. Entramado institucional: nueva gobernanza jerárquica y déficit de legitimidad política 217
Mala gerencia, desinstitucionalización y discrecionalidad: de Bruselas a Berlín 218
Déficit de legitimidad democrática 224
    Un poco de historia para entender el concepto 225
    Desencanto de los ciudadanos y fatiga de integración 230

TERCERA PARTE
ALEMANIA, ENTRE HEGEMONÍA Y COERCIÓN

VIII. Contención salarial alemana y desequilibrios externos en la eurozona 237
Ductor moral de Europa y con bolsillo profundo 238
Contribución de la moderación salarial alemana a la formación de desequilibrios en sus vecinos 242
    Contención salarial, ¿héroe o villana? 245

Dualismo estructural, en lo económico y en lo cultural....... 248
Superávit comercial alemán: la manzana de la discordia.... 251
IX. Ordoliberalismo: el catecismo económico alemán... 263
Ordoliberalismo y cultura de estabilidad................. 264
Diferencias ideológicas entre Alemania y la Europa latina.. 268
¿Principios, pragmatismo o interés propio?.............. 274
X. Una hegemonía incompleta y disfuncional.......... 281
Teoría de la estabilidad hegemónica..................... 283
Los hegemones en sistemas monetarios comparados....... 289
¿Estuvo Alemania a la altura de su responsabilidad hegemónica? 292
La marca de la historia y la política exterior alemana....... 297
El quiebre de la segunda unificación..................... 302
Razones para la renuencia: otras interpretaciones más benévolas 308

CUARTA PARTE
LOS FUTUROS DESEABLES, LOS POSIBLES Y LOS PROBABLES

XI. Lo deseable: prepararse para la nueva crisis......... 315
La calma después y antes de la tempestad: el estado de la unión... 316
Los legados de la crisis: deuda soberana y morosidad bancaria 317
¿Más o menos Europa?................................. 321
¿Compartir riesgo o someterse a disciplina?............. 324
Unión bancaria para reducir vulnerabilidad................ 327
Estabilización fiscal compartida......................... 329
El riesgo moral de la solidaridad......................... 336
Todo puede pasar, nuevamente......................... 338
XII. Entre la desintegración y la recomposición pactada 341
¿Podrá el eje franco-alemán salvar el euro?: la sagrada e incómoda alianza... 344
La crisis de los refugiados y los populismos nacionalistas: nueva amenaza existencial........................... 351
Brexit: ¿primer eslabón del proceso de desintegración europea? 358
¿Por qué se va el Reino Unido? Una incómoda relación desde el inicio... 359
El segundo anillo de (des)integración: los europeos fuera del euro 366

Escenarios de desintegración de la eurozona............. 368
      Bicicleteando para no caerse.......................... 370
      Anomia / anarquía 371
      Ruptura ordenada...................................... 373
      Ruptura caótica....................................... 377
   Disensos, consensos y nueva visión: necesidad de rebobinar
      y recomponer 377
      ¿Qué piensan y quieren los europeos?.................. 378
      El campo de batalla de las propuestas 381
      Una Europa flexible, plural y democrática 384
   La retirada de un hegemón y la nueva Europa 387

Epílogo 395
Bibliografía... 401
Índice de cuadros, gráficos y recuadros.................... 411
Índice de temas.. 413
Nota sobre el autor.. 421

PREFACIO

Después de ver tambalear el euro en 2012, su futuro y el de la Unión Europea se convirtieron en una inquietud apremiante, especialmente para alguien cuyo foco de investigación y docencia eran los sistemas monetarios internacionales y la dinámica de la integración monetaria entre países. La Unión Monetaria Europea había sido el proyecto de unión monetaria más importante de la historia y en ella estaban cifradas muchas esperanzas. Decidí escribir sobre lo que estaba sucediendo, pero siempre había algún buen motivo para posponer el inicio de la tarea. Primero parecía prematuro hacerlo antes de que la crisis del euro terminara de desenvolverse y se pudieran evaluar los daños causados por el temporal. Después vino el acceso al gobierno de Alexis Tsipras a principios de 2015, que colocó a Grecia al borde de la salida de la eurozona, con impredecibles consecuencias para toda la unión monetaria. Cuando a partir de 2016 la turbulencia de la crisis quedó atrás y casi todos los actores del drama europeo entraron en un modo de somnolencia, complacencia y cansancio, me convencí de que la esperanza de que la unión monetaria completara la tarea que había omitido en su concepción se había esfumado. Era el momento de ponerse manos a la obra.

Pronto me percaté de que faltaban muchas piezas en el rompecabezas, cuya composición iba más allá del instrumental macroeconómico de análisis. Las claves de interpretación apuntaban a que el problema de la UME era eminentemente político: habían sido políticas las motivaciones que la crearon y eran políticas las razones para desconfiar de su futuro. Me tocó entonces apelar a mis orígenes académicos y abordar el problema desde el maridaje entre economía y política. El libro se convirtió en un ser vivo que se iba transformando con el paso de las páginas. Debo confesar que ha sido un ejercicio estimulante cabalgar entre los mundos de la historia, de la economía y de la ciencia política para observar la integración europea desde una atalaya con una visual de 360°.

He procurado desprenderme de mi talante académico y mantener el grado de dificultad de comprensión del libro a un nivel asequible para quienes no son politólogos ni economistas. No hace falta tener especiales conocimientos de economía para seguir el hilo del libro. Únicamente los capítulos IV y V entran con algo más de detalle macroeconómico a explicar los hechos y las causas de la eurocrisis. De resto, predominan interpretaciones históricas y análisis políticos, en los que también el instrumental analítico politológico se ha mantenido en un mínimo indispensable.

Agradezco a Herman Diekmann por su lectura cuidadosa del libro, a Miguel Eduardo Purroy y Carlos Iván Bolívar por su valiosos comentarios y apoyo estadístico. Agradezco a la academia alemana, donde me formé, y especialmente a mi profesor y tutor de Ciencias Políticas, Franz Nuscheler, porque a ellos debo gran parte de mi especial interés en moverme entre fronteras, particularmente entre la política y la economía. Verá el lector que asumo posiciones críticas respecto a la actuación de Alemania durante y después de la eurocrisis. Precisamente por ello quiero afirmar desde el principio que admiro a Alemania, a sus pensadores, a su sistema social, a su actitud frente a la vida, a su pasión por el trabajo, a su generosidad y solidaridad. Siempre procuro no entrar en el terreno del juicio de valor y, mucho menos, del juicio moral. La evaluación de la actuación alemana está basada, no en sus intenciones, sino en el análisis de la consistencia y de las consecuencias de sus actuaciones y, sobre todo, de sus omisiones. Habrá muchos que no estarán de acuerdo con lo que aquí está planteado; sólo deseo que aprecien rigurosidad intelectual en el abordaje del tema, más allá de las diferencias.

INTRODUCCIÓN

Germany is the key to Europe's future, as it has been, one way or another, for at least a century.

(Timothy Garton Ash, 2012)

Los alemanes de la segunda mitad del siglo xx hasta hoy le han huido al protagonismo en la escena internacional. No se han negado a compartir liderazgo con otras potencias, siempre y cuando se privilegiaran soluciones de cooperación multilateral. Durante las pasadas siete décadas sintieron que las iniciativas de integración europea, desde la Comunidad Europea del Acero y del Carbón hasta la Unión Monetaria Europea, eran el espacio natural en el que la nueva Alemania emergida de las guerras quería desenvolverse y ser identificada como una nación pacifista, civilista y cooperativa. Pero la dolorosa paradoja de la historia europea moderna ha sido que Alemania, por la fuerza de los hechos de las crisis del euro y de los refugiados, se vio empujada al centro de la escena europea, sin prácticamente nadie con quien compartir el liderazgo. Sin buscarlo y sin quererlo, se convirtió en el líder hegemónico de la UME y, por derivación, de la UE.

Probablemente por no haberlo buscado ni querido, Alemania no asumió las responsabilidades que a un hegemón le hubieran correspondido dentro de un sistema monetario integrado. Está históricamente comprobado que sistemas monetarios internacionales –y particularmente una unión monetaria– no tienen posibilidad de sobrevivir en el largo plazo, si su hegemón no asume "benevolentemente" las cargas asociadas a ese rol o, al menos, acepta costear una parte sobreproporcional de ellas. Esas cargas se refieren a la dotación de "bienes públicos" que son necesarios para el funcionamiento del sistema, pero que ningún país individual de la unión puede costear. En el caso de una unión monetaria, el principal bien colectivo es la estabilidad de la moneda y del sistema financiero. Ésta no se decreta, sino se construye por medio de equilibrios en múltiples áreas. Cuando algunos de estos equilibrios se rompen, hace falta un mínimo de solidaridad entre los miembros de la unión para evitar que los países en problemas queden atrapados en el perverso círculo de una inestabilidad creciente. Alemania no quiso asumir esas cargas, antes bien las colocó sobre los hombros de los miembros más golpeados por la crisis. Y no lo hizo por egoísmo o por maldad, sino porque su marco ideológico así se lo ordenaba. El caso es que esta "dejación de deberes" del hegemón tuvo primordial responsabilidad en el agravamiento de la crisis y en la excesiva dosis de sufrimiento en los países deudores.

La de Alemania ha sido una hegemonía "fallida". Durante la crisis del euro, el líder natural renegó de ejercer una hegemonía benevolente para estabilizar el sistema. Durante la crisis de refugiados, Alemania decidió asumir plenamente el rol de hegemón benevolente y estuvo dispuesta a echar sobre sus hombros la mayor carga del problema. Sus actuaciones, sin embargo, encontraron abierto rechazo por parte de los principales actores del drama. En un caso por decisión propia de no asumir el rol estabilizador del euro, y en el otro por no tener la fuerza suficiente para alinear a sus asociados hacia una solución comunitaria al problema de los refugiados, la realidad es que el líder falló.

Europa tuvo su problema griego, su problema italiano o su problema español, pero más importante que todos ellos fue su "problema alemán". Los conocedores de la historia europea entienden el significado de esta expresión. Alemania fue y sigue siendo un problema para Europa, porque su tamaño siempre fue demasiado grande como para no ser temida y desarrollar rasgos dominantes, pero no lo suficientemente grande como para ejercer eficientemente la hegemonía. Eso fue así, incluso, cuando antes del siglo XIX el territorio alemán en el centro de Europa estaba compuesto por un mosaico de pequeños Principados. Cualquiera de las cuatro potencias europeas –Francia, Inglaterra, Austria o Rusia– que dominara ese territorio alemán, dominaba también Europa. De ahí que Alemania estuviera hasta la segunda mitad del siglo XIX en el centro de la política y de las guerras europeas, las más de las veces pasivamente.

Cuando todos los Principados se amalgamaron bajo la égida de Prusia después del Pacto de Versalles de 1871, el nuevo Estado alemán unificado se convirtió en el coloso del centro de Europa. Ahora el "problema alemán" era la presencia de la nueva potencia en Europa, la cual generaba una cadena de miedos y desconfianzas mutuas, de acción y reacción entre Alemania y las potencias europeas, que al final condujeron a las dos guerras mundiales del siglo XX.

Después de 1945, los aliados victoriosos tuvieron en su mente un solo y principal objetivo: nunca más una guerra dentro de los confines de Europa. Para ello había que resolver el problema alemán de una vez por todas. Como primera medida, fragmentaron al país en cuatro bloques, cada uno de ellos bajo el mando de una de las cuatro potencias aliadas. Pero este régimen de sometimiento inicial tenía que dar paso a algo más permanente y así fue como, a pesar de las reticencias iniciales de Francia, los aliados concibieron el proyecto de integración de Europa como la forma de permitirle a Alemania vivir y desarrollarse, pero siempre controlada –"domada"– dentro de las estructuras europeas. Curiosamente, Estados Unidos e Inglaterra se convirtieron en los primeros y fervorosos impulsores de la integración europea. Francia tardó algo más en sumarse al tren de la incorporación de Alemania a Europa, una vez que se le aseguró que iba a detentar la hegemonía política de la Europa Occidental.

Estados Unidos promovió sin titubeos el proyecto de integración europea. El apoyo del Reino Unido, sin embargo, fue siempre ambiguo. Durante los primeros tres lustros después de la guerra, a los ingleses les gustaba decir, en palabras de Churchill, que estaban a favor de una Europa unida, pero sin ser parte de ella. Fueron el derrumbe definitivo del Imperio Británico y el deterioro económico interno lo que los obligó a solicitar a principios de los 60 su incorporación a la Comunidad Económica Europea. Esta fue bloqueada por Francia hasta que el General de Gaulle pasó a retiro. Incluso después de ser admitidos a principios de los 70, los ingleses siempre tuvieron un pie adentro y otro afuera de Europa. Esto dejó en manos de Francia el liderazgo político del proceso de integración. Por su parte, Alemania recuperó su fortaleza económica en un tiempo asombrosamente corto. Ambos países establecieron un matrimonio de conveniencia, en el cual Alemania aportaba su peso económico y Francia estaba al timón político y obtenía jugosos subsidios agrícolas. No le importaba a Alemania pagar las cuentas, siempre y cuando el marco de las instituciones europeas le permitieran reinsertarse en la comunidad internacional.

La unión monetaria fue primordialmente impulsada por Francia. A este país le resultaba extremadamente irritante la hegemonía del dólar norteamericano en el mundo y especialmente en Europa. También le irritaba el papel predominante que había tomado el marco alemán en el Sistema Monetario Europeo, en el que la divisa alemana se había convertido *de facto* en moneda de reserva y su banco central en el banco central europeo. El franco francés, por el contrario, era objeto de constantes presiones devaluacionistas, con el consiguiente desasosiego político interno. Francia necesitaba tomar prestada la estabilidad del marco alemán, pero sustituyéndolo por una nueva moneda común sobre la cual ella mantendría (supuestamente) el control político. Alemania arrastró los pies todo lo que pudo, hasta que finalmente accedió a la moneda común con la condición de que el diseño del nuevo orden monetario se asemejara al propio, con un banco central europeo con sede en Frankfurt y calcado del Bundesbank alemán. Sin querer queriendo, Alemania introdujo en la fortaleza europea un "caballo de Troya" a través del cual iba a terminar dominando Europa.

No había razones económicas convincentes para implantar una moneda común. El argumento de que una moneda común era el corolario de una unión comercial, que facilitaría avanzar hacia niveles superiores de integración económica, no tenía sustento teórico ni empírico. Al igual que tampoco lo tenía el argumento de que una moneda común ayudaría a hacer converger a países con características económicas de arranque diferentes. No hicieron caso los padres fundadores del euro a los economistas que advertían que Europa no estaba todavía preparada para una moneda común. Y si al final se empeñaban en establecer la moneda común por razones políticas, tenían que haberle dotado a la unión monetaria de instituciones fiscales que facilitaran la transferencia de recursos a los países que, por efecto de perturbaciones asimétricas, entraran en situaciones de precariedad. Pero ni Francia ni Alemania quisieron incorporar ningún elemento de solidaridad fiscal en el diseño de la UME.

Hubo también razones del ámbito de la economía política para crear la UME. La crisis cambiaria de 1992-1993 demostró cuán conflictivos eran políticamente los procesos de ataques especulativos y de devaluación de las monedas locales. La moneda común iba a acabar de raíz con la necesidad de emprender procesos de ajuste cambiario cuando la economía de un país se debilitase respecto a la de sus socios. Otros tipos de ajuste iban a ser muy llevaderos dada la integración de los mercados financieros. Y así fue hasta que estalló la crisis del euro en 2010.

La crisis financiera global de 2008 pareció exonerar inicialmente a Europa del golpe que estaba sufriendo Estados Unidos. Pero la realidad fue que los gobiernos europeos tuvieron que gastar calladamente en los 6 meses después de septiembre de 2008 la cantidad de 3 trillones de dólares (!) en rescatar a sus bancos en problemas. El problema principal se derivó de la salida abrupta de capitales que hasta ese momento habían estado fluyendo generosamente hacia la periferia europea para financiar los planes de expansión. La consiguiente recesión, más el esfuerzo para rescatar a los bancos, puso a varios países en situación de vulnerabilidad, la cual se hizo más patente cuando los mercados financieros se pusieron nerviosos al conocer la magnitud del problema griego.

Los capítulos IV y V dan cuenta detallada del desarrollo de la crisis del euro, de sus causas y de las acciones emprendidas. El diagnóstico que hizo Alemania de la crisis no fue acertado, al igual que no lo fue el tratamiento de los problemas. Por la fuerza de los hechos, Alemania se convirtió en el líder de los acreedores y se sintió con el derecho y el deber moral de imponerles a los deudores las recetas de austeridad fiscal que se merecían después de haber mostrado un comportamiento tan "dispendioso". Este enfoque moralizante basado en un diagnóstico erróneo sólo sirvió para echarle más leña al fuego de la recesión y de la desconfianza de los inversionistas, hasta el punto de que el contagio se extendió a la tercera y cuarta economías de la eurozona en la segunda mitad de 2011 y primera mitad de 2012. El euro entró en terrenos de inminente peligro existencial. Tuvo el Banco Central Europeo que usar su artillería pesada de prestamista de última instancia para que los mercados se calmaran a mediados de 2012, pero ya el mal estaba hecho. Al negarse Alemania a ejercer su papel estabilizador como hegemón benevolente, el BCE tuvo que asumir esa tarea para evitar que el sistema se desintegrara.

El rey quedó desnudo. La crisis puso al descubierto problemas estructurales y fallas de diseño que la UME venía arrastrando desde el inicio. En primer lugar, bajo el techo de una misma moneda convivían economías estructuralmente muy divergentes, cosa que era irreconciliable con una unión monetaria. Con la disculpa de la simplicidad, los países deudores en crisis, pertenecientes a la periferia mediterránea (Irlanda es caso aparte), se caracterizaban por modelos económicos más orientados a sus mercados internos, más propensos al gasto fiscal y menos aversos a la inflación. Los países acreedores, pertenecientes al Centro-Norte de Europa, habían basado su crecimiento en los mercados de exportación y tenían una clara orientación a la eficiencia, la productividad, la disciplina fiscal y la aversión a la inflación. Era evidente que este segundo modelo había emergido triunfante de la crisis financiera global, razón por la cual se sentía con la autoridad moral de decirles a los deudores que el camino para salir de la crisis era únicamente abrazando ese modelo.

En segundo lugar, había quedado patente que la unión monetaria albergaba en su seno el incentivo para la indisciplina fiscal de los países a costa de sus vecinos. En tercer lugar, la pretensión de imponer una política monetaria de "talla única para todos" en una zona monetaria tan variopinta no podía dar buenos resultados. Cuando, por ejemplo, la periferia necesitaba contención monetaria durante el *boom* de demanda y de exceso de crédito previo a la crisis, lo que el BCE orquestó fue una política laxa de bajas tasas de interés. Y, en cuarto lugar, un Banco Central con un mandato único de preservar la estabilidad de la moneda a cualquier precio es un oxímoron que no logra al final su propósito. Con la globalización financiera, no hay forma de garantizar la estabilidad de la moneda si no se preserva al mismo tiempo la estabilidad financiera, y ello pasa por rescatar la función de prestamista de última instancia del banco central.

Más allá de las inconsistencias económicas, el edificio de la unión monetaria tampoco se construyó sobre fundamentos políticos sólidos. El euro fue y es una moneda huérfana y sin patria. No tiene el respaldo de un Estado que sea su fuente última de solidez. Se ha dado una discusión muy interesante sobre qué tan viable sea una unión monetaria sin el marco de una unión política. En nuestra opinión, no es tan importante la existencia de una unión política convencional, que de todas formas sería hoy impensable, cuanto la existencia de mecanismos de solidaridad fiscal que les permita a los miembros de la unión monetaria que hayan sido golpeados por alguna perturbación mayor, sobrellevar el problema y no entrar en una espiral destructiva de recesión y ataques especulativos. La UME no dispuso durante la crisis de tales mecanismos de solidaridad, antes bien, por lo contrario, el miembro hegemónico de la unión impuso la filosofía de que el ajuste frente a la crisis debía recaer íntegramente sobre los hombros del país que había sido "fiscalmente irresponsable".

Mientras todo esto ocurría, los mecanismos de funcionamiento político de la institucionalidad de la Unión Europea entraron en un proceso de deterioro acelerado. En primer lugar, las instancias comunitarias demostraron tener muy poca expertía en el manejo de crisis financieras y fiscales, lo que las llevó a dudar mucho, dilatar sus decisiones y equivocarse con frecuencia. En segundo lugar, los procesos de decisión se apartaron progresivamente de la institucionalidad y de las reglas de actuación consagradas en los Tratados de la Unión. La Comisión Europea quedó relegada a simple órgano ejecutor de las decisiones adoptadas por los Jefes de Estado reunidos en el Consejo Europeo. Más aún, llegó también un momento en el que ni siquiera era el Consejo Europeo el máximo órgano de decisión, sino el gobierno alemán a través de su Cancillería y sus órganos técnicos. Berlín, no Bruselas, pasó a ser la capital de Europa. No es difícil imaginarse el demoledor impacto que esta situación causó a la ya deteriorada legitimidad democrática de las instituciones europeas.

Alemania era el país con mayor peso económico y bolsillo más profundo de la UME. Sus políticas tuvieron impacto decisivo en la acumulación de los desequilibrios al interior de la eurozona previamente a la crisis. Tomemos como ejemplo la política de contención salarial que Alemania puso en práctica desde que se embarcó en el Plan Schroeder a fines de los 90. De ser el "hombre enfermo" de Europa, pasó a ser la estrella del crecimiento basado en exportaciones. Mientras Alemania aplicaba contención salarial, austeridad fiscal y ahorro, el sur de Europa abrazó una expansión agresiva, en gran parte financiada por los excedentes financieros que el superávit alemán en cuenta corriente de la balanza de pagos generaba. Cuando la ola se devolvió a partir de 2008 y los capitales alemanes se retiraron abruptamente, los países deudores de la periferia entraron en recesión y dificultades fiscales. Para ese momento, Alemania ya había consolidado en los mercados emergentes su posición como exportador de bienes de alto contenido tecnológico, lo cual le permitió bandear la crisis financiera global sin apenas rasguños.

La política económica interna alemana contribuyó a agravar la crisis de los deudores. La contención salarial fue en gran medida responsable de la debilidad de su mercado interno, el cual no absorbía las potenciales exportaciones de sus vecinos necesitados de equilibrar su balanza de pagos. También, la consecuente baja inflación dentro de Alemania hacía extremadamente ardua a sus vecinos en problemas la tarea de reganar competitividad mediante deflación interna de precios y salarios. Cualquier libro de texto de economía básica hubiera recomendado en esa situación que Alemania relajara su contención salarial/fiscal, permitiera algo más de inflación y expandiera su demanda interna para ayudar a los miembros en dificultad de la unión monetaria. Por lo contrario, el superávit comercial alemán continuó su ascenso indetenible y la carga del ajuste recayó íntegramente sobre los hombros de los deudores.

Esta actuación no cooperativa tuvo mucho que ver con un cuerpo básico de creencias muy arraigadas en el imaginario alemán, que se ha etiquetado como la ideología "ordoliberal". Existió un claro contraste entre el catecismo ordoliberal alemán y la filosofía económica de las zonas más greco-latinas de Europa, incluyendo Francia, lo cual no facilitó la confección de una estretegia común para enfrentar la crisis. El ordoliberalismo se impuso porque tenía la aureola del éxito. Los padres del milagro económico alemán de los años 50 y 60 y de su particular modelo de "economía social de mercado" afirmaban que estaban aplicando los principios del ordoliberalismo. Igual paternidad ideológica se le atribuyó al segundo milagro económico alemán de los 2000. Dos pilares básicos de este pensamiento fueron el principio de responsabilidad (*Haftungsprinzip*) y la cultura de estabilidad (*Stabilitätskultur*), a través de cuyo prisma las autoridades alemanas interpretaron la crisis del euro y elaboraron las recetas para su abordaje. El poderoso ministro de Finanzas Wolfgang Schäuble gustaba usar el ejemplo del "ama de casa suaba" como referencia de lo que debía haber sido –y no fue– el comportamiento de los miembros dispendiosos de la eurozona. A la hora de la verdad, sin embargo, uno fue el rasero con el que Alemania midió a sus vecinos europeos y otro el que aplicó internamente. En cualquier caso, a nivel del discurso político el ordoliberalismo era un *sine qua non* para conectar con los electores alemanes. Existió un claro contraste entre el catecismo ordoliberal alemán y la filosofía económica de las zonas más greco-latinas de Europa, incluyendo Francia, lo cual no facilitó la confección de una agenda común.

La combinación de superioridad económica de Alemania y de desesperación de los deudores, acosados por los especuladores, hizo que se consolidara dentro de la eurozona una constelación de poder, en la que la primera detentaba una clara posición de dominación. No era ésta una situación necesariamente indeseable, por cuanto todos los regímenes monetarios internacionales integrados han requerido históricamente que uno de sus miembros, el más poderoso, ejerza el papel de hegemón (*primus inter pares*) y le dé estabilidad al sistema. Pero ser hegemón va asociado con el disfrute de un conjunto de privilegios, que éste debería retribuir a sus socios/subordinados mediante la absorción de una porción sobreproporcional de los costos de la dotación de estabilidad general. El problema se presenta cuando el hegemón no acepta asumir "benevolentemente" la responsabilidad y las cargas que implica velar por la estabilidad del régimen integrado. Alemania no quiso hacerlo; pensó que cada país debía asumir su propia responsabilidad y pagar los costos de su rescate. Pero sí fue muy proactiva en la imposición de las medidas de austeridad y de las reformas estructurales que debían ser acometidas por los deudores.

No tardaron en resonar en los países más afectados por la crisis epítetos anti alemanes, algunos de ellos en alusión al pasado belicista y totalitario de ese país. Incluso analistas académicos hicieron referencia al resurgimiento del viejo "problema alemán" de la segunda mitad del siglo XIX y primera mitad del XX. Creemos que estos paralelismos violentan la historia, pero no hay duda de que después de la segunda unificación alemana en 1990 su política exterior fue girando hacia una defensa más asertiva de sus propios intereses nacionales, cosa que hasta ese momento había sido anatema. Lo que no cambió fue la aversión a liderar individualmente, y menos dominar, en escenarios internacionales. Esta marca de la historia explica la renuencia alemana a actuar hegemónicamente y, en cierta medida, atenúa lo inadecuado de su conducta. Pero sea como sea, la negativa a asumir las responsabilidades que le corresponderían a un hegemón benevolente causó un gran daño a la UME, alargó la crisis innecesariamente e impuso severos costos económicos y sociales a los países débiles de la unión.

Mirando hacia adelante, ¿hay indicios o esperanza de que Alemania contribuya en el futuro de forma decisiva a la consolidación del euro? No es alarmista afirmar que, hoy por hoy, la UME no sobreviviría a una nueva amenaza existencial contra el euro. Como tampoco es aventurado vaticinar que esa crisis existencial se presentará indefectiblemente en algún momento del futuro. Desde 2014, cuando el rigor de la primera crisis del euro amainó, las reformas fundamentales de la zona euro están detenidas.

Los dos legados de la crisis –la deuda soberana y las cuentas incobrables de los bancos– están ahí presentes todavía y lastrando la recuperación postcrisis. El disenso sobre la vía a seguir es muy marcado. El debate económico acerca de lo que se debería hacer para blindar el euro se mueve entre varios extremos. Para empezar, hay quienes propugnan "más Europa", más gobierno económico en los niveles comunitarios, más unión política y fiscal. Otros proponen "menos Europa", devolución de soberanía fiscal a los niveles nacionales, libertad para moverse a diferentes velocidades. En un segundo espectro de posiciones, hay quienes piensan que el edifico de la UME está ya básicamente construido y que solo se necesita cumplir las reglas existentes. Otros piensan que hay partes fundamentales del edificio que deben ser reconstruidas totalmente o añadidas nuevas.

Por lo general, los que piensan que el edificio de la UME está básicamente completo proponen retoques que van en la dirección de potenciar el efecto "disciplinante" del mercado, es decir, dejar que actúe plenamente el principio de la responsabilidad individual y que las fuerzas del mercado se encarguen de premiar o castigar el comportamiento de los países. Esta disciplina del mercado sería el mejor antídoto para evitar las crisis. No es difícil imaginarse que en este grupo se encuentran Alemania y el grupo de países centroeuropeos que están en su órbita de influencia, incluyendo algunos países del Este de Europa. En el otro polo se ubican los que consideran ineludible disponer de esquemas de solidaridad fiscal que ayuden a los miembros débiles de la unión a estabilizar sus economías cuando se vean afectados por perturbaciones graves y evitar así entrar en el círculo perverso de la recesión. Esta solidaridad recibe también el nombre más elegante de esquemas de "riesgo compartido", cuyo ejemplo clásico son los fondos de garantía de depósitos bancarios que se activan cuando un banco quiebra. A este polo pertenecen países del ámbito latino, liderados por Francia, así como los líderes de los órganos comunitarios (Comisión Europea y sus órganos).

Ante la distancia aparentemente irreconciliable de ambas posiciones, muchos esfuerzos se están haciendo para diseñar esquemas de riesgo compartido que atenúen el "riesgo moral" que se deriva del ejercicio de la solidaridad fiscal. Este riesgo es la principal objeción que los ordoliberales tienen contra la solidaridad. Lo cierto es que, hoy por hoy, no hay consenso entre los países europeos sobre qué camino seguir. Los intentos del presidente Macron de acordar una agenda de reformas de la unión monetaria se han topado con el baño de agua fría de Alemania, que no acepta ningún esquema que implique la posibilidad de tener que realizar transferencias fiscales unilaterales a otros miembros de la unión. El motor del eje franco-alemán, que históricamente había impulsado las grandes iniciativas de integración europea, ya ha perdido su fuerza.

Cuando la crisis del euro parecía estar amainando, una nueva crisis igualmente existencial estalló en Europa: la crisis de los refugiados de 2015-2016. La ola de refugiados generó dos graves amenazas para la integración europea. La primera fue el cuestionamiento del liderazgo de Alemania en Europa. En un gesto inesperado, la canciller Merkel abrió las puertas de Europa a más de dos millones y medio de refugiados en apenas dos años. La pretensión de Alemania de repartir los refugiados en cuotas para cada país de la Unión Europea se encontró con una resistencia frontal de buen número de países, particularmente de los países del Este de Europa. Hubo ciertamente en este rechazo algo de retaliación por el estilo coercitivo que Alemania había aplicado durante el manejo previo de la crisis del euro, pero también hizo aparición una segunda amenaza: en muchos países el problema de los inmigrantes y refugiados había despertado el fantasma de los populismos nacionalistas, que estaban poniendo en riesgo la estabilidad de los respectivos gobiernos.

Europa se enfrenta hoy a un serio riesgo de desintegración. ¿Representa el Brexit el primer eslabón de ese proceso? La vinculación del Reino Unido con Europa siempre fue muy particular y ambigua: incluso cuando insistentemente se postuló para ser admitido en la Comunidad Económica Europea, lo hizo únicamente por intereses comerciales y para contrarrestar el declive de su economía. Nunca aceptó la idea de instancias comunitarias supranacionales que gobernaran sobre sus asuntos nacionales; cuando decidió participar en algunas iniciativas comunitarias, siempre exigió un estatus especial y un derecho de salida (*opt out*); no quiso formar parte de la unión monetaria europea. La sociedad británica siempre estuvo profundamente dividida respecto a su vinculación a Europa, al punto de que el Primer Ministro Cameron se vio obligado a prometer como parte de su oferta electoral un referéndum sobre la permanencia en Europa. Las circunstancias de la historia hicieron que el referéndum de junio 2016 se celebrara justo en medio de la crisis de refugiados y del consiguiente surgimiento de nacionalismos populistas, lo cual inclinó la balanza de las opiniones a favor de la salida. Hoy el resultado hubiera sido distinto, pero ello no debe difuminar la realidad de que el desafecto de la mitad de la sociedad británica hacia Europa siempre estuvo y estará ahí.

Esta particularidad británica, sin embargo, no puede ocultar el hecho de que no pocos países miembros de la UE comparten similares prevenciones contra el proyecto europeo de una "unión cada vez más estrecha". Hay un "cansancio de integración" en vastos sectores de Europa: no pocos gobiernos resienten la invasión de espacios nacionales por parte de instancias comunitarias, hay serias dudas acerca de la legitimidad democrática de todo el entramado comunitario y se observa una "huida hacia atrás", es decir, hacia los nacionalismos y nativismos, hacia la autarquía. Los partidos populistas, aun cuando no estén en el gobierno, marcan y delimitan la agenda política europea.

Es hora de enfrentar con realismo la posibilidad muy real de un proceso de desintegración. En el caso de la eurozona, las tendencias centrífugas pueden tomar varios caminos (escenarios), algunos de ellos paralelos y concomitantes. Puede presentarse una situación de anomia y anarquía, como la que asomó la cabeza durante la crisis de refugiados o como pudiera suceder si Italia se declara en rebeldía contra las directrices fiscales de las autoridades comunitarias. O pueden algunos grupos de países organizar una ruptura ordenada de la unión monetaria, crear nuevas áreas monetarias o volver a esquemas cambiarios más flexibles. O puede presentarse una nueva crisis que desemboque en una ruptura desordenada y caótica de la eurozona, donde algunos miembros se vean forzados a reintroducir sus monedas nacionales. Ante este riesgo de desintegración, nuestra posición es que es preferible recomponer a tiempo, antes que entrar en una pendiente de descomposición desordenada. Habría que aprovechar la relativa calma actual de la escena europea para preparar un marco que permita la salida ordenada de uno o varios países del euro.

Hay consenso intelectual en que la convivencia bajo el paraguas de una misma moneda común de países con tanta divergencia, con modelos económicos incompatibles, con culturas fiscales e inflacionarias tan distintas, es inviable a la larga, a no ser que los miembros fuertes de la unión estén dispuestos a orquestar esquemas de solidaridad fiscal que compensen tales divergencias. Como esto no va a suceder en la UME en tiempo previsible, les correspondería a los miembros fuertes dar el paso al frente y retirarse del euro y crear una nueva área monetaria. Únicamente Alemania pudiera liderar este movimiento de salida, pero hasta ahora no ha dado ninguna señal de que esté dispuesta a hacerlo. Su discurso sigue siendo que cada país asuma las consecuencias de sus actos y que los que no estén dispuestos o no puedan cumplir con las exigencias del euro, deberían hacer sus maletas e irse.

El euro, que nació para unir más a Europa, se ha convertido en elemento de división y de tensiones. Con el paso de los años, se ha producido una simbiosis inconveniente entre la UE y la UME. 19 de los 27 miembros europeos (excluyendo el Reino Unido) forman parte de la UME, pero los problemas del euro han dominado totalmente la agenda de las instituciones de la UE. Los ocho miembros de la UE no pertenecientes a la UME se sienten como "europeos de segunda", como simples candidatos a pertenecer algún día a la unión monetaria. Pero el mayor daño que la simbiosis le ha causado a la UE es que ha introducido en la dinámica de integración europea un elemento de "totalitarismo" altamente inconveniente. Una moneda común, por definición, no admite divergencias, distintas velocidades o libertad de decidir qué elementos de la unión un país quiere asumir. Cuando un miembro de la unión monetaria se descarría y sus acciones causan efectos de *spill-over* negativo sobre otros miembros, todo el peso de la ley recae sobre la oveja descarriada, que puede llegar incluso a tener que entregar su soberanía económica a los órganos de la comunidad. Por ende, el gobierno de una unión monetaria tiene necesariamente una fuerte dosis de autoritarismo y totalitarismo.

Nada más ajeno al espíritu fundacional de la Unión Europea que imposiciones totalitarias de arriba hacia abajo, particularmente cuando éstas vienen ordenadas por el miembro más poderoso de la unión. Europa necesita rebobinarse y recomponerse. La nueva Europa debe reconocer la pluralidad y diversidad de sus miembros, debe mantener sus puertas abiertas a países que solo quieran integrarse a determinadas iniciativas, como puede ser la seguridad y defensa, el transporte, la educación, la protección ambiental, la unión aduanera, los regímenes impositivos y un largo *etcétera*. Cada iniciativa debe tener un claro mandato democrático y su correspondiente control político. En vez de una Europa uniformada, se necesita un mosaico dinámico y flexible de esferas de integración.

¿Estará ganada Alemania para esta nueva visión de Europa? Como ella es heredera directa de las "grandes visiones" de los padres fundadores de Europa, necesitaría pasar primero por un proceso de reconversión mental. A la dirigencia alemana no se le escapa que la situación actual de Europa no es estable y que algo debe hacerse. A lo interno, las fuerzas euroescépticas han ido adquiriendo un peso creciente y las fuerzas políticas tradicionales tendrán que reconciliarse con esta realidad. Por otro lado, los defensores tradicionales de una unión monetaria y de la idea de una "Europa cada vez más unida" saben que eso pasa por tener algún día que pedirles a los contribuyentes alemanes que se metan la mano al bolsillo para salvar el euro. Anatema total. A la vista de estos dos elementos, no es descartable que el *establishment* alemán esté dispuesto a abandonar paulatinamente el ideario europeo original y explorar nuevos esquemas de integración. Tarea prioritaria será resolver el amenazante enredo de la unión monetaria antes de que sea tarde.

PRIMERA PARTE

HISTORIA DE UNA RELACIÓN DIFÍCIL

Entender el nacimiento de la Unión Monetaria Europea y las claves del papel que Alemania ha jugado en ella es el propósito de esta primera parte del libro. Las pasiones y los prejuicios se encienden cuando se discute el "problema alemán". Ya solo el uso de la palabra "problema" tiene connotación de conflicto, confrontación, mala vecindad. Especialmente las dos Guerras Mundiales, en las que Alemania fue protagonista y derrotada, despiertan asociación con hechos de violencia, de dominación y de destrucción. Alemania, sin embargo, es muchísimo más que esos aciagos 45 años de su historia en el siglo XX. Su contribución desde el Renacimiento en el campo de las ideas, de la filosofía política, del progreso industrial o de los movimientos sociales ha sido inmensa. Su civilismo y vocación internacional integradora desde mediados del siglo XX han aportado inmensamente a la paz mundial.

Necesitamos asomarnos a la historia para entender el lugar especial que Alemania siempre ha tenido en Europa. Su situación geográfica en el medio del continente y su tamaño demasiado grande para unas cosas y demasiado pequeño para otras mantuvieron a ese país en una situación incómoda, generalmente llena de paradojas y contradicciones. Cuando antes del siglo XIX vivía atomizada en el centro de Europa, el "espacio alemán" era el campo de batalla de las potencias europeas Francia, Inglaterra, Austria y Rusia. Cuando en la segunda mitad del XIX surge como nación unificada bajo la égida prusiana, su relación con Europa estuvo signada por la desconfianza y el miedo mutuos, que terminaron desembocando en las guerras.

El proyecto de integración de Europa después de la II Guerra Mundial fue básicamente la forma que el liderazgo europeo, con el apoyo decisivo de los Estados Unidos, ideó para superar el trauma de las guerras y resolver el "problema alemán". La Comunidad Económica Europea y luego la Unión Monetaria Europea nacieron con la impronta alemana, en lo negativo y en lo positivo. Ambas, especialmente la UME, fueron parte de un proyecto político que no se atuvo a racionalidad económica. Pasados los años iniciales del resentimiento, Francia y Alemania contrajeron un matrimonio de conveniencia que se convirtió en el motor y eje de la integración europea. Francia mantenía la hegemonía política, Alemania aportaba su fuerza económica. Con la implantación de la unión monetaria, sin embargo, Alemania pasó a ser el hegemón indiscutible de Europa. En su mismo diseño estuvo insertado el caballo de Troya de la dominación alemana, algo que nunca estuvo en las mentes de los padres fundadores de la unión europea y tampoco en la mente de Alemania. Paradojas de la historia.

I

LA CENTRALIDAD DE ALEMANIA EN EUROPA: CUATRO SIGLOS DE "PROBLEMA ALEMÁN"

Mucho de lo que ha pasado en la Europa de las últimas décadas, más específicamente en el nacimiento y desenvolvimiento de la Unión Europea, tiene que ser entendido con las claves interpretativas de la historia europea desde el siglo XVII. Por muy profundas y transformadoras que hayan sido las crisis acontecidas, por muy destructivas que hayan sido las conflagraciones bélicas o por mucho que se hayan movido las fronteras nacionales, siempre siguen presentes ciertos hilos conductores que explican el comportamiento y las relaciones de poder de los diferentes pueblos o naciones que conforman Europa.

La posición geográfica de Alemania en Europa, así como su tamaño relativo, la convirtieron en un hecho central del devenir europeo, tanto en los momentos de la historia cuando era sujeto pasivo y atomizado, como cuando devino en sujeto protagónico a partir de la primera gran unificación alemana de 1871. En Alemania o sobre Alemania se han celebrado las grandes confrontaciones europeas. Y no nos referimos únicamente a las dos guerras mundiales del siglo XX, en las que este hecho fue obvio, sino a un espectro mucho más amplio que abarca varios siglos previos de historia y que se expande también al ámbito de las grandes confrontaciones ideológicas. El espacio alemán fue el crisol de la confrontación entre catolicismo y protestantismo, capitalismo y marxismo, democracia occidental y fascismo. No es casual tampoco que importantes organizaciones internacionales del siglo XX hayan nacido como un modo de contención frente a Alemania, tales como la Liga de Naciones después de la Primera Guerra Mundial, o las Naciones Unidas y la OTAN después de la Segunda Guerra Mundial.

La misma Unión Europea nació en gran parte como una forma de calmar la ansiedad de Francia e Inglaterra (especialmente la primera) ante la vigorosa reconstitución de la República Federal de Alemania después de la II Guerra Mundial. Como no se le podía negar a Alemania el derecho a existir y prosperar como nación, la forma que los aliados vencedores europeos diseñaron para neutralizar el poderío económico alemán fue subsumirla en una entidad superior, la Unión Europea. Posteriormente, el tránsito durante los 90 hacia la unión monetaria fue también un intento de domar la fortaleza del marco alemán que se había convertido de hecho en la moneda de reserva europea. A la vista de la predominancia hegemónica que Alemania terminó adquiriendo en la Unión Europea, es evidente que todos los esfuerzos para neutralizarla no tuvieron éxito. Incluso se puede afirmar sin temor a exagerar que el futuro de la Unión Europea, y en especial el de la Unión Monetaria Europea, depende de que lo que Alemania haga o deje de hacer.

Alemania, de sujeto pasivo a actor principal de la conflictividad europea

El historiador irlandés Brendan Simms (2013) ha desarrollado un enfoque interpretativo de la historia europea según el cual el centro de Europa, básicamente el espacio de la actual Alemania, fue el campo de batalla en el que y por el que se enfrentaron las grandes potencias del momento: Inglaterra, Francia, Austria y Rusia. Hablamos del espacio alemán, porque hasta la segunda mitad del siglo XIX no se puede hablar de una nación alemana unificada, sino de una multitud de pequeños Principados, cuyos elementos en común eran la cultura, la raíz lingüística y la vecindad entre sí. El hecho de que no conformaran una unidad política con ejército y propósitos comunes no significaba que estuvieran ausentes de la intensa actividad bélica y diplomática en el continente. Antes bien, la mayor parte de esa actividad giraba alrededor del espacio alemán, al margen de cuán activa o pasivamente los alemanes participaran en esas conflagraciones.

De la atomización a la unificación en el Congreso de Viena (1814-1815)

Las potencias europeas vivían enzarzadas en una secuencia interminable de guerras, escaramuzas, alianzas y traiciones, muchas de las cuales tenían a Alemania como objeto de disputa. En un mundo en el que ni la tecnología, ni la población, ni otras fuerzas productivas crecían, pelear por la conquista de los espacios territoriales era considerada la mejor, quizás la única estrategia de crecimiento de la riqueza de la que disponían las naciones. La competencia económica no podía adquirir otra forma que no fuera una competencia bélica por incrementar la tierra, los espacios geográficos. Las luchas por territorio se convirtieron en la fuerza impulsora de todas las actuaciones de los Estados dominantes: los años de paz no eran más que fases de recuperación de los estragos de la guerra pasada y de preparación para la nueva guerra. Preparar y conducir guerras para conquistar tierras, puertos o redes de comercio era la razón de ser de las monarquías europeas y de sus burocracias. En esa industria de la guerra, la nobleza cuasifeudal proporcionaba la mano de obra de los guerreros y la burguesía comercial suministraba los medios materiales y financieros.

Después de que en el siglo XVI se consolidara el gran reparto de las colonias en los continentes asiático, africano y americano entre las potencias europeas, las ambiciones expansivas se volcaron nuevamente hacia el interior Europa. Ahí fue donde el espacio alemán adquirió una preminente y pivotante importancia. Quien dominara Europa central, particularmente los territorios alemanes, controlaba toda Europa. Durante los siglos XVII y XVIII, la multitud de Principados y pequeños países germanoparlantes que conformaban el "espacio alemán" fueron objeto de continuas invasiones y anexiones por parte de las cuatro potencias europeas.

Este "espacio alemán" colindaba con Rusia, Austria y Francia y cumplía la función de zona de amortiguamiento entre las potencias. Cualquiera de estas potencias se sentía existencialmente amenazada si otra de ellas ocupaba el territorio alemán y se convertía en vecina directa. Dependiendo de cuán unidos los Principados alemanes estuvieran, el territorio de los pueblos germánicos fue alternativamente un "vacío de poder", que despertaba la ambición de alguna de las potencias circundantes, o un centro de poder bajo la tutela de alguna de esas potencias, que también desataba rivalidades. Su ubicación central en Europa convertía al espacio alemán en el fiel de la balanza del poder territorial europeo.

Los pequeños Principados alemanes no tenían muchas veces otra alternativa que contemplar pasivamente el paso destructor de los ejércitos por sus territorios. Otras veces procuraban sacar provecho de los conflictos bélicos y proveían bandas militares para alguno de los grandes contendores en pugna. Eran maestros en los cambios de bando, según soplaran los vientos de las relaciones de poder. En cualquier caso, más allá de vender sus servicios militares o aliarse circunstancialmente con las potencias, los Principados eran básicamente sujetos pasivos en el acontecer europeo, sometidos a constantes imposiciones y abusos por parte de los poderes invasores. Esta fase de la historia hasta bien entrado el siglo XIX dejó sin duda huella profunda en los recuerdos de los pueblos alemanes y explica algunos de los miedos vitales que pervivieron posteriormente en la conciencia de esos pueblos, particularmente el miedo a ser cercado y asfixiado territorialmente o la amenaza de coaliciones de los vecinos.

Las sucesivas derrotas de las tropas napoleónicas entre 1813 y 1815 representaron un quiebre en el escenario europeo. En la batalla de Leipzig en 1813, la llamada "batalla de los pueblos", Napoleón Bonaparte perdió el control del centro de Europa. La derrota en la batalla de Waterloo (Bélgica) en 1815 a manos de las fuerzas británicas y prusianas le arrebató a Francia cualquier pretensión imperial dentro o fuera de Europa. Ambas batallas marcaron un cambio de época en la geopolítica europea, cuyas nuevas reglas de juego quedaron plasmadas en el Congreso de Viena de 1814-1815. El propósito de las potencias europeas vencedoras fue restaurar el equilibrio que Napoleón había roto de manera estrepitosa. El Congreso sembró también las semillas de dos procesos progresivos de unificación, que dieron luz a la consolidación de dos nuevas naciones, Alemania e Italia, que tanto impactarían el devenir europeo posterior.

El fin de las guerras napoleónicas consagró definitivamente al Reino Unido como la potencia hegemónica mundial indiscutible. Una vez derrotado Napoleón, la preocupación principal del Imperio Británico, secundado por sus aliados Austria y Rusia, era contener de manera definitiva las ambiciones de dominación de Europa por parte de Francia. Como parte de esa estrategia británica, Rusia y Austria tenían que agrandar su fortaleza económica y poderío bélico para constituirse en muros de contención frente al previsible revanchismo francés.

Algo verdaderamente significativo fue la entrada en escena de Prusia como una potencia de tamaño intermedio en el concierto militar europeo, tal como quedara avalado por sus éxitos bélicos contra las tropas napoleónicas. Por primera vez, uno de los Estados medianos alemanes entraba a formar parte de los *ententes* y relaciones de poder de la política europea. Como parte de este reconocimiento, a Prusia le asignaron en el Congreso de Viena los territorios franceses de Renania y Westfalia con el fin de reforzar el frente militar contra Francia.

El resultado más significativo del Congreso de Viena, sin embargo, fue la promoción del germen de una federación de Principados y Estados alemanes, la *Deutscher Bund* (Confederación Alemana), en la que Prusia ejerció desde el principio el papel de *"primus inter pares"*. Los aliados estaban muy interesados en llenar el vacío que históricamente había significado la presencia en el centro de Europa de una miríada de minúsculos Principados alemanes, algunos de ellos simples ciudades o incluso partes de ciudades, incapaces de organizarse económica o militarmente. Buena parte de estos mini Principados fueron absorbidos por otros mayores después de la guerra napoleónica, mientras que otros Estados medianos como Hannover, Baden, Württemberg y Baviera resurgieron fortalecidos y reconocidos por los países aliados. De esta forma, la Confederación Alemana pasó a ocupar el vital espacio central europeo, por primera vez de forma relativamente orgánica. Aun cuando la Confederación Alemana seguía siendo parte del Imperio Austrohúngaro, su posición había ganado en independencia, relevancia y poderío. En la mente de las potencias aliadas, la Confederación estaba diseñada para mantener el balance de poder en Europa, con suficiente fortaleza como para servir de zona de amortiguación y contención de las ambiciones francesas y rusas, pero no lo suficientemente poderosa como para desarrollar ambiciones hegemónicas propias.

En lo que se refiere al proceso de unificación italiana, el impulso nacionalista no emanó del diseño de la nueva Europa después de derrotado Napoleón, sino precisamente como rechazo al desmembramiento y reparto de los Estados italianos por parte del Congreso de Viena, lo cual creó un fuerte rechazo popular. Napoleón Bonaparte había ocupado todos los pequeños Estados italianos, los cuales fueron luego repartidos en el Congreso entre las potencias victoriosas: Lombardía y Venecia fueron dadas a Austria, las provincias de Parma, Modena y Toscana quedaron bajo el mando del príncipe austríaco Leopold, Nápoles y Sicilia quedaron bajo la égida de la corona española y Roma fue devuelta al Papa.

Vigorosos y combativos movimientos nacionalistas surgieron como respuesta a este despojo de cualquier vestigio de independencia e "italianidad". Empleados públicos y militares de rango medio formaron la red de sociedades secretas nacionalistas, denominadas los Carbonari, especialmente activas desde 1815. Uno de sus integrantes, Giuseppe Mazzini, creó posteriormente en 1831 el movimiento clandestino independentista "Joven Italia", que en su momento llegó a sumar cerca de 60.000 miembros activos y luego se unió a los "camisas rojas" de Garibaldi.

En el marco de esta efervescencia nacionalista, la Toscana y Florencia desconocieron la autoridad del Príncipe austríaco Leopold y provocaron la solidaridad de Carlo Alberto, rey del Piedemonte y Sardinia, quien declaró la guerra a Austria en 1849. La derrota de Carlo Alberto I y su posterior abdicación condujeron a la coronación de su hijo Vittorio Emanuele II, quien conjuntamente con su Primer Ministro Cavour y su Comandante Garibaldi volvió a declarar la guerra a Austria a fines de los 1850, esta vez aliados a Napoleón III, rey de Francia. La victoria de Vittorio Emanuele II sobre Austria en las batallas de Solferino y Magenta en 1859 representó una humillación histórica para el imperio austríaco y una exaltación del sentimiento nacionalista italiano, que desembocó en la rápida unificación de los mini-Estados italianos y la coronación de Vittorio Emanuele II en 1861 como primer monarca del unificado Reino de Italia.

La hegemonía prusiana y la nueva Alemania unificada

La derrota austríaca en territorio italiano causó mucha decepción en Prusia y en el resto de los Estados alemanes, cuya alianza con Viena había representado durante más de dos siglos una garantía de seguridad. Por una parte, los sentimientos nacionalistas alemanes cobraron nuevos bríos al ver lo sucedido en Italia y, por la otra, la debilidad de Austria incrementó la angustia del posible aislamiento de los territorios alemanes frente al resto de las potencias europeas. Los alemanes se enfrentaron al dilema crucial de si mantenerse integrados – subsumidos– al imperio austro-húngaro o montar tienda aparte y aglutinarse alrededor de Prusia. La decisión se inclinó por esta segunda opción. Especialmente en Prusia, pero también en otras partes de la geografía de la Confederación Alemana, surgieron movimientos nacionalistas que propugnaban la definitva unificación de Alemania bajo un mismo Parlamento y la transferencia del poder militar y político a Prusia, el *primus inter pares* de los Estados alemanes. La figura central de este proceso fue el canciller prusiano Otto von Bismarck, cuya visión geopolítica le llevó a la conclusión de que la seguridad de Prusia sólo podía ser construida sobre la base de una Alemania reunificada o, de no ser esto pacíficamente posible, mediante anexiones territoriales de los Principados alemanes menores. Evidentemente, estas anexiones significarían entrar en abierta confrontación con Austria, que todavía se consideraba la cabeza tutelar del Sacro Imperio Romano, del cual los Principados alemanes formaban parte.

Los avances de Prusia en su estrategia de anexiones de los principales Estados alemanes impulsaron al Imperio Austrohúngaro a declararle la guerra a Prusia a mediados de 1866. Buena parte de los Estados alemanes del norte se pusieron del lado de Prusia, mientras que la mayor parte de los Estados del sur se alinearon con Austria. La nueva Italia ya unificada también se sumó a Prusia en la guerra contra Austria. Después de una guerra corta de siete semanas, Prusia y sus aliados derrotaron a Austria en la batalla de Sadowa en julio de 1866.

El subsiguiente Tratado de Praga consagró la definitiva abdicación forzosa por parte de Austria de cualquier pretensión de propiedad o tutela sobre los territorios alemanes, al tiempo que validó la anexión de varios importantes Principados-Estados alemanes por parte de Prusia (Hannover, Schleswig-Holstein, Hessen-Kassel y Frankfurt). Otros 22 pequeños Principados-Estados fueron absorbidos en la nueva Confederación de Alemania del Norte, íntegramente tutelada por y dependiente de Prusia. Los tres Estados medianos del sur de Alemania (Baden, Württemberg y Baviera) permanecieron formalmente independientes, aunque unidos por una unión aduanera y por un pacto secreto de mutua defensa militar con Prusia. Curiosamente, Austria, a pesar de ser la potencia derrotada, fue tratada con benevolencia en el Tratado de Praga y se le respetó su integridad territorial, con la excepción de Venecia, que fue incorporada al Reino de Italia. Bismarck sabía que necesitaba a la dinastía de los Habsburgos como aliados futuros frente a la posible amenaza de las otras potencias europeas, especialmente Rusia, razón por la cual no podía quedar Austria excesivamente debilitada.

La realidad más significativa que emergió de la Guerra de las Siete Semanas y del Tratado de Praga es que por primera vez el "espacio alemán" era controlado y organizado bajo un mando único, el Estado prusiano.

De esta forma quedaba zanjada la centenaria disputa y la consiguiente inestabilidad que caracterizó a esta región de habla germana del centro de Europa. Pero aún quedaba una última e importante tarea por cumplir: la unificación "formal" definitiva de Alemania. La derrota de Napoleón Bonaparte había abierto la puerta a la entrada de Prusia en la escena europea en el Congreso de Viena de 1814-1815. Y fue nuevamente Francia y otro rey del mismo nombre, Napoleón III, quienes provocaron y facilitaron, en contra de su voluntad, este proceso final de formación del Estado alemán unificado.

En efecto, los triunfos de Prusia sobre Austria pusieron a Francia en máximo estado de alerta, ya que el creciente poderío militar y económico de Prusia y su Confederación Alemana del Norte habían roto el precario equilibrio europeo que hasta ese momento había estado basado en una Alemania fragmentada e inofensiva, aunque suficientemente fuerte como para presentar un primer muro de contención frente a posibles pretensiones austríacas y rusas. Por esta razón, Napoleón III decidió lanzar en 1869 un ataque preventivo contra Prusia, tomando como excusa el apoyo que este país le estaba dando al príncipe Leopoldo de la Casa Hohenzollern para pretender al trono español. Esta agresión francesa desató en la Confederación Alemana del Norte y en los tres Estados alemanes aliados del sur una ola de nacionalismo y solidaridad pangermánica en apoyo a Prusia. El ejército francés fue derrotado en 1870 en la batalla de Sedan. No deja de ser una ironía de la historia el hecho de que un año después, en mayo de 1871, fuera en el emblemático Salón de los Espejos del Palacio de Versalles donde Francia y Prusia-Alemania firmaran un tratado de paz (el Pacto de Versalles), en el que se proclamó el nacimiento del Imperio Alemán. Una vez más, al igual que las guerras napoleónicas de los años 1803 a 1815, que le dieron un impulso definitivo a la progresiva conformación de dos Estados europeos, Italia y Alemania, la derrota de Napoleón III en Sedan le dio la forma final al poderoso y unificado Estado alemán con sede en Berlín.

La angustia de ser rodeada y sitiada: profecía autocumplida

La unificación *de facto* de la Confederación Alemana del Norte y los estados sureños Baviera, Baden y Württemberg dio nacimiento a una verdadera potencia europea con una población de 41 millones de habitantes, superior a los 36 millones de franceses y a los 31 millones de británicos, dotada de un poderoso ejército y en acelerado proceso de industrialización. Pero la resultante de esa unificación no fue una simple suma de tierras o pobladores, sino el nacimiento de una nueva nación cualitativamente distinta. Su tamaño poblacional, su reputada capacidad militar, sus recursos minerales, su organización económica y su estratégica situación geográfica convirtió a Alemania en un actor fundamentalísimo de la política europea. Pero su "situación intermedia" (*Mittellage*), tanto geográfica como de poder, constituyó una permanente fuente de inestabilidad en Europa. Es así como tomó forma la idea del "problema alemán" (*the German question*): un país no lo suficientemente fuerte como para imponer su mando en Europa, no lo suficientemente grande como para ejercer la hegemonía, pero sí suficientemente poderoso como para ser percibido como una amenaza por las otras potencias[1].

Alemania dejó de ser tratada con la "benévola desatención" de las épocas en las que no representaba ninguna amenaza para las grandes potencias europeas y no pasaba de ser un aliado circunstancial en las permanentes luchas por la hegemonía europea entre esas potencias. La actitud de la nueva Alemania contribuyó también a crear desconfianza y elevar las tensiones con el resto de Europa. Lamentablemente, su política interior y exterior en el último tercio del siglo XIX estuvo marcada por el nacionalismo y por la convicción de que el país transitaba por un camino "especial" hacia un "destino alemán". Este nacionalismo atávico-romántico, acompañado de los otros elementos geopolíticos y económicos de poder, hizo que el miedo y la desconfianza caracterizaran la relación entre Alemania y el resto de Europa desde su unificación. Entender esta dinámica relacional de larga data ayudará mucho a comprender el trasfondo de lo que luego sucedió en Europa hasta nuestros días.

Dos percepciones y dos actitudes contrapuestas surgieron de la nueva realidad geopolítica del Pacto de Versalles de 1871. Por un lado, el resto de las potencias europeas empezaron a considerar al Imperio Alemán –así se autoproclamó Alemania en el Pacto de Versalles- una amenaza inmediata y mediata para su seguridad. Al pueblo y a la

---

[1] Bernard Simms (2013) define el "problema alemán" como la cuestión de "cómo ordenar el centro de Europa de forma tal que fuera suficientemente robusto como para dominar los retos domésticos y externos sin al mismo tiempo desarrollar tendencias hegemónicas".

dirigencia alemana se le atribuyeron desde ese momento pretensiones expansionistas e intenciones de dominar Europa. Tan pronto como en 1871, la Gaceta de Moscú le atribuía a Alemania "una tendencia irrefrenable y natural a transitar el camino de las conquistas"; en Francia, la Revue de Deux Mondes escribía en 1872 que "la Casa de los Hohezollern está condenada a la guerra perpetua, al igual que Napoleón, porque se rehúsa a limitar sus ganancias..."; o la afirmación de Odo Russell, Embajador Británico en Berlín en 1871, de que "Bismarck no sólo pretendía oprimir a Francia a perpetuidad, sino alcanzar la supremacía de Alemania en Europa y de la raza alemana en el mundo"[2]. Resulta verdaderamente llamativo que tan temprano en la historia del nuevo Imperio Alemán se le atribuyeran al pueblo alemán tan aviesas intenciones de dominación y conquista, visión que tuvo continuidad hasta bien avanzada la segunda mitad del siglo xx.

Y, por el lado alemán, el nuevo Imperio continuó viviendo bajo el permanente miedo de ser cercado y sitiado por las potencias extranjeras, el mismo miedo que sintió justificadamente durante la época de los Principados atomizados. Este miedo se convirtió en el *leitmotiv* de la política exterior alemana, el elemento que permeó y motivó sus decisiones fundamentales, al menos durante un largo siglo hasta bien avanzada la segunda mitad del Siglo xx. Para contrarrestar las visiones germanofóbicas del resto de Europa, Bismarck repetía frecuentemente que Alemania era un "poder saciado", sin ambiciones territoriales adicionales. Más allá de estas palabras apaciguadoras, el norte que guio la política exterior de Bismarck fue la frenética formación de alianzas para no ser aislada. Acostumbraba a decir Bismarck que la clave de la política exterior era ser parte de una alianza de dos dentro de una Europa de tres potencias, o parte de una alianza de tres en una Europa de cinco potencias (dependiendo de si se incluía a Rusia y Gran Bretaña en las combinaciones). Durante los años de su mandato desde 1871 hasta 1890, Bismarck creó y desmanteló alianzas con todas las potencias en cualquiera de las combinaciones posibles, ya fueran abiertas o secretas. Simultáneamente, Bismarck trabajó discretamente en fortalecer las capacidades militares. Esta industria militar era parte de una estrategia mayor de crear una amplia base económica próspera y disciplinada.

---

2 Citado por Simms (2013), p. 243.

Muy en boga a fines del siglo XIX estuvo en Alemania la "doctrina del imperio mundial" (*Weltreicheslehre*), cuya creencia central era que el poder geo-económico de los (otros) imperios colonialistas europeos terminaría aplastando al débil bloque de Europa central (Alemania). Sobre este trasfondo, Alemania emprendió una doble carrera para defenderse y hacerse respetar: por una parte, incrementó sus acciones en el frente colonial (Suráfrica, Asia, Oceanía, Marruecos…)[3], con la consiguiente molestia para las potencias coloniales tradicionales; y por la otra, acrecentó sus gastos militares, especialmente en el campo naval, para poder hablar de tú a tú con Inglaterra. Entró así Alemania en una perversa dinámica de acción y reacción, de miedo y demostración de fuerza, de aislamiento y expansionismo, que fue interpretada por el resto de las potencias mundiales como una confirmación de sus prejuicios acerca de la voracidad territorial y de la agresividad bélica de la nueva Alemania unificada.

Como consecuencia de esta dinámica dominada por el miedo, para comienzos del siglo XX puede decirse que Alemania estaba peligrosamente aislada. A modo de profecía autocumplida, el miedo al aislamiento y las actuaciones para evitarlo habían conducido al aislamiento real. En 1906, las dos potencias históricamente archirrivales, Francia e Inglaterra, sellaron una alianza militar con la mente puesta en la amenaza alemana, alianza a la que un año después se unió Rusia. Únicamente le quedaba a Alemania la alianza con Austria, pero cuyo poder militar y político estaba sensiblemente disminuido. Terminó así Alemania formando parte de una alianza de dos en una Europa de cinco potencias, algo contra lo que Bismarck había luchado denodadamente por evitar.

---

3   En palabras de quien luego fuera Canciller de Alemania, Bernhard von Bülow, en un debate en el Reichstag del 6 de diciembre de 1897, Alemania reivindicó el derecho a tener también *"ein Platz an der Sonne"*, un lugar en el sol, al igual que el resto de las potencias coloniales rivales. Esta expresión se popularizó luego para indicar el afán de expansión territorial de Alemania. A principios del siglo XX, las colonias de Alemania incluían Togo, Camerún, África del Sudoeste Alemana (actual Namibia) y África Oriental Alemana (actual Tanzania), tres territorios que hoy pertenecen a Papúa Nueva Guinea (Kaiser-Wilhelmsland, el archipiélago Bismarck y las islas Salomón alemanas), y varios territorios en el Pacífico: las islas Marshall, las islas Palaos y Carolinas (actualmente los Estados Federados de Micronesia), las Marianas alemanas (ahora territorio de EE. UU.) y Samoa. En el norte de China Alemania regentaba una pequeña concesión en una franja de tierra denominada Kiautschou. Alemania perdió la totalidad de estos territorios en la Primera Guerra Mundial.

Dos guerras mundiales: Alemania siempre en el centro

En aquellos años previos a la Primera Guerra Mundial, otra de las paradojas que caracterizaban la ambivalente relación de Alemania con Europa se hizo presente: en población y en riqueza Alemania era ciertamente una potencia dentro de Europa, pero su estructura política federalista la ponía en desventaja frente a sus pares para recaudar suficientes impuestos y organizarse en una única dirección férrea conducente al fortalecimiento militar. No tenía Alemania los recursos necesarios ni la estructura política interna para equipararse bélicamente a Inglaterra o Francia en el tiempo requerido.

Conscientes de esta debilidad, los estrategas alemanes se sentían muy inclinados –compelidos, en algunas ocasiones– a evitar situaciones de cercamiento mediante acciones bélicas preventivas. Ésta era una estrategia muy peligrosa, porque en cualquier momento podía presentarse la oportunidad (o la excusa) para emprender estas acciones preventivas y que se prendiera la chispa de la guerra. Esto explica la rapidez con la que Alemania se alineó militarmente con Austria, cuando ésta declaró la guerra a Serbia y a Rusia después del asesinato del príncipe austríaco Franz Ferdinand en junio de 1914 a manos de un joven militante serbio-bosnio en Sarajevo. Al sumarse Alemania al conflicto bélico entre Austria y Rusia, Francia e Inglaterra no tuvieron más remedio que entrar en la guerra contra Austria y Alemania, si no querían ver definitivamente destrozado el precario equilibrio de potencias que había prevalecido en Europa desde el Congreso de Viena un siglo antes. Así comenzó la Primera Guerra Mundial (1914-1918), una conflagración extremadamente costosa en vidas y en riqueza destruida.

Después de derrotada Alemania en 1918, los aliados victoriosos no se pusieron de acuerdo en la estrategia futura frente a Alemania. Estas diferencias quedaron plasmadas en el Tratado de Versalles de 1919 y Alemania supo aprovecharlas muy bien para recuperar su fortaleza económica y geopolítica en un tiempo relativamente corto. Francia quería a toda costa humillarle la cabeza a Alemania, impedirle la recuperación económica y erradicar cualquier pretensión de dominación política o militar futura. Estados Unidos e Inglaterra, por el contrario, consideraban que Alemania debía conservar suficiente, aunque moderada, fortaleza como para seguir actuando de muro de contención frente a la amenaza rusa, ahora soviética, pero también evitar futuras derivas dictatoriales, guerreristas o expansionistas. Fieles a su tradición democrática-liberal, esos dos países consideraban que el mejor antídoto contra esas derivas radicales era ayudar a la implantación de la democracia liberal en Alemania y reeducar al pueblo alemán en los valores de la civilización occidental. Esta tensión entre estas dos visiones dentro del campo aliado victorioso marcó las agendas de sus respectivas cancillerías en el tiempo de entreguerras. Por su parte, Alemania hizo todos los esfuerzos posibles durante las negociaciones del Tratado de Versalles, con relativo éxito, para preservar la integridad territorial del Imperio Alemán. Aun cuando Alemania emergió debilitada de la guerra, el Tratado mantuvo la configuración básica de relaciones de poder en Europa. La paz siguió dependiendo del balance de poder entre las potencias, con lo cual el "problema alemán" quedó todo menos resuelto y cubrió con su manto ominoso el acontecer europeo de entreguerras.

Alemania aprovechó las circunstancias de la posguerra para convertir una debilidad interna en una fortaleza. Era la oportunidad para superar la vieja estructura federativa de Estados con amplios márgenes de autonomía, terminar de absorber a los tres Estados fuertes del Sur (Baviera, Baden y Württemberg) y reordenar las finanzas públicas. La nueva Constitución alemana de 1919 (la Constitución de Weimar, que dio nacimiento a la nueva República de Alemania) creó un Estado más centralizado, más unificado, más cohesionado y, al final, mucho más poderoso.

Económicamente, la nación vencida mostró una mayor capacidad de recuperación que sus vencedores europeos. Ya para 1921, Alemania producía tres veces más acero que Francia, país que estaba encontrando dificultades para rehacer su economía. Políticamente, la situación particular de las potencias vencedoras favoreció grandemente el reposicionamiento de Alemania como potencia europea. Rusia se encontraba todavía sumida en las convulsiones de los inicios de la revolución comunista–soviética. El Imperio Británico había entrado en franco e irreversible declive económico, al tiempo que Francia luchaba con sus propias rémoras institucionales y su incapacidad para retomar la senda del crecimiento económico. Estados Unidos se había convertido ciertamente en la principal potencia económica y militar mundial, pero no tenía interés en tomar el relevo de la hegemonía mundial de manos de Gran Bretaña.

En la historia hay ejemplos de lo que sucede cuando una potencia hegemónica mundial deja de ejercer su papel de hegemón, ya sea por egoísmo aislacionista o por simple debilidad, mientras que la potencia emergente no tiene el interés o la suficiente fuerza todavía para asumir el liderazgo. Básicamente, la función hegemónica consiste en proveer lo que los economistas llaman "bienes públicos globales", como son el orden público mundial a través de la supremacía militar o la institucionalidad internacional que facilite el comercio mundial ordenado, el derecho internacional o la preservación del medio ambiente. Si ninguna potencia particular tiene la fortaleza o el interés de proveer estos bienes públicos globales, lo más probable es que la consecuencia sea la conflictividad permanente, la recesión global, los genocidios y, finalmente, la guerra. Y cuando la ambivalencia del liderazgo mundial acontece al mismo tiempo que alguna otra potencia mediana abriga pretensiones de dominar en su región, como Alemania después de 1925, la probabilidad de una conflagración bélica mundial se acrecienta aún más.

Este vacío de un claro liderazgo mundial le permitió a Alemania recuperar su espacio dentro del concierto europeo y mundial antes de lo que hubiera podido esperarse después de haber sido derrotada bélicamente unos pocos años antes. En efecto, en el Acuerdo de Locarno de 1925, apenas 6 años después de finalizada la guerra, Berlín, París y Bruselas, con Inglaterra como garante, firmaron un tratado de no agresión y abrieron la puerta a la incorporación de Alemania a la Liga de Naciones.

Pero nadie había quedado satisfecho con los arreglos territoriales y reparatorios del Tratado de Versalles de 1919, ni vencedores, ni vencidos. El período de interguerras se caracterizó por la constante aparición de posturas y grupos políticos revanchistas y revisionistas, que hicieron muy difícil el establecimiento de relaciones cooperativas entre los países europeos y el comercio entre ellos. En el olvido quedaron los años dorados del liberalismo económico del Patrón Oro, que tanto fomentó el comercio internacional, los flujos de inversiones y la sincronización de las políticas económicas. En su lugar se conformó un sistema de economías aisladas, políticas cambiarias para "molestar al vecino"(beggar thy neighbor policy), protecciones arancelarias y controles de todo tipo hacia lo interno. Este regreso al proteccionismo y a la no cooperación tuvo un fuerte efecto inhibidor del potencial de crecimiento de los países europeos, lo que, aunado a la destrucción generalizada producida durante la guerra, condujo al empobrecimiento de amplias capas de la población y generó el caldo de cultivo para el nacimiento de movimientos políticos extremistas hacia la derecha e izquierda del espectro político.

Revanchismo de las élites y penurias de las clases populares ofrecieron el marco propicio para el surgimiento del nacional-socialismo y la toma del poder por parte de Adolf Hitler en 1933. Lo relevante que aquí interesa destacar es que el surgimiento de la figura y del pensamiento de Hitler no se puede entender como un hecho fortuito o aislado, sino como un episodio dentro de la larga cadena de miedos, prejuicios y desconfianzas que influenciaron fuertemente la política exterior de Alemania desde los tiempos de Bismarck y a la cual hemos hecho breve referencia en páginas anteriores.

La tesis central de Hitler en *Mein Kampf* (1925-1926) era su visión de la política internacional como el escenario de la lucha de los países por defender o agrandar su "espacio vital". Era el tamaño de este espacio el que determinaba de manera fundamental el poder de las naciones. A esta tesis central se le añadía la convicción de que Alemania disponía de un espacio territorial inferior al que le "correspondía", no sólo por el despojo que había sufrido de sus territorios del Este (Polonia) al final de la Primera Guerra Mundial, sino por un cierto "derecho natural" a un espacio acorde con la grandeza del destino alemán. Afirmaba Hitler en su manifiesto que "Alemania ... debe luchar por eliminar la desproporción entre su población y su superficie... Tierra en el Este, en el territorio de Rusia y sus Estados vasallos, debería ser el objetivo de la política exterior alemana". En noviembre de 1937 Hitler confesó que era su "inalterable determinación resolver el problema de espacio de Alemania para 1943-1945".

La traumática experiencia de la Primera Guerra Mundial, tanto la vivida antes de la guerra como durante ella, había sembrado con raíces profundas en el pueblo alemán la angustia vital de verse cercados, sofocados o aplastados por una coalición de países vecinos. Frente a esta amenaza existencial, Hitler y los estrategas de la política exterior alemana nuevamente sentían que necesitaban tomar acciones "preventivas". Esas acciones preventivas abarcaron desde industrialización agresiva para incrementar la capacidad militar, hasta lanzamiento de ataques preventivos o aseguramiento de las fronteras mediante la ocupación de territorios vecinos. Esta estrategia planificada y sistemática de expansión territorial es la que diferenció la política exterior alemana previa a la Primera Guerra Mundial respecto a la política previa a la Segunda Guerra Mundial. La ocupación de territorios vecinos no era el elemento central y constitutivo de la política alemana antes de la primera guerra mundial, sino más bien una consecuencia que se pudiera derivar de las acciones preventivas. Para Hitler, por el contrario, ampliar el "espacio vital" alemán era el eje y objetivo final de su política exterior.

La anexión "pacífica" de Austria en marzo de 1938 y la ocupación en otoño de ese mismo año de Sudetenland, región de habla predominantemente alemana perteneciente a Checoslovaquia, constituyeron los primeros hitos tangibles de este proyecto de expansión territorial. La tibia reacción inicial de las potencias europeas Francia e Inglaterra, las cuales creyeron que era posible "apaciguar" a Alemania mediante gestiones diplomáticas, insufló en Hitler la confianza en la posibilidad de que esta tolerancia pudiera continuar al invadir Polonia en septiembre de 1939 y de que el conflicto bélico se circunscribiera a una guerra con Rusia. Se equivocó Hitler en sus cálculos, porque tenía que haberle sido evidente que Francia e Inglaterra no iban a permitir que la expansión belicista alemana rompiera el precario equilibrio de poderes en el centro de Europa. Francia e Inglaterra le declararon la guerra a Alemania, quien nuevamente quedó atrapada en una conflagración contra las tres grandes potencias europeas.

Las dos Guerras Mundiales de la primera mitad del siglo XX son apenas dos episodios de una misma larga confrontación entre Alemania y el resto de Europa desde fines del siglo XIX[4]. El hilo conductor fue el problema de una Alemania, cuya posición central en Europa, su industriosidad y su tamaño la hacían demasiado fuerte e importante como para mantenerla relegada, pero no lo suficientemente poderosa como para dominar y subyugar a sus vecinos. Estos se sentían permanentemente amenazados por lo que percibían como una naturaleza expansionista y militarista del Estado prusiano, al mismo tiempo que Alemania vivía en permanente angustia vital por el miedo a ser cercada y aplastada por sus vecinos, como tantas veces había sucedido antes de la unificación alemana en el siglo XIX. Esta profunda desconfianza mutua impregnó la relación de Alemania con las potencias europeas. A su vez, la angustia vital llevó a Alemania a entrar en una espiral de miedo, carrera armamentista y

---

4 Esta línea de interpretación está apuntada brevemente en la obra de Tony Judt (2005), *Postwar: a History of Europe since 1945*, p. 4.

acciones de fuerza "preventivas". Una espiral de profecías autocumplidas y aislamientos autoinducidos.

No hubo paz ni deseo de paz después de la Primera Guerra Mundial. Alemania no quedó ni destruida ni neutralizada. Ciertamente le fueron impuestas severas cargas de reparación económica y la despojaran de territorios por el flanco Este, pero las ya mencionadas diferencias entre los aliados victoriosos sobre cómo manejar el problema alemán le dio a Alemania un inusual espacio para reconstituirse en un tiempo relativamente corto. De esta forma, el problema alemán siguió vivo después de 1918 y Europa retornó a la vieja inestabilidad que había caracterizado su historia de varios siglos. La política exterior e interior de los países europeos durante la entreguerras, tanto del lado vencedor como del vencido, estuvo dominada por el "revanchismo" populista, los agravios no olvidados, las pretensiones territoriales, el proteccionismo y el aislamiento. Al interior de los países se hicieron presentes virulentas confrontaciones de todo tipo: raciales, sociales, clasistas, ideológicas. Todos estos elementos permiten afirmar que el conflicto germano-europeo no se interrumpió entre 1918 y 1939, sino que asumió otras formas no militares.

Con este telón de fondo, el estallido de la Segunda Guerra Mundial no debió haber tomado por sorpresa a nadie. Nuevamente Europa quedó destruida, nuevamente Alemania resultó vencida. A diferencia de las postrimerías de la Primera Guerra, esta vez las potencias aliadas estuvieron decididas a terminar de una vez por todos con la amenaza alemana. En esta tarea fueron ciertamente exitosas las potencias vencedoras, no así en la tarea de dejar resuelto el "problema alemán". De hecho, la intensa actividad diplomática de la posguerra, los arreglos de fragmentación territorial de Alemania y los primeros pasos del proyecto de integración de Europa estuvieron marcados por la presencia de ese problema alemán. Nuevamente, los aliados no se pusieron de acuerdo sobre cómo enfrentar este problema. Mientras que Rusia y Francia se oponían radicalmente a la reconstrucción de Alemania, Estados Unidos e Inglaterra estaban a favor de reinsertarla en el concierto mundial de naciones una vez que abrazara los valores liberales y democráticos. En esta disputa entre los tres aliados occidentales, el proyecto de una Europa integrada adquirió una singular relevancia como la vía de consenso para manejar la reinserción de Alemania en Europa y en el mundo.

II

MOTIVACIONES POLÍTICAS
DE LA INTEGRACIÓN EUROPEA

Se ha desarrollado una interesante discusión sobre si el nacimiento y los grandes hitos de la unión europea se originaron primordialmente por razones económicas o por razones políticas. Quienes resaltan las razones económicas apuntan hacia la racionalidad y las ventajas que la cooperación económica, el desmontaje de barreras comerciales o el libre movimiento de bienes, servicios y personas tienen para el bienestar de las gentes y el crecimiento de las naciones. Aun cuando en no pocos casos la integración económica europea haya sucedido menos por diseño racional y planificado y más por imposiciones de las crisis y los problemas, ello no quita, dicen los abogados de esta interpretación, que hayan prevalecido las razones económicas. Y quienes resaltan las razones políticas encuentran la explicación del origen de la integración en traumas de guerras pasadas, en las relaciones de poder geopolítico y en los respectivos intereses políticos de las naciones europeas.

Como tantas veces sucede en la interpretación de la historia, las visiones unicausales difícilmente hacen justicia a la realidad de las cosas. No puede ser de otra manera si la vida de los seres humanos, de las instituciones y de las naciones es consustancialmente compleja, multidimensional y sistémica. La misma complejidad aplica a Europa y a su proceso de integración. No compartimos aquí, sin embargo, el eclecticismo insulso de quienes lo ven todo tan complejo, interconectado y por ello confuso, que no son capaces de descifrar las líneas maestras que explican la historia.

El verdadero motor, la verdadera motivación inicial detrás del proyecto de integración de Europa fue el trágico estado en que quedó sumido el continente después de la Segunda Guerra Mundial. Nunca más podía haber otra guerra en suelo europeo, era la convicción profunda del liderazgo y de la gente común. Todo lo que se hizo en los primeros lustros después de la guerra estuvo teñido de este pensamiento. Y parte esencial de ese pensamiento era la determinación de resolver el problema alemán, razón por la cual se puede afirmar que el proyecto europeo fue una forma de resolver ese problema.

El nuevo orden europeo: integración para superar las guerras

La larga historia de desconfianza mutua entre Alemania y el resto de las potencias europeas arropó también con su sombra el acontecer europeo después de la Segunda Guerra Mundial y la senda hacia la integración europea, especialmente en las primeras dos décadas. Esta vez, sin embargo, a diferencia del Tratado de Versalles de 1919, la nación vencida fue tratada con mucha más severidad. Según los acuerdos de la Conferencia de Yalta de febrero de 1945, Alemania quedó fragmentada en cuatro zonas, cada una de ellas bajo la tutela de una de las cuatro potencias aliadas victoriosas: Francia, Inglaterra, Estados Unidos y Rusia. La capital Berlín, aun cuando quedó dentro del territorio de la zona rusa, recibió un estatus especial y fue también dividida en cuatro partes como símbolo icónico del desmembramiento alemán.

Pero nuevamente la constelación de relaciones de poder de la geopolítica mundial le abrió una ventana de oportunidad a Alemania para una rápida recuperación económica. En el marco de la confrontación entre comunismo y liberalismo democrático dentro de la Guerra Fría que se inició en la fase final de la Segunda Guerra Mundial, ninguna de las dos partes quería permitir que el vencido (Alemania) cayera bajo la influencia del otro bando. Entre los aliados hubo consenso de que ninguna forma de militarismo alemán podía ser permitida. Donde el consenso no fue tan claro, sin embargo, fue en cuanto a permitirle a Alemania reconstruir su economía e implantar progresivamente formas de autogobierno.

No es difícil trazar líneas de similitud y continuidad con las actitudes y visiones de los aliados en el Tratado de Versalles del año 1919.

MOTIVACIONES POLÍTICAS DE LA INTEGRACIÓN EUROPEA 49

Francia y Rusia asumieron la línea radical de no permitir ninguna recuperación económica alemana, ni tampoco permitirle tomar las riendas de su vida política interna. Estados Unidos, por el contrario, se mostró más inclinado a favorecer una progresiva recuperación económica, la paulatina integración de Alemania dentro del sistema político mundial y la adopción de formas de gobierno propio y democrático. Más allá de la convicción auténtica que los Estados Unidos de América pudieran tener a favor de los valores y principios liberales-democráticos, una fuerte dosis de realismo estuvo también presente en esta política de favorecer la recuperación alemana. En el contexto de la Guerra Fría, el vacío de poder que se había creado en el centro de Europa representaba un serio peligro de que el comunismo soviético pudiera penetrar a fondo la región. Una Alemania subyugada, humillada y viviendo en régimen de penuria económica podía ofrecer el caldo de cultivo propicio para sentimientos antioccidentales y para la penetración del comunismo. La amenaza soviética en el marco de la Guerra Fría inclinó definitivamente la balanza del nuevo líder indiscutido del hemisferio occidental, los Estados Unidos a favor de permitirle espacios crecientes a la recuperación alemana. Gran Bretaña, como tercer actor en juego, asumió una posición más tibia, oscilando entre su tradicional liberalismo político y el resentimiento anti alemán por dos guerras peleadas contra Alemania.

La diplomacia de los Estados Unidos no ignoraba el potencial peligro de la apuesta por la restauración de Alemania como nación, razón por la cual en su visión de mediano y largo plazo favorecieron entusiastamente el proyecto de integración europea. El reputado diplomático estadounidense George Kennan expresaba crudamente el dilema en 1948: "Si no hay una verdadera federación europea y si Alemania es restablecida como un país fuerte e independiente, tenemos que esperar otro intento de dominación alemana. Si no hay una verdadera federación europea y si Alemania no es restablecida como un país independiente, estaremos invitando la dominación rusa..."[5]. Un par de años más tarde, John McCloy (US High Commissioner for Germany) declaraba que "ninguna solución permanente al problema alemán parece posible sin una unión europea efectiva"[6].

---

5   Citado en Simms (2013), p. 381.

6   Citado en Simms (2013), p. 403.

Estas afirmaciones lapidarias pusieron el dedo en el centro neurálgico de lo que había sido el "problema alemán" para Europa desde el siglo XVI, al que hacíamos referencia en el capítulo pasado. El vacío en el centro de Europa siempre invitaba a alguna de las potencias europeas a ocuparlo, con lo cual se rompía el equilibrio de poder y se desataba la guerra. Pero también la poderosa presencia de la Alemania unificada y "expansionista" después de 1871 representaba una amenaza para el equilibrio europeo de poder, que terminaba igualmente conduciendo a la guerra. Después de 1945, nadie quería tampoco ni el vacío generado por el castramiento del vencido como nación, ni la presencia amenazante de una potencia económica de "malos antecedentes de conducta".

Tanto para evitar la dominación alemana, como para frenar la penetración ruso-soviética, era necesario unir a Europa. Esta fue la clave de la que fue luego la principalísima motivación política que impulsó la integración económica europea, especialmente por parte de Francia después de superado un primer lustro de anti-germanismo visceral. El mensaje era simple: una verdadera federación europea –entendida al estilo de la federación de los Estados americanos– era la condición *sine qua non* de la solución del problema alemán. Porque si se restablecía el poder de Alemania sin el marco de contención de una unión europea, la consecuencia sería el resurgimiento del dominio alemán. Y si no se le permitía levantar cabeza a Alemania y tampoco estaba presente una Europa unida, la dominación soviética lucía inevitable.

Esta convicción marcó también las prioridades de la política estadounidense hacia Europa después de la guerra. En el marco de la Guerra Fría, una Europa unida era de importancia vital para generar un contrapeso frente a la Unión Soviética. Por esta razón, las autoridades norteamericanas siempre apoyaron de forma entusiasta cualquier iniciativa de integración de las naciones europeas, apoyo que muchas veces fue poco retribuido, lo cual generó grandes desencantos en los norteamericanos a causa de las desuniones internas entre los países europeos. En esta tónica de revitalizar Europa, los Estados Unidos lanzaron en 1948 un ambicioso plan de recuperación económica, el Plan Marshall, con inversiones cercanas a los 200.000 millones de dólares a valores actuales. Francia ofreció inicialmente fuerte resistencia a la incorporación de Alemania dentro del Plan Marshall, pero no logró desviar la posición de Estados Unidos. Lo que sí logró fue una porción más sustanciosa de los recursos, al mejor estilo francés de negociación que tantos frutos le rendiría después en la construcción de la unión económica europea cada vez que vendía caro el retiro de su oposición (veto) a iniciativas comunitarias.

Durante los primeros lustros de la posguerra, los vencedores trabajaron en esquemas que le permitieran a Alemania superar las penurias y progresar, pero siempre constreñida dentro del control de los ejércitos aliados, en un primer momento, y luego dentro de instituciones comunitarias europeas. Los vencidos, por su parte, querían demostrar que habían aprendido la lección de la historia y que eran capaces de rehabilitarse ante el mundo, formando entusiastamente parte de una Europa basada en valores democráticos y de convivencia pacífica. Había también en la actitud alemana una buena dosis de interés propio: únicamente siendo un "europeo ejemplar" se le iba a conceder al vencido el permiso de progresar y, sobre todo, la aquiescencia en algún momento futuro del gran objetivo de la reunificación alemana.

Justo es reconocer que, más allá de su profunda aversión y desconfianza hacia Alemania, fue Francia de donde partieron buena parte de las iniciativas de integración europea en la primera década de la posguerra. En el fondo, Francia entendió y aceptó pronto la tesis de los Estados Unidos de que la mejor forma de "neutralizar" a Alemania era integrándola en una Europa donde, por supuesto, Francia tuviera alguna forma de hegemonía o control políticos. Las iniciativas integracionistas francesas, además, entroncaban dentro de una larga tradición de aportes a la construcción de Europa. Fue el economista francés Charles Gide quien impulsó en 1924 el Comité Internacional para una Unión Aduanera Europea. Dos años después, bajo el liderazgo de Francia, se firmó el Pacto del Acero entre Francia, Alemania, Luxemburgo, Bélgica y la Región del Saar, un cartel para regular precios y producción, al cual se adhirieron después Checoslovaquia, Austria y Hungría. Ahí empezaron a reconocer Francia y Alemania su mutua dependencia en el campo de carbón, del hierro y del acero. En 1940, Pierre Pucheu, un alto funcionario del Gobierno colaboracionista de Vichy, propuso una unión económica europea y una moneda común, idea que despertó simpatía entre los oficiales alemanes porque le daría entidad supranacional a la ocupación de buena parte de Europa por parte de Alemania. Y en 1943 Jean Monnet, miembro del gobierno en el exilio del General de Gaulle y uno de los "padres fundadores" de la Unión

Europea, expresó de forma contundente su convicción de que la única forma de lograr paz, prosperidad y progreso social en Europa era que sus Estados conformaran una entidad europea unitaria, una Federación de Naciones ("No habrá paz en Europa si los Estados se reconstituyen sobre la base de la soberanía nacional... Las naciones de Europa son demasiado pequeñas para garantizar a sus pueblos la prosperidad necesaria y el desarrollo social. Los Estados europeos deben unirse en una Federación...")[7].

La reticencia inicial de Francia a permitir la participación de Alemania en las discusiones e iniciativas europeístas de los primeros años de la posguerra tuvo que relajarse por la fuerza de una serie de acontecimientos sucedidos durante 1948-1949. En ese bienio sucedió el golpe de Praga, el bloqueo soviético de Berlín, la creación de la OTAN y el acuerdo del resto de los aliados, por presión de los Estados Unidos, de permitir la conformación de Alemania Occidental como Estado. Este paso trascendental permitió la unificación de las tres zonas de ocupación dentro de una República Federal Alemana.

A estas realidades geopolíticas se unió la preocupación francesa frente a la rápida recuperación de las industrias alemanas del hierro y del acero al otro lado del Rin. Las principales reservas de carbón y de mineral de hierro se encontraban del lado alemán y Francia necesitaba mantener algún tipo de control o acceso sobre ellas. Así nació en 1949 la propuesta de Jean Monnet de colocar las reservas de minerales y la producción de acero bajo el control de una autoridad supranacional conjunta. Esta propuesta adquirió concreción en 1950 con el Plan Schuman, ministro francés de Relaciones Exteriores para ese momento. Fiel a la tradición europeísta francesa, Robert Schuman miraba mucho más allá del manejo conjunto del hierro y del carbón. Para él la integración de la producción del carbón y del hierro "debía conducir de forma inmediata a la construcción de las fundaciones comunes para el desarrollo económico como un primer paso hacia la Europa federada..." (declaración dada el 9 de mayo de 1950)

El tratado fundacional de la Comunidad Europea del Carbón y del Acero se firmó en Paris en abril de 1951 entre los seis países participantes que luego también impulsarían la unión económica europea (Francia, Alemania, Bélgica, Holanda, Italia y Luxemburgo). Era una solución

---

7 Citado en Judt (2005), p.153.

europea a un problema francés, puesto que así lograba Francia asumir indirectamente el control sobre la industria básica alemana. Poco o nada ganaba económicamente Alemania con este tratado, pero se sumó a él con beneplácito porque era el primer acto de reconocimiento y aceptación formal del Estado alemán como un miembro igual del concierto europeo. La primera prioridad del canciller alemán Konrad Adenauer había sido el acercamiento a Francia, la cual fue una constante durante las varias décadas que duró la progresiva unificación europea.

Los dos lustros posteriores a la guerra fueron testigos de múltiples esfuerzos por avanzar también hacia mayores niveles de colaboración en el ámbito militar. La Guerra Fría iba tomando aristas cada vez más confrontacionales, con una Unión Soviética muy segura de sí misma y dispuesta a disputarle a Estados Unidos su hegemonía, principalmente en Europa. Los países europeos pertenecientes a la alianza occidental sentían una amenaza muy cercana y, aunque sabían que gozaban de la garantía de defensa del poderío militar de Estados Unidos, especialmente después de establecida la alianza de la Organización del Tratado Atlántico Norte (OTAN) en 1949, necesitaban construir líneas propias de defensa para conflictos de menor intensidad.

Francia e Inglaterra decidieron obviamente entrar en la carrera del armamento nuclear. Ello motivó a que no se plegaran a los continuos esfuerzos y propuestas de los Estados Unidos para que Europa unida creara su propio frente de disuasión nuclear. Al igual que los norteamericanos, muchos europeístas veían en la integración militar una puerta de entrada para avanzar hacia estadios superiores de integración política, pero la resistencia e individualismo de Inglaterra y Francia, especialmente de ésta última, hicieron lento y sinuoso avanzar en este proyecto. En el centro del conflicto estaba nuevamente la cuestión alemana. El objetivo central, casi obsesivo, de Francia era evitar el rearme de Alemania. No es que tampoco Inglaterra propiciara el rearme alemán, pero al igual que los Estados Unidos veía la cuestión alemana en el contexto más global de la amenaza soviética y de la Guerra Fría, razón por la cual tendía a aceptar pragmáticamente, no sin la acostumbrada ambigüedad y reticencia, una cierta presencia de Alemania Occidental en la escena de mecanismos de defensa europeo-americanos.

Francia veía con suspicacia el entusiasmo con el que los Estados Unidos apoyaba la consolidación de la OTAN, porque consideraba que esa organización era el caballo de Troya dentro del cual se podía gestar la remilitarización de Alemania. Inteligentemente, la misma Alemania Occidental se mostraba más bien reticente a cualquier involucramiento o rearme militar en el marco de la OTAN, primeramente, porque necesitaba ella misma superar el trauma de las dos guerras y luego porque era la primera interesada en que sus vecinos europeos no la percibieran como una amenaza, sino más bien que la solicitaran como un socio confiable para la recuperación de Europa. En este contexto, con el doble propósito de tener control sobre los asuntos militares europeos y para evitar el rearme independiente de Alemania, Francia decidió asumir la iniciativa de diseñar y proponer un esquema de cooperación militar europea. Surge así en octubre de 1950 la propuesta de René Pleven, el Primer Ministro francés, de establecer una Comunidad Europea de Defensa, que organizara las materias militares europeas mediante una Asamblea de Jefes de Estado, un Consejo de Ministros y una Corte de Justicia. El Tratado de creación de la Comunidad Europea de Defensa fue firmado en mayo de 1952 por los mismos seis países signatarios de la Comunidad del Acero y del Carbón. Cada uno de los países podía mantener sus unidades militares bajo el mando directo de sus respectivos gobiernos, excepto Alemania, que dependería del comando unificado de la Comunidad Europea de Defensa.

Paradójicamente, aunque en línea con otros episodios de autosabotaje, la Asamblea Nacional Francesa rechazó ratificar el Tratado de la Comunidad Europea de Defensa en agosto de 1954, supuestamente porque no ofrecía suficientes garantías para evitar el resurgimiento del militarismo alemán. En una especie de efecto *bumerán*, ante el vacío creado por este rechazo, Estados Unidos e Inglaterra retomaron la iniciativa e impulsaron una actualización del Tratado de Bruselas. Este tratado, firmado originalmente por Inglaterra, Francia, Bélgica, Holanda y Luxemburgo en 1948, había sido un tratado convencional de mutua defensa posguerra, especialmente dirigido a responder a una eventual amenaza militar alemana. Seis años más tarde, con la Guerra Fría, la amenaza y el enemigo habían cambiado. En conferencias realizadas en Londres y París a fines de 1954 se sentaron las bases de lo que sería la política y la institucionalidad de defensa común europea por lo que quedaba de siglo. El Tratado de Bruselas se transformó en la Unión Europea Occidental, a la cual se incorporaron Italia y Alemania, además de los cinco países fundadores. El Tratado le permitía a Alemania poner en pie un ejército de no más de medio millón de efectivos y le abría el camino para su incorporación plena a la OTAN como Estado soberano. El gran objetivo de la política exterior alemana de la posguerra se estaba logrando. Las fuerzas militares aliadas permanecieron estacionadas en las tres zonas de la Alemania dividida, pero no ya como fuerzas de ocupación sino como fuerzas conjuntas de la alianza militar europeo-estadounidense para disuadir la amenaza soviética.

La particularidad británica: permanente ambigüedad

Una mención aparte merece la actitud británica hacia la integración europea, desde los inicios hasta hoy. Gran Bretaña decidió no formar parte de la comunidad del carbón y del acero, revelando así otra constante de la dinámica de integración europea: la ambigüedad británica. A los británicos siempre les gustó estar sentados a la mesa europea, elegir el menú, pero sin terminar de formar parte de ella. Winston Churchill fue decisivo en la conformación de la posición británica. Como dijo Churchill en una intervención ante la House of Commons en 1953 con motivo de la discusión de una propuesta francesa de conformar la comunidad europea de defensa: "Estamos con Europa, pero no parte de ella… Estamos vinculados, pero no absorbidos". Difícil expresar mejor la ambigüedad británica frente a Europa[8]. Desde el mismo comienzo de las iniciativas europeas de la posguerra, la retórica del discurso británico en pro de la unión se apagaba cuando había que trasladar algún grado de poder de decisión a instancias supranacionales. Hasta ahí llegaba su entusiasmo comunitario Ellos estaban únicamente dispuestos a formar parte de órganos colegiados donde todo el poder residiera en las respectivas delegaciones de gobiernos, ya fueran funcionarios, ministros o jefes de Estado, pero nunca en instancias que pudieran imponer decisiones sobre los gobiernos nacionales y significaran algún grado de cesión de soberanía. Y si Inglaterra llegaba a formar parte de alguna institución comunitaria, siempre venía acompañada la negociación de incorporación con alguna cláusula de opción de salida. Mucho antes que el Brexit,

---

8   Simms (2017) hace un recuento histórico de mil años de la larga y complicada relación de Gran Bretaña y Europa, oscilando siempre entre el conflicto y la cooperación.

Europa siempre tuvo su "problema británico" a la hora de avanzar en el proceso de integración.

Además de no sentirse plenamente parte de Europa, la realidad es que Gran Bretaña tampoco percibió que necesitara realmente de ella, al menos hasta que su propio declive económico se hizo patente. Esta percepción de poder prescindir de Europa fue especialmente fuerte durante los primeros tres lustros que siguieron al fin de la guerra, cuando la particular relación inglesa con sus excolonias le confería una cierta base real de favorecimiento. A pesar del enorme sacrificio material que tuvo que hacer durante el conflicto bélico, los restos aún en pie –y nada despreciables– de lo que había sido el Imperio Británico le conferían a Inglaterra unas fuentes de recursos y unas relaciones comerciales de las que las otras potencias europeas no disponían. El hecho de formar parte de la Mancomunidad Británica (British Commonwealth) le permitía disponer de importantes mercados de exportación y de fuentes de materias primas. Baste mencionar que las exportaciones inglesas al resto de los países de la Mancomunidad Británica en 1947 eran equivalentes a la suma de exportaciones de los seis países que formaron la comunidad del acero y del carbón. De hecho, el principal argumento que los ingleses esgrimieron inicialmente para no formar parte de los diversos tratados de comercio o aduaneros europeos era su incompatibilidad con los compromisos existentes con los países de la Commonwealth, cosa que posteriormente se evidenció como insustancial.

Sin embargo, ésta relativa mejor posición económica inicial de Inglaterra no debe ocultar el hecho de que también ella emergió muy pobre de la guerra. Los ciudadanos ingleses tuvieron que soportar la práctica continuación de la economía de guerra hasta bien entrada la década de los 50, caracterizada por restricciones al consumo, aguda escasez, controles de precios, racionamientos, colas para todo, austeridad y crisis cambiarias. La diferencia con Europa, especialmente Francia y Alemania, fue que estos países retomaron mucho más rápido la senda del crecimiento y la prosperidad. Más de una década tardaron los ingreses en entender que se habían quedado rezagados y que necesitaban de Europa más de lo que pensaban.

Tampoco ayudó a la incorporación de Inglaterra al concierto europeo la especial relación que deseaba mantener con los Estados Unidos. La prioridad y el foco de atención del *Foreign Office* inglés se concentró en el otro lado del Atlántico, especialmente cuando Winston Churchill retornó al frente del gobierno desde 1951 hasta 1955. Para ese momento el centro de poder político, económico y militar se había trasladado a ese otro lado del Atlántico, mientras que Gran Bretaña se encontraba sumida en un acelerado proceso de deterioro, no sólo por el derrumbe definitivo del Imperio, sino también por las equivocadas concepciones económicas. Los Estados Unidos, sin embargo, como novia cortejada no apreció ni cultivó esa "especial" relación con Inglaterra, más bien se sentían irritados por la negativa de este país a integrarse a Europa o, al menos, a facilitar los procesos de colaboración europea en el campo militar y económico. Porque no cabe duda de que la política exterior estadounidense siempre apostó por una Europa lo más unida posible. Al final, Gran Bretaña quedó en una situación incómoda: por un lado, la relación "especial" con Estados Unidos dejó de ser tan especial y, por otro lado, le dejó el campo libre a Francia para que dominara a su antojo la escena europea.

Para entender mejor esta relación ambigua y particular de Gran Bretaña con Europa, es necesario indagar someramente sobre el pensamiento "europeísta" de Winston Churchill, el hombre que marcó la vida política británica durante y después de la guerra. Churchill fue un apasionado defensor de la idea de Europa en los años de la posguerra, al menos hasta comienzos de su segundo gobierno (1951-1955). Sin embargo, muchos pusieron luego en duda la honestidad de su vocación europea a tenor de las que fueron sus actuaciones en ese su segundo gobierno. Roy Jenkins (2001), en nuestra opinión el mejor biógrafo del Churchill político, aporta interesantes elementos que matizan y corrigen las interpretaciones extremas de los defensores y detractores del europeísmo churchiliano. Winston Churchill fue un sincero y entusiasta abogado de la unión europea una vez concluida la guerra, pero siempre nadó en esa ambigüedad que tan elegantemente siguieron manejando los políticos y diplomáticos británicos. La ambigüedad de Churchill fue quizás menos perceptible en el primer lustro después de concluida la guerra, pero se hizo más visible cuando volvió a tener responsabilidades de gobierno a partir de 1951. Una cosa era dibujar grandes visiones europeístas y otra tomar la decisión como gobierno de formar parte de una Europa unida.

Winston Churchill era un hombre apasionado. Cuando abrazaba una causa, lo hacía con entusiasmo y tenía la enorme habilidad de contagiar a mucha gente con ese entusiasmo. Le encantaba la grandilocuencia en los discursos; nada sobre lo que hablara podía tener la más remota apariencia de banalidad, sus sentencias eran elaboradas con la majestuosidad con la que necesariamente debían estar revestidas las grandes visiones del mundo y de la historia con las que gustaba deleitar a sus audiencias. Preparaba sus discursos con mucho cuidado y los retrabajaba cuantas veces fuera necesario. Pero una vez en el estrado de los oradores, el verbo manaba con fluidez, elegancia y solemnidad.

Uno de esos discursos memorables fue la conferencia que dictó en el mes de septiembre de 1946 en la Universidad de Zurich[9]. En esa ocasión condensó lo que era su pensamiento sobre la reconstrucción de Europa y los pilares sobre los que debía asentarse el proceso de unificación europea. Churchill estaba en ese momento plenamente convencido de que únicamente una Europa unida podía dejar atrás la tragedia de dos guerras mundiales que habían estallado con apenas 20 años de separación. Más allá de este convencimiento, que la inmensa mayoría compartía, la idea central del planteamiento era que esa unidad debía construirse sobre la alianza entre Francia y Alemania. El mensaje central del discurso fue la necesidad de "... recrear la familia europea tanto como se pueda y proveerla de una estructura bajo la cual pueda morar en paz, seguridad y libertad. Tenemos que construir una especie de Estados Unidos de Europa, basados primordialmente en la reconciliación francoalemana... No puede haber un renacimiento de Europa sin una Francia grande espiritualmente y sin una Alemania grande espiritualmente...". Esas palabras lapidarias, pronunciadas apenas un año después de concluida la Guerra, chocaban violentamente contra la enemistad todavía enardecida entre franceses y alemanes y contra la voluntad firme de Francia de no permitirle levantar cabeza a Alemania por el tiempo previsible. Los años, sin embargo, demostraron que el eje francoalemán iba a convertirse en la columna vertebral del proceso de formación de la unión europea.

El problema era que ninguno de estos dos países, especialmente Francia, estaban listos en ese momento para llegar a un entendimiento, a no ser que Gran Bretaña asumiera el papel de fiel de la balanza. Charles de Gaulle así se lo manifestó sin ambigüedad a Duncan Sandys, yerno de Churchill, a quien éste envió a Francia a explorar la reacción del establecimiento

---

9   Churchill, W. (1946), Speech, University of Zürich, 19/IX/1946. http://www.churchill-society-london.org.uk/astonish.html.

político francés a sus planteamientos. El núcleo fundacional, según de Gaulle, debía ser la alianza entre Francia e Inglaterra, y esto únicamente una vez que ambos países se pusieran de acuerdo sobre cómo tratar el problema alemán, en otras palabras, cómo neutralizar definitivamente a Alemania.

Más allá del debate de ideas, no fue menor el aporte que Churchill hizo a la construcción de los primeros andamios institucionales de Europa. En 1947 promovió la formación de un "Movimiento de Unidad Europea" y desde allí contribuyó a múltiples iniciativas conjuntamente con otros líderes europeos. Esas iniciativas culminaron en la Conferencia de La Haya en mayo de 1948 con la creación del Consejo de Europa y la celebración en el verano de ese año del Primer Consejo de la Asamblea Europea en Estrasburgo con la participación de cerca de 200 delegados de Gran Bretaña, y las respectivas delegaciones de Irlanda, Francia, Italia, Países del Benelux, Suecia, Dinamarca y Noruega. Aun cuando este Consejo de Europa no tenía ninguna autoridad institucional, fuera de ser un espacio de discusión de propuestas, contribuyó en gran manera a crear el "*momentum*" para otras iniciativas europeas más concretas. Con motivo de la celebración de la Segunda Asamblea del Consejo de Europa, Churchill dio un discurso en la Place Kleber de Strasbourg ante 20.000 personas entusiasmadas con la idea de Europa.

En uno de sus discursos ante el Parlamento británico en el marco de las discusiones sobre una política común de Defensa, Churchill llegó incluso a sugerir la necesidad de ceder parcelas de soberanía para avanzar hacia la unión política de Europa: "La ayuda mutua en el campo económico y en la defensa militar conjunta tiene que venir inevitablemente acompañada de una política paralela, paso a paso, de unidad política cada vez más estrecha". Durante los debates parlamentarios de 1950 acerca del Plan Schuman para la formación de la Comunidad Europea del Carbón y del Acero, criticó severamente la actitud "insular" del gobierno laborista de Attlee, que había decidido mantenerse como mero observador con delegados de tercer nivel.

Pero cuando en octubre de 1951 asume nuevamente el cargo de Primer Ministro, Churchill no hizo nada para revertir la decisión del gobierno laborista de no formar parte de la Comunidad Europea del Carbón y del Acero. Más revelador aún, tampoco Churchill quiso que Gran Bretaña fuera miembro de la Comunidad Europea de Defensa, iniciativa puesta en marcha por el francés Rene Pleven en otoño de 1951 y cuyo acuerdo se firmó en mayo del año siguiente. Esta posición resulta especialmente llamativa después de que apenas un año antes, en agosto de 1950, Churchill había aupado en la Segunda Asamblea del Consejo de Europa una resolución a favor del principio de un "Ejército Europeo Unificado". Tampoco tuvo el gobierno de Churchill ni el de su sucesor Anthony Eden una participación activa y entusiasta en la Conferencia de Messina de Junio 1955 y en las sucesivas rondas de negociación que culminaron en el Tratado de Roma y la creación de la Comunidad Económica Europea.

Esta actitud llamativamente ambigua de Churchill respecto a Europa fue luego replicada consistentemente por los sucesivos gobiernos británicos hasta nuestros días. No es que Churchill no deseara sinceramente que la unidad de Europa se concretara, pero prefería ver a Gran Bretaña como observadora benevolente del proceso. No hace falta ser muy agudo para imaginarse que detrás de la ambigüedad había algo más que mero capricho. Una primera línea de interpretación que intenta exonerar a Churchill de la acusación de incoherencia es que la política exterior de su segundo gobierno fue manejada por Anthony Eden, quien manifiestamente nunca comulgó con la causa de la unidad europea ni mucho menos con la participación de Gran Bretaña en ella. La sobrevivencia política de Churchill en el gobierno dependía en buena manera del apoyo de Eden, por lo que evitaba entrar en conflicto con quien el partido había consensuado como el sucesor. Sin embargo, Churchill no era persona de no pelear por las ideas que él consideraba importantes y prioritarias. Simplemente, Europa no era suficiente prioridad para él en su segundo gobierno.

Más solidez tiene la segunda interpretación, que apunta a la visión de Churchill –compartida por el *establishment* británico- del lugar especial de Gran Bretaña en el mundo. De acuerdo a esa visión, la singularidad vendría dada por el hecho de pertenecer al mismo tiempo a tres círculos entrelazados: Europa, los Estados Unidos de América y la Mancomunidad Británica (Commonwealth). Europa, el primer círculo, no podía ser un espacio "restringente" que impidiera cumplir con esa misión especial "atlántica" e "imperial" de los otros dos círculos. Por eso, más allá de los sueños y discursos de algunos europeístas como Churchill, a la hora de la verdad Gran Bretaña nunca se sintió verdadera e íntegramente europea y menos cuando ello pudiera implicar más costos que beneficios. Los otros dos círculos tocaban más directamente los intereses materiales y eran vistos como incompatibles con una plena incorporación a Europa. En cuanto a la "misión atlántica" de la especial relación con los Estados Unidos (el segundo círculo), la lectura que Churchill hacía de esa relación y de su hipotética incompatibilidad con Europa resultó ser equivocada. Los norteamericanos fueron desde el primer día de la posguerra fervientes partidarios de la unión europea, especialmente en el campo militar. Más bien se sintieron defraudados y desconcertados por la negativa británica a dar pasos concretos hacia su integración en Europa.

Únicamente el tercer círculo, la Mancomunidad imperial, implicaba ataduras y compromisos con las excolonias, especialmente con Australia y Nueva Zelanda, que pudieran entrar en conflicto con una membresía en la comunidad europea. Churchill fue enfático al afirmar que Gran Bretaña nunca daría pasos que pudieran dañar o debilitar la Mancomunidad, porque "...Gran Bretaña no puede ser vista como un Estado aislado. Ella es la fundadora y el centro de un Imperio y de una Mancomunidad de ámbito mundial... Pretender que Gran Bretaña entre en una Unión Europea de la que el Imperio y la Mancomunidad queden excluidas sería no sólo imposible, sino que reduciría enormemente el valor de nuestra participación a los ojos de Europa". Ciertamente fue muy importante el aporte económico y militar que esas excolonias hicieron durante la Guerra, y no menos importante el flujo de bienes y recursos financieros para la reconstrucción del país después de ella. Gran Bretaña ya disponía de un mercado común y de una unión aduanera mucho antes que Europa, lo cual explicaría su poco interés inicial en una comunidad económica o en una unión aduanera para comerciar sus productos. Pretender ingresar en una comunidad económica europea tan incipiente y frágil con un bagaje tan complicado y pesado como toda la Mancomunidad Británica, era verdaderamente difícil y sus beneficios nada claros. Con el paso de los años, sin embargo, la cohesión de la Mancomunidad Británica se redujo progresivamente y los beneficios para la metrópoli se redujeron también. Fue solo a principios de los 1960 cuando Gran Bretaña se percató de que la balanza se inclinaba definitivamente a favor de ingresar a la comunidad europea.

La actitud ambivalente del Reino Unido hacia Europa continuó incluso después de haber sido aceptada su solicitud de admisión a la Comunidad Europea en 1969. De forma recurrente, los ingleses empujaban hacia una mayor integración, para luego quedarse fuera del tren y oponerse a profundizar la integración. Curiosamente, los pensadores británicos gustaban de hacer referencias al proceso de formación de los Estados Unidos de América una vez obtenida la independencia, como un ejemplo de integración ejemplar. Quizás no se percataban de que de esa forma se estaban colocando en un curso de conflicto en el que se verían confrontados algún día con decisiones existenciales que chocarían con el sagrado legado de la unicidad e independencia británicas. La decisión del Reino Unido en 2016 de retirarse definitivamente de la Unión Europea, el popularmente llamado Brexit, debe ser vista como un colofón natural de la ambivalencia y ambigüedad que siempre caracterizaron la relación entre Gran Bretaña y Europa[10].

Tratado de Roma y Comunidad Económica Europea

Los fallidos esfuerzos de integración militar europea influenciaron el surgimiento de la comunidad económica europea. El bloqueo del avance de la integración político-militar a raíz del referendo francés convenció a Konrad Adenauer de que la vía de la integración económica era el camino más fácil a seguir, a pesar de que no era esa la prioridad alemana. La unión económica parecía ser la vía de menor resistencia para avanzar hacia la unión política. Había sido muy trabajoso y sinuoso el camino de las negociaciones en el campo militar y político, porque sobre ellas flotaban siempre las sombras de las viejas desconfianzas, revanchismos y sensibilidades nacionalistas. Había quedado en evidencia la poca disposición de Inglaterra y Francia de ceder ni un ápice de su soberanía, la reticencia de aceptar a Alemania en el club de miembros iguales de Europa y, en definitiva, la renuencia a la integración política. A la vista de esta dificultad de avanzar hacia la unión política, los "padres fundadores" de la unión europea (Monnet, Spaak, Adenauer, de Gasperi, Schuman, Mansholt y otros) llegaron a la conclusión de que un paso previo y una vía indirecta de arribar a esa unión político-militar era fomentar mayores niveles de integración económica. La experiencia de la Comunidad del Carbón y del Acero había sido francamente positiva, así que parecía

---

10 Ver Brunnermeier, James y Landau (2016).

llegado el momento de dar un paso adelante y ampliar la integración a la esfera del comercio y de la economía en general.

A principios de 1955, Jean Monnet fundó el Comité de Acción para los Estados Unidos de Europa. El ministro belga de interiores, Paul-Henri Spaak, también tuvo un rol muy activo en la promoción de esta iniciativa de avanzar hacia una comunidad económica. En la Conferencia de Messina de junio de 1955, los seis países fundadores (Alemania, Francia, Holanda, Luxemburgo, Bélgica e Italia) empezaron a discutir propuestas para una unión aduanera, acuerdos de comercio y políticas sectoriales comunes. Gran Bretaña, que formó parte de las conversaciones iniciales, se retiró de la mesa en noviembre de ese año.

La crisis del Canal de Suez terminó de convencer a Francia de que debía volcarse hacia la integración europea y aceptar a Alemania como un miembro pleno de tal integración. En el año 1956, a raíz de la nacionalización forzosa del Canal de Suez por parte del gobierno del presidente egipcio Nasser, Gran Bretaña y Francia se embarcaron en una intervención militar conjunta que terminó en un total fracaso. Esa fue la constatación penosa de que el poder de los viejos imperios europeos se había desvanecido y de que sin el apoyo de los Estados Unidos, a quien no habían consultado previamente, Europa ya no podía pararse firme sobre sus pies. Para Francia, siempre irritada por el creciente dominio norteamericano sobre Europa, esta humillación la llevó a varias conclusiones que marcarían su actitud posterior frente a Europa: primero, que necesitaba construir su propio poder nuclear y militar, segundo, que necesitaba fomentar una relación estratégica con Alemania y tercero, que había que acelerar las negociaciones para la creación de la Comunidad Económica Europea. Gran Bretaña, por el contrario, llegó a la conclusión opuesta: que necesitaba rehacer la "relación especial" con los Estados Unidos, la cual en la práctica resultó posteriormente una relación de total subordinación. Alemania, por su parte, supo aprovechar la coyuntura, fue receptiva a las inquietudes francesas y se ganó un puesto preferente en la mesa europea.

Un año después, en marzo de 1957, los seis países de la Conferencia de Messina firmaron el Tratado de Roma que dio certificado de nacimiento a la Comunidad Económica Europea (CEE). En ese Tratado, además de las declaraciones solemnes en pro de la unión europea, se establecieron las bases de los acuerdos de comercio entre los países miembros, las reducciones de tarifas arancelarias y el libre movimiento de bienes y personas. Un hito importante en la ruta europea fue la creación de la Corte Europea de Justicia.

Como era de esperar, tampoco las negociaciones económicas fueron fáciles. Nuevamente Francia jugó rudo y obtuvo los mejores beneficios. El principal interés francés era obtener acceso a los mercados europeos para sus productos agrícolas, especialmente carne, productos lácteos y granos. Francia tenía una mayor superficie de cultivo y niveles más avanzados de producción agrícola que sus socios europeos, lo cual se traducía en importantes excedentes de producción de los que el Estado debía hacerse cargo. El lobby y los votos de los productores agrícolas pesaba determinantemente en la política francesa, y así es como el gobierno había terminado creando un costoso y complejo esquema de subsidios agrícolas, precios mínimos garantizados, compra de excedentes y topes de producción para satisfacer a ese electorado clave. Hábilmente, los negociadores franceses trasladaron a los hombros de la Comunidad Económica Europea (CEE) todo el peso de su sistema de subsidios agrícolas, que ahora debía ser compartido por las naciones europeas menos agrícolas. Las ineficiencias, proteccionismos y aberraciones de la política agrícola francesa se extendieron a los restantes cinco miembros, algunos de ellos, como Italia, menos avanzados agrícolamente. En 1958, la CEE adoptó la Política Agrícola Común, que validó todas estas distorsiones. Entró así la Europa agrícola en un círculo perverso en el que los subsidios y precios mínimos garantizados incentivaban la ampliación de la superficie explotada y la generación de mayores excedentes, con el consiguiente efecto de bola de nieve sobre la masa de subsidios.

Nacía así la Comunidad Económica Europea con una carga pesada. A principios de los 60, la Política Agrícola Común absorbía el 70% del presupuesto de la CEE y el 80% de los empleados de la administración comunitaria (!). Alemania estuvo dispuesta a aceptar este arreglo, porque ese era el precio que tenía que pagar por formar parte como miembro pleno de la Comunidad. Francia dictaba las políticas y Alemania pagaba las cuentas. Francia no tenía que renunciar a ningún aspecto de su soberanía, porque la mayoría de los órganos de decisión que habían sido diseñados por el Tratado de Roma se manejaban por consensos intergubernamentales y no por autoridades supragubernamentales. Cuando en algún asunto Francia no obtenía lo que deseaba, utilizaba la política de la "silla vacía" hasta lograr su propósito, una táctica que al General de Gaulle le gustaba practicar. En el balance, Francia e Italia obtuvieron importantes beneficios económicos con el Tratado de Roma, pero Alemania obtuvo el reconocimiento político por el que tanto y tan pacientemente había trabajado desde el final de la guerra.

Gran Bretaña no participó en el Tratado de Roma porque consideraba que había en él elementos que implicaban una pérdida de soberanía. Un argumento muy conveniente, aunque poco sustancioso, para justificar su rechazo a participar era que no deseaba perturbar la relación con los países de la Mancomunidad Británica. Adicionalmente, el estamento político inglés tenía la convicción de que cualquier unión económica terminaría desembocando en una primacía alemana. Cuatro años fueron suficientes, sin embargo, para que Gran Bretaña se percatara del error de haberse mantenido al margen del proceso de unión económica europea. En 1961, el Primer Ministro conservador, Harold Macmillan (1957 – 1963), solicitó formalmente la incorporación de su país a la CEE. En su opinión, "... solamente ingresando a la Comunidad Económica Europea puede la nación tener esperanza de recuperar el peso que ha perdido en la escena internacional". Vana ilusión. Sin embargo, Francia frustró el intento de Gran Bretaña de formar parte de la CEE y la aplicación británica fue rechazada. En vista del continuado deterioro de la economía inglesa, de episodios de crisis cambiarias y de la necesidad de aliviar la carga de los gastos de defensa, el gobierno laborista del Primer Ministro Harold Wilson (1964 – 1970) hizo un nuevo intento de incorporación en 1967, para nuevamente ser rechazado por la Francia del General de Gaulle. La obsesiva y visceral animadversión de de Gaulle contra las pretensiones de supremacía mundial de los Estados Unidos le hacía ver siempre los acontecimientos de Europa bajo ese prisma. Para él, permitir la incorporación en la CEE de Gran Bretaña, aliada tradicional de Estados Unidos, equivalía a darle puerta franca de entrada a un caballo troyano en cuyas entrañas se escondía el proyecto de dominación de los norteamericanos.

Después de la salida de de Gaulle del poder, Gran Bretaña volvió a introducir una tercera solicitud de ingreso a la CEE a fines de 1969, en los últimos meses del gobierno laborista de Harold Wilson. En esta ocasión la solicitud de aplicación fue admitida y las partes entraron en el largo y detallado proceso de negociaciones que suele preceder a estas incorporaciones. Le tocó al gobierno conservador de Edward

Heath (1970-1974), un europeísta convencido, la tarea de negociar los términos de la adhesión. El 1 de enero de 1973 Gran Bretaña pasó a ser miembro pleno de la Comunidad, al mismo tiempo que Irlanda y Dinamarca. Noruega, que también había solicitado su incorporación al mismo tiempo que su aliado británico, no hizo realidad la entrada porque su electorado rechazó la incorporación en un referéndum en junio de 1972. En las elecciones generales inglesas de 1974, Heath fue reemplazado por el líder laborista Harold Wilson (1974-1976), que había incluido en su plataforma electoral la promesa de renegociación y sometimiento a referendo de los términos del acuerdo de membresía en la CEE. No se trataba de que Wilson estuviera en desacuerdo con la membresía europea –a fin de cuentas, él había sido el iniciador de las dos aplicaciones de admisión anteriores–, sino de que, en su opinión, su predecesor conservador no había negociado la adhesión en términos suficientemente favorables. Después de unos breves meses de negociaciones y sin cambios sustanciales, el gobierno laborista sometió en junio de 1975 a referéndum la consulta sobre la permanencia de Gran Bretaña en la CEE, con el resultado de un claro mandato de dos tercios del electorado a favor de la permanencia en Europa.

El eje franco-alemán: matrimonio de conveniencia

La progresiva conformación de la unión económica europea sólo puede entenderse en el contexto de la dinámica de las relaciones políticas de poder entre los países europeos, particularmente entre Francia y Alemania[11]. Cada uno de estos dos países tenía sus propios y diferentes motivos para empujar el carro de la integración europea. En el caso de Alemania, toda su actuación estaba supeditada al logro de los dos grandes objetivos de su política exterior desde la posguerra: ser aceptados de nuevo en la comunidad internacional como un poder civil y civilizado y reunificar las dos Alemanias. El estamento político alemán estaba convencido de que el logro de ambos objetivos sólo era posible en el marco de una Europa integrada y de una Alemania que fuera motor entusiasta

---

11 El banco-centralista holandés André Szasz (1999) afirma enfáticamente que hablar sobre la integración monetaria europea es hablar de las relaciones entre Francia y Alemania.

de tal integración. La única forma de recuperar la fortaleza era dentro y al servicio de Europa, no como una potencia individual que despertara los fantasmas del pasado. Se trataba de un proceso de largo aliento, que debía transcurrir paso a paso desde la base de la integración económica hacia niveles superiores de integración política y militar. En esa estrategia, la alianza con Francia era esencial.

Francia tenía otras preocupaciones y otras motivaciones. La nación gala no aceptaba que su soberanía política y económica se viera afectada o mermada por el superpoder económico y militar de los Estados Unidos. No aceptaba que Europa se convirtiera en el patio trasero de los americanos. La contención de la influencia de los EE.UU. era la obsesión permanente de los gobiernos franceses, especialmente del gobierno del General Charles de Gaulle. Para incomodidad de los franceses, el Plan Marshall era el recordatorio constante de la superioridad americana. Pero donde más evidente e irritante se manifestaba esta posición de minusvalía era en la debilidad de las monedas europeas, incluido el franco francés, frente al poderoso dólar. Por esta razón, y consciente de su limitado poder como país individual, Francia impulsaba la integración europea para hacerle un mayor contrapeso a los Estados Unidos y tener una voz más fuerte en el escenario mundial. Por su tamaño y su potencial económico, la incorporación de Alemania en Europa era fundamental. Así es como Francia pasó de vetar cualquier esfuerzo de Alemania de levantar cabeza a convertirla en su aliada estratégica. Ahora bien, en la mente del estamento francés el proyecto europeo debía estar al servicio de la recuperación del poder y del prestigio francés en la escena internacional, no al revés. El liderazgo político de todas las iniciativas integracionistas, y luego de todas las instituciones europeas, le debía corresponder a Francia, especialmente después de que Inglaterra había renunciado a él.

Los progresos de los primeros años de la Comunidad Económica Europea no estuvieron a la altura de la expectativa de los padres fundadores en lo que respecta a su creencia de que la integración económica iba a conducir a una mayor integración política. En vista de los pobres avances, Francia puso nuevamente sobre la mesa en 1961-1962 diversos planes para una Unión Política Europea, que ponían el acento en superar la falta de integración militar entre los países europeos, pero siempre sobre la base de la independencia respecto a los Estados Unidos. Con excepción de la "solidaridad automática" de Alemania Occidental con todo lo que propusiera Francia en esos años, el resto de los países europeos no mostraron entusiasmo por las iniciativas francesas. Algunos porque las consideraban excesivamente "intergubernamentalitas", es decir, carentes de verdaderas instancias de decisión propiamente europeas o supranacionales, y otros porque no comulgaban con la fobia de de Gaulle hacia Estados Unidos e Inglaterra.

No cejó Francia en su empeño de crear una brecha entre Europa y el dúo Estados Unidos – Gran Bretaña. Un ejemplo de tal empeño fue el Tratado de Amistad Franco-Alemán que de Gaulle y Adenauer firmaron en enero de 1963 en el Palacio del Eliseo. Este Tratado pretendía ponerle punto final a la larga historia de tensiones y conflictos entre ambos países, mediante el compromiso de encuentros ministeriales y de jefes de Estado con frecuencias establecidas, acuerdos de cooperación en materias de educación y de juventud, etc. Hasta ahí todo era muy normal y encomiable, pero el Tratado no hacía ninguna referencia a los acuerdos de cooperación militar existentes en el hemisferio occidental, como la OTAN, o a acuerdos de comercio como el Acuerdo General de Comercio y Tarifas (GATT), lo cual fue interpretado como un mensaje de distanciamiento respecto a los Estados Unidos. La intención velada de de Gaulle era colocar a Alemania en la incómoda posición de elegir entre la alianza con Francia y la alianza con Estados Unidos. En este dilema existencial, Adenauer accedió a plegarse a la firma del acuerdo con Francia, gesto que finalmente le costó la salida del poder. Así de fuerte era su convicción de que únicamente la alianza con Francia le iba a permitir alcanzar a largo plazo el objetivo máximo de la reunificación alemana.

Como era de esperar, este giro de confrontación que de Gaulle pretendía imprimirle al Tratado no gustó a buena parte del estamento alemán, en especial a la tendencia "atlanticista" dominante, que propugnaba el acercamiento de Alemania con Estados Unidos e Inglaterra. Antes de la ratificación por el Parlamento alemán, las presiones de esta tendencia obligaron a incorporar en el preámbulo del texto del tratado todas las referencias a los acuerdos existentes en el marco de la Alianza Occidental. Las fuertes críticas de estos sectores condujeron finalmente a la renuncia del canciller Adenauer en octubre de 1963. No fue éste un hecho banal en la historia europea, puesto que Adenauer había sido el hombre que había jugado el papel decisivo en la reconstitución de Alemania y en la creación del sueño europeísta. Las críticas del estamento alemán a Adenauer y su posterior renuncia no significaron, sin embargo, un abandono del eje medular de la política europeísta de Alemania, que era el acercamiento con Francia. Ellos sabían también que sin la cooperación de Francia no era posible avanzar decisivamente hacia la integración europea que Alemania tanto necesitaba.

El resto de Europa tampoco quería confrontación con Estados Unidos, a pesar de que Francia insistía en el distanciamiento. En 1964, de Gaulle rechazó la concertación de esfuerzos de Monnet y del gobierno de Estados Unidos para revivir el proceso de integración europea mediante una plataforma de defensa común alrededor de una Fuerza Multilateral. No solamente se opuso de Gaulle a esta iniciativa, sino que amenazó con aplicar nuevamente la política de la "silla vacía" en la CEE, coqueteó acercamientos con la Unión Soviética y finalmente retiró a Francia de la estructura de mando de la OTAN en 1966, aun cuando permaneció como miembro. Afortunadamente, la salida de escena del conflictivo de Gaulle en 1969 y la entrada de Pompidou facilitó grandemente la continuidad de la alianza francoalemana, que continuó siendo la columna vertebral de Europa hasta entrado el siglo XXI.

Junto al desequilibrio militar, la debilidad del franco francés frente al todopoderoso dólar era el segundo dolor de cabeza del estamento francés. Para los franceses, la moneda no era simplemente una unidad de cuenta o un medio de intercambio, sino un verdadero símbolo nacional, una expresión de soberanía, todo ello muy a tono con su visión estatista-cartalista de la moneda. De ahí que la defensa del "franc fort" era parte esencial de la política de Estado. El franco francés sufrió frecuentes ataques especulativos a lo largo de los sesenta y setenta, que obligaron al Banque de France a emplearse a fondo en su defensa. La vulnerabilidad del franco francés contrastaba con la fortaleza y estabilidad del marco alemán, hecho que, al igual que la supremacía del dólar, tampoco era del agrado francés.

La tormenta huracanada que se desató con la extinción del acuerdo de Bretton Woods en 1970-1971 puso a los mercados cambiarios y financieros europeos en modo de turbulencia. Para enfrentarla, los países integrantes de la CEE pusieron en práctica un mecanismo de coordinación de políticas cambiarias-monetarias y un compromiso de intervención en los mercados cambiarios que permitiera a las monedas europeas mantenerse dentro de ciertos márgenes o zonas, la denominada "serpiente dentro del túnel". Los países europeos ensayaron por primera vez de forma institucional esquemas de coordinación macroeconómica y monetaria, que llevaron a Europa a un escalón superior de integración económico-política entre los gobiernos. Por fin Francia veía cumplido su sueño de ensayar alternativas europeístas frente al dólar, razón por la cual lideró las iniciativas y ejerció la necesaria presión para que Alemania se sumara también. En un *quid pro quo* que caracterizó la historia de cooperación francoalemana, Francia le proporcionaba a Alemania carta de ciudadanía en Europa y Alemania le prestaba a Francia el poder y el prestigio de estabilidad del marco alemán.

La Serpiente fue poco exitosa: los países entraron y salieron del túnel y los mecanismos de coordinación cambiaria eran tan laxos que realmente no funcionaron. Con las lecciones de la Serpiente aprendidas, Francia promovió activamente a fines de los 70 un arreglo monetario-cambiario más institucional y más vinculante, cuyos detalles de diseño fueron encomendados a los técnicos bancocentralistas del Bundesbank, que para ese momento había acumulado amplio prestigio de solidez. El apoyo de Francia durante el diseño e implementación del Sistema Monetario Europeo (1978) fue entusiasta, no sólo por su carácter europeo sino porque le permitía disfrutar indirectamente de la estabilidad del marco alemán después de una década de los 70 muy turbulenta para el franco francés.

Una constante del proceso de la unión europea fue que estos pequeños o grandes saltos hacia mayores niveles de integración siempre fueron el resultado del entendimiento especial, de la empatía de los grandes líderes europeístas entre sí, especialmente de los líderes de Francia y Alemania: así fue, por ejemplo, entre Konrad Adenauer y René Pleven para la constitución de la Comunidad del Carbón y del Acero; entre Konrad Adenauer y Pierre Mendes-France para sentar las bases de la Unión Europea Occidental y de la Comunidad Económica Europea; entre Konrad Adenauer y Charles de Gaulle para la conformación del poderoso eje franco-alemán en pro de Europa; entre Willy Brandt y Georges Pompidou para la puesta en marcha de la "Serpiente"; entre Helmut Schmidt y Giscard d'Estaing para la creación del Sistema Monetario Europeo; entre Helmut Kohl y François Mitterrand para el Acta Única Europea y el Tratado de Maastricht, que armaron el marco de la futura unión monetaria. Este impulso de los grandes líderes, entre los que se establecieron relaciones de amistad y confianza mutua, fue la forma de superar el lento marasmo de las burocracias comunitarias, y especialmente para neutralizar la oposición de éstas a algunos proyectos esenciales.

Un punto importante a resaltar es que esta alianza "amistosa" francoalemana no excluía, sino más bien era la forma de procesar confrontaciones más o menos subterráneas en la lucha por el poder en Europa entre las dos principales potencias y sus aliados circunstanciales. Como ya se ha mencionado, en la construcción de Europa a los franceses siempre les guiaba un doble objetivo: primero, erradicar del suelo europeo la hegemonía norteamericana y segundo, "neutralizar" el creciente poderío alemán mediante la atadura de ese país a una Europa "unida" que sirviera de contención a cualquier aspiración de predominio, pero en la que Francia siempre mantuviera la primacía política. Alemania no tuvo reparo en jugar ese juego, mientras la recompensa fuera la obtención de sus dos grandes objetivos de su política exterior de la posguerra: la plena membresía y reconocimiento de la República Federal dentro de la comunidad europea e internacional y el consentimiento de los países aliados para una eventual reunificación de las dos Alemanias. El liderazgo alemán estaba consciente de que su impresionante éxito económico levantaría inevitablemente ansiedades y reminiscencias del pasado, contra lo cual el único antídoto a la mano era la entusiasta integración en Europa. Aunque por motivos muy diferentes, Francia y Alemania necesitaban de Europa para sus respectivos proyectos nacionales. Lo relevante a resaltar aquí es que, independientemente de las motivaciones, la dupla Francia – Alemania fue la clave que explica los avances –o a veces estancamientos– del proceso de integración europea.

Acta Única Europea y la ruta hacia Maastricht: nuevamente el juego de poder entre Francia y Alemania

En la década de los ochenta, varios países ingresaron a la CEE: Grecia en 1981, España y Portugal en 1986. Las negociaciones a lo interno de la CEE no fueron fáciles. Los tres países mediterráneos, predominantemente agrícolas, representaban supuestamente una amenaza competitiva para el poderoso estamento agrícola francés. Solamente después de arduas negociaciones y generosas concesiones accedió Francia a la incorporación de estos tres nuevos miembros.

La ampliación a doce naciones hizo más evidentes algunas fallas institucionales de una comunidad que había sido diseñada para apenas seis miembros fundadores treinta años atrás. Especialmente el sistema de decisiones por unanimidad resultaba cada vez más engorroso y paralizante, porque convertía las negociaciones de asuntos relevantes en un "bazar persa" en el que los países participantes negociaban apoyos y alianzas a cambio de prebendas y concesiones. La regla del intergubernamentalismo y de la unanimidad de los procesos de decisión –todo debía ser aprobado por los respectivos gobiernos al nivel ministerial que correspondiera- hacían el proceso de integración lento y generalmente daban como resultado decisiones sub-óptimas. El progreso se lograba básicamente mediante "integración económica negativa", es decir, otorgando concesiones, bajando aranceles o tarifas, incrementando subsidios o ayudas. Muy rara vez las estructuras comunitarias tomaban decisiones valientes donde prevaleciera exclusivamente el bien común. Únicamente cuando los grandes líderes decidían impulsar algún proyecto es que se lograba avanzar "positivamente".

Uno de esos momentos positivos de relanzamiento del proceso comunitario ocurrió en 1983, cuando los Jefes de Estado en una Declaración Solemne proclamaron su voluntad de acelerar el avance hacia una unión europea. El momento era propicio por dos razones, una negativa y otra positiva. La negativa, como ya se ha comentado más arriba, era la decepcionante lentitud del proceso comunitario, atrapado en el marasmo de la burocracia de Bruselas y del trapicheo intergubernamental. El término con el que en esos años se etiquetó la realidad del estancamiento del proceso europeo de integración fue "euro-esclerosis". El impulso positivo provenía del optimismo que había generado el relativo éxito de la coordinación macroeconómica y monetaria-cambiaria que venía funcionando razonablemente bien desde la implantación del Sistema Monetario Europeo en 1979. Esta vez se hizo realidad la expectativa de los padres fundadores de que los avances en lo económico iban a abrirle la compuerta a los avances en lo político. Otro elemento facilitador muy importante fue la reciente aparición en escena de dos nuevos líderes europeos, en concreto las figuras del presidente francés François Mitterrand (1981-1995) y del canciller alemán Helmut Kohl (1982-1998), que jugaron un papel fundamental en el nacimiento de la UME.

En ese espíritu, el Parlamento Europeo aprobó en febrero de 1984 el Borrador del Tratado de la Unión Europea para reformar las instituciones europeas y avanzar hacia mayores niveles de unidad. Esta voluntad política impulsó varias rondas de negociaciones, cuyos acuerdos quedaron finalmente plasmados a fines de 1985 en el documento fundamental del Acta Única Europea, que entró formalmente en vigencia en julio de 1987. Después del Tratado fundacional de Roma de 1957, éste fue el siguiente hito más importante en la historia de integración europea. La decisión de crear un mercado único y establecer las cuatro libertades fundamentales de movimiento (personas, bienes, servicios y capitales) significó un salto "cuántico" hacia adelante, una decisión de colocar a Europa en la senda de una unión cualitativamente superior. Pudiera incluso decirse que la decisión posterior de crear la Unión Monetaria con el Tratado de Maastricht, que para muchos fue la segunda gran decisión de Europa, fue una consecuencia natural del Acta Única Europea, su necesario complemento.

El Acta constituyó la primera propuesta de reforma fundamental del estatuto comunitario desde el Tratado de Roma de 1957. En ella se estableció el calendario para la creación del mercado único de bienes, servicios y fuerza de trabajo, con fecha límite de aplicación a fin de 1992. También le otorgó al Parlamento Europeo mayores facultades para hacer propuestas legislativas, que luego debían ser ejecutadas por la Comisión Europea. De gran trascendencia simbólica fue la propuesta de cambio de nombre de Comunidad Económica Europea a Unión Europea, que luego se concretaría con la entrada en vigencia del Tratado de Maastricht en 1992. El sistema de decisiones por unanimidad fue sustituido por el mecanismo de votación por mayoría calificada, lo cual representó ciertamente un avance, aunque preservó para los países mayores, especialmente Gran Bretaña, Alemania y Francia, una especie de derecho de veto en la práctica. Los grandes ya no tendrían el poder de imponer lo que ellos quisieran, pero sí conservaban la forma de bloquear las decisiones que no les gustaban. Quizás el aporte fundamental del Acta es que sentó las bases y le dio el impulso necesario a los trabajos y acuerdos que concluyeron en el Tratado de Maastricht, el verdadero documento fundacional de la Unión Monetaria Europea.

Otro hito en la ruta de la integración política europea fue el Acuerdo de Schengen alcanzado por cinco de los diez miembros de la CEE en junio de 1985 (Francia, Alemania, Luxemburgo, Holanda y Bélgica) y que respondía al mandato del Tratado de Roma de 1957 de permitir el libre movimiento de personas dentro de la Comunidad. El objetivo del Acuerdo fue la eliminación progresiva de los controles fronterizos internos y la adopción de una política común de visas. Por la naturaleza del tema, las negociaciones fueron complejas y no fue sino hasta 1997 cuando todos los países pertenecientes a la Unión Europea terminaron de adherirse a la Convención de Schengen, aun cuando Gran Bretaña e Irlanda lo hicieron reservándose una opción de salida (*opt out*).

Un papel importante en este renacer del espíritu integracionista le tocó jugar al exministro francés de Finanzas, Jacques Delors, que fue nombrado presidente de la Comisión Europea en enero de 1985, cargo que ejerció durante tres mandatos hasta fines de 1994. Desde esa posición, Delors impulsó iniciativas fundamentales para la conformación de la Unión Monetaria Europea. En junio de 1988, el Consejo Europeo de Jefes de Estado acordó solicitarle a la Comisión Europea la formación de una comisión de trabajo con el propósito específico de adelantar ideas y propuestas sobre un área monetaria común en Europa y un Banco Central europeo. Un año después, la Comisión Delors, así denominada por estar presidida por el mismo presidente de la Comisión Europea, presentó sus propuestas al Consejo Europeo, quien las aceptó como base de discusión. La segunda mitad de 1989 y los años 1990 y 1991 fueron escenarios de muy intensas discusiones técnicas y políticas acerca de cómo darle forma a la idea de una unión monetaria.

La mayoría de los economistas académicos se mostraron escépticos o, incluso, abiertamente opuestos a la propuesta, por cuanto opinaban que no estaban dadas en Europa las condiciones necesarias para adoptar una moneda común. El liderazgo político del momento, sin embargo, estaba totalmente decidido a avanzar hacia la unión monetaria, porque consideraba que solamente a través del armado progresivo de bloques de integración económica iba a ser posible construir el edificio de la Unión Europea en el plano político. Mirando en retrospectiva, Mario Draghi, Presidente del Banco Central Europeo desde 2011, reconoce que la iniciativa de la UME "… estuvo primariamente motorizada por la <u>voluntad política</u> de dotarle al Mercado Común de un ancla monetaria estable y poner a Europa en la senda de una integración cada día más cercana…" (subrayado nuestro). Definitivamente, los políticos fueron los actores protagónicos del proceso que condujo a la unión monetaria y quienes tomaron las decisiones clave de hacia donde y cuando avanzar.

Por su parte, los funcionarios y técnicos comunitarios pensaban, ingenuamente, que el dinamismo de la misma integración económica-monetaria iba a motivar –o a forzar– a alcanzar mayores niveles de integración en otras esferas. Esta forma de pensar fue una constante desde el inicio mismo de la construcción de Europa. Otra constante del proceso fue que, una vez recibido el mandato político del Consejo Europeo, las instancias comunitarias de Bruselas, el funcionariado y los tecnócratas, tomaban el control total del proceso sin puntos de control político. En este caso concreto de la unión monetaria, fue el Comité de Gobernadores de los Bancos Centrales europeos quien recibió el mandato de diseñar la unión, el cual ejecutó con el bien conocido secretismo y aversión al control político de los bancocentralistas.

No se corresponde con la realidad la visión de que el liderazgo político europeo ignorara las carencias con las que estaba naciendo la unión monetaria, especialmente en cuanto a la falta de integración fiscal y política que los economistas consideraban indispensable para la sostenibilidad de una moneda común. No las ignoraban, pero también creían firmemente en el poder fecundador de las crisis y confiaban en que la dinámica de retroalimentación (positiva o negativa) iba a forzar a completar las piezas que le faltaran al rompecabezas. Romano Prodi, dos veces Primer Ministro italiano y presidente de la Comisión Europea entre 1999 y 2004, afirmaba que "estoy seguro de que el euro nos obligará a introducir un nuevo conjunto de instrumentos de política económica. No es políticamente posible proponerlo ahora. Pero llegará el día en que sobrevenga una crisis y los nuevos instrumentos serán creados"[12].

Si tantos expertos independientes se oponían o eran escépticos respecto a la conveniencia y viabilidad de una unión monetaria europea, ¿por qué razón la idea se impuso y se concretó en un tiempo récord entre el informe de Delors de mediados de 1989 y el borrador del Tratado de Maastricht de fin de 1991? Claramente, la fuerza motriz dominante detrás del proyecto de la unión monetaria no fueron intereses o racionales económicos, sino necesidades políticas de los participantes principales.

No debe sorprender la noción de que los Estados responden a sus intereses nacionales, cuando se trata de procesos de integración en los que está envuelta algún tipo de cesión de soberanía. En el caso de Francia,

---

12   Entrevista en el Financial Times.

su interés era doble. En primer lugar, la conciencia y el orgullo nacional franceses estaban muy ligados a la moneda; una nación fuerte debía tener una moneda fuerte, era el pensamiento francés. La política del "franc fort", impulsada sobre todo por François Mitterrand (Presidente desde 1981 hasta 1995), fue un reflejo de esta visión grandilocuente y nacionalista de la moneda. Ello explica que esta política se mantuviera contra viento y marea, muchas veces con secuelas dolorosas, a pesar de que la realidad económica imponía devaluar el franco, como se hizo evidente en la crisis cambiaria posterior al derrumbe del sistema de Bretton Woods entre 1969 y 1971 o más dramáticamente en la crisis del Sistema Monetario Europeo de 1992-1993. Los fracasos y consiguientes costos políticos de las devaluaciones del franco francés hicieron que el liderazgo francés viera en el proyecto de una moneda común una forma de eludir esos costos políticos en el futuro al subsumir su moneda nacional dentro de una nueva moneda europea común. A sabiendas de que la batalla entre el franco y el marco la tenía perdida, Francia vio en el euro la oportunidad de retomar el control de sus asuntos monetarios, porque creyó, ingenuamente, que iba a controlar "políticamente" la nueva moneda común y aprovecharse simultáneamente de la fortaleza que le conferiría un banco central europeo cortado a la medida del reputado banco central alemán.

Es en el marco de esta visión nacionalista de la moneda donde debe entenderse el empeño casi obsesivo de Francia, desde los años del General de Gaulle, de neutralizar la hegemonía monetaria del dólar norteamericano. Ya tan temprano como en 1965 Giscard d'Estaing acuñó el término de "privilegio exorbitante" para calificar la posición que el dólar detentaba en su condición de moneda mundial de reserva. Pero la conciencia de la vulnerabilidad de las monedas nacionales, incluyendo su amado franco, le hizo llegar al estamento político francés a la conclusión de que solamente una moneda europea común podía constituir un contrapeso suficiente frente a la hegemonía del dólar. A nivel geopolítico, Europa solo podría ser un actor relevante en el juego internacional de las relaciones de poder, si tenía una moneda propia tan fuerte como el dólar o el yen.

El segundo interés de Francia tuvo que ver con el "problema alemán" que, después de 45 años de concluida la Guerra, había resurgido con toda su fuerza con motivo de la caída del muro de Berlín en octubre 1989 y la reunificación de las dos Alemanias un año después. En nuestra opinión, este hecho fue el elemento decisivo que terminó de eliminar todas las barreras que pudieran haber existido hasta ese momento contra la creación de la UME. La reunificación alemana revivió la sempiterna preocupación y angustia por el poder económico y político del país que, en su opinión, había amenazado la paz y el equilibrio de Europa desde principios del siglo XIX. La única forma de controlar, neutralizar y canalizar el poderío alemán era subsumiendo a ese país en una entidad supranacional, como la Unión Europea, en la que Francia preservara algún grado de hegemonía política. Para ello había que profundizar la integración europea, hacerla irreversible, y ello se podía lograr a través de la unión monetaria. En su visión nacionalista de la moneda, Francia pensó que arrebatarle a Alemania su *Deutsche Mark* era como si se le estuviera despojando de la fuente de su poder económico, al igual que Dalila despojó a Sansón de su fuerza cortándole el cabello. De tal forma que la segunda motivación política de Francia para impulsar la UME fue el deseo de controlar y neutralizar el nuevo poder que la reunificación alemana le concedía a su eterno rival. No se trataba de nada nuevo, porque esta desconfianza y el deseo de "contener" a Alemania había sido la constante que impregnó las actuaciones de Francia durante todo el proceso de construcción de la integración europea, desde la constitución misma de la Comunidad del Carbón y del Acero a principios de los 50.

Paradójicamente, también Alemania tenía motivaciones políticas para profundizar la unión europea a través de una moneda común. Helmut Kohl, Canciller alemán desde 1982 hasta 1998, tenía la plena convicción de que únicamente arropada y subsumida en la Unión Europea, Alemania podría obtener de las potencias aliadas (Estados Unidos, Rusia, Inglaterra y Francia) el visto bueno al proyecto de reunificación. Alemania entendió que su propia reunificación sería únicamente aceptada, si formaba parte de un proceso más amplio de unificación de Europa. Así es que nuevamente el manto de Europa posibilitó la reinserción definitiva de Alemania como una nación unida en el concierto de poderes del mundo y de Europa. El apoyo político de Kohl arrolló las resistencias que internamente surgieron en contra de la renuncia al *Deutsche Mark*, especialmente del lado del poderoso e independiente Bundesbank. Kohl pensaba que había políticamente demasiado en juego como para ponerlo a riesgo haciendo caso a objeciones económicas o monetarias, que pudieran tener mucha validez técnica pero que debían ser sacrificadas en el altar de la reunificación de las Alemanias.

Resulta curioso observar la manera cómo los gobiernos de Francia y Alemania vendieron la idea de la unión monetaria a sus respectivas audiencias nacionales. Casi daba la impresión de que estaban hablando de dos cosas distintas. Alemania presentó el euro como el sucesor directo de la fortaleza del marco alemán y el Banco Central Europeo como el espejo del Bundesbank. Para Francia la moneda común representaría la vía a través de la cual podía recuperar parcialmente el liderazgo monetario perdido en la debacle cambiaria de 1991-1993. Alemania aseguraba que tanto la nueva moneda común como las finanzas públicas de los miembros iban a estar sometidas a reglas y a mecanismos supervisorios-sancionatorios estrictos. Francia estaba satisfecha con un arreglo en el que compartía con Alemania el control sobre la moneda y la política monetaria, y al mismo tiempo preservaba plenamente su soberanía sobre la gestión fiscal del Estado. Por las mentes de franceses y alemanes pasaban uniones bastante distintas.

Algunos historiadores, como Timothy Garton Ash (2013), han afirmado que la unión monetaria europea no puede ser vista como un proyecto de Alemania para dominar Europa, sino, por el contrario, como un proyecto europeo, especialmente francés, para controlar a una Alemania reunificada. La realidad es que Alemania tenía poco que ganar con la unificación monetaria y mucho que perder, concretamente su adorado y reverenciado marco alemán. Pero la posición política alemana no era fuerte en ese momento y necesitaba de la benevolencia de Francia e Inglaterra. Tímidamente, y acertadamente, el canciller Helmut Kohl apuntó en 1991 que una unión monetaria requería de algún tipo de unión fiscal y, por consiguiente, política. Pero no era ese el pensamiento de Francia, cuyo propósito principal era tomar prestada la fortaleza del marco alemán y controlar la nueva moneda común, pero no entregar a ninguna instancia comunitaria el control sobre su presupuesto nacional.

Al final, Alemania logró vender cara su renuncia al marco alemán. La recompensa fue la imposición a la nueva eurozona de una arquitectura monetaria a imagen y semejanza del Bundesbank. Paradójicamente, esta arquitectura monetaria fue la que posteriormente le permitió a Alemania darle la vuelta a la tortilla y acceder a su posición de hegemonía.

El Reino Unido, como la tercera potencia europea, también vio con gran preocupación los acontecimientos que llevaron a la caída del muro de Berlín y la reunificación alemana *de facto* que resultó de ella. En una ocasión Margaret Thatcher le manifestó enfáticamente al líder soviético Gorbachov: "No queremos una Alemania unida"[13]. Ella pensaba que Alemania reunificada terminaría, una vez más, dominando el resto de Europa. Pero no fue mucho lo que podía hacer para impedirlo, por cuanto Estados Unidos siempre deseó una Alemania fuerte dentro de una Europa fuerte, y porque la Unión Soviética estaba confrontando su propio colapso y Francia había negociado la reunificación a cambio de una Europa a su medida. En cualquier caso, con el escaso o nulo interés que mostraron por la unión monetaria, los ingleses continuaron dando pasos en el proceso progresivo de alienación frente al espíritu integracionista europeo.

El resto de los países miembros de la CEE no tuvieron oportunidad de ejercer ningún rol protagónico en esta fase fundamental de la integración europea. Los países del área económica-monetaria natural de influencia de Alemania (los países del Benelux y Noruega), no tenían duda de que su destino estaba indefectiblemente ligado al marco alemán. Los países del mediterráneo no se podían dar el lujo de quedar fuera de la lista de invitados al banquete, aparte de que compartían con matices el racional de la posición francesa. Estaban dadas, por consiguiente, las condiciones políticas para la unión monetaria.

Una vez presentado el Informe Delors a mediados de 1989, la Comisión Europa se abocó a su discusión y elaboró su propio reporte denominado "*One Market, One Money*", cuya tesis fundamental era que un mercado común necesitaba una moneda común para perfeccionarse. Las propuestas del Comité Delors para avanzar por etapas hacia la unión monetaria fueron objeto de intensos debates de implementación a nivel de las diferentes instancias técnicas y políticas de la Comunidad Europea durante 1990 y 1991. En diciembre de 1991 el Consejo Europeo, reunido en Maastricht, Holanda, acordó elaborar el borrador de un Tratado sobre la Unión Europea con base en el marco conceptual y las recomendaciones del Informe Delors. Nació así el acuerdo seminal de la actual Unión Monetaria Europea: el Tratado firmado por los Jefes de Gobierno en la ciudad holandesa de Maastricht en febrero de 1992 y que terminó poniéndose en vigencia en noviembre de 1993.

Simultáneamente, y cumpliendo el mandato del Acta Única Europea de 1987, el primero de enero de1993 entró en vigencia el Mercado

---

13 Citada en B. Simms, p. 483.

Único Europeo, cuyo principio central era la libertad de movimiento de bienes, servicios, capitales y personas (las cuatro libertades). Libertad de movimiento significaba la abolición para ese momento de fronteras o cualquier tipo de obstáculos para esas cuatro categorías fundamentales.

LA DÉCADA DE LA GRAN AMPLIACIÓN Y DE LAS REFORMAS
INSTITUCIONALES: 1995-2005

La incorporación como miembros plenos en 1995 de tres países importantes (Austria, Suecia y Finlandia) vino a abonar el buen momento del espíritu comunitario que Europa estaba experimentando desde mediados de los 80. Simultáneamente, durante la primera mitad de los 90, se produce un debate central sobre la incorporación de nuevos miembros, motivado al derrumbe de la Unión Soviética y la insistente petición de los países de la Europa de Este de ser admitidos en la Unión Europea. Para estos países, formar parte de Europa era la forma de liberarse definitivamente del comunismo y de la dictadura, así como protegerse frente a posibles intentos futuros de Rusia de restablecer su tutela sobre ellos.

Incorporar casi simultáneamente 12 nuevos países a la Unión Europea fue una decisión controvertida, que tendría posteriormente serias implicaciones para la viabilidad de la unión. Fue igualmente una tarea ciclópea que absorbió excesiva atención de las estructuras comunitarias, atención que bien hubiera sido requerida para anticiparse y atenuar el desastre que se avecinaba a fines de los 2000 con la crisis financiera. Y el hecho alteró el equilibrio que laboriosamente habían labrado los países fundadores de la unión a lo largo de cinco décadas. A pesar de todos esos riesgos y después de intensas discusiones, al final las puertas de la Unión se abrieron a los países de Europa del Este, aunque estableciendo largos plazos de espera y condiciones muy exigentes. Así es como en 2004 ingresan a la UE Chipre, Malta, República Checa, Eslovaquia, Eslovenia, Estonia, Lituania, Latvia, Hungría y Polonia. En 2007 ingresan Rumania y Bulgaria.

¿Por qué razón, entonces, dio la Unión Europea un paso tan arriesgado? Las tres principales potencias europeas se enfrascaron en un juego de poder guiado por intereses particulares que no dio un buen resultado colectivo, como suele suceder. Más allá de la retórica integracionista y europeísta que todos oficialmente recitaban, tres posiciones quedaron claras en las discusiones. Francia no era partidaria de la ampliación porque presentía que ésta iba a debilitar su base de poder político en la Unión. Su reticencia política vino envuelta en el ropaje del discurso de la "profundización" de la Unión Europea: antes de ampliarse, era necesario integrar más al grupo existente. En el otro extremo, Inglaterra era partidaria de la "ampliación" hacia el Este, pero, aunque no lo expresara a nivel discursivo, la intención no era fortalecer o profundizar la Unión, sino convertirla en una federación laxa de naciones soberanas. En el fondo de este planteamiento, la velada intención era arrojar arena en las ruedas de una integración que, en opinión de los británicos, estaba avanzando demasiado rápido e invadiendo excesivamente la soberanía nacional. Incorporar un número tan grande de países, de tan diverso *background* cultural y con tan dispares niveles de desarrollo económico, ciertamente no iba a permitir profundizar verticalmente la integración europea.

Muy a su conocido estilo de "tanto lo uno como lo otro" (*sowohl als auch*), Alemania deseaba ambas cosas: ampliar y profundizar al mismo tiempo, con lo cual pretendió convertirse en la bisagra que supuestamente articulaba los divergentes intereses de Francia e Inglaterra. Al final de esta larga discusión, Inglaterra se alineó marcadamente con Alemania en un pacto "faustiano" para agrandar Europa hacia el Este. Decimos "faustiano", porque sus consecuencias fueron posteriormente nefastas para el Reino Unido y para Europa a causa del Brexit. Una responsabilidad principalísima en el desafecto progresivo de los ingleses de a pie respecto a Europa fue precisamente la migración masiva de ciudadanos del Este de Europa hacia Inglaterra en razón al derecho comunitario de libre circulación de personas. En la década post 2004, cerca de un millón de nuevos ciudadanos europeos del Este se establecieron en Inglaterra, estresaron la infraestructura de servicios y bajaron los salarios[14]. Este hecho fue sin duda decisivo para inclinar la balanza del referéndum hacia la decisión de salida.

Si tuviéramos que responder a la clásica pregunta de "*cui bono?*", claramente Alemania resultó beneficiada. En efecto, la ampliación de

---

14 Hill (2018) hace referencia a la incomprensible decisión del gobierno inglés de no acogerse a la moratoria del flujo de migrantes este-europeos durante un período de transición, cosa que sí hicieron Francia y Alemania. Ello condujo a una oleada de inmigrantes del Este de Europa, que enrareció el ambiente de tolerancia hacia la inmigración.

la comunidad europea a 28 miembros representó un notable fortalecimiento de la posición política de Alemania dentro de Europa. Además de los países incorporados en 1995 (Austria, Suecia y Finlandia), todos ellos pertenecientes a la esfera de influencia natural de Alemania, los 10 países de la Europa del Este también pertenecían a una segunda esfera de influencia alemana, creada por la consistente *Ostpolitik* de acercamiento a los países del Pacto de Varsovia (también denominada *Realpolitik*) de los gobiernos alemanes, especialmente durante el largo gobierno de Helmut Kohl. En su delicado equilibrio entre el Oeste y el Este, entre Estados Unidos y Rusia, la política exterior alemana había cultivado relaciones comerciales y culturales con todo ese conjunto de países del Este durante los 80 y los 90. Para el año 2004, el grado de integración e intercambio comercial entre Alemania y los países de Europa del Este era superior al que cualquier otro país de la Unión Europea pudiera tener con ellos. Ello le permitió a Alemania establecer con esos países después de la ampliación relaciones financieras, industriales y comerciales a un nivel de profundidad que el resto de los socios de la Unión Europea no tenían forma de alcanzar. Las dos oleadas de ampliación de la UE reafirmaron así la condición de Alemania como "lugar central" (*Mittellage*) en la nueva geografía de la Unión Europea, es decir, como el poder europeo central, tanto o más de lo que en algún momento del pasado pudo haber sido.

Paradójicamente, a la Unión Europea como tal la macro ampliación no la fortaleció políticamente, más bien todo lo contrario. Las decisiones de las nuevas incorporaciones se habían tomado varios años antes de la entrada formal de los países, cuando Europa todavía gozaba del impulso integracionista que recibió desde mediados de la década de los 80. Pero el "*momentum*" entusiasta y positivo que la comunidad europea había vivido en la década entre 1985 y 1995 se enfrió cuando la ampliación entró en la fase de ejecución detallada, una fase mucho menos glamorosa y muy llena de episodios de tensiones y trapicheos. En el ámbito institucional, con las ampliaciones de 1995 y sobre todo de 2003 y 2005, el poder político de los miembros fundadores quedó diluido y consecuentemente también quedaron diluidos los viejos liderazgos naturales. Los órganos colegiados europeos se convirtieron en torres de Babel, donde cada uno de los 28 países quería estar representado en cada una de las Comisiones u Organismos internos. El juego de alianzas se tornó complicado y los procesos de decisión se hicieron ineficientes, o en algunos casos paralizantes. En tal ambiente de "desdibujamiento" de la UE original, la figura de Alemania se afianzó inevitablemente como el polo gravitacional de Europa.

Mucho más relevante todavía para explicar la vuelta del "realismo" fue el rotundo fracaso de Europa en sus esfuerzos para hacerle frente a un evento eminentemente europeo como fue la guerra de los Balcanes en la segunda mitad de los 90. Fue humillante la demostración de incapacidad para darle una solución militar, diplomática o política al conflicto. Tuvieron que intervenir Estados Unidos y la OTAN para hacerle frente al desastre humanitario que allí estaba sucediendo. Una década después, con la guerra de Libia y la intervención militar de Occidente, la incapacidad militar y diplomática de Europa quedó nuevamente en evidencia. Ambos eventos representaron "baños de agua fría" para una autoestima europea que había venido *in crescendo* desde 1985 con la decisión de crear la unión monetaria, el mercado único y luego con las ampliaciones de la membresía. Los eventos mencionados, sin embargo, hicieron evidente la brecha entre las pretensiones de actuar en materia de política exterior y de defensa como una Europa unida y las verdaderas capacidades para hacerlo.

Estos hechos, aunados a los desajustes propios de una ampliación tan acelerada de la membresía, obligaron a repensar y relanzar buena parte del marco institucional y legal de la Unión Europea. Todo el aparato de instancias técnicas y políticas comunitarias entró en un intenso proceso de revisiones y propuestas para adaptar el marco constitucional europeo a los nuevos retos. En el Tratado de Ámsterdam, aprobado en octubre de 1997 y puesto en vigencia en mayo de 1999, se acordó traspasar a nivel comunitario materias como políticas de inmigración, coordinación policial, seguridad y defensa. Fue establecida la nueva figura de un Alto Representante Europeo en materia de política exterior. También se definieron las bases y criterios para el ingreso de la nueva camada de países de Europa del Este. El <u>Tratado de Niza</u>, aprobado en 2001 y ratificado en febrero de 2003, continuó con la tarea de adecuar las estructuras y procedimientos comunitarios a la nueva realidad de la ampliación hacia el Este. Un punto central de este Tratado fue la reforma del sistema de mayorías. Países grandes como Alemania exigían un sistema de votación que reflejara el peso poblacional, aspecto sobre el cual se llegó al compromiso de un sistema de doble mayoría: determinadas materias debían ser decididas por mayoría de población y también mayoría de países miembros. Únicamente en materias como impuestos y defensa se mantuvo el principio de unanimidad. El Tratado amplió el número de miembros del Parlamento Europeo a 732 (!) y abrió la puerta para reducir en el futuro a menos de 28 el número de comisarios de la Comisión Europea.

Más ambiciosos fueron los objetivos del Tratado de Lisboa, que terminó siendo ratificado en diciembre de 2009 después de un accidentado y largo proceso de aprobación. Este Tratado pretendió dotarle a Europa de una nueva constitución y de una carta fundamental de derechos humanos. El impulso inicial lo dio la Declaración de Laeken en diciembre de 2001, en la que los jefes de Estado europeos manifestaron su voluntad de redactar una nueva Carta Magna, que mejorara la democracia, la transparencia y la eficiencia del funcionamiento de Unión Europea. Esta tarea le fue encomendada a una Convención Europea presidida por el expresidente francés Giscard d'Estaing. Una primera propuesta fue aprobada por el Consejo Europeo en junio de 2004 por los 25 Jefes de Estado de la Unión Europea. Sin embargo, el electorado francés y luego el holandés rechazaron la propuesta, lo cual obligó a abrir un nuevo compás de revisión del texto, que terminó siendo simplificado y diluido de forma muy importante. El nuevo texto fue aprobado en Lisboa a fines de 2007, pero nuevamente experimentó contratiempos por el rechazo del electorado de Irlanda en referendo de 2008. Un nuevo referendo irlandés al año siguiente removió el último obstáculo para que finalmente a fines de 2009 el Tratado de Lisboa entrara en vigencia, conjuntamente con la Carta de Derechos Fundamentales de la Unión. La intencionalidad del Tratado de Lisboa fue mejorar la eficiencia y legitimidad democrática de la Unión Europea. El Tratado le otorgó un empoderamiento adicional al Parlamento Europeo y amplió el ámbito de decisiones por voto calificado de los diversos Consejos de ministros.

III

UNIÓN MONETARIA EUROPEA: ¿CABALLO DE TROYA DEL MARCO ALEMÁN?

El proyecto europeo fue predominantemente un proyecto político. Lo fue la Comunidad Económica Europea nacida del Tratado de Roma de 1957, así como también la Unión Monetaria Europea nacida del Tratado de Maastricht de 1992. Los intereses políticos, sin embargo, coincidieron en el tiempo con unas circunstancias económicas favorables a la integración y unos intereses económicos de los países también confluyentes. Este tipo de proyectos internacionales de envergadura suelen avanzar cuando los estados miembros consideran que avanzar en la interdependencia económica favorece sus intereses nacionales particulares. De estas coincidencias está hecha precisamente la historia.

Ciertamente, una vez recibido el impulso político original, la integración económica respondió también a razonamientos "técnicos" sobre la necesidad de integrarse para crecer más, a dinámicas económicas de pasos que eran consecuencia lógica de pasos anteriores o a complementariedades necesarias. Pero los principales disparadores económicos provinieron de imposiciones del contexto económico internacional, que se presentaron tanto en forma de crisis monetarias-cambiarias, como de imperativos de competencia externa, que obligaron a crear niveles superiores de coordinación e integración. El Plan Werner de 1969 y la Serpiente, por ejemplo, fueron la respuesta europea a la crisis del dólar de fines de los 60 y al derrumbe del sistema de Bretton Woods. El Sistema Monetario Europeo de 1978 fue nuevamente la respuesta a la declinación del dólar en 1977-1978. La revaluación del dólar en la primera mitad de los 80 y luego su rápida declinación terminó de hacer evidente a los europeos la necesidad de desvincularse del dólar, que se había convertido en fuente de inestabilidad monetaria-cambiaria.

En este capítulo el foco se centrará en la dinámica económica del proceso europeo de integración. Analizaremos las circunstancias internacionales que dieron pie a los primeros esquemas de integración monetaria-cambiaria, como la Serpiente y el Sistema Monetario Europeo. Haremos un relato del proceso de gestación de la unión monetaria con énfasis en los eventos monetarios y cambiarios que la impulsaron, desde el derrumbe de Bretton Woods hasta la crisis cambiaria de 1992 - 1993. Estos hechos económicos traumáticos hicieron aflorar las dificultades de la "economía política" de los procesos de ajuste, que terminaron de convencer a los países tradicionalmente más débiles de que les convenía cobijarse bajo el paraguas de una moneda común fuerte.

De Bretton Woods al Sistema Monetario Europeo:
de la hegemonía del dólar a la del marco alemán

Es usual organizar el relato de la historia económica de la Unión Europea siguiendo la secuencia convencional de las fases de integración económica. Un proceso de integración debería pasar secuencialmente por los niveles de la integración comercial, financiera, monetaria y, finalmente, política. A primera vista, esta secuencia convencional pareciera aplicable a la experiencia europea, pero una mirada más cuidadosa al devenir europeo nos revela un hecho crucial: el proceso de integración comercial estuvo precedido, y después acompañado, por esquemas monetarios para el logro de la estabilidad cambiaria y financiera.

Ya en 1962 un Reporte de la Comisión de la Comunidad Económica Europea, titulado "Programa de Acción para la Segunda Fase de la Comunidad Económica Europea", puso sobre la mesa de discusión la primera propuesta de unión monetaria, la cual debía completarse en nueve años. Sin embargo, mientras el Sistema Monetario de Bretton Woods garantizase un marco estable de relaciones cambiarias al estar todas las monedas ancladas al dólar norteamericano, la agenda de integración monetaria europea no podía ni necesitaba adquirir relevancia. Bretton Woods satisfizo suficientemente las necesidades europeas de estabilidad monetaria durante las primeras dos décadas de la posguerra. Las necesidades de liquidez, por otra parte, fueron provistas por el Plan Marshall (1948), que fue también determinante para sacar a Europa, y especialmente a Francia y Alemania, de la terrible depresión de la posguerra. Ahora bien, el Plan Marshall tuvo como consecuencia colateral que se estableciera un patrón de relaciones comerciales internacionales casi exclusivamente centradas en los Estados Unidos, por la sencilla razón de ser este país el proveedor de la liquidez internacional en dólares. Para impulsar el intercambio comercial intraeuropeo, los países necesitaban romper la camisa de fuerza de la escasez de divisas, razón por la cual fue creada en 1950 la Unión Europea de Pagos (UEP), la primera iniciativa integracionista europea. Esta unión de pagos hizo posible el intercambio comercial regional al organizar la compensación en monedas locales de los saldos comerciales bilaterales netos en las respectivas monedas. Cuando se presentaban desbalances comerciales, la Unión otorgaba líneas temporales de liquidez por parte de los países superavitarios en plazos mayores a los lapsos naturales de compensación.

¿Qué significó Bretton Woods para Europa y por qué fracasó? En la Conferencia realizada en 1944 en el Hotel Resort Bretton Woods de la región de las White Mountains del Estado de New Hampshire en los Estados Unidos, se sentaron las bases del nuevo orden monetario mundial de la posguerra, cuyo funcionamiento pleno arrancó un lustro después. El objetivo era establecer un sistema de instituciones centradas en el ordenamiento y regulación del sistema financiero internacional[15]. Una vez finalizada la conflagración bélica, los países comenzaron a liberar paulatinamente las transacciones de la cuenta corriente, proceso que se completó hacia fines de los cincuenta en Europa y permitió la plena entrada en vigencia de las disposiciones del acuerdo.

En el sistema de Bretton Woods el dólar estadounidense pasó a ser el numerario o patrón monetario para el resto del mundo y su valor se estableció a una determinada paridad fija con el oro. El resto de las monedas se valoraban en relación con el dólar. Esa no fue la intención original, ya que el oro estaba supuesto a jugar el papel de numerario y el resto de las monedas, incluyendo el dólar estadounidense, tendrían

---

[15] El Fondo Monetario Internacional y el Banco Mundial fueron las dos instituciones centrales del nuevo ordenamiento.

el mismo estatus de pares (un sistema de N+1 monedas). La realidad geopolítica y geoeconómica de la posguerra, caracterizada por la hegemonía estadounidense, se terminó imponiendo y el resto de los países establecieron una paridad fija respecto del dólar, que únicamente podía ajustarse bajo determinados parámetros y mecanismos. Coyunturalmente, cada moneda podía fluctuar +/- 1 por ciento con respecto al dólar. Las autoridades de los países signatarios del acuerdo, excepto Estados Unidos, se comprometían a defender esa paridad fija, que solo podía ser ajustada en caso de desequilibrios fundamentales y previa aprobación del Fondo Monetario Internacional. La política monetaria y el nivel de inflación mundiales los determinaba la Reserva Federal estadounidense, mientras que le correspondía al resto de los países subordinarse a esta política e intervenir en el mercado cambiario-monetario para defender la paridad fija de su respectiva moneda con el dólar. A pesar de esta subordinación, la existencia de controles sobre los flujos de capitales –únicamente existía convertibilidad para transacciones de cuenta corriente– permitía un pequeño margen de maniobra para las políticas nacionales.

Ya desde la segunda mitad de la década de los 60, el masivo involucramiento de Estados Unidos en la Guerra de Vietnam relajó la disciplina fiscal y monetaria de quien, como país reserva, era responsable de la estabilidad financiera mundial. Esta indisciplina derivó en presiones inflacionarias internas que, a través del cambio fijo, se propagaron al resto del mundo y generaron desconfianza sobre la fortaleza del dólar. La necesidad de contener la inflación y la fuga de capitales obligó después a la autoridad monetaria estadounidense a elevar las tasas de interés, lo cual desequilibró adicionalmente los mercados financieros internacionales. Algunos bancos centrales europeos, especialmente el francés, comenzaron a exigir el cambio de sus reservas en dólares por oro, hasta que en septiembre de 1971 la administración de Richard Nixon decidió cerrar la "ventanilla" del oro y no cambiar más dólares por oro. Adicionalmente, Estados Unidos colocó un impuesto general de 10 por ciento a las importaciones, lo que equivalía a una devaluación unilateral *de facto* del dólar.

Ése fue el final de un sistema que había perdurado por dos décadas y media con efectos muy positivos para la economía mundial. El sistema se acabó porque el país hegemónico, Estados Unidos, renegó del cumplimiento de sus responsabilidades y obligaciones como moneda ancla mundial. Todas las monedas se vieron forzadas a modificar sus paridades respecto al dólar. La formalización de esta realineación de monedas y de la suspensión de la convertibilidad del dólar tuvo lugar en diciembre de 1971 en una reunión del Grupo de los Diez en el Instituto Smithsoniano de Washington.

Durante este progresivo desmoronamiento de la estabilidad del sistema de paridades de Bretton Woods, el interés europeo por aislarse de las perturbaciones que generaba el relajamiento monetario norteamericano motivó a que en diciembre de 1969 la cumbre de jefes de Estado de la Comunidad Económica Europea en La Haya confirmara su intención de alcanzar una unión monetaria por etapas. Se le encargó a un comité encabezado por Pierre Werner, Primer Ministro y Ministro de Finanzas de Luxemburgo, el diseño de un sistema cambiario-monetario europeo alternativo[16]. Estaba también implícito en el mandato al Comité la convicción de que la estabilidad cambiaria era condición indispensable para avanzar en el proceso de integración económica. En octubre de 1970, el Reporte Werner puso sobre la mesa un nuevo plan para alcanzar la unión monetaria en 10 años (1971-1980) a través de un proceso progresivo de unificación cambiaria que fue aprobado por el Consejo Europeo de Ministros en febrero de 1971. Es significativo observar que este impulso hacia la integración monetaria fue la respuesta europea al inminente colapso del sistema de Bretton Woods. Como tantas veces sucedió en la historia de la integración europea, los avances integracionistas, tanto en lo político como en lo económico, respondieron a amenazas y retos, internos o externos, con los que se vio confrontada Europa en diferentes momentos.

El período 1971-1973 fue testigo de varios intentos de restauración de tipos de cambio fijos a nivel mundial, que duraron poco y dieron paso a realineaciones cambiarias cada vez más frecuentes. A partir de 1972, el yen japonés y la mayoría de las monedas europeas comenzaron a flotar oficialmente día a día frente al dólar. Tres grandes bloques y sus respectivas monedas ancla dominaron la escena monetaria mundial desde entonces: EEUU y las Américas alrededor del dólar, Europa alrededor del marco

---

[16] Ver Eichengreen (2011) para un detallado relato de las interacciones entre la crisis de Bretton Woods y el proceso de discusiones y propuestas cambiarias en Europa. Las iniciativas monetarias de la CEE fueron reacciones a la descomposición del sistema de Bretton Woods.

alemán y Asia alrededor del yen japonés (China prácticamente no existía en el concierto financiero mundial de ese momento). La muerte "oficial" de Bretton Woods se produjo en enero de 1976 con la enmienda del artículo IV de los Estatutos del Fondo Monetario Internacional, mediante la cual se reconocía formalmente que los países tenían el derecho de elegir el régimen cambiario que más les conviniese (flotación o fijación cambiarias).

De los tres bloques resultantes, únicamente Europa logró implantar esquemas de estabilidad cambiaria a lo interno del bloque. En abril de 1972 se puso en funcionamiento un sistema de cooperación para la estabilidad cambiaria denominado la "Serpiente" dentro del túnel, mediante el cual las monedas europeas fluctuarían en bloque, dentro de una banda, frente al resto del mundo. Básicamente el sistema consistía en un acuerdo de intervención de los bancos centrales para mantener las paridades cambiarias dentro de una banda de +/- 2.25% (6% para la peseta, la lira y el escudo portugués). Cualquier país europeo no perteneciente a la CEE de los seis podía participar dentro del esquema.

Sin embargo, la ausencia de mecanismos y reglas de convergencia monetaria y fiscal pronto hizo que la Serpiente se resquebrajara por los embates de los choques inflacionarios de la década de los 70. Debido a políticas monetarias divergentes y a los consecuentes diferenciales de inflación, Gran Bretaña, Dinamarca y Holanda abandonaron la serpiente dos meses después de su inicio, Italia lo hizo en febrero 1973, Francia en enero 1974. Algunos de estos países entraron y salieron después del sistema de bandas de la Serpiente, que para 1978 había quedado reducida al área natural de influencia del marco alemán (Alemania, Bélgica, Luxemburgo, Holanda, Dinamarca, Suecia, Noruega). La relativamente corta y accidentada vida del esquema dejó claras dos cosas: primero, que para estabilizar los tipos de cambio a lo interno de una región se necesitaba un mínimo nivel de coordinación de políticas fiscales y monetarias; y segundo, que el marco alemán había avanzado a pasos agigantados hacia su posición de moneda de reserva y de referencia dentro de Europa.

En mayo de 1978, Francia, Alemania y Gran Bretaña empezaron a trabajar sobre la propuesta de una "zona de estabilidad monetaria" que sustituyese a la Serpiente. Después de intensas discusiones, en diciembre del mismo año el Consejo Europeo acordó el establecimiento de un Sistema Monetario Europeo (SME), el cual entró en vigencia en marzo de 1979. Con la creación del SME se establecieron por primera vez parámetros y mecanismos concretos para ayudar a los países a estabilizar sus monedas, los cuales hicieron la diferencia respecto al anterior experimento de la Serpiente. El SME contemplaba tres elementos centrales, a saber: 1) la creación del ECU (una cesta de monedas para ser usada como referencia de las paridades centrales y como moneda de compensación entre los bancos centrales), 2) un acuerdo sobre el Mecanismo Cambiario (sistema de bandas e intervenciones, reglas de ajustes de paridades), y 3) mecanismos de apoyo crediticio entre bancos centrales para manejar desajustes cambiarios temporales.

Aun cuando el SME estaba pensado supuestamente como un arreglo cooperativo inter pares, en la práctica el marco alemán asumió pronto el mismo papel hegemónico que el dólar había tenido en el sistema de Bretton Woods como moneda de reserva y de referencia. El ECU quedó como mera unidad de cuenta y el marco alemán pasó a ser la moneda de reserva, la moneda de intervención de los bancos centrales y la moneda de referencia del sistema. De esta forma, los países europeos se sometieron voluntariamente a la disciplina de la política monetaria del Bundesbank alemán. Le correspondía al resto de los países miembros del SME ajustar sus políticas monetarias y fiscales con el objetivo de lograr mantener su moneda dentro de la banda cambiaria. Dicho en otras palabras, Alemania era autónoma en su política fiscal y monetaria (no tenía un objetivo cambiario), mientras que el resto de países debían ajustar sus políticas internas en aras de preservar la paridad con el marco alemán.

La razón que explica que esta "asimetría" fundamental del sistema fuera aceptada por los socios europeos residió en la experiencia traumática de una década previa de ataques especulativos a sus monedas, devaluaciones y altas inflaciones durante la vida de la Serpiente. Había interés generalizado en sacar las políticas monetarias fuera del ámbito de la influencia política de los gobiernos. Todos necesitaban asirse al ancla de estabilidad que el Bundesbank y su marco alemán representaban. Afortunadamente, y este elemento fue crucial para el relativo éxito del SME, la existencia de restricciones a los movimientos de capital otorgaba a los países ciertos grados de libertad para implementar internamente políticas económicas anticíclicas autónomas. Adicionalmente, el SME contenía previsiones para enfrentar de manera ordenada y consensuada desajustes temporales o permanentes de la paridad cambiaria de un país.

De hecho, fueron frecuentes las realineaciones de los tipos de cambio europeos, la primera de ellas ya en septiembre del mismo 1979 con una revaluación del DM (marco alemán) y devaluación de la corona danesa. Pero el proceso de tales realineaciones frecuentes fue bastante ordenado y su frecuencia fue decreciendo con el paso de los años.

Hitos hacia la unión monetaria: el (supuesto) fin de la dominación del marco alemán

Las propuestas del Reporte de Werner aprobadas por el Consejo Europeo a principios de 1971 para avanzar en tres estadios hacia la unión monetaria habían quedado temporalmente congeladas a causa de las turbulencias cambiarias de la década de los 70. La primera etapa del Plan Werner consistía en una coordinación comprehensiva de las políticas económicas para lograr en una segunda etapa la estabilidad de los tipos de cambio. Pero el derrumbe del sistema de Bretton Woods, los *shocks* petroleros y las políticas monetarias acomodaticias de algunos países europeos hicieron añicos la coordinación y armonización de las políticas económicas de los miembros de la CEE. Hizo falta la experiencia frustrante de la Serpiente y la trabajosa implantación del SME para que Europa aprendiera lo que significaba coordinar verdaderamente sus políticas y estabilizar sus monedas. Pero el relativo éxito del Mecanismo Cambiario del SME, especialmente a partir de 1983, volvió a crear el estado de ánimo para que el gran tema de la unificación monetaria se pusiera de nuevo sobre el tapete.

En este ambiente propicio, los países de la Comunidad Europea suscribieron en 1986 el Acta Única Europea, que comprometía a eliminar antes de fines de 1992 todos los obstáculos y restricciones al libre movimiento de bienes, servicios, personas y capitales. Dos años después, el Consejo Europeo encargó a un comité presidido por Jacques Delors un (nuevo) estudio sobre la viabilidad de complementar el mercado común con una moneda común. Las propuestas del Comité Delors para avanzar por etapas hacia la unión monetaria fueron aceptadas por el Consejo Europeo a mediados de 1989 y fueron objeto de intensos debates de implementación a nivel de las diferentes instancias técnicas y políticas de la Comunidad Europea durante 1990 y 1991. Un documento importante en el marco de estas discusiones fue el reporte elaborado por la misma Comisión Europea en 1990 titulado *"One Market, One Money"*, cuya tesis fundamental era que un mercado común necesitaba una moneda común para perfeccionarse. En diciembre de 1991 el Consejo Europeo, reunido en Maastricht, Holanda, acordó elaborar el borrador de un Tratado de la Unión Europea con base en el marco conceptual y las recomendaciones del Informe Delors. Nacía así el acuerdo seminal de la actual Unión Monetaria Europea: el Tratado de Maastricht, firmado en la ciudad holandesa del mismo nombre en febrero de 1992 y puesto en vigencia en noviembre de 1993.

A diferencia del Reporte Werner, Delors propuso la liberación de los mercados financieros y la remoción de los controles de capital al inicio del proceso de convergencia, mientras que para Werner ése era un estadio final. Frente al federalismo cooperativo entre bancos centrales del Reporte Werner, Delors propuso un único Banco Central Europeo independiente con un claro mandato de estabilidad de precios. Esta contundente propuesta de unificación monetaria explica por qué el Reporte Delors es más laxo que el de Werner en cuanto a previsiones y mecanismos de coordinación fiscal. Los gobiernos estuvieron dispuestos a someterse a la disciplina monetaria de un banco central único a cambio de preservar su libertar para gastar y cobrar impuestos. Para Werner, por el contrario, la armonización fiscal era requisito previo fundamental de la unión monetaria. El tiempo le dio la razón a Werner, porque la armonización fiscal resultó ser luego de la más relevante importancia. En sucesivos intentos se procuró después corregir esta falla de diseño de la unión monetaria, pero el derecho de los Estados europeos a la soberanía fiscal que había quedado consagrado en el Tratado de Maastricht imponía severas restricciones a cualquier esquema de integración fiscal.

El núcleo central del Tratado de Maastricht fue el compromiso de los gobiernos con el calendario de la unificación monetaria, el cual contemplaba tres fases:

- Fase I: desde julio 1990
  - Remoción de controles de capital
  - Reducción de variaciones de los tipos de cambio
  - Reducción de los diferenciales de intereses y de inflación
  - Fortalecimiento de la independencia de los bancos centrales

- Fase II: desde Enero 1, 1994
  - Convergencia de políticas económicas (inflación, déficit fiscal y endeudamiento público)
  - Creación del Instituto Monetario Europeo (IME), predecesor del Banco Central Europeo
  - Mandato al Consejo Europeo de Jefes de Estado para decidir los miembros iniciales de la Unión antes de fin de 1997

- Fase III: desde Enero 1, 1999
  - Inicio formal de la Unión Monetaria
  - Conversión del IME en el Banco Central Europeo (BCE)
  - Fijación irrevocable de los tipos de cambio
  - Circulación del euro como única moneda de curso legal a partir del 1 de Enero de 2002

¿Por qué este tercer proyecto de constitución de una unión monetaria europea terminó haciéndose realidad? Bien pudiera haberse descarrilado también esta propuesta del Informe Delors, pero la virulenta crisis cambiaria de la segunda mitad de 1992 terminó de apartar las reticencias políticas respecto a una moneda común. Esta crisis puso en evidencia dos realidades. En primer lugar, la dominación del marco alemán que impuso a sus vecinos una política monetaria contraria a sus intereses nacionales. Una moneda común, supuestamente, iba a devolverle al sistema monetario europeo la simetría de intereses y poderes que nunca debía haber perdido. En segundo lugar, la crisis demostró la inviabilidad de largo plazo de un sistema de paridades fijas en un contexto de autonomía monetaria de los países y de libre movilidad de los capitales. Especialmente este último elemento del libre flujo de capitales desde julio de 1990 representó una situación totalmente novedosa. Europa vivió en carne propia las consecuencias de lo que en la literatura se ha dado en llamar el triángulo o la trinidad inconsistente[17]. La combinación de tipos de cambios fijos y libertad de capitales sin una política monetaria compartida preparó el caldo de cultivo perfecto para la crisis.

---

17 El triángulo inconsistente se refiere a la incompatibilidad de la existencia simultánea de tres elementos: tipos de cambio fijos, movilidad de capitales y políticas monetarias autónomas. Ver una descripción más detallada en Purroy (2014), pag. 71.

Hagamos una breve relación de los acontecimientos. La semilla de la crisis de 1992-1993 la plantó Alemania, cuando antepuso sus intereses nacionales por sobre los de sus socios en el SME. En concreto, la caída del muro de Berlín en octubre de 1989 y el proceso de unificación alemana de fines de 1990 representó para Alemania Occidental y su *Deutsche Mark* (DM) un *shock* monetario y fiscal formidable, que en un primer momento afectó exclusivamente a ese país, pero que luego desestabilizó el resto de Europa. La decisión de equiparar el marco de Alemania Oriental al DM (paridad 1:1) multiplicó por cuatro de la noche a la mañana el poder adquisitivo de los alemanes orientales, desató una voraz demanda de bienes occidentales y arrasó con prácticamente todo el parque industrial (y los puestos de trabajo) de la ex República Democrática Alemana. Solamente en 1991 las transferencias y subsidios fiscales del lado occidental hacia el oriental representaron un 5 por ciento del PIB y colocaron las cuentas fiscales alemanas en situación de déficit. Una secuela de la explosión de demanda y del desbordamiento fiscal fue el surgimiento de intensas presiones inflacionarias, que el Bundesbank, fiel a su militante filosofía antiinflacionaria, enfrentó con políticas monetarias contractivas y alzas de las tasas de interés.

El impacto para el resto de Europa de estas políticas alemanas fue demoledor. En un primer momento (1991), los vecinos europeos sufrieron el efecto de la inflación importada desde Alemania y posteriormente el impacto recesivo de la política monetaria contractiva y de las altas tasas de interés alemanas. Ellos se vieron atrapados en la clásica trampa de la rigidez cambiaria en un contexto de movilidad de capitales, que no les permitía margen de maniobra para enfrentar la recesión económica mediante devaluaciones de su moneda o mediante una política monetaria autónoma. Y no tenían ese margen porque en el SME las monedas estaban atadas al marco alemán y las políticas monetarias de los países europeos estaban subordinadas al Bundesbank.

El creciente compromiso de Europa a favor de la unificación monetaria hacía impensable retornar a los esquemas de flexibilidad cambiaria, a pesar de que las monedas de los países "débiles" estaban experimentando una apreciación real altamente inconveniente para la superación de la recesión interna. Por el contrario, la recesión se agravaba a causa de las políticas procíclicas impuestas desde el interés nacional del país hegemónico. Si bien es cierto que algunos desequilibrios de los tipos de cambio reales de algunos países europeos ya se venían gestando desde años atrás por la vía de persistentes diferenciales de inflación entre Alemania y la periferia[18] europea, el *shock* monetario de la unificación alemana y la consiguiente recesión hicieron rápidamente insostenibles estos desajustes.

En este contexto de apreciaciones reales y de atadura al compromiso comunitario se generó un singular "negocio de convergencia" en los mercados financieros y cambiarios, que incentivó la acumulación de masivas posiciones especulativas y terminó disparando la crisis de septiembre 1992. En efecto, la combinación de apreciaciones cambiarias reales y de coyunturas recesivas en varios países europeos elevó la prima de riesgo (y las tasas de interés) de sus monedas, lo cual incentivó la entrada de capitales a estos países de altos rendimientos. Sin embargo, la creencia de que esos países iban a proseguir su proceso de convergencia hacia el DM mantuvo bajo el coste de las coberturas cambiarias a futuro, con lo cual se generó un lucrativo arbitraje entre la alta tasa de interés de la inversión en mercados financieros "débiles" y el bajo coste de la cobertura cambiaria.

En términos prácticos el negocio de convergencia funcionaba así: un inversionista norteamericano cambiaba, por ejemplo, dólares por liras italianas e invertía en el mercado financiero italiano con altos rendimientos. Simultáneamente, el inversionista aseguraba el regreso de los dólares mediante una compra a futuro de dólares contra entrega de DM. Debido a la "credibilidad" del compromiso europeo por la estabilidad cambiaria, el riesgo de cambio de liras a DM se dejaba abierto o se cubría a coste relativamente bajo. El arbitraje entre la alta tasa de inversión en Italia y la baja tasa de cobertura de riesgo cambiario generaba el incentivo para los movimientos de capital.

Este negocio de convergencia funcionó hasta que se empezó a erosionar la confianza en la estabilidad cambiaria europea, especialmente cuando a mediados de 1992 Dinamarca rechazó el Tratado de Maastricht y Francia anunció un referéndum para el cuarto trimestre del año. A partir de ese momento se disparó una violenta especulación contra los países que antes habían recibido masivas entradas de capital. Fue memorable, por ejemplo, la actuación del inversionista húngaro-americano George Soros, que adquirió celebridad por apostar agresivamente contra

---

18   Salvo que se especifique de otra forma, con "periferia" nos referiremos a la periferia mediterránea (Grecia, Italia, Portugal y España).

la libra esterlina. Una vez desatado el ataque especulativo, los capitales se retiraron abruptamente de mercados como el italiano o el inglés y huyeron masivamente hacia el mercado alemán. Las monedas percibidas como "débiles" se depreciaron aún más, hasta que llegó un momento en que su permanencia dentro de la banda del sistema cambiario del SME se hizo insostenible.

Por el temor de Alemania de que sus intervenciones cambiarias para soportar la paridad de las monedas débiles minaran su política monetaria restrictiva interna, ese país presionó al gobierno italiano para devaluar 7 por ciento el 14 de septiembre de 1992. Los mercados consideraron esta devaluacón insuficiente, por lo que dos días después se produjo el ataque especulativo masivo del "miércoles negro", que obligó al Comité Monetario de la Comisión Europea a suspender la membresía de la lira y de la libra esterlina en el SME. Paulatinamente, a partir de septiembre 1992 varias monedas se vieron también obligadas a retirarse del Mecanismo Cambiario Europeo, como fue el caso del marco finlandés, la corona sueca o la peseta española.

Siguieron después varios meses de turbulencias y sucesivas devaluaciones de varias monedas europeas, hasta que en julio 1993 Francia, Bélgica y Dinamarca decidieron abandonar también el Mecanismo Cambiario del SME. En reconocimiento de este derrumbe del sistema, pero con la intención de señalizar el deseo de no abandonar los esfuerzos hacia la convergencia cambiaria pactada en el Tratado de Maastricht, el Consejo del ECOFIN (Ministros de Finanzas europeos) y los gobernadores de Bancos Centrales decidieron el primero de agosto de 1993 ampliar las bandas de fluctuación a ± 15 por ciento, y mantener el resto de atributos y mecanismos del sistema anterior. Este amplísimo e inusual margen se estableció principalmente para permitir que algunas monedas falsamente "fuertes", como el franco francés, pudieran ser devaluadas ordenadamente frente al marco alemán. El nuevo Mecanismo Cambiario del SME validó las devaluaciones sucedidas y permitió una amplísima flotación. Paulatinamente, los países excluidos retornaron al Mecanismo Cambiario ayudados por la ganancia de credibilidad que otorgaba a todos la cercanía de la entrada en vigencia de la Unión Monetaria. Esta ronda de devaluaciones de las monedas europeas, simultáneamente con el fortalecimiento del dólar durante la primera administración de Bill Clinton, permitió a Europa salir de la recesión y encarar con relativa prosperidad y tranquilidad económica los años de la convergencia de los países hacia los estándares fijados por Maastricht para optar a la membresía en la Unión Monetaria en 1999.

Más allá de estos episodios especulativos, en el fondo de la crisis de 1992-93 subyacieron problemas estructurales que suelen ser usuales en arreglos cambiarios fijos y que debieron haber proporcionado una primera señal de alarma para lo que iba a ser el futuro de la UME. En primer lugar, cabe resaltar la ya mencionada creciente desalineación de los tipos de cambio nominales respecto a su nivel de equilibrio real. En segundo lugar, la contradicción que tarde o temprano se presenta entre los intereses nacionales del país hegemónico y el resto de los países: Alemania prosiguió una política monetaria restrictiva después del desborde monetario y fiscal asociado a la unificación, pero lo que al resto de países convenía era la expansión monetaria y reducción de tasas de interés que la propia situación recesiva recomendaba aplicar. Estas contradicciones siempre se presentan cuando existe asincronía de los ciclos económicos, pero la política monetaria es dictada por otro país o por una autoridad independiente.

Salta a la vista el paralelismo con el colapso de Bretton Woods, cuando los Estados Unidos –país y moneda hegemónicos– tuvieron que enfrentar en la segunda mitad de los 60 un conjunto de perturbaciones que condujeron a desarreglos fiscales y monetarios, los cuales, a su vez, obligaron a los países europeos a realinear sus paridades cambiarias e importar la inflación norteamericana. Alemania –el país (monetariamente) hegemónico del SME– también puso por delante en los 90 sus intereses nacionales particulares y afectó negativamente los ciclos económicos de sus vecinos. La actuación alemana creó las condiciones para un *tsunami* especulativo que dio al traste con el sistema cambiario del SME, que había funcionado relativamente bien hasta ese momento. Ambos países hegemónicos dieron sepultura a sus respectivos sistemas cambiarios: Estados Unidos a Bretton Woods y Alemania al SME, con la diferencia de que el SME resucitó "temporalmente" en 1993 con la promesa de la unión monetaria pactada en el Tratado de Maastricht.

El choque de intereses y políticas nacionales, donde el hegemón se termina imponiendo, creó el convencimiento en el resto de Europa de que la asimetría del Sistema Monetario Europeo tenía que ser sustituida por un mecanismo simétrico alrededor de una "nueva" moneda común y de un banco central único "equilibrado". Especialmente Francia se resintió de esta hegemonía monetaria alemana. Otra lección aprendida de la crisis cambiaria de 1992-1993 fue la imposibilidad de mantener estabilidad cambiaria simultáneamente con libertad de movimiento de capitales y autonomía de políticas monetarias, el ya mencionado triángulo inconsistente. Las paridades fijas, mientras existan monedas emitidas por gobiernos independientes, son inexorablemente abandonadas cuando explotan las inconsistencias. Y de esta lección nació el convencimiento de la necesidad de avanzar hacia grados superiores de integración monetaria, lo cual le dio el impulso decisivo final al proyecto de unificación monetaria. Después del Acta Única Europea que decidió la liberación de los movimientos de capital en 1990, la única alternativa a la unión monetaria era volver a la flexibilidad cambiaria plena; ¿pero era esta alternativa de la flexibilidad compatible con un mercado común cada vez más integrado? Los impulsores del proyecto de unión monetaria ciertamente opinaron que no, opinión que muchos académicos no compartían.

Las razones de economía política: Francia y Alemania unidas en la divergencia

Mucho se utilizó en Europa el discutible argumento de que un mercado común exigía una moneda común, y ese fue el tema central del documento de la Comisión Económica Europea de 1990, "*One Market, One Money*". La argumentación era que la existencia de diferentes monedas y los costes de transacción asociados a ellas constituían un freno a los procesos de integración comercial. Y si las monedas experimentaban fuertes y frecuentes variaciones de paridad entre sí, esta inestabilidad inhibiría las inversiones orientadas a los mercados externos y desincentivaría las actividades de comercio internacional. Sin embargo, la teoría económica y la evidencia empírica no avalaban estas tesis. No existe una razón estrictamente económica para que los mercados no puedan integrarse en un contexto de tasas de cambio flotantes. La flotación de las monedas impone ciertamente algunos costes y fricciones al comercio, pero estos no son de magnitud significativa como para impedir el avance de la integración comercial. Además, con el desarrollo acelerado de los mercados financieros existen suficientes mecanismos de cobertura de riesgo como para mitigar los impactos negativos de la variabilidad cambiaria sobre el comercio.

Si la teoría no avalaba la necesidad de una moneda común para la integración económica, otras razones de índole de economía política tuvieron que pesar en la decisión. La experiencia traumática de las crisis cambiarias de los 70, 80 y principios de los 90 hizo aprender a los políticos varias lecciones. No se trataba de que las tasas de cambio variables constituyesen un impedimento *per se* para avanzar hacia un mercado común, sino de que la dinámica de "devaluaciones competitivas" que se desataba en el desarrollo de las crisis y las consecuentes retaliaciones proteccionistas de los países afectados no solo imponían barreras al comercio, sino también ponían en peligro la voluntad política integracionista misma de los países. Por poner un solo ejemplo, en los cinco meses posteriores al estallido de la crisis de septiembre 1992, la libra esterlina se depreció 25 por ciento respecto a las principales monedas europeas. Esto derivó no sólo en una abrupta mejora de la balanza comercial británica a costa de sus vecinos, sino que empezó a desatar traslados de instalaciones productivas, y de los consiguientes empleos, desde el continente europeo hacia la isla británica. Más allá de las tensiones políticas que estas actitudes de "empobrece a tu vecino" (*beggar thy neighbour*) generaban, tal actitud no era compatible con un proyecto comunitario. De ahí que avanzar hacia la unión monetaria fuera visto también como una forma de prevenir o disuadir a sus miembros de utilizar políticas cambiarias en detrimento de los demás.

Una segunda motivación para impulsar la unión monetaria tuvo que ver con la dinámica política de los ajustes que eran necesarios para resolver los desbalances de balanzas de pagos. Países consuetudinariamente deficitarios, como Francia, Italia o España, se enfrentaban regularmente a episodios de ajustes recesivos, medidas de austeridad, desempleo, deflación y/o devaluación. Y los países consuetudinariamente superavitarios, como Alemania y los países del Benelux, se enfrentaban al prospecto de ajustes expansivos e inflacionarios, si se vieren obligados a compartir simétricamente las cargas del ajuste inter europeo. La realidad era que esa carga del ajuste terminaba recayendo predominantemente en los países deficitarios. No es de extrañar, por lo tanto, que estos países vieran con simpatía la idea de una unión monetaria en la que, teóricamente, no solamente los desbalances se reducirían, sino que, de ser necesario un ajuste, las cargas se repartirían equitativamente. Si las variaciones de los tipos de cambio causaban tantos problemas, pensaron los políticos, ¿por qué no subsumir todas las monedas dentro de una moneda común, abandonar definitivamente la flexibilidad cambiaria y dejar que una autoridad monetaria común, férreamente comprometida con la estabilidad de precios, impusiese la necesaria disciplina?

Mediante la moneda y el banco central comunes, los políticos querían sustraer de la diatriba política estos episodios cíclicos de contracción – expansión, muchas veces causados por decisiones políticas erradas. Los países más débiles de la periferia sureña necesitaban además tomar prestada la credibilidad antiinflacionaria de los vecinos fuertes y estabilizar de una vez por todas sus mercados cambiarios. Incluso países más fuertes, pero con monedas expuestas a los embates de los mercados especulativos, como Francia, necesitaban también despolitizar los procesos de ajuste económico y escudarse detrás de un mecanismo automático de ajuste impuesto por una moneda común. Este ajuste común restringiría las opciones autónomas (nacionales) de política monetaria y limitaría así la diatriba política interna.

En consecuencia, razones y motivaciones que se encontraban más en el ámbito de la economía política que en el de la teoría económica pura, fueron las que predominaron en la mente de los políticos decisores del proceso de integración. Políticamente era irritante enfrentarse a frecuentes procesos de ajuste para defender la permanencia de la moneda nacional dentro de la banda del SME, porque esos ajustes pasaban inexorablemente por fases recesivas. La irritación se incrementaba por el hecho de que los países con las monedas fuertes no hacían nada por aliviar la carga de los débiles. Otra fuente de irritación, especialmente para Francia, era tener que verse sometida a los dictados del Bundesbank, cuya política monetaria no siempre coincidía con los intereses o el momento coyuntural de la economía francesa. Por ello, entre otras razones ya mencionadas anteriormente, fue especialmente Francia la que impulsó la idea de una moneda común.

Alemania, por lo contrario, lo que hizo fue "arrastrar los pies". Los economistas alemanes y el Bundesbank estaban en contra de la unión monetaria, porque pensaban que abandonar el *Deutsche Mark* era abrirle la puerta a la inestabilidad derivada de las inclinaciones inflacionarias de sus socios europeos. Nada era más preciado para los alemanes que su

"*Stabilitätskultur*", la cultura de la estabilidad. Para no poner en riesgo esta estabilidad, la dirigencia alemana (incluyendo Kohl) pensaba que alguna forma de unión política y fiscal debía preceder a la unión monetaria. Sus socios europeos, sin embargo, veían la moneda común más bien como una forma de recuperar soberanía, al no tener que someterse a los designios del marco alemán y poder preservar su autonomía fiscal.

No podían ser más divergentes los intereses y los enfoques económicos de los dos principales socios europeos, pero curiosamente la unión monetaria constituyó un punto de encuentro. Cada quien creyó poder hacer realidad sus intereses políticos respectivos: Francia quería acabar con el "privilegio exorbitante" del marco alemán, mientras que Alemania sabía que tenía que sacrificar su moneda propia a cambio de la reunificación de las dos Alemanias y del proyecto europeo. Los franceses se sintieron ganadores porque lograron preservar su soberanía fiscal, aparte de que suponían que iban a seguir ejerciendo sobre la unión monetaria el mismo control político que, con la anuencia de Alemania, ejercían sobre el resto de la Unión Europea. Alemania, por su parte, logró llevarse el banco central único a su ámbito de influencia y replicar en él la estructura y los estatutos del Bundesbank. En cuanto a la unión fiscal y política, los alemanes pensaron ingenuamente que la unión monetaria terminaría conduciendo posteriormente a una Europa más "federal", en la que las inclinaciones de sus socios europeos al despilfarro y a la inflación pudieran ser reprimidas por instancias comunitarias. No pensaron que una Europa federal en lo fiscal iba a requerir tarde o temprano alguna forma de transferencia gratuita de recursos, a la que Alemania se opondría después radicalmente.

Los bancocentralistas: arquitectos de la Unión Monetaria

Lo cierto es que fue Alemania la que terminó llevándose "el agua a su molino" al lograr que fueran las instancias técnicas bancocentralistas las que recibieran el encargo de diseñar el edificio de la Unión Monetaria Europea. La preponderancia del Bundesbank en el proceso de definición y conformación de la unión monetaria europea se vio facilitada en la esfera del pensamiento económico por la creciente convicción en la década de los 80 y los 90 de que era necesario "atarse las manos" para lograr la estabilidad inflacionaria. Para los noventa ya era pensamiento universalmente aceptado, casi dogma, que un banco central independiente con un mandato inequívoco de velar por la estabilidad de precios era condición necesaria para lograr una baja inflación. De ahí que los países europeos se mostraran dispuestos a delegar su autonomía monetaria en una autoridad comunitaria única, el Banco Central Europeo, y que ese banco central fuera el heredero de la credibilidad ganada por el Bundesbank alemán con su implacable actitud antinflacionaria. Un banco central único, en Frankfurt, y una moneda única pasaron a ser el dogma central del proyecto europeo. Se creía con devoción casi religiosa que si ese banco central perseguía como "único" objetivo la estabilidad de precios, la estabilidad financiera de la UME también iba a estar garantizada. Tampoco hubo especial preocupación por la disciplina fiscal, porque se creía que la disciplina monetaria iba a obligar a los gobiernos a disciplinarse también en materia fiscal.

En su libro sobre la "Construcción de la Unión Monetaria Europea", comisionado por el Banco Central Europeo y el Banco de Pagos Internacionales, el historiador económico británico Harold James (2012) se da a la tarea de demostrar con lujo de detalles el papel decisivo que el Comité de Gobernadores de los Bancos Centrales Europeos (Committee of Governors of the Central Banks of the Member States of the *European Economic Community*) jugó en el armado del andamiaje de la unión monetaria. Aun cuando los políticos tomaron las decisiones clave en cuanto al macro nivel de proceder o no proceder, en cuanto a dónde el Banco Central Europeo iba a tener su sede, o cómo y quién iba a designar su directorio, etc., la definición del tipo de régimen monetario y cambiario, sus reglas de funcionamiento, la arquitectura institucional y su planificación detallada quedó en manos de los equipos técnicos del Comité de Gobernadores. Este hecho adquirió una relevancia fundamental en el diseño (defectuoso) de la UME.

La preocupación central de los políticos era cómo evitar que la inestabilidad generada por los episodios de turbulencias cambiarias y monetarias diera al traste con el proyecto del mercado común y de la unión económica europea. "El niño que es llorón y la madre que lo pellizca": los bancocentralistas estuvieron inmediatamente ganados a la idea de sacar la política monetaria del ámbito de influencia de los Estados y eliminar de raíz –supuestamente– la inestabilidad cambiaria mediante la abolición de las monedas nacionales y la adopción de una moneda común. Con este propósito se diseñó un poderoso banco central totalmente independiente, responsable ante ninguna instancia comunitaria y con el único y excluyente mandato de la estabilidad de precios. Una copia al carbón del Bundesbank.

La UME nació con este sello indeleble del Comité de Gobernadores. El Comité adoleció de la usual incapacidad y/o renuencia que los bancocentralistas tienen para darle pensamientos a las estructuras políticas o fiscales que deberían acompañar a una moneda común. Probablemente era mucho pedirles a los Gobernadores y a sus instancias técnicas que mantuvieran esta amplitud de visión y pusieran ellos mismos sobre la mesa los aspectos políticos, financieros y fiscales. No estaban estas preocupaciones en el centro de su estructura mental, aparte de que la creencia cuasi religiosa de que la estabilidad de precios era suficiente para la estabilidad financiera y fiscal actuó como velo "ideológico" que hizo invisibles las otras dimensiones. Pero la culpa de esta dejación fue realmente de los políticos y de las otras instancias comunitarias que deberían haber asumido esa responsabilidad y no lo hicieron.

Formalmente desde 1994, los países europeos candidatos a la unión monetaria se sometieron a un proceso de "convergencia" en base de cinco criterios de carácter nominal como elemento central de la estrategia de preparación para el inicio de la unión y así poder pasar a la tercera etapa que arrancaría el 1 de enero de 1999. Estos criterios fueron:

1. Estabilidad de precios: la tasa de inflación de un país no podía exceder en más de un 1,5% la media de las tasas de inflación de los tres Estados miembros que registrasen la inflación más baja.
2. Tipos de interés: los tipos de interés a largo plazo de un país no podían variar en más de un 2% en relación con la media de los tipos de interés de los tres Estados miembros cuyos tipos de interés fuesen los más bajos.
3. Déficits fiscales: los déficits presupuestarios nacionales debían ser inferiores al 3% del producto interno bruto (PIB).
4. Deuda pública: el endeudamiento del Estado no podía exceder del 60% del PIB.
5. Estabilidad del tipo de cambio: los tipos de cambio debían mantenerse estables dentro de los márgenes de fluctuación autorizados durante los dos años previos a la fecha efectiva de la unificación.

Para 1997 era evidente que varios países candidatos no iban a cumplir los niveles requeridos de convergencia, especialmente Italia y Grecia. Fue necesario un relajamiento de los criterios de medición y un buen grado de manipulación y concesiones para que estos países pasaran el examen final. Desde enero 1999, once países entraron a formar parte de la UME: Bélgica, Alemania, España, Francia, Irlanda, Italia, Luxemburgo, los Países Bajos, Austria, Portugal y Finlandia, que representaban más de dos tercios de Europa. Grecia se sumó al grupo el 1 de enero de 2001, después de recibir también considerables excepciones y no poca "vista gorda".

Cuadro III-1
UME - Variables representativas de convergencia, 1998

	Inflación %	Desempleo %	Saldo Cta. Corriente % PIB
Austria	0,8	4,3	-2,5
Bélgica	0,9	9,3	-1,0
Finlandia	1,3	11,4	1,6
Francia	0,7	10,3	-2,6
Alemania	0,6	8,9	-2,2
Grecia	4,5	11,2	-3,8
Irlanda	2,1	7,6	2,3
Italia	2,0	11,5	-3,1
Luxemburgo	1,0	3,1	3,4
Holanda	1,8	3,9	-0,9
Portugal	2,2	4,4	-3,4
España	1,8	14,6	-3,2

Fuente: OECD, Economic Outlook

El Cuadro III-1 muestra que en el año previo al inicio del euro (1998) se había logrado un alto grado de convergencia nominal (representada por la tasa de inflación), pero que subsistían desequilibrios latentes en los ciclos reales (representados por los niveles de desempleo y de déficit en cuenta corriente). Las tasas de desempleo existentes en vísperas de la unión divergían desde el 3,1 por ciento de Luxemburgo hasta el 14,6 de

España. Algo menos graves, aunque de ninguna manera despreciables, eran las divergencias en los saldos de cuenta corriente. Volveremos sobre este asunto más adelante.

Llama la atención que los criterios de convergencia giraron exclusivamente en torno a variables nominales, dejando de lado obligaciones de converger en magnitudes de la economía real. Divergencias en los niveles de desempleo, índices de productividad, déficit de cuenta corriente, tasas de cambio reales efectivas u otros indicadores que eran igualmente representativos de eventuales desequilibrios subyacentes de las economías reales, fueron sistemáticamente dejadas de lado. Estas divergencias derivarían luego en asimetrías de los ciclos económicos que eran francamente incompatibles con una unión monetaria. Había prisa política, sin embargo, en lanzar al vuelo las campanas de la unión monetaria.

La fijación irrevocable de las paridades de los once países iniciales de la UME frente al euro se produjo el 1 de enero de 1999, fecha en la que el Banco Central Europeo asumió plenamente del Instituto Monetario Europeo las riendas de la política monetaria. Esta debe ser considerada la fecha de nacimiento de la UME, ya que la circulación del euro en forma de monedas y billetes a partir del 1 de enero de 2002 fue un hecho secundario en comparación a la fijación irrevocable de los tipos de cambio y a la entrega de la política monetaria por parte de los bancos centrales nacionales al Banco Central Europeo. Nacía así la Unión Monetaria Europea con los rasgos inconfundibles de Alemania. "Sin querer queriendo", este Banco Central fue el "caballo de Troya" que Alemania introdujo en las murallas de la UME y que iba a ser tan determinante en la crisis del euro y en la irrupción de la hegemonía alemana en la escena europea.

SEGUNDA PARTE

CRISIS DEL EURO, NARRATIVA Y CAUSAS

Todos somos hijos de nuestra historia y la UME no es excepción. La UME fue un proyecto básicamente político, cocinado de forma acelerada y en contra de las recomendaciones de muchos técnicos calificados. Este apresuramiento le dejó una serie de flancos débiles que después hubo que pagar caro. La teoría un tanto perversa de algunos padres de la UE, como Monnet, que querían avanzar a toda costa, porque luego las crisis se encargarían de dar el impulso para completar las piezas faltantes del edificio de la unión, resultó fatal cuando se presentó la primera gran crisis del euro. A la narrativa de esta crisis, al análisis de sus causas y a la comprensión de sus problemas medulares está dedicada esta Segunda Parte.

La narrativa alemana de que la crisis fue consecuencia del dispendio y desorden fiscal de una serie de países es sencillamente falsa. No hubiera sido problemática esta interpretación de las causas de la crisis, si de ella no se hubiera derivado la receta de austeridad con la que se medicó a los países deudores y si quien la propuso no hubiera sido el gobierno que tenía el timón –y el garrote– de Europa en su mano. Producto de estas equivocaciones, el euro estuvo a punto de perecer en 2012, si no hubiera sido por la intervención del BCE como prestamista de última instancia.

La crisis financiera global del 2008 fue "la madre de todas las crisis". A Europa, y particularmente a la eurozona, le afectó de forma más destructiva que al resto del mundo occidental. Las causas de esta mayor afectación fueron de dos tipos. La primera tiene que ver con los problemas asociados a la existencia de una unión monetaria imperfecta e incompleta. Y la segunda tiene que ver con la incapacidad mostrada por las estructuras comunitarias para hacerle frente a una crisis de esta magnitud.

Una pregunta que vuelve una y otra vez sobre la mesa es si a la larga es posible una unión monetaria sin el correspondiente nivel de unión política. Probablemente no sea necesaria una plena unión al estilo de los "Estados Unidos de Europa", pero la teoría y la historia dicen que algún grado de solidaridad entre los miembros en tiempos difíciles debe existir. Para ello se necesitarán instancias comunes, democráticamente legítimas, que dirijan los recursos y diriman los conflictos distributivos.

IV

CRISIS FINANCIERA GLOBAL Y CRISIS DEL EURO:
UNA NARRATIVA DE LOS HECHOS

Hemos visto en los capítulos anteriores cómo nació la criatura de la UME. Su gestación fue larga y complicada, pero había un liderazgo europeo dispuesto a como diera lugar a llevar el embarazo a buen término. Vamos a ver ahora cómo se desenvolvió la criatura por los caminos del mundo, en qué medida los genes de su gestación la ayudaron o desayudaron a enfrentarse a los agitados años de la crisis financiera que eclosionó en 2008, cómo su desempeño se comparó con el resto del mundo.

Los primeros nueve años de vida de la UME dieron pie al optimismo. Nunca antes en la historia tantos países tan significativos habían logrado tal grado de integración monetaria. Todos los ojos estaban puestos en este histórico experimento. Las dudas que muchos pudieron haber tenido antes del arranque se fueron disipando frente a los hechos de un crecimiento sostenido de todos los países de la unión, un cierre de brechas acelerado entre los miembros ricos y pobres, y una presencia más asertiva de Europa en el concierto mundial. Parecía que los fundadores habían tenido razón con su visión optimista de que la misma dinámica endógena de la unión iba a enmendar las deficiencias o carencias que pudieran haber existido en el arranque.

La crisis financiera global post 2008 no fue una crisis más dentro de la larga lista de auges y derrumbes de la historia económica mundial, no fue otro episodio más de los ciclos económicos que han caracterizado la dinámica capitalista. Lo que la hizo única y extremadamente destructiva es que fue una crisis de exceso de deuda privada, que afectó simultáneamente a una gran parte del universo de grandes países desarrollados. Con la debacle financiera mundial que irrumpió en 2008, las falencias estructurales del edificio de la UME se hicieron muy pronto evidentes y el optimismo dio paso al pesimismo, a los dedos acusadores, al descontento de los ciudadanos y a una severísima recesión en los países que hasta no hacía nada habían sido ejemplo del "milagro" que una unión monetaria podía producir.

No solamente el enfoque teórico de la austeridad para el manejo de la crisis fue equivocado, sino que también la gerencia de la crisis fue fallida. Las respuestas de políticas y medidas para manejar la crisis a nivel de las instancias comunitarias se produjeron de forma lenta y retardada. En virtud del complejo proceso de toma de decisiones intergubernamentales, la mayoría de las veces las medidas acordadas fueron también incompletas e insuficientes, más producto de compromisos políticos que de racionalidad económica. Entenderemos en las páginas siguientes qué pasó a nivel mundial, qué pasó a nivel europeo y cuáles fueron los hitos fundamentales y las fases de la crisis de la eurozona.

El euro en la Europa de las maravillas (1999-2007)

La evaluación del desempeño de la UME debe dividirse en dos claras etapas: antes y después de la crisis financiera global de 2008. Hasta 2007 los resultados y logros de la unión monetaria presentaban un balance ampliamente positivo. Como se muestra en el Cuadro IV-1, la convergencia de las tasas de inflación fue verdaderamente notable, incluso en los países de la periferia mediterránea.

Sin embargo, estas cifras revelan también dos hechos muy importantes. En primer lugar, que para el año 2000, prácticamente al inicio de la unión monetaria, ya la convergencia se había logrado, no como efecto de la misma unión monetaria, sino como resultado de la autodisciplina asumida por los países candidatos durante la década previa al ingreso. En segundo lugar, y éste es un hecho todavía más relevante, los países europeos que no ingresaron a la unión monetaria también lograron moderar sustancialmente la inflación, incluso con promedios más bajos que los de la eurozona. Similar logro mostraron los grandes países no europeos pertenecientes a la OCDE. ¿Quiere decir esto que la unión monetaria no hubiera sido necesaria para lograr la llamativa estabilidad de precios que todo el mundo industrializado venía mostrando en los primeros años de la primera década del nuevo siglo? La duda está muy justificada. El favorable entorno económico mundial de baja inflación y altas tasas de crecimiento que prevaleció en los primeros 7 años de la década de los 2000, arropó por igual a miembros y no miembros de la eurozona.

Cuadro IV-1
Inflación en la eurozona y en países selectos, 1990-2007

	Grecia	Italia	Portugal	UME	Europa no UME	OCDE -5
1990	19.9	6.3	13.3		6.6	5.3
1995	8.9	5.4	4.0	2.4	2.5	2.7
2000	2.9	2.6	2.8	2.1	1.6	2.5
2005	3.5	2.2	2.1	2.2	1.5	2.1
2006	3.3	2.2	3.0	2.3	1.9	2.5
2007	3.0	2.0	2.4	2.1	1.9	2.0

Nota: Europa no UME comprende a Reino Unido, Suecia y Dinamarca.
OCDE-5 comprende Estados Unidos, Japón, Canadá, Australia y Nueva Zelanda
Fuente: Banco Central Europeo y OCDE

La economía mundial, y la europea no fue excepción, gozó de una prolongada bonanza desde comienzos de la década de los 2000, que llegó a hacer pensar que "esta vez era diferente" y que los directores de las políticas económicas habían encontrado la fórmula mágica de "la gran moderación" para romper los violentos ciclos de auge y recesión que habían caracterizado la economía mundial en las dos décadas anteriores. El caso es que en Europa esta bonanza se mezcló con los éxitos de la convergencia nominal e, inconscientemente, se vinculó a la existencia de la unión monetaria, con la consiguiente euforia "unión-monetarista". Simultáneamente, los niveles de globalización financiera mundial escalaron geométricamente, especialmente en el continente europeo, lo cual aceleró la propagación de la bonanza estadounidense y asiática, pero al mismo tiempo tornó al continente europeo más vulnerable a contagios provenientes de otras latitudes.

Cuadro IV-2
Tasas de interés en la eurozona y en países selectos, 1990-2007

	Grecia	Italia	Portugal	UME	Europa no UME	OCDE-5
1990	23,0	13,5	20,8	10,8	11,9	10,4
1995	15,5	12,2	11,5	8,4	7,0	8,9
2000	6,1	5,6	5,6	5,4	5,5	5,4
2005	3,6	3,6	3,4	3,4	4,2	3,7
2006	4,1	4,1	3,9	3,8	4,4	4,0
2007	4,5	4,5	4,4	4,3	4,6	4,5

Nota: Europa no UME comprende a Reino Unido, Suecia y Dinamarca.
OCDE-5 comprende Estados Unidos, Japón, Canadá, Australia y Nueva Zelanda
Fuente: Banco Central Europeo y OCDE

Un efecto positivo de esta confluencia de euforia por la bonanza y la globalización financiera fue la llamativa convergencia mundial y europea de las tasas de interés (ver Cuadro IV-2). Los países de la periferia de la eurozona, básicamente los mediterráneos, después de largos años de fuertes primas de castigo de riesgo-país, lograron converger y financiarse a las mismas tasas de interés que el resto de los socios. Grecia y Portugal, por ejemplo, que en 1990 duplicaban las tasas de interés del resto de Europa, pasaron desde el mismo inicio de la unión monetaria a gozar de la misma confianza de los mercados financieros, lo cual les permitió financiarse al mismo bajo coste que las mejores economías del mundo.

Esta convergencia de tasas de interés tuvo su espejo en la evolución de las primas de riesgo aplicadas por los mercados a los países europeos. En el Gráfico IV-1 se plasman las primas para el grupo de países de la periferia mediterránea. En ningún momento entre 1999 y 2007 los diferenciales de tasas con el bono alemán exceden los 40 puntos básicos (0,4 por ciento). Grecia, que ingresa a la unión en 2001, inmediatamente se suma al lote y disfruta de la misma prima de riesgo que Italia (entre 20 y 30 puntos básicos). España llega a ubicarse desde 2003 a 2007 por debajo de los 5 puntos básicos, es decir, prácticamente sin prima de riesgo. A juzgar por esta convergencia de los diferenciales de tasas de interés, los mercados financieros percibían hasta 2007 que la situación de Europa y la de cada uno de sus países era extremadamente sólida, que la unión no enfrentaba riesgos sistémicos, no había probabilidad de desmembramiento, no había consecuentemente riesgo cambiario y que, por lo tanto, no se justificaba aplicar primas de riesgo diferenciadas. Esta era la percepción de los mercados apenas un año antes del estallido de la crisis de 2008...

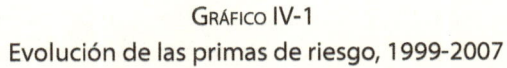

Gráfico IV-1
Evolución de las primas de riesgo, 1999-2007

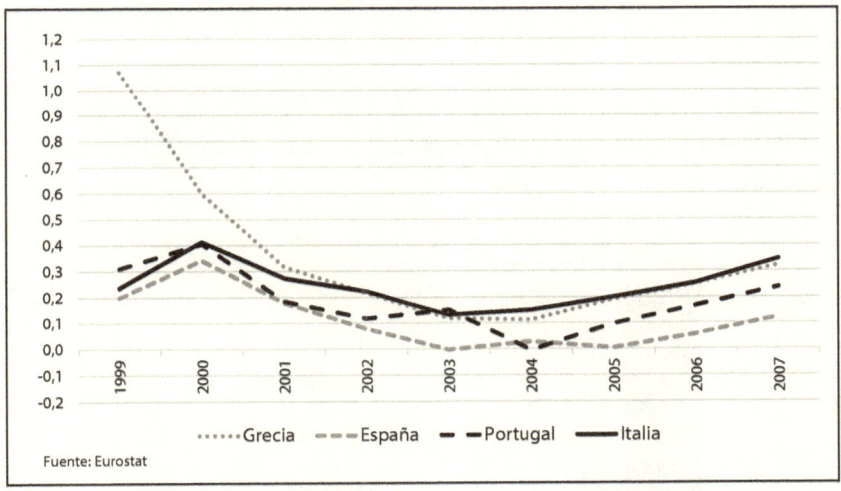

La presencia combinada de bajos costes de financiamiento, rezagos estructurales de inversión y percepción de ausencia de riesgo cambiario desató masivos flujos de capital en la primera mitad de la década de los 2000 hacia los países de la periferia de la eurozona (la franja del Mediterráneo y los nuevos miembros de Europa del Este). El cierre de brechas de infraestructuras físicas y de servicios públicos permitió a estos países crecer a tasas más aceleradas al amparo de la credibilidad antiinflacionaria de la unión, sin que inicialmente los impactos se reflejaran en las cuentas fiscales. Éstas lucían sanas por efecto de la expansión económica y el aumento de los ingresos fiscales inducido por el crecimiento. Una tasa promedio de crecimiento de 5,2% anual de la periferia mediterránea (Grecia, Italia, España y Portugal) entre 1998 y 2007, frente al 3% de Francia y Alemania, permitió a la periferia reducir la brecha del PIB per cápita (ver Gráfico IV-2). Tomando la media de los 6 países europeos como índice 100, el índice relativo del PIB por habitante de Alemania y Francia desciende de 125 a 116 en el período 1998-2007, mientras que el índice de los cuatro países de la periferia sube de 75 a 84, y acorta así la distancia. La cara opuesta se observa después de la crisis de 2008, cuando la Europa central recupera todo el terreno perdido, mientras que el índice del PIB por habitante en la periferia retrocede a nivel de 1999. Ello se debe a la pérdida total del dinamismo de crecimiento de esos países, ya que mientras Alemania y Francia crecen entre 2008 y 2016 a una tasa promedio anual de 1,73%, la periferia mediterránea decrece a una tasa promedio anual negativa de 0.37%.

GRÁFICO IV-2
Diferenciales de crecimiento y convergencia del PIB/cápita, 1998-2016

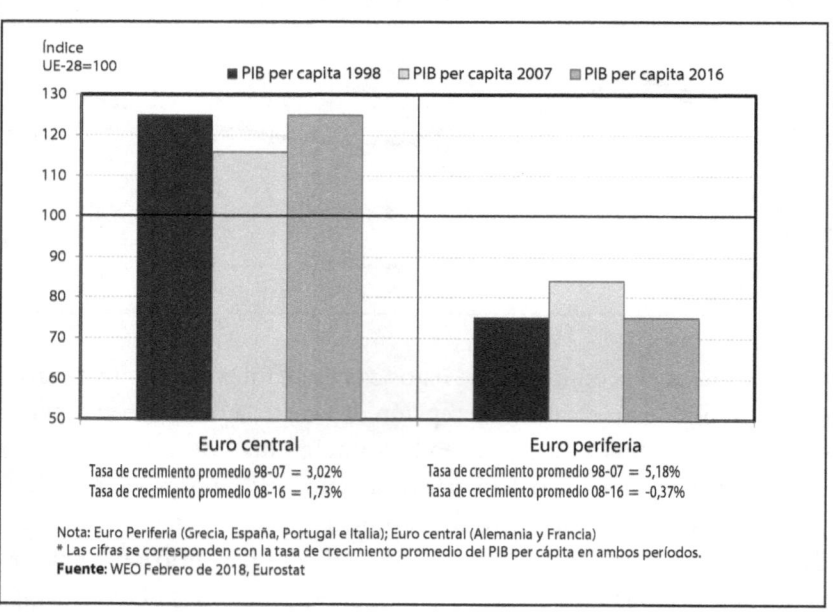

La mayoría de académicos y políticos de la época opinaban que este vigoroso ritmo inicial de acortamiento de distancias justificaba la aparición de algunos desbalances, los cuales se consideraban temporales e, incluso, beneficiosos. Eventuales déficits en las cuentas corrientes de países de la periferia eran considerados naturales, por ser supuestamente reflejo de los "buenos desequilibrios" que suelen venir asociados a los procesos de convergencia real. Las masivas entradas de capital a los países de la periferia financiaban holgadamente los saldos negativos de la cuenta corriente de las balanzas de pagos. Que la inversión superara largamente el ahorro nacional, con la consiguiente acumulación de deuda externa, era considerado un hecho positivo. Se suponía que todo ello iba dirigido a una acumulación de capital que incrementaría sustancialmente los niveles futuros de productividad y la capacidad de generar recursos excedentarios para atender las deudas que pudieran estarse acumulando. ¿Por qué preocuparse entonces?

No se presentaron en los primeros años de la UME *shocks* asimétricos importantes. También la integración comercial fluyó adecuadamente y continuó su moderado y constante incremento. Los mercados financieros experimentaron significativos avances de integración. ¿Constituía el éxito de los primeros años de la UME la prueba de que Europa sí era un área monetaria óptima? Algunos economistas, que antes de la puesta en marcha de la UME albergaban dudas sobre la conveniencia macroeconómica de la conformación de la eurozona, empezaron a moderar su escepticismo inicial y a reconocer que la experiencia europea estaba resultando un "gran éxito"[19].

Buscando reconciliar posiciones críticas pasadas con las realidades presentes, desde inicios de la década del 2000 se conformó una línea de reflexión teórica y de investigación empírica acerca de la "endogeneidad" de los beneficios de una unión monetaria. El impulso principal vino del economista Andrew Rose que en el marco del estudio de los impactos de diferentes uniones monetarias afirmó que la integración monetaria conducía a una significativa profundización de los flujos comerciales recíprocos[20]. La consecuencia de ello era que, aunque un grupo de países no cumpliera *ex ante* con los criterios de optimalidad de un área monetaria,

---

19 Wyplosz (2006) así lo calificó, no sin simultáneamente alertar sobre ciertos "lados oscuros" de este éxito. Otro experto reconocido en temas de unión monetaria, de Grauwe (2005), tampoco dudó en calificar a la UME como un gran éxito seis años después de su inicio.

20 Ver Rose (2000) y Frankel y Rose (2002), quienes llegan a la conclusión de que países integrantes de una unión monetaria intercambian entre sí tres veces más de lo que pudiera haberse esperado sin unión. Igualmente estiman que por cada uno por ciento del PIB de incremento del comercio, el ingreso per cápita crece en un tercio de uno por ciento. Estas magnitudes han sido consideradas muy exageradas por posteriores estudios (ver Baldwin 2006), pero nadie discute que el denominado "efecto Rose" existe.

pudiera justificarse la decisión de adoptar una moneda común con la expectativa de que *ex post* la unión incrementaría el grado de integración y de simetrías. De hecho, previo a la puesta en escena de la unión, ésta fue la argumentación esgrimida por las instancias técnico-políticas de la Comisión Europea frente al escepticismo de los académicos.

Las "endogeneidades" de un área monetaria abarcarían las cuatro grandes áreas o criterios que la teoría siempre puso sobre la mesa:

- endogeneidad de la integración comercial;
- endogeneidad de la integración financiera;
- endogeneidad de las simetrías de las perturbaciones y de los ciclos económicos, y
- endogeneidad de la flexibilidad de los mercados de factores de producción.

La lógica económica del fenómeno de la endogeneidad residiría en que una integración monetaria va acompañada de una remoción radical de fronteras y de barreras y ello modifica sustancialmente la estructura de incentivos de los agentes económicos para reorientar sus transacciones hacia el ámbito comunitario. El comercio se incrementa porque la existencia de la unión monetaria manda una señal fuerte a los inversionistas de que el compromiso de los países por la integración es irrevocable, de que no va a haber en el futuro devaluaciones competitivas y de que los gobiernos van a crear las instituciones y los arreglos necesarios para facilitar la integración.

Ahora bien, ¿qué se concluye de los estudios empíricos realizados posteriormente sobre el efecto de la endogeneidad? ¿Qué hay de cierto en esa teoría? Con referencia específica a la UME, las investigaciones sobre el efecto de la unificación monetaria sobre la *integración comercial* reseñan un efecto positivo, pero su cuantificación es muy dispersa y va desde un moderado cinco a diez por ciento de incremento del comercio por efecto de la unión hasta magnitudes mucho mayores[21]. La dificultad de estimación reside en que la comunidad europea ya había alcanzado

---

21   Un buen repaso de la literatura especializada sobre este asunto puede verse en Beetsma y Giulodori (2010). De Grauwe y Mongelli (2005) recogen el estado del arte sobre el tema hasta mediados de la década 2000. Lane (2006) se enfoca en los efectos de la unión monetaria sobre la economía real.

niveles muy avanzados de integración comercial para la fecha de inicio de la unión monetaria en 1999, después de un largo período de 40 años de unión comercial. Por otra parte, los efectos generadores de comercio toman mucho más tiempo que un lustro para hacerse sentir.

Igualmente ambiguas y de largo plazo son las conclusiones sobre el efecto endógeno de la unión monetaria en la *flexibilidad y movilidad de la fuerza de trabajo*; los estudios no reflejan avances significativos de la flexibilidad laboral en los primeros años de la UME. Más evidente e inmediato, por el contrario, parece haber sido el efecto endógeno sobre la *integración de los mercados financieros*. La existencia de una moneda única aceleró el proceso de globalización financiera, especialmente al darles profundidad y liquidez a los mercados monetarios. En los mercados de bonos y de valores el proceso fue más lento aunque también intenso, como lo demostró *a posteriori* la voracidad del fenómeno del contagio que se manifestó post 2008.

En cuanto a la expectativa de que la integración monetaria aumentaría la *simetría de las perturbaciones* y de los ciclos económicos, las observaciones empíricas previas a la crisis de 2008 parecían alimentar un moderado optimismo sobre los efectos beneficiosos de la unión[22]. Pero este optimismo inicial se debió al hecho de que los primeros siete años de la UME coincidieron con el período de la "gran moderación" a nivel de la economía mundial, en el que simplemente no hubo perturbaciones, ni simétricas ni asimétricas. No sucedieron eventos que permitieran validar o invalidar la suposición de que la unión monetaria reduciría las asimetrías de los ciclos económicos. Radicalmente distinta, sin embargo, fue la visión sobre la endogeneidad de las simetrías de las perturbaciones que se impuso después del estallido de la crisis financiera de 2008.

La crisis financiera global 2008-2012: esta vez tampoco fue diferente

Lo que se ha denominado la "crisis financiera global" (CFG) se equiparó en su magnitud y en sus efectos a la Gran Depresión de fines de los 1920 y comienzos de los 1930. Lo que sucedió, en esencia, es que en los

---

22   Ver Wyplosz (2006).

Estados Unidos, al igual que en buena parte del resto del mundo industrializado occidental, se fueron acumulando durante la década de los 2000 serios desequilibrios bajo el manto cobertor de abundante liquidez, bajas tasas de interés, abundante crédito bancario, baja inflación y alto crecimiento. Los hogares, las corporaciones y las instituciones financieras elevaron fuertemente sus niveles de endeudamiento, y orientaron sus demandas hacia ciertos mercados especulativos, el principal de ellos el mercado de vivienda. La burbuja inmobiliaria se financió irresponsablemente con hipotecas fuera de todo estándar de buenas prácticas crediticias, porque los bancos luego las "empaquetaban" y vendían a terceros como "bonos colateralizados" (CDO) y se desprendían así de su riesgo. Al estallar la burbuja de la vivienda, un número importante de compañías financieras y aseguradoras entraron en situaciones de iliquidez y de insolvencia, que desembocaron en los ruidosos colapsos de los bancos de inversión Bear Stearns en marzo de 2008 y Lehman Brothers y la aseguradora AIG en septiembre del mismo año. Los mercados se percataron de que los balances de las compañías financieras estaban cargados de bonos basura y los bancos iniciaron entonces una desesperada carrera para reducir su apalancamiento y sanear sus balances. El crédito se secó y la economía entró en picada en recesión.

Recuadro IV-1
LA BURBUJA DE LAS HIPOTECAS BASURA

En la primera mitad de los 2000 se produjo un *boom* de construcción residencial y no residencial, especialmente en Estados Unidos, pero también en buena parte de Europa. Esta expansión fue alimentada por un entorno financiero muy laxo y por un "hiperactivo" mercado de capitales que supo sacar provecho de tal entorno. Las instituciones financieras y todo tipo de agentes autorizados a generar hipotecas relajaron irresponsablemente los estándares de crédito y le dieron acceso al financiamiento hipotecario a personas sin capacidad de pago suficiente. La creencia de que los precios de las viviendas o de las propiedades comerciales iban a seguir subiendo indefinidamente mantenía girando la máquina de hacer hipotecas. Este comportamiento irresponsable proliferó porque la maquinaria de hipotecas se encargaba también de "empaquetarlas" en instrumentos financieros, que luego terminaban en fondos de inversión o carteras de los bancos en los más remotos lugares del mundo. El gobierno miró benévolamente a un lado porque le parecía "políticamente correcto" –y daba votos– democratizar el acceso de la población a vivienda propia. Los generadores de hipotecas, por su parte, no estaban especialmente preocupados porque se desprendían del riesgo –vendían las hipotecas– y éste se diluía en una complicadísima y muy opaca trama de bonos y derivados colateralizados por hipotecas basura.

Pero el alza de los precios inmobiliarios en Estados Unidos se detuvo en 2006, los inventarios de propiedades frías crecieron exponencialmente y la morosidad inmobiliaria saltó de apenas un 6 por ciento a fines de 2005 a más del 30 por ciento tres años después. Gran parte de los fondos disponibles para construcción e hipotecas eran de corto plazo y provenían de instituciones "mayoristas" de fondos (bancos de inversión, fondos de pensiones, compañías de seguros, etc.), las cuales empezaron a retirarse del mercado de préstamos al presentarse los primeros síntomas de enfriamiento de la construcción y de alza de los impagos de las llamadas hipotecas "basura" o *subprime*. Al retraerse el financiamiento, la construcción se paró en seco, las propiedades empezaron a rematarse y el valor de los bonos con subyacente de hipotecas *subprime* se derrumbó, porque las instituciones de financiamiento hipotecario y las que tenían en sus carteras de inversión tales bonos tuvieron que venderlos a precios de remate para enfrentar la estrechez de fondos líquidos.

Varias campanadas dispararon el pánico ya desde 2007. En junio de ese año, Bear Stearns suspendió las redenciones de dos de sus fondos. En agosto, el principal banco francés BNP también cerró la ventilla de redenciones en tres de sus fondos de inversión que tenían en sus balances instrumentos respaldados por hipotecas *subprime* norteamericanas. Rhineland, una compañía alemana de inversión especializada en ese mismo tipo de instrumentos, tuvo que ser rescatada por su dueño, el banco IKB. La "manía"[23] que había inflado los precios de las propiedades inmobiliarias se transformó en pánico vendedor de cuanto instrumento

---

23 Término acuñado por Charles Kindleberger en su clásica descripción del patrón de las crisis financieras para describir la fase ascendente de la crisis. La "manía" es un apetito desmesurado por algún activo real o financiero, que es acompañado de un *boom* crediticio. Ver Kindleberger y Aliber (2011).

financiero estuviera relacionado con hipotecas, lo cual golpeó seriamente los balances de casi todas las instituciones financieras. Como nadie sabía a ciencia cierta el grado de afectación de cada quién, los proveedores de fondos se retiraron del mercado de manera generalizada, los problemas de liquidez se tornaron agudos y el sistema financiero en pleno, inclusive los bancos buenos, se contagió de esta desconfianza generalizada.

El resultado fue una crisis financiera virulenta que fue progresivamente eclosionando desde el segundo semestre de 2007. Los resultados del segundo semestre de 2007 de los grandes bancos norteamericanos, como Merril Lynch y Citigroup, ya reflejaron las pérdidas sufridas por la caída del valor de las inversiones inmobiliarias-hipotecarias, lo cual derrumbó el precio de las acciones de esas y otras instituciones financieras. En marzo 2008 la Reserva Federal se vio obligada a rescatar el banco de inversión Bear Stearns mediante un aporte de 30.000 millones de dólares.

Septiembre 2008 fue el mes del "armagedón" financiero total: Washington Mutual, un banco muy activo en préstamos hipotecarios, fue intervenido por la Oficina del Tesoro y luego adquirido "forzosamente" por JP Morgan Chase. Igual destino tuvo el banco de inversión Merrill Lynch, que fue adquirido por Bank of America. Lehman Brothers se quedó sin liquidez a mediados de mes y, dado el riesgo sistémico que implicaba su tamaño, tuvo que ser intervenido y cerrado por la Reserva Federal. El gigante asegurador AIG tuvo que ser rescatado y "comprado" por el gobierno norteamericano. Del otro lado del Atlántico y en el mismo mes, el banco inglés Northern Rock, el banco franco-belga Dexia, al igual que el banco hipotecario alemán Hypo Real Estate fueron nacionalizados por los respectivos gobiernos con dinero de los contribuyentes; el banco belga Fortis fue intervenido y luego adquirido por BNP Paribas.

Recuadro IV-2

MANÍAS Y BURBUJAS: LA DINÁMICA DE LAS CRISIS FINANCIERAS

En su clásico análisis de las crisis financieras, Charles Kindleberger hace una descripción estilizada de los patrones comunes que han subyacido prácticamente a todos los episodios de crisis financiera de los últimos cuatrocientos años, incluyendo la crisis financiera global de 2008[24]. La narrativa de Kindleberger dice que en algún momento se incrementa la disponibilidad de crédito en una economía, se acelera la actividad económica y crece el optimismo de los inversionistas, quienes se endeudan y empiezan a comprar activos reales o financieros, cuyos precios suben y espolean nuevas compras de esos activos. Los hogares e individuos ven incrementado su patrimonio por el mayor valor de sus activos e incurren en más deuda para cabalgar sobre la ola de aumentos de precios de los activos que están atrayendo los inversionistas; las empresas acompañan la expansión de la demanda y el Fisco ve llenarse sus arcas. Es esta espiral de crédito la que alimenta la formación de burbujas especulativas de precios de ciertos activos: es la fase de la "manía". En algún momento, indefectiblemente, los prestamistas perciben que la burbuja no es sostenible y reducen entonces la disposición a prestar. Los deudores necesitan vender activos para honrar sus deudas y los precios de esos activos caen a causa de las ventas forzosas, con lo cual la burbuja estalla y los mercados entran en pánico. Cuando los deudores caen en insolvencia y los activos dados en garantía pierden valor, las instituciones financieras que financiaron la burbuja se derrumban y la crisis financiera estalla.

Durante la formación de la burbuja siempre hay voces tranquilizantes que afirman que "esta vez es diferente". Solo esta miopía explica la política monetaria laxa de Alan Greenspan entre 2002 y 2007 mientras se formaba la inmensa burbuja del *subprime*, o los excesos de flujos de capitales hacia los países de la periferia europea durante esos mismos años. La crisis de 2008 no fue tampoco diferente al patrón clásico, ni en los Estados Unidos ni en Europa.

Lo único que ha sido diferente en las cuatro oleadas de crisis financieras que han recorrido el mundo desde los años 70 es la frecuencia con la que una crisis ha sucedido a la otra y el gran número de países afectados simultáneamente por similares burbujas. Lo novedoso y agravante ha sido la desaparición de un sistema mundial de estabilidad cambiaria (Bretton Woods) y la progresiva liberalización de los mercados financieros internacionales. Estos dos factores hacen que las burbujas de crédito se ven potenciadas, porque vienen ahora alimentadas por flujos internacionales de capital que, como parte del proceso de ajuste de las balanzas de pagos, conducen a apreciaciones de las monedas de los países receptores de capital. Una vez que los prestamistas internacionales perciben la

---

24 Kindleberger and Aliber (2011): Manias, Panics and Crashes: a History of Financial Crises. Reinhart y Rogoff (2010) corroboran empíricamente la presencia del mismo patrón en épocas más recientes.

insostenibilidad del endeudamiento de los países receptores, los flujos de capital se revierten, las monedas son atacadas y la depreciación retroalimenta y acelera el patrón clásico de pánicos y estallidos de crisis financieras. De esta forma, crisis bancarias y crisis cambiarias van ahora de la mano. Y el número de países contagiados se incrementa al ritmo de la globalización financiera.

Después de ese huracán categoría cinco de septiembre 2008, los jefes de Estado del G-7 se reunieron en octubre en Washington y allí decidieron implantar una batería de acciones para evitar nuevas quiebras de instituciones de importancia sistémica, dotar a los mercados financieros de la liquidez necesaria, recapitalizar los bancos y ampliar la cobertura de depósitos. El gobierno de Estados Unidos y su Reserva Federal adoptaron una política agresiva de dotación de liquidez o de rescate de instituciones financieras –mediante el mecanismo de compra de acciones– para cortar la espiral de desconfianza que ya había dejado tantas víctimas por el camino. Menos decidida fue la actuación europea, pero suficiente en un primer momento para detener el deslave iniciado.

Siguiendo la secuencia típica de estas crisis, 2009 fue el año donde la crisis financiera se transformó en crisis económica: los bancos dejaron de prestar, las empresas se quedaron sin capital de trabajo, los consumidores redujeron su endeudamiento y compraron menos, las inversiones se detuvieron, los gobiernos cobraron menos impuestos y el desempleo subió. Para 2010 el desempleo había ascendido a 10 por ciento de la fuerza laboral en los Estados Unidos. La actitud resoluta del gobierno y de la Reserva Federal estadounidenses, sin embargo, logró que esa tasa de desempleo fuera cayendo a razón de un punto porcentual por año y que en 2014 se ubicara ya por debajo de 6 por ciento, cerca del nivel de pleno empleo. La actuación coyuntural de la Reserva Federal como prestamista de última instancia, la celeridad y cuantía de los estímulos monetarios y fiscales y la coherencia del enfoque "macro-prudencial" de las autoridades norteamericanas de supervisión y regulación, fueron decisivas para la superación de la CFG en un tiempo relativamente corto.

Narrativa de la crisis de la eurozona

Todo cambió para Europa después de 2008. La CFG impactó a Europa, y particularmente a la eurozona, con algo de retraso respecto a Estados Unidos, pero con más duración y virulencia, hasta el punto de amenazar la supervivencia misma de la unión monetaria. Pudiéramos diferenciar cuatro fases de la eurocrisis: la primera (crisis bancaria del *subprime*) abarca desde 2008 hasta fines de 2009, la segunda (crisis soberana en Grecia, Irlanda y Portugal) desde fines de 2009 hasta mediados de 2011, la tercera (contagio y crisis del euro) desde mediados de 2011 hasta mediados de 2012 y la cuarta (crisis de austeridad recesiva) a partir de julio 2012. Algunos países como Irlanda y España empezaron a salir del sótano en 2014, pero otros lo hicieron más tarde, como Portugal o Grecia.

Primera fase (2008-2009): crisis bancaria del subprime

En un primer momento, hasta bien entrado 2009, Europa parecía mirar con ojos de cierta complacencia y *Schadenfreude*[25] los acontecimientos del otro lado del Atlántico, con más de un índice acusador apuntando hacia Estados Unidos como un caso de capitalismo salvaje, desregulado y con un sistema financiero hipertrofiado y temerario. Discretamente, sin embargo, desde el mismo 2008 los gobiernos europeos tuvieron que empezar a poner en marcha importantes rescates bancarios con recursos del erario público. Ya para marzo 2009 los gobiernos europeos habían desembolsado o comprometido 3 trillones de dólares para este propósito. Los principales esfuerzos de rescates bancarios se hicieron en Alemania, donde el gobierno comprometió recursos equivalentes al 8% del PIB para este fin, Francia con 5% del PIB y Holanda con 12% del PIB.

Una excepción fue España, donde las autoridades asumieron inicialmente una actitud de negación de la realidad y se empeñaron en pregonar que tenían un sistema bancario sólido, que no requería correcciones, lo cual no se correspondía con la realidad. Esta inacción española –y en menor medida de otros países– durante la fase en la que los mercados financieros todavía estaban dispuestos a acompañar a los Estados en los

---

25 Término alemán de difícil traducción. Significa complacencia en los males de otros, alegría del mal ajeno.

procesos de saneamiento de los bancos, resultó *a posteriori* ser extremadamente costosa. Tampoco Italia estaba en actitud de desnudar sus propios problemas bancarios. En Irlanda, el país europeo con el problema bancario más grave, la magnitud del hueco financiero era tal, que el gobierno apenas pudo aplicar unos paños calientes.

Ya desde el 2008 se estaban produciendo, más o menos subterráneamente, al interior de la eurozona corrientes de capital y espontáneos procesos de ajuste que fueron paulatinamente acumulando tensiones en los mercados financieros. Pronto se constataría que buena parte de los países de la llamada "periferia" de la UME, los llamados PIIGS (Portugal, Irlanda, Italia, Grecia, España), habían cometido los mismos o mayores excesos de crédito estadounidenses y tenían su propias burbujas especulativas: burbuja inmobiliaria en España y Portugal, burbuja bancaria en Irlanda, exceso fiscal en Grecia y en Italia. Ante la irrupción de la crisis, la confianza de los consumidores se derrumbó y los hogares sobre endeudados empezaron a implementar su propio ajuste de desapalancamiento (reducción de deudas), con el consiguiente efecto de deprimir la demanda agregada.

Las que habían sido hasta 2007 economías "boyantes", entraron ya en el mismo 2008 en recesión económica, aumento del desempleo, déficits fiscales y endeudamiento público acelerado. Fue un cambio abrupto de panorama, en el que tuvieron mucho que ver los problemas de los bancos. Las instituciones financieras vieron secarse sus fuentes de liquidez por efecto del deterioro de los balances y de la desconfianza generalizada que provenía del desconocimiento de qué tan afectado estaba cada banco por las inversiones en bonos *subprime* o por préstamos inmobiliarios. Las finanzas públicas también se deterioraron por el esfuerzo de saneamiento de los bancos y por la caída del ingreso fiscal a causa de la recesión. El crédito bancario desapareció, las empresas se quedaron sin capital de trabajo y los consumidores ya no tenían vías de financiamiento de sus compras. Las economías se pararon en seco.

Segunda fase (2009-2011): crisis de deuda soberana (Grecia, Irlanda, Portugal)

Pero no fue sino hasta fines de 2009 que todos estos componentes de la crisis empezaron a catalizar en lo que terminó siendo la "madre de todas las crisis": la crisis de la deuda soberana europea. Hasta ese momento, los rasgos de la crisis presentaban mucha similitud con los de la CFG en Estados Unidos. La primera señal de alarma de la crisis soberana "*made in Europe*" provino de Grecia, cuando en octubre de 2009 el nuevo presidente griego Papandreu reconoció que el gobierno anterior había mentido descaradamente sobre sus cuentas públicas y que el déficit fiscal del año 2008 había sido el triple de lo reportado oficialmente. Buena parte de ese gasto público desbordado se había dirigido a financiar burocracias y planes de pensión sin parangón. Surgieron entonces serias dudas sobre la capacidad de Grecia para honrar una deuda que ya ascendía a 130% del PIB (frente a un promedio de 79% en la eurozona). Esas dudas elevaron la prima de riesgo de la deuda griega a niveles de 25 por ciento (2.500 puntos básicos) y convirtió el caso griego en una "auto profecía" de colapso.

La reacción de los órganos comunitarios se produjo de forma tímida y tardía. Fueron los mercados financieros, normalmente mejor informados, los que se encargaron de lanzarles a la cara las evidencias de la gravedad de la crisis. Así sucedió después de la presentación en mayo 2010 del primer paquete de rescate de Grecia por 110.000 millones de euros, que los agentes financieros consideraron insuficiente. El incesante ataque especulativo obligó a las autoridades comunitarias a crear un Fondo Europeo de Estabilidad Financiera y un programa de apoyo al mercado de valores (Programa del Mercado de Valores). Estas medidas fueron acertadas en principio, pero nuevamente los mercados consideraron que los montos y mecanismos de activación eran inadecuados e insuficientes para enfrentar la insolvencia griega. Todas estas indecisiones e inconsistencias elevaron significativamente el coste final del rescate. Así fue cómo apenas un año después, en julio de 2011, la "troika" a cargo de las negociaciones (FMI, Banco Central Europeo y Comisión Europea) tuvo que poner sobre la mesa un nuevo paquete de rescate.

El manejo de la "tragedia" griega fue muy desacertado. La principal crítica que en retrospectiva se le hizo a esta gerencia fue que no se entendió ni aceptó que la carga de la deuda griega era inmanejable y que el país debía entrar en *default*, que la deuda griega debía ser realistamente reestructurada y que los acreedores debían asumir las quitas de deuda que fueran necesarias. Si una vez declarado este *default* ordenado, el Banco Central Europeo hubiera asistido a Grecia con Operaciones de Mercado Abierto

(OMT), como las que tuvo que implementar tardíamente a partir de fines de 2011, es altamente probable que la crisis de la deuda soberana hubiera quedado circunscrita a una crisis exclusivamente griega y no europea. Sin embargo, al no reconocer este hecho fundamental, la desconfianza de los mercados financieros hacia Grecia se contagió a otros miembros de la eurozona con problemas también evidentes, aunque más manejables.

Los otros dos países rescatados por la Comunidad Europea y el FMI en esta primera fase fueron Irlanda y Portugal. La crisis soberana de Irlanda se originó en la garantía comprometida por el Estado para respaldar todos los depósitos colocados en el sistema bancario. Y no se trataba de un sistema bancario normal, sino de uno gravemente agigantado, cuyo tamaño representaba más de un 700 por ciento del PIB (!). Esta garantía pública total fue la forma de salvar los principales bancos del país, seis en total, que habían financiado la burbuja inmobiliaria irlandesa. Honrar esa obligación de devolver los depósitos le costó al fisco irlandés pasar de estar en equilibrio hasta 2007 a incurrir en un déficit fiscal de 14 por ciento ya en 2009 y 31 por ciento en 2010. El desempleo subió de 4,6 a 13,6 por ciento de 2007 a 2010. Ante la magnitud de este descalabro, Irlanda pasó a ser el segundo país europeo al que se le aplicó un paquete de rescate en noviembre 2010.

En el caso de la crisis soberana de Portugal no hubo los engaños y abusos de Grecia, tampoco la burbuja inmobiliaria de España o Irlanda, pero sí una administración pública prolija, desordenada, ineficiente y embarcada en proyectos de infraestructuras e inversiones que excedían su capacidad de gestión y de repago. El déficit fiscal, que ya venía promediando un insostenible 4% del PIB desde 1999, pasó a 10 por ciento en 2009-2010. El paquete de rescate de Portugal se implementó en mayo 2011.

Tercera fase (2011-2012): contagio y crisis del euro

La crisis financiera europea entró en una fase cualitativamente nueva a mediados de 2011, la fase del contagio generalizado, que puso en riesgo la existencia misma del euro. Hasta ese momento, los avatares griegos, portugueses o irlandeses no habían afectado seriamente la situación económica del resto de la eurozona, pero eso cambió cuando la cúpula política europea dio señales de no estar dispuesta a respaldar más las deudas soberanas. Los inversionistas estaban cada vez más impacientes a la vista de los tímidos y tardíos esfuerzos de las estructuras comunitarias para enfrentar y superar la crisis. Por otra parte, las recetas de austeridad impuestas por la "Troika" FMI-BCE-Comisión Europea a los países en crisis, sólo estaban produciendo más recesión y mayor insolvencia de los países endeudados. El supuesto efecto positivo de generar confianza en los mercados y crear el ambiente propicio para el crecimiento no aparecía por ningún lado.

Desafortunadamente, la Europa todavía relativamente "sana", especialmente Alemania, no estuvo dispuesta a ayudar a los países en crisis con una política fiscal más expansiva y algo de estímulo a los flujos de financiamiento. Tampoco el Banco Central Europeo, bajo la dirección de Trichet, estaba contribuyendo a estimular la actividad económica, ya profundamente deprimida para ese momento. Antes bien lo contrario: en abril y julio de 2011 subió dos veces las tasas de interés, algo que bien podía calificarse de locura, o ignorancia, o esclavitud ideológica por parte de quienes dirigían en ese momento el BCE, o una mezcla de las tres cosas.

Pero el disparador crucial del contagio fue la decisión política de dejar que los mercados se encargaran de disciplinar y castigar a los inversionistas. En Julio 2011 se anunció la necesidad de un segundo rescate de Grecia. Nuevamente, los montos del rescate fueron vistos por los mercados financieros como insuficientes y hasta hipócritas por la negación persistente de una realidad que todo el mundo conocía: que la carga de la deuda griega era inmanejable. Esta incredulidad de los mercados financieros se convirtió en pánico cuando en una reunión en la ciudad de francesa de Deauville el 18 de julio de 2011, Merkel y Sarkosy decidieron que esta vez los tenedores de bonos debían asumir una "quita" (pérdida) significativa en el proceso de reestructuración de la deuda griega, el llamado Involucramiento del Sector Privado (ISP). Dicho sin rodeos, cada quien tendría que asumir sus pérdidas.

La decisión de Deauville fue un gravísimo error, basado en la ignorancia de cómo funcionan los mercados financieros en crisis. Hacer en ese momento que los inversionistas asumieran las pérdidas de las insolvencias soberanas hizo entrar en pánico a los mercados de bonos europeos, que leyeron un claro mensaje: la deuda soberana europea ya no tendría garantía ni de los gobiernos nacionales, ni de la Unión Europea, ni del Banco Central Europeo. Eran los mercados financieros, concretamente los mercados de bonos, los que debían resolver por sí solos la crisis de la deuda por "mecanismos de mercado". Pero resulta que "el mercado" había desaparecido: no había quién comprara nada a ningún precio. No dejaba de ser una ironía pretender que los inversionistas privados mantuvieran una confianza que los mismos gobiernos no estaban demostrando tener. Y si la deuda soberana no tendría algún tipo de garantía o *"backstop"* comunitario, tampoco ya estaba garantizada la permanencia de los países dentro de la eurozona. El fantasma del "riesgo cambiario", que había desaparecido de la escena de la eurozona desde 1993, hizo su reaparición. Los cimientos del euro tambalearon.

Algunos analistas han resaltado posteriormente con cierta malicia la coincidencia de este cambio radical de política que representó el ISP con el hecho de que después del primer rescate griego y de dos años de tiempo para diluir el impacto, los bancos alemanes y franceses ya se habían colocado fuera de la zona de peligro que representaba su alta exposición inicial a la deuda griega[26]. Cualesquiera que hubieran sido las motivaciones franco-alemanas, lo cierto es que la decisión de Deauville fue temeraria e inconveniente en ese específico momento de los mercados financieros.

Después de arduas negociaciones con los tenedores privados de bonos griegos, en marzo de 2012 se amplió a 246.000 millones de euros el monto de recursos disponibles para este segundo paquete de rescate.

La evolución de las primas de riesgo es un buen indicador de la gravedad que alcanzó la crisis en esta tercera fase; ellas son el termómetro del estrés de los sistemas financieros de los países y de sus finanzas públicas, porque reflejan la prima que los inversionistas exigen para invertir en función del riesgo percibido. En el Gráfico IV-3 se puede observar que 2011 batió el récord. Desde un nivel relativamente bajo y, sobre todo, uniforme de alrededor de 200 puntos básicos hasta 2008, las primas de riesgo se empezaron a abrir para Grecia en 2009 y luego para Portugal y España en 2010. Grecia e Irlanda ya comenzaron en ese momento a perfilarse como las primeras piezas a caer del dominó de la crisis de deuda soberana europea. El diferencial de tasas para la deuda griega llegó a niveles de 10 por ciento a fines de 2010 y 32 por ciento a fines de 2011. Portugal entró

---

[26] Entre 2008 y 2012 los bancos alemanes pudieron reducir sensiblemente su exposición al resto de los países europeos. Medido como porcentaje del PIB de los países respectivos, los activos de los bancos alemanes se redujeron en un 5.2 por ciento del PIB italiano, un 10.3 por ciento del español, 8.2 por ciento del portugués, 10.6 por ciento del griego y 43.2 por ciento del irlandés (Datos en Steinberg y Vermeiren, 2016).

en franco declive financiero y fiscal en el año 2011, cuando su prima de riesgo alcanzó niveles de 12 por ciento antes del rescate.

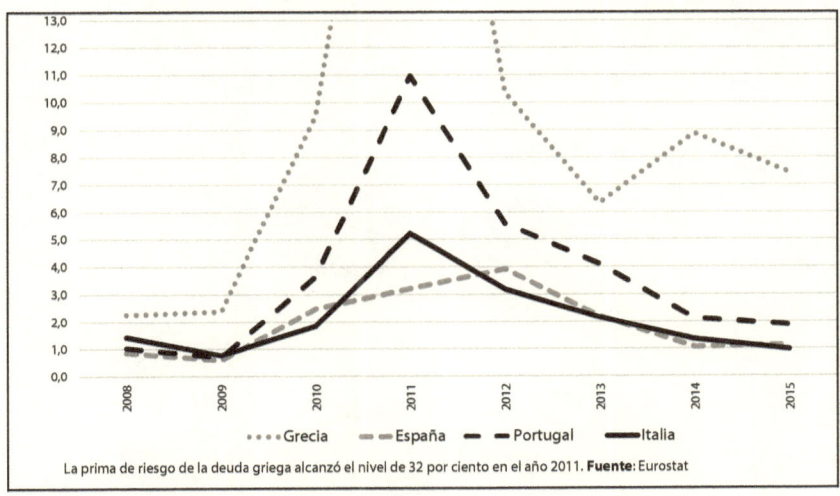

Gráfico IV-3
Evolución de las primas de riesgo, 2008-2015

La prima de riesgo de la deuda griega alcanzó el nivel de 32 por ciento en el año 2011. **Fuente:** Eurostat

A pesar de que los tres países rescatados (Grecia, Irlanda y Portugal) no representaban más del 7 por ciento de la deuda soberana europea (ver Gráfico IV-4), su capacidad de contagio en cuanto a generar desconfianza de los mercados en varios de los países europeos de mayor tamaño fue enorme. El problema, en la visión de los mercados, era que Europa y la UME habían mostrado no disponer de diques de contención en caso de una crisis generalizada. Es así como desde mediados de 2011 las primas de riesgo exigidas por los inversionistas para adquirir deuda italiana y española comenzaron también a subir, más marcadamente en Italia por su alto nivel de endeudamiento público y todavía moderadamente en España. Al cierre de 2011 la prima de riesgo italiana se situó en 519 puntos básicos y la española en 326 puntos básicos. Si en 2010 se desplegó la crisis griega e irlandesa y en 2011 la crisis portuguesa, el año 2012 fue cuando la tercera y cuarta economías de la eurozona en tamaño fueron atacadas por los mercados financieros. La prima de riesgo italiana se mantuvo hasta fin de julio 2012 en niveles rondando los 500 puntos básicos; la prima española subió a esa misma fecha de fin de julio 2012 hasta 547 puntos básicos. En un momento dado, ambas rozaron el límite del 7 por ciento que algunos analistas consideraban el punto de no retorno de una espiral destructiva de agravamiento de la carga de la deuda soberana.

GRÁFICO IV-4
Deuda Pública UME 2011: tamaño (billones) y peso (% s. PIB)

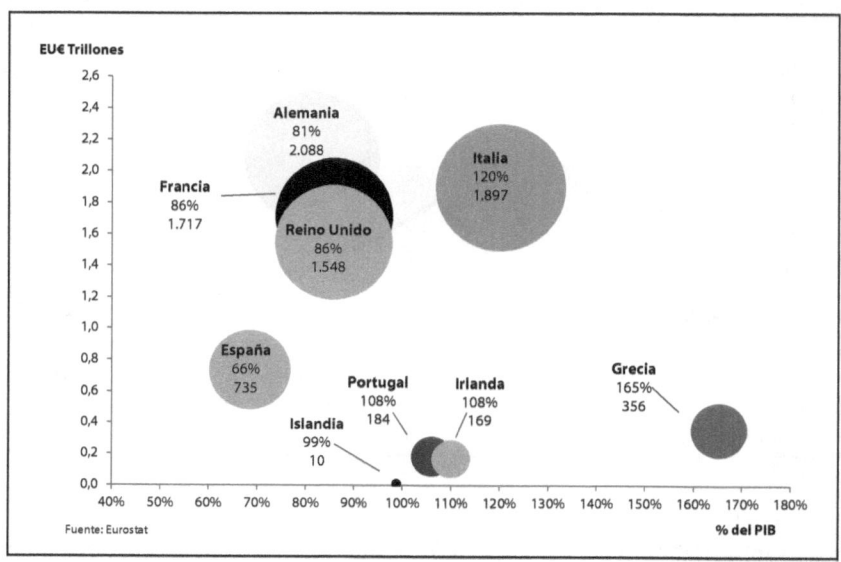

Fuente: Eurostat

La deuda pública de Italia, la tercera economía europea, había alcanzado a casi 1,9 trillones de euros en 2011, con una excesivamente alta relación de 120 por ciento de la deuda sobre el PIB (ver Gráfico IV-4). Esta situación era el resultado acumulativo de varias décadas de déficits fiscales.

Por su parte, aunque España mostraba un monto de deuda soberana muy inferior en cuanto a tamaño y relación con el PIB (0,74 trillones de euros y 66 por ciento del PIB, respectivamente), la tendencia hacia el deterioro era ya muy marcada para ese momento. Estaba, en primer lugar, haciendo efecto la enorme recesión económica generada por el estallido de una burbuja inmobiliaria sin precedentes y, en segundo lugar, el proceso de desmontaje de un nivel extremadamente alto de deuda privada. Parte de ese endeudamiento privado lo habían acumulado las instituciones financieras y tuvo que ser absorbido por el Estado en forma de rescates bancarios. Por otra parte, el ineludible desapalancamiento de los hogares alimentó día a día la recesión.

Tasas de desempleo cercanas al 25 por ciento constituyeron una carga de prestaciones sociales excesivamente gravosa para las arcas fiscales españolas. Adicionalmente, el anuncio de la Comisión Europea en junio 2012 del rescate de varios bancos españoles en estrés con recursos públicos (hasta 100.000 millones de euros) no fue bien recibido por los mercados, porque iba a añadirle a la deuda soberana una carga adicional de casi un 10% del PIB. Ello afectaría incrementalmente la capacidad de la economía española de llevar su endeudamiento global (público y privado) a niveles sostenibles. En nada estaban ayudando tampoco las medidas procíclicas de austeridad impuestas por la "Troika", que alimentaban el círculo perverso de recesión e insolvencia de bancos y gobierno.

Cuarta fase (2012-2014): el prestamista de última instancia toma las riendas

Cuando países tan importantes como Italia o España rozaron la peligrosa frontera del 7 por ciento de coste de la deuda pública, al Banco Central Europeo no le quedó más alternativa que adoptar seriamente medidas de apoyo eventual a los mercados de deuda soberana. Ningún fondo intergubernamental hubiera tenido los recursos para enfrentar una debacle de la deuda italiana o española. España o Italia superaban la capacidad comunitaria de movilizar recursos. El principal medio de intervención del BCE fue la provisión de liquidez en condiciones preferenciales a los bancos (1.020 billones de euros a 3 años al 1 por ciento de interés entre diciembre y febrero 2012). Sin embargo, el Banco Central Europeo estaba muy preocupado porque se había roto el canal de transmisión de la política monetaria hacia la economía real. Dicho en términos sencillos: las bajas tasas del BCE no las estaban trasladando los bancos a sus clientes para estimular la actividad económica.

Afortunadamente, el desacertado mandato de Jean Claude Trichet como presidente del BCE había llegado a su fin a fines de 2011, cargo en el que fue sustituido por Mario Draghi, un economista italiano con más experiencia política y más abierto al recetario keynesiano de medidas expansivas en momentos de crisis. Su acertada e histórica declaración del 26 de Julio de 2012 de que el BCE haría "... todo lo que fuese necesario para preservar el euro..." (*whatever it takes to preserve the euro*) significó un antes y un después, un punto de quiebre en la crisis del euro. Los mercados de deuda respiraron aliviados y las primas de riesgo empezaron a bajar aceleradamente. El sólo anuncio posterior de septiembre 2012 de que el BCE iba a realizar operaciones ilimitadas de compra de deuda soberana de los países que acudieran formalmente a los mecanismos y reglas de rescate de la UME, denominado Programa de Transacciones Monetarias Abiertas (OMT: *Outright Monetary Transactions*, por sus siglas en inglés), trajo alivio inmediato a las emisiones de deuda de los países en problemas. La prima de riesgo española disminuyó 130 puntos básicos en apenas dos meses después de julio. Igual sucedió con la deuda italiana. El Gráfico IV-3 muestra esta nivelación relativa de las primas de riesgo de España e Italia entre 2012 y 2014. A Portugal le costó más tiempo recuperar la confianza de los mercados. Grecia, sin embargo, necesitó cinco años y dos rescates más para acceder a los mercados financieros en condiciones manejables.

A partir de la decisiva intervención del Banco Central Europeo, las instancias comunitarias adoptaron una posición más enérgica e interventora hacia los países con problemas de deuda. Habían finalmente entendido la gravedad de la crisis, pero el diagnóstico seguía siendo equivocado. Y no solamente era equivocado el diagnóstico, sino que tampoco se reconocía que buena parte del problema provenía de la ausencia de mecanismos e instituciones para manejar las rigideces e imperfecciones de la arquitectura de la unión monetaria europea (hablaremos de esto en el siguiente capítulo). Probablemente hubiera sido mucho pedirles a esas instancias comunitarias que llegaran a tal nivel de autocrítica respecto al edificio que ellas mismas habían construido y que estaban luchando por apuntalar. De ahí que las medidas impuestas giraran exclusivamente en el corto plazo alrededor de la reducción de los déficits fiscales mediante políticas de elevar impuestos y reducir gastos, y, en un plazo más largo, alrededor de una paleta de reformas estructurales circunscritas a los países individuales.

El rango de las medidas fiscales abarcó desde qué leyes y regulaciones debían ser modificadas, qué empresas del Estado debían ser privatizadas, qué instituciones del Estado debían redimensionarse o desaparecer, qué beneficios sociales debían ser reducidos o eliminados, qué reducciones salariales debían implementarse, etc. Adicionalmente a las medidas impuestas a los países individuales sometidos a rescates, la Comisión europea aprobó en diciembre 2011 un primer paquete de regulaciones y directrices en materia fiscal para todos los países de la eurozona, el denominado "Six Pack", que básicamente consistió en una actualización y ampliación del Pacto de Estabilización y Crecimiento reformado de 2005. La denominación provino del hecho de que la Comisión sancionó 5 Regulaciones y una Directriz, todas ellas dirigidas a mejorar los sistemas de vigilancia y sanción del cumplimiento de las obligaciones de los países de la eurozona en cuanto al déficit fiscal. La más importante fue la regulación sobre prevención y corrección de "desequilibrios macroeconómicos", denominada "Procedimiento para el Desequilibrio Macroeconómico Excesivo", que extendió las atribuciones discrecionales de la Comisión Europea a un amplio espectro de áreas de la economía, más allá de lo fiscal.

Un segundo paquete de regulaciones, denominado el "Two Pack", fue propuesto simultáneamente en forma de borrador a fin de 2011, pero por la envergadura de sus imposiciones requirió un proceso de aprobación por parte del Parlamento Europeo, de los gobiernos individuales y del Consejo Europeo, que terminó de sancionarlo en mayo de 2013. La primera regulación establecía medidas para monitorear y evaluar los planes presupuestarios de los países de la eurozona y la segunda se refería más específicamente a la profundización del sistema de vigilancia en los países del euro que confrontaran amenazas a su estabilidad financiera.

En la esfera de las reformas estructurales, el foco de atención se centró en la flexibilización de los mercados laborales, en la liberalización de los mercados financieros y en el saneamiento del sistema bancario. El sistema de gobernanza europeo entró con estas regulaciones en nuevas aguas no exploradas anteriormente. De un gobierno comunitario que básicamente emitía recomendaciones suaves y consensuadas se pasó a un régimen de requerimientos duros, que prácticamente eliminaba la autonomía de los gobiernos nacionales para manejar sus políticas económicas.

Un ejemplo paradigmático del pobre manejo comunitario de la crisis fueron los sucesivos paquetes de rescate de Grecia. Después del segundo paquete de rescate de 2012, Grecia entró en un proceso perverso de decrecimiento e incapacidad de generar los recursos para labrarse un camino de salida de la crisis. Trece "paquetes de austeridad" tuvo que aprobar el Parlamento griego desde 2010 hasta mediados de 2016 para cumplir con las condiciones de los rescates. A nivel político, el país también fue transitando de crisis en crisis, en un péndulo entre gobiernos de derecha y de izquierda. El intento fallido del gobierno izquierdista de Tsipras y su polémico ministro de Finanzas, Varoufakis, de desbloquear en 2015 el "asedio financiero", solo trajo como fruto la imposición por parte de Europa en julio 2015 de un tercer paquete de rescate aún más duro que los anteriores y más invasivo del ámbito soberano de decisiones de un país, a cambio de 86.000 millones de euros adicionales y el apoyo de liquidez del BCE para evitar la inminente salida de Grecia de la UME. A pesar de las penurias, los griegos tuvieron que aceptar las duras condiciones del rescate porque intuían lo que les esperaba del otro lado de la puerta: desorden, confiscación de depósitos, "corralito" financiero y, eventualmente, salida de la eurozona.

Nuevamente, las instancias comunitarias desecharon la fuerte recomendación del FMI de reconocer que la deuda griega era impagable en un horizonte temporal razonable y que los acreedores debían aceptar una quita importante del monto de la deuda. La Comisión Europea, bajo la égida alemana, se opuso en todo momento a este camino alegando que el marco legal de Unión Europea no permitía condonar deudas de sus Estados. La realidad económica, sin embargo, fue testaruda. Prueba de ello fueron los repetidos –y por repetirse– rescates de Grecia, todos ellos ejercicios de deseos ilusorios e hipocresía. Desde el primer rescate, Grecia quedó atrapada en la trampa fatídica de una austeridad fiscal que generaba recesión, la cual, a su vez, no permitía generar los recursos para servir la deuda.

Este tercer acto de la tragedia griega no tuvo, sin embargo, mayor impacto de contagio en el resto de los mercados de deuda. El prestamista de última instancia seguía comprometido con la estabilidad de la eurozona y las instancias comunitarias habían también construido (pequeños) diques de contención. Pero lo que sí fue verdaderamente relevante es que las incidencias alrededor de la negociación de este tercer paquete de rescate colocaron en el menú de las opciones europeas una solución que hasta ese momento ninguna instancia oficial se había atrevido mencionar más que en susurros de pasillos: la posibilidad de una exclusión de un miembro de la eurozona. El liderazgo comunitario, especialmente el alemán, contempló seriamente en 2015 la posibilidad de una salida de Grecia de la UME, si ese país no aceptaba los términos del rescate. Esto alteró de forma fundamental las reglas del juego, independientemente de que Grecia diera el paso hacia la salida o no. A partir de ese momento, los mercados financieros incorporaron en su ecuación la posibilidad de que un país podía en algún momento abandonar la moneda común. Una vez roto ese "himen", el riesgo cambiario irrumpió otra vez en la escena de la eurozona. La unión monetaria ya no era irreversible e irrevocable. Así es como la aceptación del paquete de rescate por parte de una humillada Grecia representó en realidad una victoria "pírrica" para el liderazgo europeo: se impuso la terca ortodoxia alemana, pero la unión monetaria perdió la virginidad.

USA vs Europa: una evaluación de la gerencia de la crisis

No fue un sacrificio de poca monta el que los países deudores / deficitarios tuvieron que aceptar en términos de gobernanza y costo político frente a sus electorados. Tampoco fue poco el sacrificio en términos de recesión. ¿Valió la pena? ¿Sirvió esta pérdida de soberanía económica para darle la vuelta a la crisis y retornar al crecimiento? Una comparación entre la respuesta a la crisis de los Estados Unidos y la de la UME nos arroja algunas luces al respecto. Mientras que Estados Unidos reaccionó de manera vigorosa y, a juzgar por los resultados, acertada para enfrentar la Crisis Financiera Global, Europa lo hizo de manera tímida y, a juzgar también por los resultados, desacertada[27].

El Gobierno de los Estados Unidos y la Reserva Federal no perdieron tiempo buscando culpables de la crisis y maneras de castigarlos. Entendieron que el contagio financiero de la crisis del *subprime* amenazaba sacudir los cimientos de todo el sistema financiero, no sólo norteamericano sino global. Entendieron que la estampida de fuentes de financiamiento debía ser enfrentada con una vigorosa respuesta de dotación de liquidez y masivo estímulo fiscal. Sabían que un colapso financiero tendría de inmediato consecuencias devastadoras para la economía real y el empleo, comparables a las de la Gran Recesión de 1930. Fue decisiva la presencia de Ben Bernanke en la presidencia de la Reserva Federal, porque Bernanke había dedicado buena parte de su actividad académica previa a estudiar la Gran Recesión y los errores de política que entonces se cometieron.

---

27   Ver Matthijs (2014). Después de una fase inicial sincronizada, la política europea se disoció totalmente de la norteamericana a partir de la crisis de la deuda soberana griega en 2010.

Para detener y reversar la recesión, las autoridades norteamericanas utilizaron una combinación de medidas de soporte y estímulo, que abarcaron desde los estímulos fiscales hasta la decidida intervención de la Reserva Federal para rebajar las tasas de interés, inyectar liquidez a la economía y montar programas de apoyo crediticio a bancos y empresas. Fue la Reserva Federal la que asumió el liderazgo de las acciones de contención de la crisis porque era la institución con mayor arsenal de instrumentos y recursos, sin estar sujeta a los farragosos procesos políticos de las decisiones de estímulo fiscal. No tuvo la Fed ninguna duda de que era en esos momentos de crisis sistémica cuando debía asumir su papel de "prestamista de última instancia". El banco de inversión Bear Stearns fue rescatado en marzo 2008. La decisión de dejar caer el banco de inversión Lehman Brothers en septiembre fue un parpadeo desafortunado, producto de una confluencia de eventos, pero pocos días después la Fed y el gobierno decidieron el rescate de la aseguradora AIG con un paquete de cerca de 100 billones de dólares.

En octubre de 2008, las autoridades americanas orquestaron un paquete de rescate financiero de 700 billones de dólares, que fue seguido posteriormente a comienzos de 2009 por un paquete de estímulos fiscales de casi 800 billones de dólares. Como resultado de esos estímulos masivos, la economía norteamericana empezó a crecer de nuevo ya en el tercer trimestre de 2009 y mostró un significativo crecimiento de 2.5 por ciento en 2010 y 1.6 en 2011. Esta pronta recuperación de la principal economía mundial permitió que el crecimiento global reanudara su senda positiva con crecimientos anuales de 5.2 y 3.9 en 2010 y 2011 respectivamente.

Contrasta esta narrativa con la respuesta de Europa a la CFG. Hubo una fase inicial (2008-2009) de razonable asertividad por parte de los gobiernos europeos individuales. El "Armagedón" bancario de septiembre 2008 golpeó también a varios bancos europeos importantes: Northern Rock en el Reino Unido, Hypo Real Estate y su subsidiaria Depfa en Alemania, Dexia en Francia-Bélgica, Fortis en Bélgica-Holanda. Estos episodios de crisis y rescates bancarios fueron atendidos adecuadamente por los respectivos gobiernos. Adecuados fueron también algunos paquetes de estímulo fiscal que los países europeos orquestaron en 2009 para atenuar la recesión, al punto de que la eurozona como un todo pasó de decrecer 4.5 por ciento en 2009 a crecer 2.1 por ciento en 2010 y 1.6 por ciento en 2011.

Los caminos con respecto a Estados Unidos empezaron a divergir cuando a raíz de la crisis griega en 2010 comenzó el juego de juicios moralizantes de los países centrales de la eurozona, liderados por Alemania, que dividió a los integrantes de la unión monetaria en una dicotomía de buenos y malos, de virtuosos y pecadores fiscales. A los pecadores de la periferia mediterránea y a Irlanda había que aplicarles la medicina amarga de la austeridad para equilibrar sus cuentas y obligarles a emprender dolorosas reformas estructurales. Por sobre el pragmatismo que otras economías del mundo aplicaron en el manejo de recesiones, se impuso la ideología ordoliberal alemana que redujo la interpretación de la compleja crisis de la eurozona a un simple fenómeno de indisciplina fiscal de gobiernos despilfarradores y ciudadanos perezosos. Fue esa misma ideología la que llevó al Banco Central Europeo a elevar dos veces las tasas de interés en 2009, algo totalmente inadecuado en ese momento y en dirección contraria a los estímulos fiscales. Esta descoordinación entre la estrategia monetario-financiera y la estrategia fiscal fue otra de las diferencias con respecto al manejo norteamericano de la crisis.

Aun cuando es cierto que el BCE orquestó una expansión de su balance similar a la de la Reserva Federal mediante las operaciones de provisión de liquidez desde 2011, el ala ortodoxa, representada por el Bundesbank, exigió la incorporación de mecanismos automáticos de salida, es decir, de desmontaje de las operaciones. De esta forma, el balance del BCE se redujo en un 35 por ciento entre marzo 2011 y enero 2014. En términos simples, ello significó una política monetaria contractiva en momentos en los que el conjunto de Europa se encontraba todavía inmerso en la recesión y necesitado de estímulos fiscales y monetarios. La preocupación de las autoridades alemanes era que estas operaciones no convencionales de liquidez representaban un apoyo indirecto a los países deudores, cuyos gobiernos se iban a ver menos presionados a emprender reformas estructurales y saneamiento de las cuentas fiscales.

Nada extraño, entonces, que la eurozona recayera de nuevo en recesión después del 2010, mientras el resto del mundo se encaminaba hacia la recuperación. Que el desempeño económico de la eurozona fue decepcionante queda evidenciado por los datos de crecimiento promedio de la Unión Monetaria Europea en comparación con los Estados Unidos y con la OCDE (ver Gráfico IV-5). El trienio 2008-2010 fue duro para todo el hemisferio occidental desarrollado. Estados Unidos decreció en

0.2 por ciento, los países de la OCDE en un 0.1 por ciento y la eurozona en 0.7 por ciento.

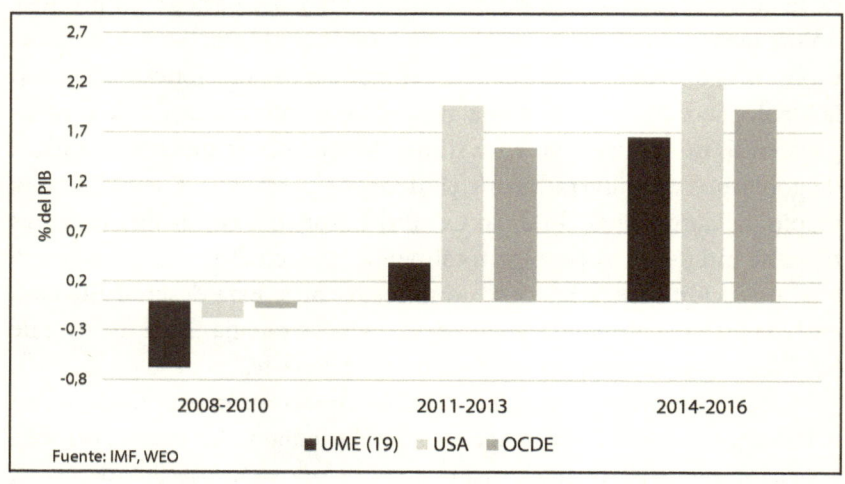

GRÁFICO IV-5
Comparativo de promedios de crecimiento Eurozona (UME19), Estados Unidos y OCDE

Fuente: IMF, WEO

La brecha divergente se abrió en el trienio 2011-2013, cuando los Estados Unidos crecieron al 2 por ciento anual promedio, la OCDE al 1.5 por ciento y Europa prácticamente se estancó. Estados Unidos logró reducir la tasa de desempleo de 10% en 2010 a 6% en 2014. En ese mismo período, Europa más bien incrementó la tasa de desempleo de 10% a 11.25%. Visto comparativamente con el resto del mundo desarrollado, la velocidad de recuperación post crisis de la eurozona fue muy poco satisfactoria. No fue sino hasta a partir de 2014 que la eurozona empezó a crecer moderada y continuadamente, aunque siempre por debajo de EE.UU. y de los países de la OCDE.

Como ocurre frecuentemente con los promedios, las cifras del Gráfico IV-5 esconden una realidad todavía menos satisfactoria al interior de la eurozona. Los países de la periferia mediterránea decrecieron fuertemente en los cuatro años entre 2010 y 2013. La insistencia en los ajustes fiscales recesivos, aunada al proceso forzado de desapalancamiento (ver recuadro IV-3 sobre cómo y por qué el desapalancamiento agrava y alarga las recesiones), sumieron a estos países en una grave segunda recesión entre 2011 y 2013. Fue recién en 2014, cuatro años después que EE.UU. y el resto de las economías occidentales desarrolladas, cuando la periferia mediterránea comenzó a crecer al ritmo del centro de Europa[28]. Por su parte, los países del centro de Europa crecieron por encima del 2 por ciento en 2010 y 2011 al no verse afectadas por problemas propios de deuda soberana. Del 2012 en adelante, estos países del Centro crecieron a tasas "lánguidas" e inferiores al resto del mundo desarrollado, aunque superiores a las de la periferia mediterránea.

GRÁFICO IV-6

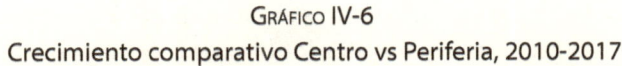

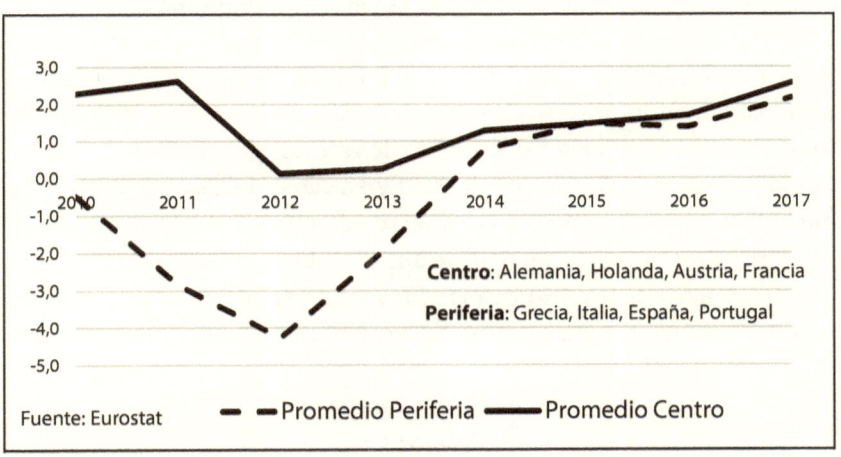

Es apenas a partir de 2014 que todos los países de la eurozona empezaron a crecer conjuntamente y que las tasas de crecimiento de la periferia y del centro comenzaron a converger. No fueron tasas, sin embargo, que se correspondieran con las que suelen verse en los auges después de severas crisis, lo cual confirma que un conjunto de lastres estructurales continuaban afectando las economías europeas. El retroceso de los niveles de vida durante la crisis fue muy severo. Por ejemplo, el ingreso nominal per cápita de Grecia en 2017 era todavía equivalente al de 2003, y el de España, Italia y Portugal era equivalente al de 2008.

---

28 Cuando nos referimos al centro de Europa o Europa central nos referimos al grupo Alemania, Holanda, Austria y Francia.

Veamos ahora individualmente las cifras de desempeño económico de los países de la periferia en las postrimerías de la crisis. Según evidencia el Gráfico IV-7, todos los países abandonaron los crecimientos negativos en 2014, dos años después del "todo lo que sea necesario" de Mario Draghi. Únicamente España, sin embargo, comenzó a crecer de forma consistente y por encima del promedio europeo a partir de 2014. A pesar de una muy severa crisis bancaria, ese país tuvo la habilidad de hacer su tarea a tiempo y evitó ser marcada con el estigma de tener que suscribir un acuerdo formal de rescate. El compromiso en 2012 del fondo europeo de estabilización de suministrar fondos hasta 100.000 millones de euros para capitalizar y rescatar los bancos españoles quebrados fue suficiente para ahuyentar los peores escenarios y emprender un consistente programa de reformas estructurales bajo el mandato del gobierno centro-derechista de Rajoy. Italia salió también de la recesión, pero continuó su lánguido proceso de cuasi estancamiento previo a la crisis. De los dos países que habían sido objeto de rescates por parte de la Troika, Portugal lo tuvo inicialmente muy difícil a causa del lastre de una crisis bancaria no resuelta, pero sus esfuerzos de reforma le permitieron un moderado crecimiento a partir de 2015. Inclusive el submarino griego asomó su nariz fuera del agua en 2014, aunque continuó en situación de nulo crecimiento hasta 2016. Su primer año de crecimiento en una década fue en 2017.

GRÁFICO IV-7
Crecimiento de la Periferia, 2010-2017

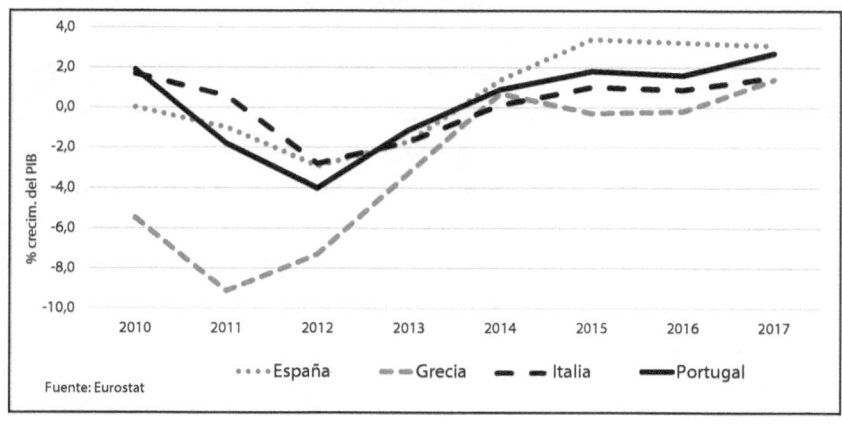

La tasa de desempleo es mejor indicador que la tasa de crecimiento para apreciar la gravedad de la crisis de la eurozona y la lentitud del proceso de recuperación. En el Gráfico IV-8 se visualiza la evolución de este indicador desde 2010 hasta 2017. En todos los países de la periferia mediterránea, el número de desempleados como porcentaje de la población económicamente activa llegó a niveles alarmantes durante el pico de la crisis y fue descendiendo muy paulatinamente una vez recuperado el crecimiento del PIB. El indicador, sin embargo, se mantuvo en cotas altas, que no permiten hablar todavía de una verdadera recuperación. Líderes en esa carrera del desempleo fueron España y Grecia, que en el pico de la crisis llegaron a tener desempleados uno de cada cuatro potenciales trabajadores. España y Portugal tuvieron luego las mayores reducciones post crisis en términos relativos, pero los niveles absolutos seguían siendo inaceptablemente altos a cuatro años de haber salido de la crisis. En Grecia, la tasa de desempleo griega todavía estaba en 2017 6 puntos por encima del inicio de la crisis. Distinta, aunque no menos preocupante, fue la evolución en Italia, donde el agravamiento durante la crisis fue menor relativamente, pero donde la salida de la recesión no vino acompañada de generación de empleo.

Gráfico IV-8
Periferia: Tasas de desempleo 2010-2017

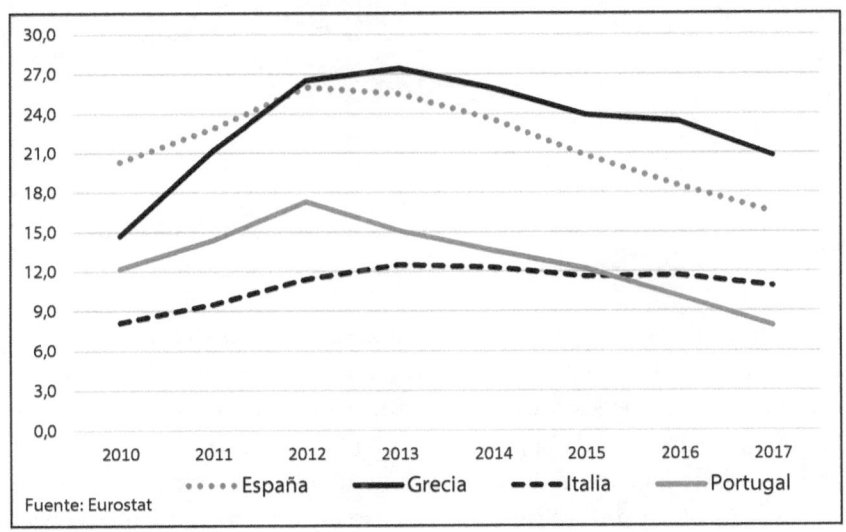

Fuente: Eurostat

Si volvemos la mirada hacia los países del centro de Europa, llama la atención el crecimiento pusilánime de esas economías (Gráfico IV-9). La crisis del euro les afectó sólo de forma moderada, porque los mercados no vieron riesgos de sostenibilidad fiscal o financiera y los ajustes fueron pequeños. Con excepción de Holanda, ninguno de los otros tres países representativos del centro europeo pisó terreno negativo en las tasas de crecimiento económico durante 2012 y 2013. Lo importante a resaltar es más bien que desde 2014 el crecimiento fue modesto, moviéndose Francia y Alemania en la franja entre uno y dos por ciento. No puede evaluarse positivamente este desempeño, primero porque no se corresponde con el "deber ser" de cómo deberían haber apoyado los países "fuertes" a sus socios en la unión monetaria para facilitarles el ajuste recesivo. Los países del centro debían haberse convertido en la locomotora del tren del crecimiento. Y segundo, porque apunta a que la UME, en comparación con otras regiones, sigue teniendo serias dificultades para crecer.

GRÁFICO IV-9
Centro: Tasas de crecimiento, 2010-2017

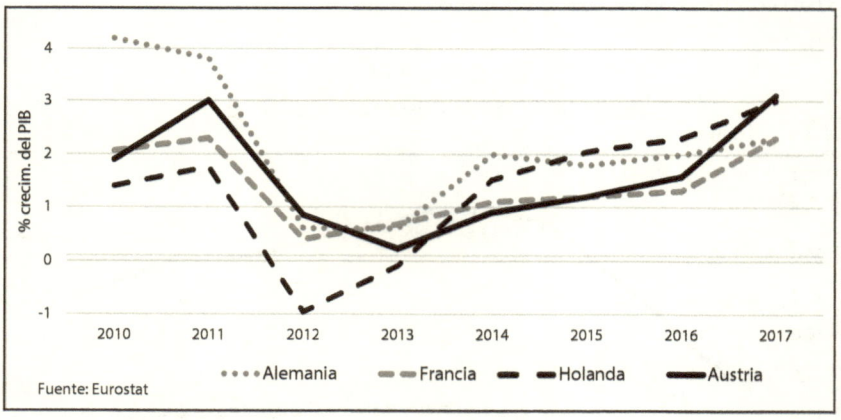

Fuente: Eurostat

En suma, no pasó la prueba la eurozona en cuanto a las asignaturas de gerenciar crisis y aportar empleo y crecimiento de bienestar a sus ciudadanos. Una de las principales razones del poco satisfactorio crecimiento del empleo y de la producción en la eurozona guardó relación con el pesado legado de deuda soberana que la eurocrisis cargó sobre los países y que limitó sobremanera el uso de la política fiscal o nuevos endeudamientos para inyectarles vida a las economías. En términos de proporción sobre el PIB, Grecia aumentó entre 2007 y 2016 su carga de deuda soberana 75 por ciento, Italia 32 por ciento, Portugal 90 por ciento, España 178 por ciento y Francia 50 por ciento (ver Cuadro IV-3). La carga de deuda soberana de estos países se situaba en 2016 sensiblemente por encima del umbral de 60 por ciento establecido en la normativa europea. Especialmente grave era la situación de Grecia, Italia y Portugal.

Cuadro IV-3
Evolución de la carga de deuda soberana (% PIB), 2007 vs 2016

	2007	2016	% Increm.
Grecia	103	181	75%
Italia	100	132	32%
Portugal	68	130	90%
España	36	99	178%
Francia	64	97	50%
EMU	65	89	37%

Fuente: Eurostat

Recuadro IV-3
LA PERVERSA DINÁMICA DEL DESAPALANCAMIENTO

La gravedad de la recesión europea se debió, entre otras cosas, a que está teórica y empíricamente demostrado que las contracciones económicas que vienen después del estallido de burbujas de crédito, y su contrapartida de burbujas de deuda, suelen ser de más larga duración que las derivadas de otras causas más vinculadas a la economía real. Ello es así porque el proceso de "desapalancamiento" lleva tiempo y afecta con efecto retardado y acumulativo la actividad económica.

La evolución de la crisis europea fue una buena ejemplificación de esta dinámica del desapalancamiento. En una primera ronda de efectos, las instituciones financieras europeas procedieron a sanear sus balances y a restringir radicalmente el crédito entre sí y hacia la economía. Conforme se desenvolvía la crisis, los bancos huyeron del financiamiento de los hogares y de las empresas, lo cual alimentó el círculo vicioso de la recesión, porque es bien sabido que sin crédito no hay crecimiento económico. Producto de la desconfianza generalizada, algunos bancos entraron en situaciones de iliquidez y/o insolvencia al aflorar los problemas de calidad de sus activos crediticios, especialmente los relacionados con la actividad alrededor de la cual se habían inflado las "manías" (hipotecas inmobiliarias, sobre todo). Los gobiernos tuvieron que auxiliar a sus bancos, usando dinero de los contribuyentes o emitiendo nueva deuda, para evitar una caída abrupta en recesión. Estos auxilios incrementaron la deuda pública a ritmo acelerado.

En una <u>segunda ronda</u> de efectos, los hogares se montaron también en el tren de los desapalancamientos, ahorraron para pagar deudas y pospusieron sus decisiones de consumo, lo que provocó una caída adicional de la demanda agregada.

Finalmente, en una <u>tercera ronda</u>, la deuda del Estado, que se había incrementado para auxiliar a la banca en crisis, no se pudo seguir emitiendo porque los mercados ya no estaban dispuestos a financiar ese volumen de deuda soberana. Por efecto de esta reducción forzosa de deuda las economías de los países en crisis entraron en una peligrosa espiral descendente, en la que los recortes fiscales y la recesión se alimentaron mutuamente al disminuir los ingresos fiscales por la caída de la actividad y aumentar las prestaciones sociales de desempleo.

Cada una de las tres rondas de desapalancamiento disparó su propia oleada recesiva, cuyo efecto se fue acumulando: contracción del crédito bancario, contracción del consumo de los hogares y, finalmente, contracción fiscal.

La receta alemana para superar la crisis: la falacia de la austeridad

Las cifras muestran que la crisis de la eurozona duró más tiempo y fue más severa en términos de depresión de lo que fue la crisis financiera global en Estados Unidos o en otras economías occidentales. Varios elementos pueden adelantarse para explicar esta especificidad de la eurozona:

- Ante la imposibilidad de hacer ajustes por la vía cambiaria o monetaria, la moneda común exacerbó los desbalances económicos.
- Desde su diseño original, la UME no fue dotada de las instituciones y salvaguardas necesarias para el manejo de crisis financieras severas.

- Alemania, como líder de la eurozona, elaboró un diagnóstico equivocado y aplicó recetas inconvenientes.

Sobre el primer elemento hablaremos en el próximo capítulo. El segundo elemento se hizo evidente cuando las instituciones comunitarias tuvieron que emprender una carrera frenética desde 2011 para reformar el marco fiscal de la UME y crear fondos de rescate. Lamentablemente, ni estas reformas estuvieron listas a tiempo, ni los recursos puestos a disposición fueron suficientes, de tal forma que no evitaron que el Banco Central Europeo tuviera que entrar en escena como el prestamista de última instancia que calmara los mercados. Intervención que, dicho sea de paso, rozó el terreno de la ilegalidad, porque el Tratado de Maastricht no contemplaba tal papel del Banco Central.

Tal como lo afirmó en 2017 Mario Draghi, presidente del BCE, "el edificio incompleto de la UME ha tornado la crisis más severa"[29]. Un trabajo del CID de la Universidad de Harvard, coordinado por Alessio Terzi (2018), confirma que la deficiente institucionalidad de la UME y el manejo inadecuado de la crisis fueron responsables de su severidad inusual. El resultado de la investigación cuantitativa arroja que entre 2010 y 2015 el producto per cápita en la periferia europea se contrajo un 11 por ciento adicional a lo que hubiera sido esperable en un "escenario contrafactual estándar"[30]. Igualmente, la tasa de desempleo promedio fue 5 por ciento más alta de la que los desbalances económicos pre-2010 pudieran explicar. El tiempo de duración de la crisis fue también superior a lo que debería de haber sido, si no hubiera mediado la deficiente institucionalidad de la UME, que limitó la capacidad de manejo de la crisis.

En cuanto al tercer elemento –diagnóstico y receta equivocados–, hay amplia coincidencia en los analistas de que fue un contribuyente determinante en el agravamiento de la crisis en la periferia. Los países pertenecientes al núcleo central de Europa, liderados por Alemania, observaron la espiral recesiva descendente post 2010 en la periferia no sin

---

29 "*The incompleteness of the EMU has made the crisis more severe*" – Mario Draghi, Presidente del BCE – 7 de septiembre de 2017.

30 Este término se utiliza en la metodología de la evaluación de impacto. Se trata de un escenario con el cual se pudiera comparar la eurozona, si no hubiera tenido el tratamiento institucional que se le dio a la crisis en la UME.

cierta fruición, porque consideraban que las penurias por las que estaban pasando esos países eran no solamente una merecida consecuencia de excesos anteriores, sino también absolutamente necesarias. La tesis que Alemania impuso a la periferia fue que la austeridad era la única vía para superar los desequilibrios y restituir la confianza de los mercados. Algo parecido a la penitencia necesaria para expiar los pecados y ser acogido nuevamente en la comunidad de creyentes. De esta forma, a la dinámica de desapalancamiento se le sumó la política de austeridad fiscal. La tormenta perfecta para naufragar en recesión.

La austeridad, como mecanismo de ajuste macroeconómico, es un conjunto de medidas que buscan colocar a la economía en una senda de deflación (devaluación interna) mediante reducción del gasto público, reducción de los salarios reales y disminución de los precios relativos, todo ello con el fin primario de restituir los balances perdidos y el fin subsecuente de restablecer la posición competitiva del país. Esta receta encontró su basamento ideológico en la teoría de que la austeridad era conducente al crecimiento económico, porque iba a restituir la confianza de los inversionistas y así reabrir el mercado de capitales para financiar otra vez el crecimiento. Por eso es que los ideólogos de la receta de austeridad la llamaron "contracción fiscal expansiva" (*expansionary fiscal contraction*), un término tan eufemístico como contradictorio (Blyth, 2014).

A la vista de los resultados, resulta evidente que la austeridad como receta para salir de la crisis en un tiempo razonable no funcionó. En vez de restituir la confianza de los mercados y estimular el crecimiento, alargó la recesión y hundió aún más a los países en la crisis. La razón del fracaso fue muy sencilla: la respuesta de política macroeconómica de los gobiernos e instancias comunitarias europeas estuvo basada en un diagnóstico equivocado de la crisis y, consecuentemente, en una receta equivocada. Muy en línea con su pensamiento ordoliberal y moralista, Alemania consideró que los países en crisis eran víctimas de sus propios excesos previos y que debían apretarse los cinturones para restablecer el equilibrio fiscal y el equilibrio de la balanza de pagos[31]. Se creyó que los déficits fiscales se debían a un exceso de demanda que había que

---

31 Una visión más maliciosa del propósito de la austeridad era que servía para asegurarse de que los países deudores liberaran suficientes recursos para honrar sus obligaciones con los acreedores.

eliminar con medidas de austeridad. Pero la realidad era que ya el exceso de demanda había desaparecido para ese momento y que más bien lo que se necesitaban eran medidas de estímulo.

En efecto, la teoría de las finanzas públicas recomienda que la gestión fiscal tenga un efecto amortiguador (anticíclico) en los ciclos coyunturales de una economía: en fases de recesión se debe admitir un aumento del déficit fiscal y en fases de expansión una disminución del déficit fiscal. Una buena ayuda para el logro de esta amortiguación viene de la actuación de lo que se denomina los "estabilizadores empotrados" automáticos (*built-in stabilizers*) dentro de la gestión fiscal, como, por ejemplo, los pagos por prestaciones de desempleo: en épocas de recesión la carga de prestaciones de desempleo aumenta y con ella el déficit público; lo contario ocurre en fases de expansión. La receta europea de austeridad, sin embargo, anuló el efecto amortiguador de los mecanismos estabilizadores al forzar a los países deudores a disminuir los déficits. El resultado fue que la eurozona, como un todo, redujo su déficit primario de 350 billones de euros en 2010 a sólo 10 billones en 2014[32]. Hasta los países "sanos" de la Europa central adoptaron políticas fiscales contractivas. Se hizo lo contrario de lo que la teoría anticíclica recomendaba.

El error estuvo en no entender que el antecedente de la crisis no había sido el exceso fiscal de los gobiernos, sino el exceso de demanda y gasto privados, básicamente alimentados por un *boom* de crédito bancario. Prueba de ello es que los países más impactados por la crisis tuvieron previamente sus cuentas fiscales en equilibrio, salvo el caso de Grecia. Fue el excepcional caso griego el que se utilizó como plataforma (o excusa, según muchos analistas) para generalizar la narrativa ordoliberal, que todo lo achacaba al despilfarro de los países periféricos. Evidentemente, si el diagnóstico era que la crisis había sido causada por excesos fiscales de los países afectados, la receta no podía ser otra que la austeridad.

No se entendió tampoco que fue más bien la falta de mecanismos e instituciones para resolver las crisis bancarias la que convirtió la crisis financiera en una crisis fiscal. En efecto, la retracción abrupta del crédito bancario generada por el reverso de capitales había obligado a empresas y particulares a desapalancarse y reducir el gasto, contrayendo así la actividad económica. Los bancos se vieron afectados por dos vías: por un lado, la recesión había catapultado la morosidad, especialmente de los créditos

---

32 Ver Richard Baldwin y Francesco Giavazzi, (2015).

hipotecarios. Y, por otro lado, el reverso de los flujos de capital había secado la liquidez de los bancos. Como nadie sabía qué tan afectado estaba cada banco por la morosidad y las malas inversiones, también se secaron los mercados interbancarios nacionales. Ante la falta de un prestamista de última instancia que frenara en seco el pánico, los gobiernos nacionales tuvieron que acudir al rescate de sus bancos en problemas, para lo cual necesitaron usar dinero de los contribuyentes y/o endeudarse en el mercado de bonos. Empezó así el fatídico circulo vicioso de incremento de deuda pública para rescatar a los bancos y compra de bonos soberanos por los bancos para rescatar a sus gobiernos. Adicionalmente, las cuentas fiscales se vieron muy afectadas por la caída de la recaudación a causa de la recesión y por el incremento de las cargas prestacionales por el aumento del desempleo. En la realidad, por lo tanto, los déficits fiscales fueron un derivado de la crisis original de derrumbe de la demanda agregada, no al revés.

¿Fue la austeridad al menos un remedio eficiente para restituir los desequilibrios externos? Ciertamente, los déficits de cuenta corriente mermaron considerablemente. Esta mejoría, sin embargo, no se debió tanto a una recuperación sostenible de los impulsores competitivos de los países, sino a la brutal contracción de la demanda agregada interna, en particular de la demanda de importaciones. Lamentablemente, esta deflación interna no fue premiada adecuadamente con una mejoría de las exportaciones y mayor crecimiento. Cuando todos los países, incluyendo los superavitarios, adoptaron simultáneamente programas de contracción del gasto público, del consumo y de las importaciones, ninguno vio retribuido su esfuerzo por mejorar su competitividad, porque no había demanda externa que absorbiera sus exportaciones. Esto es lo que se denomina la "falacia de composición": lo que puede hacer sentido para países individuales, puede ser desastroso para el conjunto de todos los países. La austeridad no funciona cuando todos los países alrededor la están aplicando simultáneamente, inclusive los países que teóricamente no la necesitan –por ejemplo, Alemania. Esta falacia hizo que los programas de austeridad fueran inefectivos y muy costosos: inefectivos, porque requerían una dosis enorme de sacrificio para lograr una pequeña mejoría, y costosos socialmente, porque en el camino de la austeridad se perdieron muchos empleos y decrecieron mucho las economías[33].

---

33   Ver detalles del impacto en de Grauwe y Yuemei (2013).

En cuanto al desequilibrio fiscal, aunque suene paradójico, la realidad es que la austeridad tuvo poco o ningún impacto en el cierre de las brechas fiscales. En la práctica, las economías entraron en una espiral descendente de recesión que redujo fuertemente los ingresos tributarios, aumentó los egresos por prestaciones de desempleo, condujo a quiebras de empresas y bancos, algunos de los cuales tuvieron que ser rescatados por el Estado, que se vio obligado a endeudarse aún más. Un verdadero efecto *bumerán*. Los mercados financieros, en vez de ganar confianza, desconfiaron de la sostenibilidad del esfuerzo de austeridad ante las derivas populistas que tal afectación de grandes masas de la población iba a generar.

Investigaciones empíricas del FMI han demostrado que el aumento del gasto público tiene un efecto multiplicador mayor en las fases recesivas del ciclo económico que en las expansivas, razón por la cual puede hacer sentido incrementar el gasto para salir de la recesión y equilibrar las cuentas fiscales a mediano plazo. En momentos de caída del ingreso real, los consumidores tienden a consumir una parte mayor de los ingresos adicionales que perciben. Una combinación adecuada de estímulo fiscal y reformas estructurales suele ser, por lo tanto, una mejor receta que contraer el gasto y reformar la economía. Mucho más que una política de contención fiscal, la Europa post crisis lo que necesitaba era una política de manejo proactivo de la demanda agregada que evitara los movimientos pendulares extremos. Después del *tsunami* financiero de 2008-2009, Europa necesitaba una política coordinada de expansión fiscal y monetaria, especialmente en los países superavitarios centroeuropeos. Lamentablemente, el enfoque de política aplicado fue el opuesto y cargó sobre los países en crisis un lastre de desempleo y de deuda pública, que luego hizo extremadamente lenta y dolorosa su recuperación.

Más allá del error básico de diagnóstico y de receta, ¿en qué otros aspectos falló la gerencia comunitaria de la eurocrisis y qué se podía haber hecho mejor? En primer lugar, debía haberse reconocido desde el principio que la deuda griega era insostenible. Los sucesivos paquetes de rescate consistieron básicamente en otorgarle más préstamos para que pudiera continuar cumpliendo con sus obligaciones. Prestarle más dinero era hundir al país bajo el peso de una deuda todavía más insostenible. La solución hubiera sido involucrar desde el principio al FMI, que sí sabe de estas cosas, pedirles a los acreedores una quita importante, acordar un programa de reformas estructurales y proporcionarle a Grecia fondos de largo plazo para acometer este programa. La Comisión Europea y el BCE, sin embargo, prefirieron la senda de sucesivos *bail-outs*, infringiendo la prohibición expresa del Tratado de Maastricht.

Los hechos avalan la sospecha de que las reformas y acciones emprendidas durante la crisis de deuda soberana en 2010 y 2011 respondieron más a los intereses de los países acreedores que a las necesidades de los deudores. A quienes querían verdaderamente rescatar en primera instancia los órganos comunitarios era a los bancos alemanes, franceses y holandeses, que habían prestado generosamente a la periferia mediterránea durante los años de la bonanza. En esa dirección apuntaba también la creación en 2010 del Fondo Europeo de Estabilidad Financiera (FEEF) y el Mecanismo Europeo de Estabilidad Financiera (MEEF), que luego fueron sustituidos en 2012 por el Mecanismo Europeo de Estabilidad (MEDE).

Esta observación nos engancha con un segundo fallo de la gerencia de la crisis. No tuvieron las autoridades comunitarias y los gobiernos nacionales el coraje de enfrentar a tiempo el problema de los bancos. En vez de implementar mecanismos de reestructuración –y eventualmente, mecanismos de liquidación– de los bancos con grandes acreencias contra los países deudores, se prefirió darles dinero a los deudores para que pagaran. Y tampoco hubo el coraje de enfrentar con realismo y crudeza la crisis bancaria que estuvo desde el principio subyaciendo en el corazón de la crisis de los países periféricos, especialmente en Italia y en España. Se hizo poco, tarde y lento. Lo que procedía era definir un marco comunitario para resolver los casos de insolvencia, que permitiera liquidar los bancos inviables sin que el inevitable contagio de desconfianza derivara en una crisis sistémica. Era necesario un seguro de protección de los depositantes hasta un monto razonable. Los accionistas, los acreedores de deuda bancaria subordinada y los grandes depositantes, sin embargo, tenían que haber asumido desde el principio su cuota parte de la quiebra, pero todo dentro de un marco ordenado de reestructuración de deudas soberanas y bancos, no de la forma improvisada que plantearon Merkel y Sarkozy en Deauville. En los casos de problemas de liquidez, el BCE tenía que haber asumido su función de prestamista de última instancia con mayor antelación y, cuando empezó a hacerlo, sin la ambigüedad que le imprimió el permanente cuestionamiento de Alemania al "*whatever it takes*" de Mario Draghi.

Finalmente, el "*timing*" de las intervenciones decisivas frente a los episodios de la crisis fue lento y tardío. La principal responsabilidad la tuvo la constante postergación de decisiones por parte de Alemania. Como apunta Wade Jacoby en su contribución al libro de Matthijs y Blith (2016), Alemania estuvo atrapada en el dilema entre el "tiempo de las políticas" y la "política de los tiempos": no ignoraba la urgencia de adoptar políticas a tiempo, pero postergaba usualmente los rescates hasta llegar a la situación extrema para asegurarse así de que no existiese el riesgo moral (riesgo moral) de que el deudor rescatado tuviera incentivo para volver a portarse mal en el futuro a la espera de ser rescatado.

V

PROBLEMAS MEDULARES DE UNA UNIÓN MONETARIA IMPERFECTA

Dábamos en el capítulo anterior algunas pistas que explicarían cómo un fenómeno de contagio proveniente de otro continente pudo haber desatado una crisis de tal magnitud y, sobre todo, cómo pudo haber impactado de forma tan asimétrica a los países integrantes de la UME. La pregunta que nos hacemos ahora es en qué medida los elementos estructurales de la crisis fueron originados, en algunos casos, exacerbados, en otros, por la existencia misma de una unión monetaria imperfecta e incompleta. ¿Cuáles fueron las fallas de diseño que agravaron las dificultades que ya de por sí tiene todo régimen de cambio fijo?

Se ha formado consenso de que la crisis de la eurozona fue primordialmente una crisis de exceso de endeudamiento, inicialmente por exceso de deuda privada y luego crisis de deuda soberana. También se sabe que la camisa de fuerza de una unión monetaria sin prestamista de última instancia y sin integración fiscal y bancaria agravó los efectos de la crisis. Tampoco estuvo la Unión Europea institucionalmente preparada para ofrecer respuestas de política eficientes y efectivas para detener y enderezar la crisis. Finalmente, Alemania, el país que debía haber asumido los deberes propios de su condición fáctica de hegemón europeo, no lo hizo, antes bien, por el contrario, impuso un diagnóstico ideologizado y equivocado y forzó soluciones sesgadas a su favor, que agravaron aún más las penurias de los países en crisis.

Los arquitectos de la unión monetaria, bajo la influencia decisiva de Alemania, partieron del cuasi dogma de fe de que una inflación baja y estable era salvaguarda suficiente de estabilidad financiera. Creyeron, por otra parte, que con el establecimiento de ciertas reglas y exhortos para no incurrir en excesos fiscales a nivel de los países individuales ya habían hecho su tarea. Creyeron que la integración económica-monetaria iba a hacer converger economías con culturas productivas y modelos económicos radicalmente distintos. Pensaron que la camisa de fuerza de la política monetaria común iba a disciplinar fiscalmente a los gobiernos. Pensaron también que imponiendo multas y tasas altas de interés sobre los fondos de rescate iban a disuadir suficientemente los desvaríos fiscales. Hubo mucho de ingenuidad y voluntarismo en estas creencias. Y también hubo bastante desconocimiento de las destructivas dinámicas financieras y fiscales que tarde o temprano terminan desatándose en una unión monetaria imperfecta. No se reflexionó suficientemente sobre los varios "trilemas" que afectan las economías abiertas y globalizadas, en especial la imposibilidad de mantener simultáneamente mercados financieros integrados, independencia fiscal de los países y estabilidad financiera[34].

Trataremos en este capítulo cuatro problemas medulares que definieron la crisis europea, todos ellos sembrados o potenciados en el mismo diseño originario de la eurozona. Se ignoró, en primer lugar, el postulado básico de la teoría del Área Monetaria Óptima de que los países que se integren monetariamente y que sufran perturbaciones asimétricas, especialmente las relacionadas con la economía real, necesitan disponer de otros mecanismos que sustituyan a los ajustes del tipo de cambio y faciliten el proceso de restauración del equilibrio de sus cuentas externas. Al no estar presentes estos mecanismos, los desequilibrios/asimetrías reales crearon vulnerabilidades financieras para las cuales la eurozona no estaba preparada: burbujas crediticias, sobreendeudamiento, excesos de demanda, déficit en cuenta corriente, reverso de capitales, crisis bancarias, etc. En segundo lugar, el experimento europeo subestimó la necesidad de un nivel mínimo de integración fiscal o de esquemas de riesgo compartido, al igual que desconoció los incentivos que tienen los miembros de una unión monetaria para la indisciplina fiscal. En tercer lugar, la predominancia monetaria absoluta de un banco central único –y

---

34   Ver Obstfeld (2013) y Obstfeld (2014) para una descripción detallada de los diversos trilemas que confrontan las economías modernas. Otros economistas utilizan términos como trinidad imposible o triángulo inconsistente para describir el mismo fenómeno de incompatibilidades.

de mandato también único– no permitió enfrentar la complejidad de la crisis con un arsenal variado de instrumentos, ni atender los divergentes momentos coyunturales. Finalmente, la ausencia de integración bancaria y, sobre todo, la ausencia del prestamista de última instancia permitió la aparición de un círculo diabólico de crisis bancarias y crisis soberanas que potenció exponencialmente los efectos de la crisis. La conclusión es que las uniones monetarias incompletas colocan a sus integrantes en situación de mayor fragilidad financiera sistémica que la que hubiera estado presente sin la moneda común.

La venganza de la teoría del Área Monetaria Óptima: los disparaderos de la crisis

El primer problema de la UME es que los 11 países que la conformaron el 1 de enero de 1999 (Grecia se sumaría dos años después) no cumplían los requisitos para ser catalogados como un "área monetaria" deseable y factible, especialmente por la persistencia de divergencias en la esfera real (productiva) de las economías. Al euro se integraron dos grupos de economías con culturas y modelos productivos muy diferentes: economías orientadas a la exportación y economías orientadas al consumo interno. De ahí se derivaron múltiples problemas que se hicieron evidentes con el estallido de la crisis financiera. La decisión adoptada por Europa de conformar una unión monetaria no tuvo un sólido fundamento de racionalidad económica.

El cuerpo teórico que analiza la conveniencia, los costos y beneficios, y la viabilidad de una unión monetaria es la teoría del Área Monetaria Óptima[35]. En su versión primaria, desarrollada por Mundell (1961) y McKinnon (1963), la teoría decía que a un grupo de países o regiones les pudiera convenir adoptar una moneda común si las perturbaciones los afectaban de manera simétrica; en ausencia de esta simetría, los países o regiones que se fueran a integrar monetariamente debían tener entre ellos suficiente movilidad de la fuerza laboral o de otros factores de producción

---

35 Un desarrollo detallado de los postulados de la Teoría del Área Monetaria Óptima puede verse en Purroy (2014). Tomamos prestado el título de esta sección de un artículo de Paul Krugman (2012).

como para enfrentarse a los efectos de las perturbaciones asimétricas. Más tarde, Kenen (1969) introdujo el elemento de una integración o federalismo fiscal que permitiera hacer transferencias compensatorias a los países o regiones afectados negativamente. A la luz de la experiencia europea, esta recomendación de Kenen resultó ser más importante, si cabe, que los planteamientos originarios de Mundell sobre la movilidad de los factores de producción.

Cuando fue tomando cuerpo la idea de la unión monetaria en la Europa de los 80, la mayor parte de los economistas académicos alertaron sobre el hecho de que los países europeos no cumplían con estos criterios para conformar un área monetaria óptima[36]. Especialmente los economistas del otro lado del Atlántico, cuando comparaban el grado de simetrías / asimetrías entre las diversas regiones de Estados Unidos o Canadá con respecto a las existentes entre los países europeos, demostraron que la movilidad de factores de producción era sensiblemente mayor entre regiones geográficamente sumamente apartadas del continente americano que la que existía entre vecinos europeos colindantes como Francia y Alemania. Debido a barreras culturales, sociales y lingüísticas, la movilidad de la fuerza de trabajo entre los países europeos era también muy inferior. Y algo de vital importancia: cuando en Estados Unidos o Canadá los efectos asimétricos de las perturbaciones afectaban a una región negativamente, las transferencias fiscales de una región / Estado a otro entraban en acción para hacer llevadero el ajuste frente a la perturbación y coadyuvar a una pronta recuperación del equilibrio. Adicionalmente, la integración bancaria y del mercado financiero constituían otro mecanismo de suavizamiento de los *shocks* asimétricos, ya que las instituciones financieras de presencia extendida podían seguir prestando dinero en las regiones o Estados afectados.

Se hizo caso omiso de estas advertencias, en parte por ignorancia de los postulados teóricos, y en parte por la creencia de que la misma unión iba a desatar una dinámica posterior de integración que iba a crear "*ex post*" y endógenamente las condiciones de simetría y movilidad de factores necesarias para el éxito de la unión. Este argumento fue "música para los oídos" de los políticos que estaban decididos a impulsar una

---

36 Por mencionar solo algunos, hacemos referencia a Feldstein (1977), Eichengreen (1991), Wyplosz (1997).

Europa unida a cualquier precio. Para ser justos, sin embargo, debemos decir que la teoría de las áreas monetarias óptimas no estaba todavía en ese momento suficientemente desarrollada como para constituir una guía sólida para que los políticos y las instancias comunitarias tomaran decisiones más fundamentadas. Con el beneficio de la retrospectiva, hoy entendemos que la teoría poco podía saber en ese momento del efecto de la globalización sobre la dinámica del endeudamiento, de la necesidad de mecanismos de resolución de crisis bancarias, de la necesidad de un banco central con responsabilidad de estabilizar el sistema financiero, de la necesidad de integración fiscal en un marco de solidaridad política, etc., etc. Por otra parte, para Mundell o McKinnon las asimetrías y perturbaciones de la economía real eran su centro de atención. No podían saber en los 60 que la globalización financiera iba a transformar el mundo de la manera que lo hizo e iba a trasladar los principales riesgos y retos a la esfera financiera. Y tampoco podían estar conscientes de que una unión monetaria necesitaba estar acompañada de una unión bancaria y de una integración profunda del mercado financiero[37].

Lo cierto es que las economías de la UME no convergieron en la forma como la teoría suponía que debían hacerlo por efecto de la integración[38]. Los diferenciales de inflación y los consiguientes diferenciales de productividad condujeron a la larga a mayor divergencia de las economías reales. La movilidad de la fuerza de trabajo y la integración comercial resultaron menores a las esperadas. La integración financiera avanzó de acuerdo a lo esperado, pero, al fallar otros elementos del andamiaje de la unión, se convirtió en un *bumerán* de contagios durante los años de la crisis.

El impacto de la divergencia de tasas reales de interés en el boom económico de la periferia

Describíamos en el capítulo anterior las "burbujas" especulativas que se inflaron en Europa. ¿Pero por qué lo hicieron especialmente en

---

[37] Esta conciencia de la importancia de la integración financiera para la viabilidad de uniones monetarias ha sido un desarrollo relativamente reciente en la literatura sobre Áreas Monetarias Óptimas (ver Mongelli, 2008).

[38] Franks et al. (2018) del FMI realizan un detallado estudio del proceso de convergencia o divergencia en la UME, en el cual llegan a la conclusión de que persisten niveles de divergencia de la economía real incompatibles con una unión monetaria.

los países de la periferia de la eurozona? La explicación está en la esencia misma de una unión monetaria imperfecta. En un mundo teóricamente ideal, los países miembros de una unión monetaria deben converger hacia una misma tasa de inflación. Sin embargo, y a pesar de los avances que se lograron durante el período de convergencia previo a 1999, algunos países europeos, especialmente los ubicados en la periferia mediterránea, mantuvieron niveles de inflación superiores al otro grupo de países con mejor desempeño tradicional en materia de estabilidad de precios. Los esfuerzos realizados para converger no pudieron eliminar ciertos rasgos culturales que hacían a esos países más proclives al gasto y al reparto de riqueza que a la austeridad y al trabajo arduo. Una vez iniciada la unión monetaria y con la conducción de un banco central único, lo que sí convergió fue la tasa de interés nominal que, en ausencia de riesgo cambiario, fue uniforme a lo largo y ancho de la UME. Esta incongruencia entre una misma tasa de interés nominal y tasas de inflación divergentes no fue un desarrollo desafortunado y evitable, sino algo inherente a las uniones monetarias entre países con diferencias culturales.

Tasas de inflación divergentes y tasa de interés nominal convergente son receta segura de desequilibrios a mediano y largo plazo. Veamos por qué. Es conocido el impacto que tiene la tasa de interés sobre los niveles de demanda de consumo y de inversión, razón por la cual es el instrumento de política monetaria por excelencia de los bancos centrales. A menor tasa de interés, mayor será el estímulo de la actividad económica. Para ser más precisos, es la tasa de interés real la que afecta las decisiones de inversionistas y consumidores. La tasa de interés real se define como la diferencia entre la tasa de interés nominal y la tasa de inflación. Dada una determinada y común tasa de interés nominal, cuanto mayor sea la tasa de inflación de un país, menor será su tasa de interés real y mayor incentivo tendrán los inversionistas de ese país para invertir y los consumidores para consumir.

El economista inglés Alan Walters alertó en 1990 que no todos los países iban a incorporarse a la unión monetaria con la misma tasa de inflación, pero que la tasa de interés nominal sí iba a converger rápidamente. Ello implicaba que países con inflación inicial más alta y, por consiguiente, tasa real de interés más baja, iban a experimentar un crecimiento mayor de la demanda agregada y ello iba a retroalimentar una mayor presión inflacionaria. Adicionalmente, las empresas y consumidores de los países con menor tasa de interés real tendrían también mayor incentivo para endeudarse a causa de un menor coste del crédito bancario, lo cual agravaría el exceso de demanda. Debido al mayor estímulo de demanda en los países con menor tasa real de interés, los diferenciales de inflación iniciales no solo no iban a desaparecer, sino que se iban a incrementar en una espiral inestable de divergencia[39].

La asimetría de culturas inflacionarias de los países que decidieron integrar la unión monetaria fue subestimada por los arquitectos de la unión. Ciertamente, fue bastante lo que los países europeos convergieron previamente a 1999 (ver cuadros III-1 y IV-1), pero buena parte del avance se asemejó al trasnocho del estudiante en las horas previas al examen final, que pasa la prueba pero sin darle oportunidad al conocimiento de asentarse sólidamente en su cerebro. También hubo una buena dosis de maquillaje estadístico y "vista gorda" para la foto de grupo de la inauguración de 1999. Sea como fuere, las divergencias de las culturas inflacionarias permanecieron. Lo grave de esa no convergencia de tasas reales de interés fue el impacto que ello tuvo en alimentar un crecimiento insostenible de la demanda agregada en algunos países. Fue esta la causa primaria de la aparición de los déficit de cuenta corriente de la balanza de pagos en los países de la periferia. Obviamente, estos déficits de cuenta corriente no hubieran podido llegar a los niveles que llegaron, ni se hubieran podido mantener durante tantos años, si no hubiera habido un conjunto de países del núcleo central de Europa dispuestos a prestar ingentes cantidades de dinero a los bancos de los países con mayor cultura "gastiva" y más tolerancia a la inflación. Así fue cómo la disponibilidad de crédito abundante validó e incentivó la exuberancia del consumo y de la inversión en las economías periféricas europeas, con el consiguiente incremento de los niveles de endeudamiento de los hogares y de las empresas.

Modelos económicos divergentes, diferenciales de competitividad y desequilibrios externos

Un segundo aspecto crucial en la explicación del origen de la crisis es que la unión monetaria europea nació en 1999 ya con importantes

---

[39] Este teorema de Walters (1990), también denominado la "Crítica de Walters" (Walters Critique), ha recibido renovada atención después de la crisis financiera. Walters estaba preocupado por las implicaciones de una eventual incorporación de Gran Bretaña a la unión monetaria europea y por eso alertó sobre este riesgo de la divergencia de inflaciones.

desequilibrios en la esfera real de las economías de sus miembros, especialmente en sus fortalezas productivas. Los esfuerzos de convergencia durante la década anterior se habían centrado exclusivamente en las magnitudes nominales de carácter fiscal o monetario, pero la realidad era que los países presentaban al inicio de la unión importantes asimetrías en cuanto a su nivel de desarrollo productivo y a los modelos económicos subyacentes.

En Europa, mucho antes de 1999, había dos grupos de países con modelos económicos bien diferenciados. No es en absoluto casual que estos modelos se alineasen con las trincheras de diferencias culturales en cuanto al consumo y la inflación. Las culturas, las preferencias sociales y los modelos económicos suelen estar alineados. Los países centro-norteños, apegados al rigor protestante que ensalzaba la frugalidad y el trabajo duro, tendieron a ser más eficientes y a tener sectores exportadores más competitivos, mientras que los países del Mediterráneo tendieron a privilegiar el consumo, el gasto público redistributivo y los salarios reales, con lo cual el mercado interno fue su principal motor de crecimiento[40]. Ello derivó en dos modelos de crecimiento económico claramente diferenciados: el basado en el sector exportador y el basado en la demanda doméstica. Durante los avatares cambiarios de Bretton Woods, de la Serpiente y del Mecanismo Cambiario Europeo del SME, el primer modelo se tradujo en monedas "duras" o fuertes (particularmente el marco alemán) y el segundo modelo en monedas "suaves" o débiles (incluyendo el franco francés, a pesar de todos los esfuerzos políticos para defender un "franc fort").

Mientras el sistema monetario permitió ajustes cambiarios para compensar las diferencias de productividad, los dos modelos convivieron dentro del marco de la Comunidad Económica Europea. Las devaluaciones compensaban de tiempo en tiempo la mayor propensión inflacionaria, expansión del gasto y acomodación monetaria de los países con monedas débiles. Había una coherencia interna dentro de cada modelo, que venía dada por la flexibilidad cambiaria: la política monetaria-cambiaria contrabalanceaba la mayor o menor disciplina fiscal, así como la

---

40 Scharpf (2018) caracteriza en detalle ambos modelos económicos e insiste en que su convivencia se hizo imposible después de instaurada la moneda común. Previamente, la posibilidad de ajustar las tasas de cambio compensaba los desbalances que se iban presentando.

mayor o menor contención salarial. El problema se presentó después de la introducción de la moneda común, que excluía el uso de los ajustes cambiarios para compensar las diferencias. A partir de ese momento, la política fiscal y salarial tenían que ser congruentes con un cambio fijo y una política monetaria totalmente comprometida con la estabilidad de precios. Alemania y sus similares no tuvieron problema, porque el nuevo modelo comunitario estaba claramente cortado con el patrón de su modelo frugal-exportador. Los países mediterráneos no quisieron –ni hubieran podido, para ser justos– cambiar su modelo de crecimiento y empezaron a divergir más y más respecto a sus socios comunitarios del centro-norte. Las consecuencias fueron desastrosas.

Adicionalmente existen dudas de que las paridades de los tipos de cambio a las cuales se convirtieron el 1 de enero de 1999 las monedas nacionales a euros reflejaran verdaderamente la situación real de cada país. La mayor parte de las monedas de la periferia estaban sobrevaluadas, lo cual lastró su competitividad desde el inicio. Estas desalineaciones iniciales de los tipos de cambio nominales respecto de su nivel de equilibrio real condicionaron un arranque cuajado de asimetrías que luego la UME se encargó de acrecentar.

La asimetría en los niveles de competitividad terminó reflejándose en desbalances de las cuentas externas. Los costes de la mano de obra por unidad producida son el indicador estándar de productividad. Como este componente de la competitividad es fácilmente medible, los costes laborales unitarios (CLU) se utilizan como un *proxy* de la competitividad de un país. Tal como se evidencia en el Gráfico v-1, la evolución de este indicador durante la primera década de existencia de la UME fue marcadamente divergente.

La muestra de cuatro países incluye a Alemania como referencia de contención de costes laborales y a España, Italia y Portugal como países periféricos en gestación de crisis (excluimos a Grecia de la periferia en este tópico específico por tener otro origen de crisis). Los CLU de la periferia, en vez de converger con el centro como hubiera sido necesario en una unión monetaria, entraron en proceso de divergencia desde el primer momento de la unión. Alemania, por el contrario, mantuvo bajo férreo control los costes laborales, porque las fuerzas sociales, económicas y políticas habían forjado un pacto social (la Agenda 2010 impulsada por el Canciller Schröder) de trabajar cohesionadamente en pro de la recuperación de la competitividad, que se había perdido por culpa de los desajustes inflacionarios y fiscales durante el esfuerzo de unificación de las dos Alemanias. Prueba del esfuerzo realizado, en 2007, ocho años después del inicio de la UME, el índice alemán de CLU estaba por debajo del nivel de arranque.

Gráfico V-1
Costos Laborales Unitarios, 1999-2016

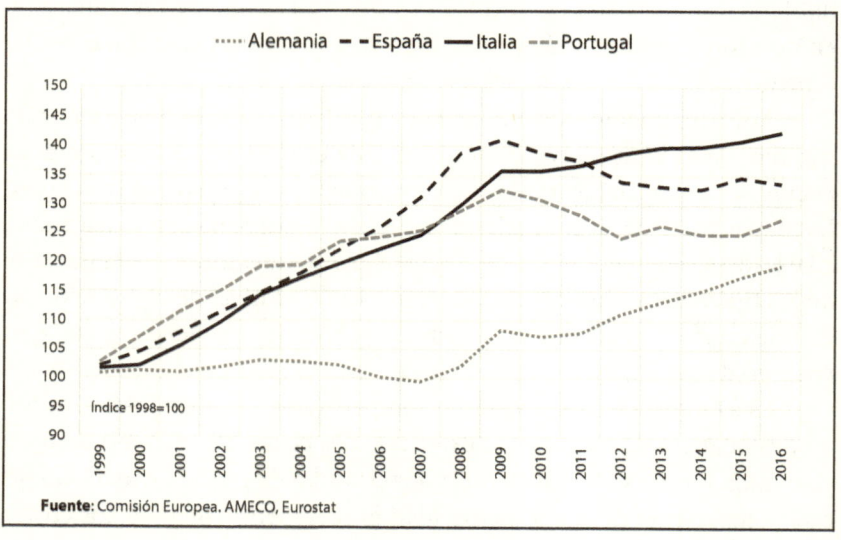

Fuente: Comisión Europea. AMECO, Eurostat

La evolución post 2009 muestra el significativo esfuerzo de países como España y Portugal para reducir sus costes laborales a través de las políticas de austeridad. Detrás de esa reducción se esconde un duro proceso de caída del ingreso real y de aumento del desempleo. Distinta fue la evolución de Italia, donde los CLU continuaron su incremento ininterrumpido al no someterse ese país a ningún proceso de ajuste del ingreso real o de reforma estructural. Algún día les llegará a los italianos la hora de la verdad. Alemania, por su parte, retornó a partir de 2011 a la "normalidad" ascendente de los CLU después de haber logrado los objetivos de competitividad de la Agenda 2010.

Es conocida la vinculación entre diferenciales de productividad y desequilibrios externos, porque en el largo plazo estos diferenciales terminan reflejándose en la competitividad. Por el teorema de la paridad del poder de compra[41] sabemos también que los diferenciales de inflación se reflejan en el largo plazo en apreciaciones o depreciaciones reales de las monedas, las cuales, a su vez, conducen a desequilibrios en las cuentas corrientes de la balanza de pagos. Cuando está disponible la opción de ajustar el tipo de cambio nominal, estos desequilibrios son de corta duración, ya que la devaluación de la moneda permite compensar, al menos temporalmente, la pérdida de competitividad. Pero cuando un país forma parte de una unión monetaria, no está abierta esta opción del ajuste cambiario y debe recurrirse al mecanismo automático de ajuste interno de precios y salarios. Como este mecanismo deflacionario es lento y doloroso, el desequilibrio de las cuentas externas suele persistir durante más tiempo del conveniente.

Gráfico V-2
Saldo en Cuenta Corriente (% del PIB), 1999-2017

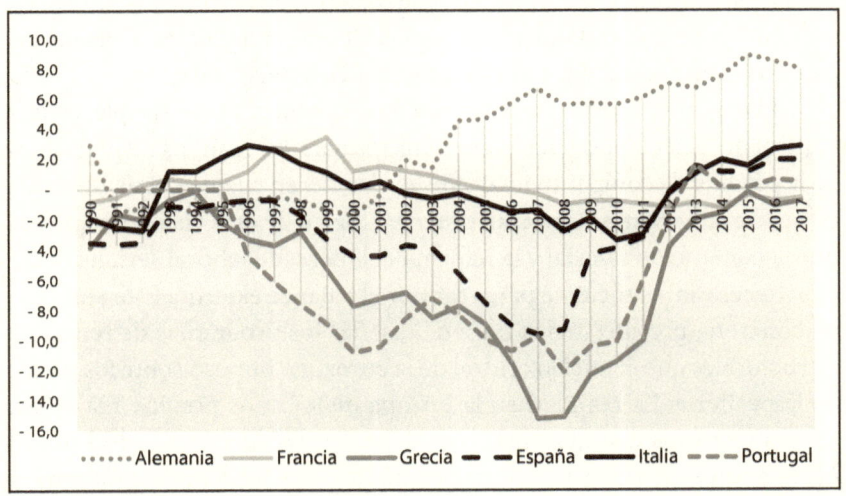

Si observamos la evolución de los déficits en cuenta corriente de la balanza de pagos de los cinco países en estudio (ver Gráfico V-2), vemos

---

41   Esta teoría, que se remonta a los inicios de la ciencia económica, tuvo un primer desarrollo a principios del siglo pasado en la obra de Gustav Cassel (1918), un economista sueco, que reflexionó sobre el impacto sobre la tasa de cambio de los diferenciales de inflación ocurridos en los años de la I Guerra Mundial y afirmó que "la inflación generalizada que ha tenido lugar durante la guerra ha disminuido el poder adquisitivo en todos los países, aunque en diferentes grados, y los tipos de cambio deberán desviarse de sus viejas paridades en proporción a la inflación de cada país.".

que la evolución en el indicador de los CLU (*proxy* de productividad) del Gráfico v-1 encuentra correspondencia con las tendencias de deterioro o mejoría de la cuenta corriente. Especialmente marcada fue esta situación en los casos de España, Grecia y Portugal, donde especialmente a partir de 2003 los déficits en cuenta corriente alcanzaron niveles insostenibles. Al desaparecer las fuentes de financiamiento externo a partir de 2009, los tres países se vieron obligados a reducir drásticamente su déficit corriente. España y Portugal lograron pisar terreno positivo en 2013, mientras que Grecia continuaba todavía en zona negativa en 2017. Matices distintos tuvieron los casos de Francia e Italia, donde la situación de la balanza corriente de pagos se deterioró, pero en una magnitud mucho más moderada, ya que se trataba de dos economías con una base industrial y tecnológica históricamente más sólida, que otorgaba cierta estabilidad a sus ventajas competitivas. Alemania, por su parte, se recuperó a partir de 2002 de su situación deficitaria de fines de los noventa y mejoró ininterrumpidamente su superávit comercial hasta alcanzar un promedio de entre 6 y 8.5 por ciento del PIB a partir de 2007.

El diagnóstico ortodoxo alemán de esta situación fue simple: el descontrol del gasto fiscal y los incrementos salariales eran los responsables de la pérdida de competitividad y de los déficits en cuenta corriente de los países de la periferia. Una consecuencia lógica de esta visión simple era que la contención salarial y la reforma del mercado laboral serían condición necesaria y suficiente para restituir el balance externo. Este enfoque, en concreto, prevaleció a la hora de diseñar los programas de reformas estructurales que el núcleo central de la eurozona impuso sobre los países de la periferia. La realidad en la Europa de los años previos a la crisis, sin embargo, fue distinta y más compleja que el diagnóstico ortodoxo. El *boom* de crédito bancario y el concomitante *boom* de demanda fueron los principales responsables del desbalance de la cuenta externa, tanto por la vía directa de un exceso de demanda que solo podía ser atendida por importaciones, como por la vía indirecta de presiones inflacionarias que afectaron la competitividad de los productores nacionales. De ahí que el excesivo enfoque en la contención salarial no atacó el problema de los desequilibrios externos en su total dimensión y por ello no fue eficiente.

Y si giramos la mirada hacia los países superavitarios en cuenta corriente, tampoco se corresponde con la realidad la afirmación de que su buen desempeño exportador se debió exclusivamente a la contención salarial de los trabajadores y a los consiguientes menores costes laborales unitarios. Los factores determinantes de la competitividad son complejos y de carácter multidimensional: una empresa puede competir por precio, pero también lo puede hacer por ofrecer un portafolio de productos más adaptado a las necesidades del mercado, de mayor valor agregado o de vanguardia tecnológica. Las fortalezas de la oferta son tanto o más importantes que las ventajas del coste. A nivel de un país, las condiciones estructurales que elevan el atractivo de la oferta tienen que ver con el tamaño e integración de las empresas, la capacitación de la fuerza de trabajo, la configuración de las relaciones laborales, el nivel tecnológico, la infraestructura comercial o las relaciones internacionales. No basta, por consiguiente, tener una mano de obra más barata. De hecho, otros elementos, distintos a las ventajas de coste/precio, predominaron para determinar la competitividad externa de las principales cinco economías de la eurozona, especialmente en los años de la crisis y postcrisis (Xifre 2017). Insistimos en esta pluricausalidad de la competitividad porque después de 2010 el excesivo énfasis en los costes salariales derivó en un énfasis igualmente excesivo en la austeridad.

Sobre-endeudamiento privado y reverso de capitales

La abundancia de liquidez a bajo coste y la creencia de que no existía riesgo cambiario permitieron que la fiesta europea continuara más allá de los límites razonables. Los déficits en cuenta corriente, para poder ser mantenidos, necesitaban que otros países se mostrasen dispuestos a financiarlos. Aparte de permitir que continuara la fiesta, estos flujos de capital contribuyeron también en gran manera al agravamiento de los diferenciales de productividad por la vía de los aumentos salariales en la periferia y el aumento del consumo. Entraron así los países de la periferia europea en una espiral perversa en la que los déficits de cuenta corriente eran financiados por préstamos externos, estos permitían, a su vez, consumir por encima de las posibilidades, generaban presión inflacionaria y presión de aumentos salariales, agrandaban todavía más la brecha de productividad y elevaban el déficit en la balanza de pagos corriente. Y así seguía girando la rueda.

La disposición de terceros a financiar excesos de gasto de otros siempre llega a un límite. Cuando ese punto llega, el ajuste debería producirse por la vía de la devaluación de la moneda que permita re-equilibrar las cuentas externas. Pero como esta vía está excluida en el caso de una unión monetaria, los países deficitarios continúan dependiendo totalmente de las entradas de capital del exterior. Cuando a partir de 2008 el flujo de capitales se revirtió abruptamente, la crisis erupcionó de forma inmediata. Esta parada repentina de capitales (*sudden stop*, en la literatura especializada en inglés) fue el disparador inmediato de la crisis financiera europea[42]. Los bancos de los países superavitarios de la eurozona habían estado prestando más que gustosos ingentes cantidades de dinero a los países periféricos en la creencia de que la fortaleza del euro era inexpugnable. Pero cuando empezaron a dudar de la solvencia de los deudores, "si te he visto, no me acuerdo". Al entrar los países deficitarios en recesión por efecto de este reverso repentino, los consumidores y las empresas se encontraron con que sus niveles de deuda eran impagables.

En contra de la narrativa de que el origen de la crisis estuvo en los excesos fiscales de algunos países, la realidad es que el fenómeno del sobreendeudamiento hizo su aparición mucho antes que cualquier síntoma de estrés fiscal. Fueron los exorbitantes e irresponsables flujos de capital desde los países superavitarios del centro de Europa hacia los países de la periferia los que permitieron que estos crecieran por encima de sus posibilidades. Y quienes se endeudaron inicialmente no fueron los gobiernos de esos países, sino el sector privado (los bancos, las empresas y los hogares).

Efectivamente, una primera lectura de las cifras del gráfico v-3 cuestiona la visión convencional de que el nivel de endeudamiento público fuera el indicador principal de eventuales problemas de deuda. En el gráfico se desglosan por países los cuatro principales componentes de la deuda: gobierno, empresas no financieras, hogares e instituciones financieras. En el 2008, al inicio de la crisis, la deuda de los gobiernos como proporción de la deuda total en cada país era relativamente pequeña. En España, la deuda del gobierno pesaba un 47% del PIB y representaba apenas un 14 por ciento del total de la deuda, pública y privada. En Inglaterra, la deuda pública pesaba un 52% del PIB y representaba también 14% de la deuda inglesa total. En Francia, la deuda del gobierno pesaba 73% del PIB y 24 por ciento del total de la deuda. La excepción era Italia, donde la deuda del gobierno era más sustancial y alcanzaba al 101% del PIB y 34% de la deuda

---

42 Existe una amplia literatura que relata y explica el fenómeno de los "sudden stops" (paradas repentinas) de capital en las economías emergentes, que históricamente han conducido a crisis cambiarias, generalmente acompañadas de crisis financieras y crisis soberanas. Ver Calvo et al. (2004).

total del país. Otro aspecto relevante es que la deuda de las instituciones financieras en Europa era relativamente moderada en 2008. Pesaban sensiblemente más las deudas de las empresas no financieras y de los hogares.

GRÁFICO V-3
Componentes de deuda por países, 2008

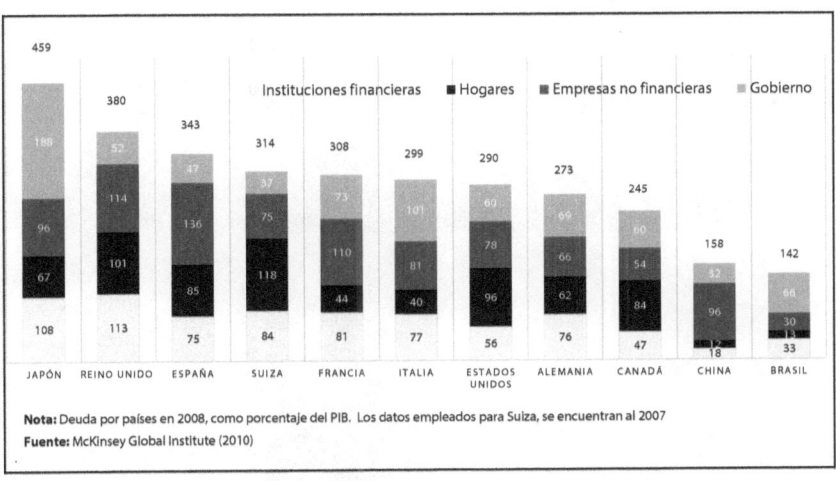

Nota: Deuda por países en 2008, como porcentaje del PIB. Los datos empleados para Suiza, se encuentran al 2007
Fuente: McKinsey Global Institute (2010)

La evolución en el tiempo de los cuatro componentes de la deuda corrobora lo antes dicho (ver Gráfico V-4). Tomemos tres países "típicos": España y Reino Unido, caracterizados por el aumento acelerado de sus niveles de deuda privada, y Alemania, por su actitud más comedida. En el caso de España, la deuda pública en el período 2000–2009 (primer semestre) disminuyó de 63 a 56 por ciento del PIB, pero los otros componentes privados del endeudamiento crecieron exponencialmente. La deuda de las empresas no financieras españolas pasó de 74 a 141 por ciento del PIB, la de los hogares de 45 a 87 por ciento del PIB y la de las instituciones financieras de 11 a 82 por ciento del PIB. Como dato significativo, en 2007, el año previo a la crisis, España recibió un flujo de capitales de 150 billones de euros. En total, el endeudamiento global español pasó de 193 por ciento del PIB en 2000 a 366 por ciento del PIB a mediados de 2009. Una expansión de deuda privada muy significativa. Imagínese el lector el impacto brutal que luego significó un reverso abrupto del financiamiento externo en este contexto de excesivo endeudamiento privado. Ese fue el disparador de la crisis en España.

Gráfico V-4
Componentes del crecimiento de deuda: España, Alemania, Reino Unido
(% del PIB)

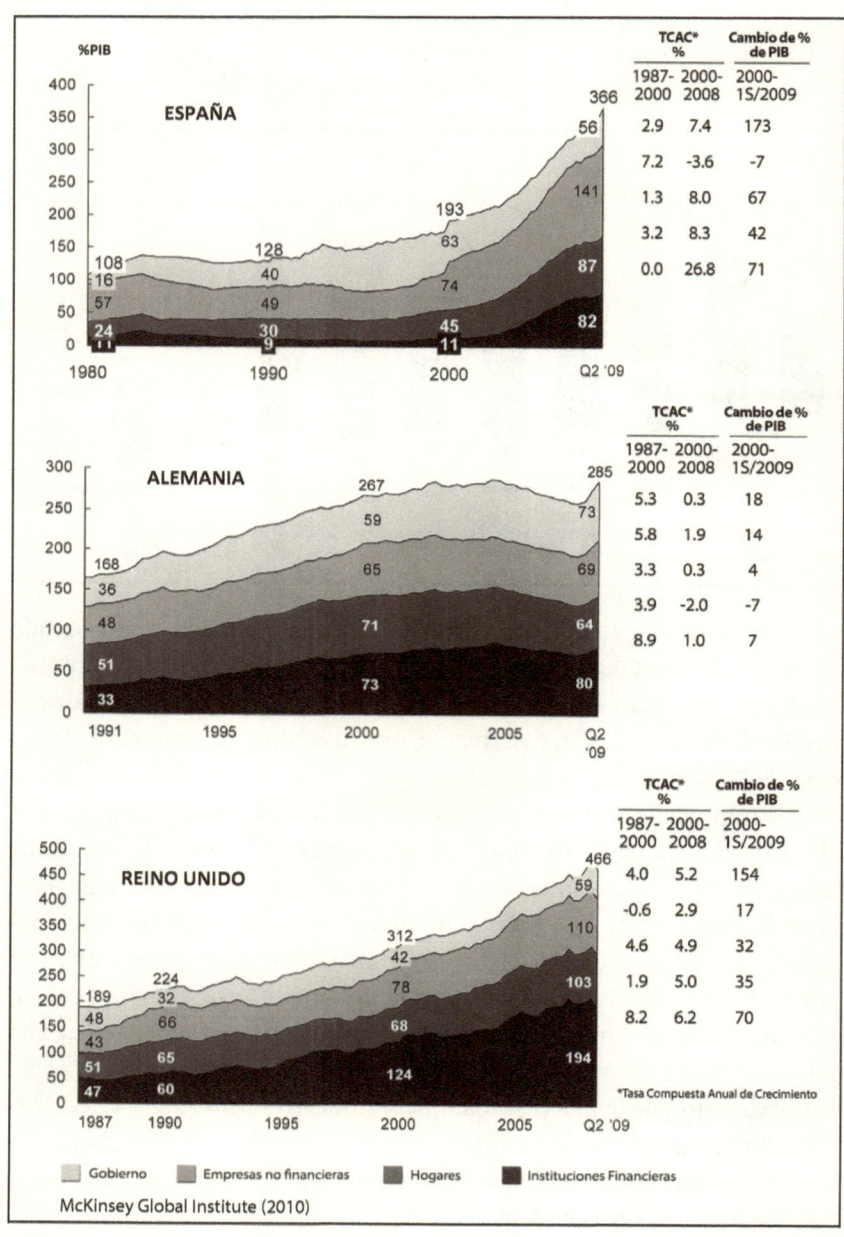

McKinsey Global Institute (2010)

Un excesivo crecimiento de deuda privada se observa también en el caso del Reino Unido, donde la deuda global pasa de 312 a 466 por ciento del PIB en el período 2000-2009 (primer semestre). Tampoco aquí el Gobierno fue el responsable principal del incremento de la deuda, sino los sectores privados de la economía: las empresas no financieras aumentaron su nivel de endeudamiento de 78 a 110 por ciento del PIB, los hogares de 98 a 103 por ciento del PIB y las instituciones financieras se llevaron la porción más grande al pasar de 124 a 194 por ciento del PIB. Las tasas promedio anuales de crecimiento de estos componentes entre 2000 y 2008 no fueron tan altas como en España, pero seguían siendo considerablemente elevadas.

Contrastan estas cifras con el caso de Alemania, donde durante el mismo período el endeudamiento global subió apenas de 267 a 285 por ciento del PIB. La mayor parte de este moderado crecimiento le correspondió a la deuda del gobierno que creció de 59 a 73 por ciento del PIB, mientras que los hogares disminuyeron su endeudamiento en 7 puntos del PIB, las empresas no financieras lo aumentaron en 4 por ciento del PIB y las instituciones financieras en 7 por ciento.

En este contexto de crecimiento "exuberante" de deuda en un conjunto de países europeos, bastaba apenas algún evento de perturbación que afectara la confianza de los inversionistas foráneos para que los flujos de capital se devolvieran abruptamente y se desatara así una crisis sistémica. Ese evento finalmente llegó en septiembre 2008. Como era de esperar, la virulencia de los mercados afectó de manera diferenciada a los países cuyas vulnerabilidades estructurales los habían llevado a endeudarse más allá de lo razonable.

La existencia de la unión monetaria no ayudó a enfrentar el *shock* del reverso de capitales, todo lo contrario. Cuando los países tienen monedas propias, esta "parada abrupta" desemboca inexorablemente en una crisis cambiaria y devaluación. Adicionalmente el banco central puede recurrir a la emisión monetaria para diluir el valor de la deuda por medio de inflación o también puede incluso prestarle al gobierno para que pague sus deudas. Ahora bien, cuando no existe moneda propia y no hay un banco central que rescate al gobierno, el desequilibrio se manifiesta en una crisis de confianza en la deuda soberana al igual que en la deuda contraída por el sistema financiero del país afectado. Se ajustan entonces al alza las primas de riesgo y eventualmente el país entra en situación de insolvencia y debe ser rescatado por los socios comunitarios. En cualquier caso, haya rescate o no, en ausencia de la válvula de escape cambiaria, el país afectado se ve obligado a ejecutar un proceso duro de "desapalancamiento" de todos los deudores privados, que arrastra inexorablemente la economía a la recesión y al desempleo. Ello obliga a entrar en un proceso de deflación de precios y salarios internos, que es la única vía disponible para revertir paulatinamente la brecha de productividades. La deflación será tanto más aguda, cuanto mayores hayan sido las brechas de productividad previas.

Buenos y malos desequilibrios: cuando los capitales huyen en estampida

La necesidad de cumplir con los criterios de convergencia previos al arranque de la unión en 1999 ejerció un innegable efecto disciplinante sobre los países que aspiraban a formar parte de ella, especialmente en aquellos que habían tenido un pasado de desórdenes fiscales y monetarios (ver Cuadros III- 1 y IV-1). Ello no hubiera sido posible sin importantes avances en ciertas reformas estructurales en el campo de las administraciones públicas, en el mercado laboral, en los sistemas impositivos y en los marcos regulatorios de la competencia. Pero otra fue la historia después de constituida la unión. Una vez lograda la convergencia nominal para estar en la foto del 1 de enero de 1999, la facilidad para financiar los desequilibrios estructurales constituyó un incentivo negativo para eludir las reformas estructurales.

¿Cómo pudo tanta gente tanto tiempo hacerse la vista gorda con los excesos de endeudamiento y los déficits de cuenta corriente? La complacencia o ceguera de los mercados y de las autoridades durante los años de euforia post 1999 se explica en buena medida por el pensamiento imperante hasta 2007 de que estos desbalances eran inherentes al proceso de convergencia real que necesariamente debía producirse entre los países menos desarrollados y los más desarrollados de la unión. Para que las diferencias en ingreso y producto per cápita, en infraestructuras de servicios o en niveles de productividad entre los países del núcleo central y la periferia de la eurozona pudieran converger, los países de la periferia necesitaban incurrir en desbalances temporales de su ecuación de ahorro e inversión con el fin de disponer de los recursos de inversión adicionales necesarios para cerrar paulatinamente las brechas. En este sentido, los déficits en cuenta corriente y el incremento del endeudamiento externo estarían cumpliendo el fin de financiar el proceso de elevación de la productividad general de las economías periféricas. Se suponía que las entradas de capital, y su contraparte de déficit de la balanza comercial, estaban destinadas a inversiones en infraestructuras, en bienes de capital, en educación y en eficiencias de la administración pública, que mejorarían el potencial de crecimiento a mediano y largo plazo de esos países. En consecuencia, lo que se observaba en los primeros años de vida de la eurozona eran "buenos" desequilibrios[43].

No es fácil ciertamente diferenciar *ex ante* entre buenos y malos desequilibrios a los inicios de los procesos de convergencia. Sin embargo, con el beneficio de la mirada retrospectiva hoy sabemos que las entradas de capital en los países de la periferia europea no financiaron plantas y equipos que elevaran la productividad y cerraran las brechas, sino que principalmente se desviaron al consumo. En casos como Irlanda y España, la inversión se dirigió hacia la construcción residencial, en la que descansó casi exclusivamente la dinámica de crecimiento y de generación de empleo. En casos como Grecia y Portugal, los flujos de capital alimentaron una burocracia prolija y proyectos públicos de dudosa eficiencia. La mayor parte del endeudamiento de esos países se destinó a infraestructuras totalmente desproporcionadas o directamente a financiar el consumo. Esta abundancia de financiamiento creó las condiciones para que los precios y salarios aumentaran relativamente más en la periferia europea, con lo cual la diferencia de productividad se agrandó y la competitividad externa disminuyó. Al final, desde el punto de vista estructural, los desbalances entre ahorro e inversión no financiaron los cierres de brecha; más bien sucedió lo contrario, razón por la cual terminaron convirtiéndose en "malos" desbalances que colocaron a la periferia de la eurozona en situación de extrema vulnerabilidad frente a reversos de los flujos de capital.

Los buenos equilibrios se tornan en malos cuando los desbalances (entre ahorro e inversión, entre exportaciones e importaciones, etc.) se perciben como insostenibles. Tarde o temprano, los alegres financistas se percatan de tal insostenibilidad. Solo hace falta un disparador para que los flujos de capital se reviertan abruptamente, con las consabidas consecuencias: aparece la recesión, los ingresos fiscales caen, las empresas y

---

43 El trabajo pionero de análisis de los buenos y malos desbalances fue realizado por Blanchard y Giavazzi (2002).

los hogares no pueden pagar sus deudas, los bancos se llenan de cuentas morosas, los gobiernos tienen que rescatarlos, la deuda pública aumenta y los inversionistas huyen de los mercados de bonos soberanos.

Incentivos para la indisciplina fiscal

El segundo problema medular de la UME se refiere a la vertiente fiscal y ha sido uno de los aspectos más debatidos en cuanto al diseño y dinámica de las uniones monetarias. Es bien conocido que la unión monetaria europea se construyó sobre un peculiar *trade off* político entre lo monetario y lo fiscal, en el cual los Estados europeos estuvieron dispuestos a ceder la soberanía monetaria a cambio de preservar su soberanía de recaudar impuestos, endeudarse y gastar. Se pensaba, especialmente en Alemania, que la existencia de un fuerte Banco Central Europeo con un claro mandato de priorizar la estabilidad de precios y una prohibición de financiar o rescatar a gobiernos deficitarios era suficiente para imponer en la unión la disciplina financiera que evitara desequilibrios fiscales inmanejables. La creencia en el efecto disciplinante de la integración monetaria era el pensamiento predominante hasta fines de los 90 entre los economistas que estudiaron los efectos de "atarse las manos" y de la credibilidad "prestada". Los países con monedas débiles querían sumarse al escudo protector del Bundesbank para que su proverbial disciplina monetaria atara las manos a los gobiernos manirrotos y les hiciera extensiva su credibilidad antiinflacionaria.

En contra de esta creencia ingenua y en sintonía con la advertencia de Kenen (1969), muchos académicos insistieron en que un mínimo grado de "centralización" o federalismo fiscal era necesario para la viabilidad de un área monetaria integrada. En un momento dado, argumentaban, la magnitud de las perturbaciones asimétricas pudiera ser tal, que se requiriesen transferencias fiscales hacia los países afectados para coadyuvar con el ajuste recesivo sin poner en peligro la membresía de esos países en la unión.

Alexander Lamfalussy, economista húngaro-belga, Gerente General del Banco de Pagos Internacionales de Basilea y luego primer presidente del Instituto Monetario Europeo en 1994, advirtió a fines de los 80 en un memorándum para el Comité Delors sobre los peligros de una unión monetaria entre países con propensiones tan divergentes al déficit fiscal.

No compartía Lamfalussy la creencia de que los mercados financieros o la disciplina monetaria de la moneda común fueran a nivelar o remendar las diferencias del comportamiento fiscal de los miembros de la futura unión. De ahí que su recomendación fuera hacer los arreglos necesarios para establecer una política fiscal comunitaria, como complemento natural de la política monetaria común.

El economista norteamericano Barry Eichengreen hacía también en 1993 una advertencia premonitoria: "Gobiernos que emitan deuda en exceso de su capacidad para servirla pueden exponerse a una corrida de deuda, en la cual los inversores liquiden abruptamente sus posiciones en deuda de esos gobiernos. Si ello sucede, el precio de los bonos se desplomará y el BCE puede verse obligado a comprarlos para evitar que el mercado de bonos se derrumbe. Esta inyección de dinero a cambio de bonos alimentaría presiones inflacionarias. Como el costo inflacionario del rescate recae sobre los hombros de todos los miembros de la unión monetaria, los gobiernos individuales tienen el incentivo de incurrir en déficit y emitir deuda en exceso. Y si fuera el caso de que el BCE se viera impedido de acudir en auxilio del mercado de bonos de un país sobre endeudado que está experimentando una corrida, la unión monetaria europea pudiera abrir la compuerta a una nueva era de inestabilidad contagiosa de los mercados financieros"[44].

Eichengreen apuntaba a varias interacciones problemáticas que parecen ser inherentes a una unión monetaria. En primer lugar, no existen compartimentos estancos donde puedan aislarse o neutralizarse los efectos monetarios de los excesos fiscales de los países. Si el banco central único interviene en el mercado de bonos de deuda soberana para evitar su derrumbe, esta acción tiene un efecto monetario expansivo y puede hacer peligrar el objetivo inflacionario. Y si no lo hace, somete a la unión a los rigores de las olas especulativas que terminan contagiando la inestabilidad al resto de la unión. En segundo lugar, en una unión monetaria se presenta tarde o temprano el problema del *free riding*[45], porque los costos del despilfarro se diluyen entre todos los miembros, mientras que

---

44 Eichengreen (1993), página 1347.

45 Utilizamos el término en inglés, de difícil traducción, para expresar el comportamiento de quien viaja de "polizón" a costa de los demás, sin asumir el costo, o peor aún, cargando sobre los hombros de otros el costo de las propias acciones.

los beneficios (de corto plazo, al menos) son individuales, lo cual crea el incentivo para la indisciplina fiscal.

Perversamente, el *free riding* también funciona para desincentivar el buen comportamiento: un país que acometa, por ejemplo, una reforma del mercado laboral que disminuya la tasa natural de desempleo y, por ende, reduzca la presión inflacionaria en ese país, beneficia marginalmente a todos los miembros de la unión porque permite al banco central único aplicar una política monetaria menos restrictiva y, eventualmente, reducir la tasa de interés común. Los costes de la reforma laboral en el corto plazo, sin embargo, recaen exclusivamente sobre los hombros del país que ha acometido esa reforma, mientras que el resto de los miembros se benefician de ella sin asumir ningún costo[46]. Este reparto desigual de los costos y de los beneficios desestimula la acometida de reformas estructurales dentro de una unión monetaria.

Donde el *free riding* es más frecuente y más dañino es en el campo fiscal. Visto en retrospectiva, no se puede afirmar que los países de la UME tuvieran un comportamiento "ejemplar" en cuanto al equilibrio de sus cuentas fiscales (véase el Gráfico IV-5). Los dos principales países de la unión (Alemania y Francia) incumplieron entre 2002 y 2005 con el compromiso establecido en el Pacto de Estabilidad y Crecimiento (PEC) de no incurrir en déficits fiscales superiores al 3 por ciento del PIB. También incumplieron los países de la periferia, con la excepción de España, que todos los años se mantuvo en terreno positivo. Entre 1999 y 2007 hubo 34 incumplimientos del límite de déficit establecido en el PEC. Hasta la irrupción de la CFG en 2008, el bloque Francia + Alemania y la periferia mediterránea tuvieron un comportamiento fiscal muy homogéneo. A partir de 2009, la periferia muestra un deterioro mucho más pronunciado que el del binomio Francia– Alemania, a pesar de la enorme presión que Alemania y los órganos comunitarios ejercieron para obligarles a cerrar su brecha fiscal. Importante a destacar es que ya desde 2007 Francia se desacopló del tren fiscal alemán y tuvo una gestión fiscal muy similar a la de los países de la periferia mediterránea. Esto coincide con la pérdida general de dinamismo de la economía francesa.

---

[46] Chari y Kehoe (2008) desarrollan un modelo de inconsistencia temporal de políticas, en el que analizan el efecto inflacionario de reformas del mercado laboral y concluyen que la integración monetaria debilita el incentivo de reforma.

Gráfico V-5
Déficit fiscal (% sobre PIB). Alemania + Francia Vs. Periferia, 1999-2017

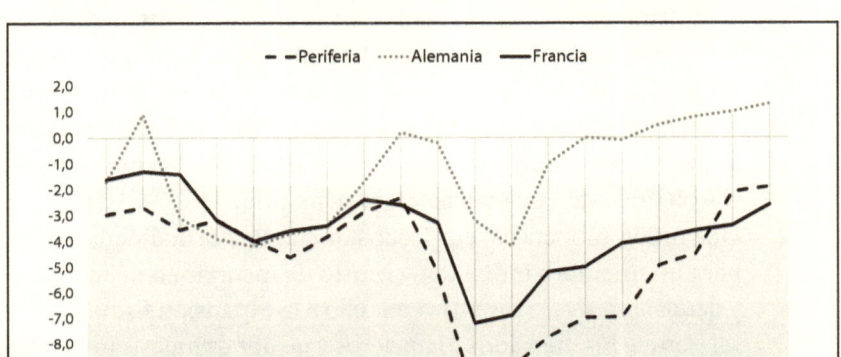

Periferia: España, Italia, Grecia, Portugal.
Fuente: Eurostat. Déficit Fiscal definido de acuerdo al Tratado de Maastricht como Endeudamiento (-) o Préstamos (+) Netos del Gobierno General como porcentaje del PIB

Existen varios elementos que explican este sesgo de indisciplina fiscal de la unión monetaria europea. Mencionemos dos:

1. El diseño institucional de la UME, en el cual se le dio poder e independencia a un banco central comunitario responsable únicamente de la estabilidad inflacionaria y se les dejó a los gobiernos individuales la responsabilidad de velar por el empleo y el crecimiento económico, era germen de conflictos inevitables entre objetivos de política que pueden y suelen colidir. Este conflicto puede conducir a políticas fiscales que no son óptimas ni deseables[47]. Dicho en otras palabras, como la política monetaria y la responsabilidad de controlar la inflación no son responsabilidad nacional, los gobiernos no están preocupados por la inflación cuando expanden el gasto. El problema es que para evitar esa irresponsabilidad "monetaria" de los gobiernos nacionales sería necesario incrementar el grado de coordinación entre la política

---

[47] Ver modelo desarrollado por Dixit y Lambertini (2003) para sustanciar este conflicto de intereses.

monetaria y la fiscal, cosa que los arquitectos de la unión monetaria no previeron. Como una subordinación del banco central al dictamen político de los gobiernos comunitarios está fuera de discusión, la subordinación tendría que suceder en la dirección opuesta, es decir, la solución al conflicto sería la imposición de restricciones a la gestión fiscal de los gobiernos individuales para apoyar la meta anti-inflacionaria del BCE. Los hechos demostraron que esta tarea pocas veces tiene éxito.

2. Una unión monetaria, en circunstancias de normalidad, reduce para un miembro individual el costo de incurrir en déficit fiscal y deuda excesiva, e incentiva por ello a la expansión fiscal. Ello es así porque los mercados financieros y de bonos muestran un alto nivel de integración en una unión, de tal forma que los excesos de emisión de deuda por parte de gobiernos nacionales individuales ciertamente elevan los tipos de interés comunitarios, pero este efecto se diluye en un mercado amplio y profundo, al tiempo que el beneficio temporal del déficit se queda en el país emisor de la deuda[48]. Mientras persistan condiciones de normalidad, los países con mayor debilidad estructural pueden emitir cantidades casi ilimitadas de deuda sin sufrir el costo disciplinante del alza de las tasas de interés. Esta fue la situación que prevaleció en Europa hasta 2008. Para cuando sucedió la "parada repentina" y los mercados castigaron a los países prolijos con elevaciones bruscas del coste de financiamiento, ya era muy tarde.

Previamente al inicio de la unión monetaria, los países candidatos a integrar la unión firmaron en 1997 un anexo al Tratado de Maastricht denominado Pacto de Estabilidad y Crecimiento (PEC), que debía garantizar mediante ciertos mecanismos de seguimiento y multas que los objetivos fiscales establecidos en los criterios de convergencia (no exceder el 3 por ciento de déficit fiscal y el tope de 60 por ciento de relación deuda pública a PIB) continuarían cumpliéndose después de iniciada la unión. El efecto disciplinante del PEC en sus primeros años de vida fue casi nulo, puesto que los dos principales países de la unión, Francia y Alemania, lo

---

48 Faini (2006) realiza una amplia investigación sobre los impactos de las acciones fiscales sobre las tasas de interés.

incumplieron al poco tiempo de iniciada la unión, sin que el ECOFIN (Consejo Europeo de Ministros de Economía y Finanzas) fuera capaz de imponerles las correspondientes multas.

En vista de estos incumplimientos, y con el propósito de darle mayor flexibilidad para adaptarse a los ciclos coyunturales de mediano plazo, el PEC fue reformado en 2005, pero las realidades de la crisis del 2008 se encargaron de hacerlo nuevamente inocuo. Y es que en el mismo diseño institucional del Pacto subyacía su no aplicabilidad, puesto que la imposición de sanciones le correspondía al Consejo Europeo de Ministros de Economía y Finanzas por decisión unánime de sus miembros. Es ingenuo creer que ese club de responsables nacionales de las finanzas públicas de sus países vaya alguna vez a sancionar por unanimidad a un colega, con el conocimiento de que otro día les pudiera tocar a ellos sufrir el dedo acusador.

En un plano más fundamental, la imposibilidad de la UME de imponer disciplina fiscal a sus miembros residió en la que era su debilidad esencial: su diseño político. La unión monetaria no podía funcionar como una unión política mientras sus miembros conservasen su soberanía fiscal, entre otras cosas. Existía, por consiguiente, un conflicto subyacente de legitimidad política cada vez que algún órgano comunitario pretendía imponer una decisión fiscal, ya que ese órgano no había sido elegido por el pueblo y no estaba legitimado para hacer tributar a los ciudadanos o definir cuánto o en qué se gastaban los tributos de un determinado país. Y tampoco los gobiernos de países comunitarios podían hacer transferencias fiscales a otros sin el marco legal de una unión fiscal.

La discusión acerca de las propuestas de solución fue intensa desde 2011. La propuesta de crear "agencias fiscales independientes"[49] chocaba contra el mismo problema de la legitimidad política. La única línea de acción que pudo implementarse fue en la dirección de establecer "reglas fiscales" comunitarias, que los países voluntariamente aceptasen mediante la adhesión a un Tratado Fiscal y que preferiblemente debían ser incorporadas en la Constitución o en algún marco legal de alto rango que hiciera muy costosa políticamente la indisciplina fiscal de un país individual.

---

49 Debrun, Hauner y Kumar (2009) realizan un recorrido por la literatura técnica sobre este asunto, específicamente sobre la motivación para establecer estas agencias fiscales independientes, su eventual diseño y la experiencia acumulada con estas instituciones.

El Tratado de Estabilidad, Coordinación y Gobernanza, denominado Tratado de Estabilidad Fiscal, fue firmado el 2 de marzo de 2012 por todos los Estados europeos, excepto el Reino Unido y la República Checa. El acuerdo introdujo la regla de que el déficit fiscal estructural no podía exceder del 0,5% del PIB y que los excesos de deuda relativa al PIB por encima de 60 por ciento debían ser desmontados en ciertos plazos. Las sanciones por el incumplimiento serían impuestas por la Corte Suprema de Justicia de la Comunidad Europea. Más que las sanciones que la Corte Suprema de Justicia europea pudiera llegar a imponer, la zanahoria y el garrote para que los países adoptasen voluntariamente estas reglas fueron el acceso o no acceso a fondos comunitarios de liquidez o de rescate.

El problema de este Tratado, al igual que el de los Pactos Fiscales que le precedieron, es que contenían una contradicción intrínseca: estaban inspirados en el modelo "federal" alemán, que le da al gobierno central autoridad para imponer reglas sobre las entidades federadas, pero resulta que en el caso de la UME los países retienen plena soberanía sobre materias fiscales. Las obligaciones impuestas no pueden estar por encima de la soberanía fiscal individual.

Bundesbank über alles: la política monetaria de talla única

El tercer problema medular que define la crisis de la UME se refiere al diseño de la política monetaria. Conscientes como estaban los arquitectos de la unión del sesgo fiscal deficitario de buena parte de los países europeos, decidieron incorporar en el tratado fundacional de Maastricht el estatuto de un Banco Central Europeo con tres elementos medulares: prohibición terminante al BCE de financiar déficit fiscales mediante operaciones en el mercado primario de bonos de deuda soberana; total independencia y autonomía política; y cláusulas de "no rescate" de bancos y mucho menos de países[50]. La columna que debía vertebrar toda la razón de ser y la actuación del BCE era el mandato exclusivo y excluyente de velar por la estabilidad de precios.

El diseño del BCE fue una réplica del Bundesbank alemán. Acorde con su obsesión histórica por la estabilidad de precios, ésa fue la condición

---

50 Artículos 103 y 104 del Tratado de Maastricht.

que Alemania impuso para renunciar a su moneda e integrarse a la unión monetaria. Los bancos centrales nacionales delegaron la política monetaria en el BCE, con lo que su ámbito nacional de funciones quedó reducido al mantenimiento del sistema de pagos y a la regulación y supervisión del sistema financiero local.

También en cuanto a la estrategia de política monetaria, el BCE nació apegado a los mismos pilares sobre los que estaba asentada la política monetaria del Bundesbank. El instrumento para controlar la inflación eran las tasas de interés y éstas debían ser definidas sobre la base de dos variables intermedias: primeramente, la evolución de los agregados monetarios, principalmente el agregado M3; y, en segundo lugar, el conjunto de "todos los indicadores relevantes" para evaluar las fuerzas inflacionarias de cada momento.

Estos elementos de la estrategia monetaria del BCE fueron criticados por un buen número de economistas desde sus inicios[51]. Para cuando nace el BCE en 1999, ya el uso de agregados monetarios tipo M3 como guía de la política monetaria estaba severamente cuestionado, por cuanto su relación final con el indicador de inflación es demasiado ambigua como para cumplir su propósito orientador de las decisiones sobre la política de tasas de interés, especialmente en entornos de baja inflación[52]. Igualmente cuestionado fue el segundo elemento orientador que agrupa a "todos" los indicadores relevantes, porque es difícilmente operacional y además resulta muy opaco para los mercados y los agentes económicos.

Por otra parte, sobre la base de la amplia ciencia y experiencia acumuladas, ya desde mediados de la década de los 90 otros bancos centrales de economías grandes rediseñaron sus estrategias de política monetaria alrededor de "objetivos de inflación", que usualmente eran establecidos en bandas respecto a una tasa central. El BCE, sin embargo, estableció como su meta a nivel comunitario un tope de tasa de inflación del 2 por ciento. Esta manera de establecer el objetivo de inflación fue también cuestionada porque no era propiamente una banda sino un techo, que adicionalmente se consideraba excesivamente bajo para la realidad europea. Este techo obligaba al BCE a someter a la eurozona a una permanente

---

51 Ver detalles de este interesante debate en Wyplosz (2006) y en Beetsma y Giulodori (2011).

52 de Haan, Jakob, Sylvester Eijffinger y Sandra Waller (2005) realizan la validación empírica de la inefectividad de esta estrategia monetaria en baja inflación.

presión deflacionaria y le hacía perder credibilidad por ser de imposible cumplimiento para la mayoría de los miembros de la unión.

Política monetaria de promedios

Más allá de estos aspectos técnicos relacionados con la estrategia monetaria, el problema central del diseño de la arquitectura monetaria europea era que aplicaba una política de "talla única" para países que, como hemos visto, tenían situaciones coyunturales y estructurales muy distintas. Y esto no era una falla de diseño propiamente del BCE, sino un problema inherente a una unión monetaria integrada por países con severas asimetrías y situaciones divergentes en cuanto a sistemas de negociación salarial, balances entre administraciones centrales y autonómicas, motores de crecimiento (exportación, servicios, inmobiliario ...), ciclos coyunturales, activos objeto de manías, etc., etc. Estas divergencias hubieran requerido la aplicación de políticas monetarias radicalmente distintas en los distintos países, pero la esencia misma de la unión monetaria excluía esta flexibilidad.

Un país como España, por ejemplo, que estaba entrando en la primera mitad de los 2000 en una peligrosa burbuja inmobiliaria alimentada por la entrada de capitales, bajas tasas de interés, expansión del crédito bancario y endeudamiento acelerado de los hogares estaba clamando a gritos la aplicación de una política monetaria restrictiva. Lamentablemente, el banco central español no disponía ya del instrumental ni del mandato para frenar por la vía de la política monetaria esa explosión de liquidez, mientras que al BCE, por diseño y por mandato, le preocupaban únicamente los promedios europeos para definir sus políticas monetarias[53]. La situación inversa ocurrió cuando estalló la crisis: lo que España y el resto de países periféricos necesitaban eran políticas monetarias expansivas que contrarrestaran las espirales contractivas del consumo y de la inversión, pero la medicina que recibió fue la contraria, al menos hasta 2012.

---

53 Dicho esto, sin embargo, a los bancos centrales de la periferia, incluyendo al español, se les puede reprochar que no usaron el instrumental que aún les quedaba dentro de su ámbito de competencia, específicamente la regulación y supervisión bancarias, para atenuar el ingrediente esencial de la burbuja inmobiliaria, como fue la irresponsable expansión del crédito bancario, especialmente el hipotecario. Su responsabilidad en permitir la acumulación de la crisis fue innegable, ya que disponían de la información y de las herramientas para evitar los excesos bancarios.

Los datos específicos de los países individuales no eran relevantes en las ecuaciones del BCE, porque las tasas de interés no podían ser establecidas en función de ninguna situación particular. De esta forma se daba la paradoja de que la política monetaria centralizada alimentaba las burbujas de países individuales durante la fase del *boom*, en la medida en que éstos disfrutaban de tasas de interés reales más bajas que las de sus vecinos moderados. Recuerde el lector la mención que hicimos a la "Walters Critique", que apunta a la divergencia de tasas reales de interés cuando los países no tienen la misma cultura inflacionaria. Las tasas reales de interés bajas generaron incentivos para la inversión de las empresas y para el endeudamiento de los hogares, lo cual imprimió mayor impulso a la expansión económica, hizo más persistente la inflación y reprodujo el diferencial de las tasas de interés reales. Un círculo peligroso de retroalimentación.

El BCE nació en Maastricht reconfortado con el autoengaño de que las asimetrías entre los países habrían desaparecido después del período previo de convergencia. Cuando la terca realidad se impuso y las disparidades de las economías reales persistieron, el autoengaño cedió el paso al dogma "bundesbankiano" de que esas disparidades no eran asunto de la incumbencia del BCE. Tendrían los respectivos gobiernos nacionales la tarea de nivelar los desequilibrios reales mediante reformas estructurales de sus mercados de factores. El problema era que a nivel nacional los gobiernos no disponían ya del instrumental que hiciese viable el proceso de convergencia real, ya que la pertenencia a la unión monetaria les privaba del uso de la política cambiaria y de la política monetaria. La única forma, por ejemplo, de nivelar diferencias de productividad en el corto/mediano plazo era mediante un alza relativa menor de los precios y salarios internos en comparación con los socios comunitarios más productivos. El ambicioso objetivo de inflación del BCE, sin embargo, conspiraba contra esta vía de nivelación por cuanto exigía en los países más débiles un proceso de deflación insostenible. Más bien ocurrió lo contrario y esos países incurrieron en inflaciones mayores que agravaron las desventajas de costes relativos. La otra alternativa hubiera sido que los países del núcleo central europeo hubieran aceptado "inflacionar" sus economías, pero ello era impensable en mentalidades como las de Alemania y sus socios del núcleo central europeo.

Fragilidad sistémica de los mercados financieros en una unión monetaria: el pecado original

Volvamos la mirada a los mercados financieros. Otro elemento de carácter estructural que afecta una unión monetaria es la vulnerabilidad acrecentada del mercado financiero, especialmente del mercado de bonos. Paul de Grauwe (2012) hace un interesante análisis comparativo de los efectos de la crisis post 2008 en el Reino Unido y en España, del que deriva la conclusión de que una unión monetaria puede incrementar la fragilidad del mercado financiero frente a perturbaciones. Ello se debe a que cuando un país ingresa a una unión monetaria deja de tener control sobre la moneda en la que emite su deuda, lo cual elimina el mecanismo de financiamiento monetario del déficit fiscal y la posibilidad de "diluir" la deuda por la vía inflacionaria, que son las últimas armas que un Estado usa para no caer en insolvencia. Esto quiere decir que los mercados pueden obligar a España a entrar en *default*, mientras que el Reino Unido, que no forma parte de una unión monetaria, puede emitir el dinero necesario para hacer frente a sus obligaciones en libras esterlinas. Por otra parte, como la libra esterlina flota, al final siempre habrá un tipo de cambio al cual los mercados financieros se calmen. Adicionalmente, el Reino Unido tendría la ventaja de que su masa de dinero permanecería intacta dentro de su ámbito durante una crisis de confianza de los mercados, mientras que España pudiera sufrir una severa contracción de liquidez por la fuga de euros de su sistema bancario hacia refugios seguros. Es bien sabido que problemas de liquidez pueden llegar a convertirse en problemas de solvencia cuando los sentimientos del mercado son adversos.

Esto explicaría la "paradoja" que se hace visible en la comparación entre España y el Reino Unido (ver Cuadro v-1), ya que, a pesar de presentar inicialmente ambos países gravedades similares en los elementos fundamentales de la crisis, tales como nivel relativo de deuda o balanza de pagos, los mercados castigaron a España con primas de riesgo (*spread* de Bonos) muy superiores a las aplicadas al Reino Unido. España tuvo que pagar en promedio 210 puntos básicos más que el Reino Unido en 2010, 300 puntos básicos adicionales en 2011 y 340 puntos básicos adicionales en 2012.

CUADRO V-1
Cifras comparativas España – Reino Unido, 2009-2014

España	2009	2010	2011	2012	2013	2014	Promedio 2009-2014
Crecimiento PIB	-3,6	0,0	-1,0	-2,9	-1,7	1,4	-1,3
Tasa de Desempleo	17,9	19,9	21,4	24,8	26,1	24,4	22,4
Deficit Fiscal % PIB	-9,6	-7,8	-7,6	-8,0	-4,1	-3,0	-6,7
Inflación	-0,3	1,8	3,2	2,4	1,4	-0,1	1,4
Spread Bonos de 10 años	0,6	2,5	3,2	3,9	2,2	1,1	2,2
Reino Unido	2009	2010	2011	2012	2013	2014	Promedio 2009-2014
Crecimiento PIB	-4,3	1,9	1,5	1,3	1,9	3,1	0,9
Tasa de Desempleo	7,6	7,9	8,1	8,0	7,6	6,2	7,6
Deficit Fiscal % PIB	-8,8	-7,0	-4,8	-5,4	-4,2	-3,8	-5,7
Inflación	2,2	3,3	4,5	2,8	2,6	1,5	2,8
Spread Bonos de 10 años	1,0	0,4	0,2	0,5	1,1	1,2	0,7

Fuente: WEO Abril 2017, FMI.

La otra cara de la moneda de esta mayor vulnerabilidad financiera de España, la que se refiere al coste real del ajuste, deja a España todavía peor parada. La deflación y la recesión fueron mucho más severas en ese país, tal como muestra el mismo Cuadro v-1. El Reino Unido se pudo permitir tasas de inflación superiores, que le ayudaron al doble propósito de "licuar" el valor real de su deuda y estimular la economía mediante una política monetaria más expansiva, mientras que España estuvo sometida al dictado deflacionario del BCE. Después del ajuste recesivo de 2009, que afectó a ambos países por igual, el Reino Unido tuvo crecimiento económico ininterrumpido desde 2010, mientras que España tardó hasta 2014 en salir de la recesión. Más notables fueron las cifras de desempleo. Salvadas las diferencias estructurales de los respectivos mercados de trabajo, España vio subir su tasa de desempleo de 18 a 26 por ciento, mientras que el Reino Unido pudo preservar su relativamente bajo nivel de desempleo. La conclusión es que el proceso de ajuste fue mucho más costoso para España, en gran parte por las rigideces que imponía la pertenencia a una unión monetaria. Conocedores como eran los mercados de esta realidad, sometieron a países débiles de la periferia de la unión a rigores superiores.

La rigidez y fragilidad inherente a la condición de miembro de una unión monetaria aumenta la probabilidad de que la economía afectada se coloque en un "mal" equilibrio, caracterizado por la dolorosa secuencia de primas de riesgo punitivas, déficits fiscales crónicos, crisis de deuda soberana, recesión económica y crisis bancaria. Dada la gran integración de los mercados financieros en una unión monetaria, los problemas de deuda soberana se contagian a otros países a través de los sistemas bancarios.

No es nuevo el problema de los países que se ven obligados a emitir deuda en monedas distintas a las propias. Esta ha sido la condición obligada de todos los países en desarrollo, hoy llamados emergentes. Lo novedoso ahora es que varios países grandes y desarrollados de Europa, por su condición de miembros de una unión monetaria, están confrontando el mismo problema histórico de los países en vías de desarrollo, que en el argot de los economistas se ha denominado el "pecado original"[54]. Es el clásico problema del descalce de monedas: las obligaciones son en una moneda extranjera, mientras que las emisiones monetarias son en moneda local. Este descalce se deriva del hecho de que los países emergentes no disponen de mercados propios de capital suficientemente amplios y profundos para poder emitir deuda en moneda local.

El descalce de monedas de la deuda externa ha tenido históricamente serias implicaciones adversas para las economías emergentes. Una de las consecuencias más negativas del pecado original es que coloca una pesada losa sobre el tipo de cambio e inhabilita así a la política cambiaria para ejercer su papel de estabilizadora en caso de desajustes o perturbaciones. Ello es así porque, al estar denominada la deuda en otra moneda, una devaluación tiene un fuerte impacto de empobrecimiento sobre los deudores externos netos, básicamente el Estado y las empresas. Al no poder devaluar suficientemente, la mayor parte del ajuste recae sobre el aumento de las tasas de interés y la contracción de la demanda interna.

---

54 El término fue acuñado por Ricardo Hausmann a fines de los 90. Ver Eichengreen, Hausmann y Panizza (2003), quienes analizan con base en un amplio panel de datos los efectos del pecado original en el ámbito de las economías emergentes.

PROBLEMAS MEDULARES DE UNA UNIÓN MONETARIA IMPERFECTA   185

Estos mismos problemas típicos de economías en desarrollo con pecado original se ven agravados en una unión monetaria porque en ella, por definición, está suspendida la flexibilidad cambiaria entre sus integrantes. En casos de perturbaciones negativas graves, las tasas de interés y los precios internos asumen toda la carga del ajuste: la economía debe entrar en un proceso deflacionario de precios y salarios para recuperar competitividad. Los países atrapados por estos "malos" desequilibrios se ven sometidos a altos niveles de volatilidad y entran en espirales destructivas que amenazan durante largo tiempo su solvencia fiscal. El pecado original de haberse endeudado en una moneda sobre la que no tienen potestad de emisión los destierra del paraíso terrenal en el que en algún momento creyeron haber entrado, y los arroja hacia un mundo hostil de turbulencias.

Un Banco Central con gríngolas: ausencia de prestamista de última instancia

Es iluso pensar que una crisis financiera mayor pueda dejar incólume la moneda. La fragilidad sistémica de los mercados financieros en una unión monetaria apunta al cuarto problema medular del diseño de la arquitectura monetaria europea: la exclusión de la responsabilidad de la estabilidad del sistema financiero del mandato de gestión del BCE. En el diseño original de la unión esta responsabilidad recaía en los niveles nacionales: bancos centrales nacionales, órganos nacionales de supervisión bancaria, comisiones nacionales de mercado de valores, etc. El BCE se sentía responsable únicamente por la estabilidad de los precios, de ahí que se mostrara renuente a involucrarse en asuntos bancarios. El tratado constitutivo de Maastricht prohibió expresamente al BCE asumir funciones de rescate bancario. En el fondo, los diseñadores bancocentralistas del Tratado expresaban así su temor de que eventuales rescates bancarios exigieran la utilización de recursos que sólo podrían provenir de emisión monetaria, ya que a nivel comunitario no se dispondría de un presupuesto centralizado para este fin.

La crisis europea evidenció que este arreglo institucional puede que hubiese funcionado en tiempos de apacible bonanza, pero no en tiempos de turbulencia. El BCE no disponía de los mecanismos para evitar que los sistemas financieros llegasen a sufrir descalabros tales que afectasen la solvencia misma de los países. La vigorosa globalización financiera de la última década del siglo pasado y la primera del presente ya no dejó espacio para tiempos "apacibles" y de ahí que el mandato de velar por la estabilidad financiera pasara a ser un objetivo de los bancos centrales, tan importante como la estabilidad de los precios. Por este motivo se fue conformando consenso entre economistas y hacedores de política de que la estabilidad del sistema financiero, en su doble vertiente del sistema bancario y del mercado de bonos soberanos, también debería ser responsabilidad del banco central europeo. Si a los gobiernos nacionales únicamente les quedaba la política fiscal para enfrentar perturbaciones, necesario era que la instancia monetaria supranacional asumiera responsabilidades adicionales a la de meramente velar por la estabilidad de precios.

Este planteamiento de que los bancos centrales velen por la estabilidad del sistema financiero tenía especial relevancia en Europa por el tamaño relativo tan grande de sus sistemas bancarios nacionales. La razón de esta hipertrofia residió en el hecho de que tradicionalmente una alta proporción de la financiación se canalizara en Europa a través de los bancos y no, como en los Estados Unidos, a través de otros vehículos del mercado de capitales o del mercado institucional de fondos. Así, los sistemas bancarios nacionales se hicieron demasiado grandes para que un Estado nacional tuviera la capacidad fiscal de rescatar a sus bancos importantes en caso de un descalabro. Entre 2001 y 2007, el tamaño de los sistemas bancarios, medido como porcentaje del PIB nacional, pasó de 360 a 705 por ciento en Irlanda, de 229 a 373 por ciento en Francia, de 177 a 280 por ciento en España y de 148 a 220 por ciento en Italia.

El asunto central es que, al incorporarse a la UME, los sistemas bancarios nacionales se quedaron sin sus prestamistas de última instancia. La fragilidad de los mercados financieros europeos provino precisamente en gran medida de esta ausencia de un último prestamista, algo que ha demostrado ser absolutamente indispensable a lo largo de la historia financiera mundial. Si a este elemento de fragilidad se le suma el proveniente del "pecado original" del que hablábamos antes, las condiciones estaban dadas para todo tipo de descalabros.

La historia ha demostrado que lo que hace verdaderamente peligrosa una crisis bancaria es que, en ausencia de prestamista de última instancia, los problemas de liquidez terminan convirtiéndose en problemas de solvencia a través de mecanismos bien conocidos. La dinámica funciona así: si se produce una salida abrupta de capitales, los fondos, si los hay disponibles, deben ser repuestos a costes mucho más elevados. Si no los hay disponibles, los bancos deben liquidar posiciones activas (bonos, inversiones industriales, inmuebles) a precios deprimidos. En cualquier caso, la solvencia de los bancos se ve comprometida por el mayor coste del fondeo o por las pérdidas que se generan por la venta de activos a precios envilecidos por la crisis. Y si no hay fondeo disponible a ningún coste, el desenlace directo es una corrida de depósitos a gran escala y la quiebra de la institución.

Es cierto que la facilitación de préstamos de última instancia no debe atender a problemas de solvencia, pero no menos cierto es que la frontera entre problemas de liquidez y problemas de solvencia tiende a desaparecer para muchas instituciones "sanas" en contextos de crisis. Suele ser extremadamente difícil trazar la línea divisoria entre problemas de liquidez y problemas de solvencia. Si se llegare a determinar que el problema es meramente de liquidez, no sería siquiera necesaria la actuación del prestamista de última instancia, ya que los mercados conocerían este hecho y estarían dispuestos a proveer la liquidez necesaria al precio correspondiente. Un banco central actúa cuando los mercados se inhiben, precisamente porque no saben si el problema es de liquidez o de solvencia. De lo que se trata es de que la parte sana del sistema no entre en una dinámica destructiva de profecía autocumplida, y ahí es donde la actuación de un banco central es decisiva.

El círculo perverso de crisis bancarias y crisis soberanas: los mercados de bonos

Los planteamientos para extender el ámbito de actuación del BCE abarcaron también al mercado de capitales, especialmente al mercado de bonos soberanos, tema que suscitó una agitada polémica. Su estatuto le prohibía al BCE hacer operaciones en el mercado primario de deuda soberana y en esa disposición se afincaba la férrea oposición de Alemania y sus aliados de la Europa central a cualquier intervención en el mercado de bonos. Sin embargo, la realidad demostró que los argumentos a favor de la intervención no eran nada desdeñables, tomada en cuenta la comprobada interacción entre crisis bancarias y crisis soberanas. El riesgo de no auxiliar al mercado de bonos era que los bancos se contagiasen de la crisis soberana. También sucedía a la inversa: no auxiliar a los bancos estaba degenerando en crisis soberanas.

Esta retroalimentación perversa entre crisis bancaria y crisis soberana se hizo dolorosamente patente en la eurocrisis. Los bancos nacionales eran los principales tenedores de deuda de sus respectivos gobiernos. El círculo perverso consistió en que los Estados rescataban a sus bancos y luego éstos rescataban a sus Estados[55]. Las crisis bancarias no solo privaron a los Estados de su principal fuente de financiamiento, sino que cargó sobre sus hombros el coste de los rescates bancarios. Inversamente, las crisis de deuda soberana afectaron gravemente el balance de las instituciones financieras –por el efecto de la pérdida de valor de sus carteras de inversiones públicas– y degeneraron así en crisis de liquidez y de solvencia. Dependiendo de las circunstancias, el impulso originario residió en algunos casos más en el Fisco (Grecia, Portugal) y en otros más en la banca (Irlanda, España), pero luego se produjo inexorablemente en todos los casos la retroalimentación perniciosa.

El mecanismo principal de transmisión entre crisis bancarias y crisis soberanas en ausencia de prestamista de última instancia actuó a través del impacto fiscal directo de las acciones de rescate de los sistemas financieros. En una segunda ronda de efectos, los bancos locales se vieron forzados por razones de rentabilidad o por presiones políticas a adquirir deuda de sus respectivos Estados, y así continuó girando el círculo perverso (*doom-loop*) de crisis bancarias y crisis soberanas. Los cuantiosos recursos que los respectivos gobiernos tuvieron que inyectarle a la banca para enfrentar la violenta contracción de liquidez en los meses inmediatamente posteriores a la crisis de Lehman Brothers en septiembre 2008 salieron de las arcas del Estado. Y, posteriormente, los no menos cuantiosos fondos de ayuda para la recapitalización y/o saneamiento de los sistemas bancarios también salieron de las arcas del Estado. La mayor parte del endeudamiento público adicional de los años de la crisis se originó por esta asistencia a los bancos. Este círculo vicioso de crisis bancaria, déficit fiscal, endeudamiento público, contracción del crédito, contracción fiscal y recesión económica pudo haberse mitigado fuertemente –o incluso

---

55   En el 2012, no menos de dos tercios del stock de deuda soberana española estaba en los libros de bancos españoles. Entre octubre 2011 y Julio 2012, los meses álgidos de la crisis, la banca española incrementó su exposición a la deuda soberana española de aproximadamente 40 MMM a 150 MMM de euros, para sustituir así el retiro de fondos de bancos e inversores no españoles.

evitado-, si hubieran conocido los mercados que había un prestamista de última instancia. En la mayor parte de los casos, el solo conocimiento de la existencia del prestamista hubiera hecho innecesaria la intervención. En otros casos, la cuantía de los recursos necesarios para enfrentar la crisis hubiera sido mucho menor.

En reconocimiento de esta realidad, el BCE orquestó en octubre 2011 y febrero 2012 dos operaciones de inyección de liquidez a los bancos (en inglés LTRO: *Longer Term Refinancing Operations*), que sumaron el trillón de euros. Subyacía el doble propósito de proveer liquidez y al mismo tiempo permitirles a los bancos compras de deuda de sus gobiernos, con lo que se beneficiaban de un jugoso arbitraje de tasas de interés. Estas operaciones, sin embargo, no pasaron de ser un alivio temporal con efectos colaterales negativos al incrementar aún más la exposición de los bancos al riesgo soberano de sus países. Indirectamente, el BCE estaba financiando a los gobiernos a través de sus bancos, para gran escándalo de los representantes del Bundesbank en el BCE.

Nada de esto, sin embargo, generó el efecto que se buscaba de recuperar la confianza en la permanencia del euro en los países afectados. Únicamente la declaración del Presidente del BCE, Mario Draghi, en julio 2012 de hacer "lo que fuera necesario" para salvar el euro y el compromiso anunciado poco después de un programa agresivo de compra de bonos, el programa denominado *Outright Monetary Transactions* (OMT), logró calmar los mercados. Éste pudiera considerarse el primer reconocimiento de la necesidad de un prestamista de última instancia por parte del BCE. A partir de la segunda mitad de 2012, el BCE mostró un encomiable pragmatismo en sus actuaciones, especialmente en lo que se refería a proveer liquidez a los bancos con problemas y a dotar de liquidez al mercado de bonos soberanos. Lamentablemente, para ese momento ya el daño mayor estaba hecho.

Dos objeciones se le hicieron a este involucramiento del BCE en el mercado de bonos. La primera se refirió al temor de que las operaciones de rescate de bancos, por su efecto monetario expansivo, afectasen el cumplimiento estricto del objetivo de inflación. La segunda, de más calado, tuvo que ver con la presencia del "riesgo moral", que tiende a crear un incentivo perverso para que algunos bancos incurran en riesgos excesivos o malas prácticas a sabiendas de que existirá un rescate final, si las cosas no salen bien. Sin restarle importancia a ninguna de estas dos objeciones fundamentalísimas, la verdad es que esos mismos dos problemas fueron confrontados por todos los bancos centrales del mundo, especialmente la Reserva Federal. Visto en retrospectiva, estos riesgos fueron manejados adecuadamente.

Así como en su momento se conformó un consenso acerca de la importancia de un banco central independiente con un claro mandato de estabilidad de precios, después de la CFG tomó cuerpo el consenso de que la estabilidad del sistema financiero debía formar parte también del mandato de un banco central y así lo fue entendiendo progresivamente el BCE. Hay ya suficiente conocimiento teórico y experiencia práctica para manejar y equilibrar los conflictos que necesariamente se presentan entre el objetivo anti-inflacionario y el mandato de estabilidad del sistema financiero. Este planteamiento de ampliar el mandato era todavía más pertinente, si cabe, para el banco central de una unión monetaria, por cuanto la existencia misma de la unión introducía elementos adicionales de fragilidad y vulnerabilidad a los sistemas financieros nacionales. Un nuevo paradigma surgió, según el cual los bancos centrales eran responsables de asegurar tanto la estabilidad de precios, como el crecimiento económico y la estabilidad financiera. Definir con qué instrumentos y con qué ponderación estos múltiples objetivos pudieran lograrse era el nuevo reto intelectual y operativo de los bancos centrales. Era necesario, por ejemplo, incorporar al arsenal de instrumentos una supervisión macro- y micro-prudencial del sistema financiero. Era también necesario, una vez ampliado el ámbito del mandato, establecer alguna forma de reporte y supervisión política, como lo tiene por ejemplo la Reserva Federal estadounidense.

El problema del BCE fue que el marco legal establecido en Maastricht no dejaba espacio para esta visión moderna de bancos centrales con múltiples mandatos, lo cual le obligó a experimentar vías algo sinuosas, algunas veces sibilinas, para atender el objetivo de velar por la estabilidad del sistema financiero y actuar como prestamista de última instancia[56]. Hubiera sido necesaria una reforma fundamental del estatuto de la UME, que permitiera la coordinación de las actuaciones en materia de política monetaria, regulación financiera, supervisión bancaria y política fiscal. En tal reforma debía también haberse hecho explícito el mandato de

---

[56] Blot, Creel, Hubert y Labondance (2014) ahondan en estas contradicciones de la actuación del BCE durante la crisis.

atender el triple objetivo ya mencionado. De lo contrario, el BCE tendría que seguir subiendo al ring de las crisis financieras con un brazo amarrado y con el permanente asedio "opinático" y legal de quienes como el Bundesbank y buena parte de la dirigencia alemana no concordaban con esta ampliación de su mandato[57].

Anexo V-1
¿O SERÁ QUE NO HABÍA ALTERNATIVA?:
COMPARACIÓN ENTRE EL PATRÓN ORO Y LA UNIÓN MONETARIA

Decíamos al principio del capítulo que la existencia misma de la unión monetaria agravó los efectos de la CFG en Europa. Es verdad que la UME tuvo fallas de diseño, pero también es cierto que los responsables de manejar la crisis tuvieron las limitaciones que se presentan en todo sistema de cambio fijo. Ante la ausencia de mecanismos compensatorios inter-países, las economías afectadas no tenían más remedio que enfrentar los "malos" desequilibrios mediante el único expediente que era posible en el marco de la rigidez cambiaria: la deflación interna. El problema de fondo, entonces, sería la rigidez cambiaria en ausencia de mecanismos alternativos de ajuste y compensación. Para entender mejor este problema es útil la referencia comparativa a otro gran sistema cambiario rígido, el patrón oro, ya que ambos representan una forma similar de ajustar la economía frente a perturbaciones.

Se ha dado una intensa discusión sobre la responsabilidad que el sistema del patrón oro tuvo en la evolución previa al estallido de la Gran Depresión en 1929, y luego en el mal manejo de esa crisis. En lo que hay consenso es en que el mecanismo de ajuste propio del sistema contribuyó a darle virulencia a la crisis y a propagar efectos de contagio internacional[58].

¿Cómo funcionó el sistema del Patrón-Oro? Aun cuando el sistema data de 1819 con el Acta de Reanudación Británica, fue sólo a partir de 1879, cuando

---

57 Stiglitz (2016) afirma enfáticamente que "la principal reforma macroeconómica [de la UME] es cambiar el mandato del BCE".

58 Ver el clásico estudio de Friedman y Schwartz (1963), donde los autores le atribuyen a la Reserva Federal la principal responsabilidad de la Gran Depresión al permitir una fuerte expansión monetaria previa a la crisis y luego orquestar una severísima contracción durante la crisis.

Estados Unidos se adhiere al esquema, que el régimen experimentó su mayor apogeo, el cual se extendió hasta la segunda década del siglo XX. En este sistema, sin duda el más transparente y exitoso de la historia monetaria internacional, el oro ejercía la función de numerario, por cuanto todas las monedas establecían su valor en relación con el oro, cuya paridad moneda-oro era irrevocablemente fija y las emisiones de moneda estaban respaldadas por reservas de oro. Las monedas nacionales eran convertibles en oro sin ninguna restricción y debía existir total libertad para el comercio internacional de oro, para que esos movimientos de oro se encargasen de efectuar los procesos de ajuste automático interno de precios y salarios relativos. En caso de suspensión de la convertibilidad o de modificación de la paridad por razones de fuerza mayor –una guerra, por ejemplo–, los países se comprometían a retornar a la paridad original una vez desaparecida la fuerza mayor.

En consecuencia, los dos elementos centrales que definían este sistema eran, en primer lugar, el compromiso de mantener los valores de las monedas nacionales con una paridad fija respecto al oro y, por derivación lógica, con paridades fijas entre sí. El segundo elemento esencial era el libre flujo de oro entre los países, sin ninguna clase de cortapisas. Ambas condiciones determinaban cómo las economías nacionales resolvían los desajustes generados por perturbaciones, el denominado mecanismo automático de ajuste del flujo especie-oro.

¿Cómo funcionaba ese mecanismo? Un país que sufriese el impacto de una perturbación negativa, por ejemplo cuando otros textiles sustituyeron a la lana, el país productor tradicional de lana experimentaría un descenso de exportaciones, un desbalance en su cuenta comercial externa y la consiguiente desacumulación de sus reservas de oro. Detener el drenaje de las reservas de oro y volver al balance comercial era sólo posible mediante la recuperación de competitividad por la vía de la deflación interna. Esta deflación – caída de precios y salarios internos– se generaba automáticamente a causa de la contracción monetaria que se derivaba de la pérdida de las reservas de oro, ya que no podía haber más dinero circulando que reservas de oro en el país. Este era un mecanismo rápido y eficiente, pero extremadamente doloroso en términos de desempleo y empobrecimiento de los trabajadores.

La unión monetaria representa una forma todavía más extrema de rigidez cambiaria que el patrón oro, ya que hasta las mismas monedas nacionales desaparecen y ni siquiera se contempla un mecanismo de salida de un país de la unión. Al igual que en el patrón oro, el mecanismo de ajuste frente a perturbaciones es exclusivamente interno, por cuanto excluye la posibilidad de un ajuste cambiario entre los miembros de la unión. Para restituir los equilibrios perdidos, los países afectados negativamente por perturbaciones deben emprender el mismo arduo y penoso camino de la deflación interna y de la recesión económica. La estrecha camisa de fuerza que este mecanismo impone, conduce a la aplicación de políticas pro-cíclicas que agravan la crisis una vez que ésta estalla.

Ambos sistemas comparten la misma dualidad: son altamente beneficiosos en épocas de bonanza, pero también pueden ser destructivos e implacables en épocas de crisis[59]. El patrón oro, sin embargo, tenía una ventaja sobre una unión monetaria: disponía de un mecanismo de salida temporal del sistema y cierto margen de fluctuación de las paridades. Los países integrantes conservaban su propia moneda. Cuando un país se veía imposibilitado por fuerza mayor de permanecer dentro del esquema, tenía la posibilidad de retirarse temporalmente y se comprometía a retornar al sistema una vez superada la circunstancia adversa, a la misma tasa de cambio con el oro del momento de su salida temporal. Un segundo elemento de mayor flexibilidad del patrón oro consistía en la existencia de ciertas bandas de fluctuación de las tasas de cambio (los llamados "puntos oro") que permitían miniajustes cambiarios. En contraposición, la unión monetaria europea no tiene ningún mecanismo de salida, ni bandas de tolerancia.

Otra desventaja de una unión monetaria es que permite acumular y sostener los desequilibrios por más tiempo, tal como lo demuestra lo ocurrido en Europa hasta el 2008. El desastre griego no hubiera sucedido dentro del patrón oro, porque se hubiera corregido antes por la vía de pérdida de oro o de reservas de divisas, lo cual hubiera inducido una caída importante de precios y salarios internos en Grecia para recuperar la competitividad externa. Esta capacidad de ajustarse sobre la marcha (autocorregirse) es la que hizo que el patrón oro fuera el sistema monetario internacional más exitoso y de más larga duración en los pasados dos siglos. En contraste, Grecia pudo mantener dentro de la UME durante años un déficit en cuenta corriente cercano al 10 por ciento del PIB, porque el resto del mundo creyó que no había riesgo de crédito ni riesgo cambiario al formar parte Grecia de la UME[60]. En vez de experimentar salida de divisas y contracción monetaria a causa del desequilibrio externo, el dinero siguió fluyendo hacia

---

59 Eichengreen y Tamin (2010) resaltan cómo la rigidez cambiaria facilita el comercio y la integración en tiempos de paz y de bonanza, pero agrava los problemas en tiempos de dificultades.

60 Dellas y Tavlas (2014) analizan comparativamente el comportamiento de los procesos de ajuste en el patrón oro y en la unión monetaria y toman el caso de Grecia como elemento de comparación.

Grecia y la fiesta pudo continuar. Eso ratificó la peligrosa característica de que en épocas de bonanza, los mecanismos de ajuste y superación de desequilibrios sencillamente no funcionan en una unión monetaria y los desequilibrios se acumulan. Pero cuando la ola se devuelve y los mercados financieros "descubren" que los riesgos de crédito y de cambio son muy reales, el ajuste sucede de forma rápida y altamente destructiva.

VI

LA ORFANDAD POLÍTICA DEL EURO Y EL VACÍO DE SOLIDARIDAD

Transitemos ahora hacia otros componentes de la crisis del euro que traspasan la frontera de lo económico para adentrase en lo político. No se conocen uniones monetarias que hayan sobrevivido en el largo plazo que no hayan estado asentadas sobre una plataforma de unión política o, al menos, de solidaridad real entre sus miembros. Cuanto más estrechos los lazos de integración económica y monetaria, más deben existir entes o instituciones supranacionales que resuelvan las discrepancias políticas; que le otorguen a la moneda común su último respaldo y solidez; que recauden en nombre de la comunidad; que administren las transferencias de recursos hacia los miembros con problemas y que diriman los conflictos distributivos.

No se le dotó al edificio europeo de esta plataforma de unión política. No hubo sincronía entre la velocidad de la integración económica, social y política. Justo es reconocer que no estaban dadas las condiciones para ese grado de integración política en aquellos años de preparación del Tratado de Maastricht. Pero si ello era así, tampoco estaban dadas las condiciones para ese grado de integración monetaria que finalmente fue acordado. Las iniciativas del Mercado Único y de la Unión Monetaria fueron un arriesgado salto al vacío. Ambas forzaron una "hiperglobalización" a escala europea, para la cual los ciudadanos y las estructuras sociopolíticas de la comunidad no estaban preparados. Privó en los líderes fundadores mucho voluntarismo, mucha fe en la dinámica endógena de la integración que, de crisis en crisis, iba supuestamente a unir cada vez más a los europeos hasta entrar en la tierra prometida de una Europa Unida. Mientras tanto, en ese camino por el desierto, había mucha creencia dogmática de que la disciplina monetaria iba a generar la disciplina fiscal y la estabilidad financiera que hicieran innecesario recurrir a mecanismos de mutualización de deudas soberanas o de otras transferencias fiscales.

Es difícil imaginarse una unión monetaria sin un componente mínimo de solidaridad entre sus miembros. No utilizamos aquí el término de solidaridad como una categoría moral, o como una crítica a "los ricos que no ayudaron a los pobres" o una apelación moral a compartir riqueza "con extraños". En principio, ningún ciudadano de un país está obligado a meterse la mano al bolsillo para ayudar a un ciudadano de otro país. Nuestro planteamiento es sistémico y práctico: no puede sobrevivir a largo plazo una unión monetaria entre países tan diversos como los europeos, a no ser que exista algún mecanismo de solidaridad fiscal. Los alemanes o los austriacos pueden hacer con su dinero lo que les venga en gana, pero esta opción no es compatible con formar parte de una unión monetaria. Al igual que tampoco es compatible la actitud de *free riding* de un miembro de la unión que abusivamente incurre en déficits fiscales o excesos de endeudamiento. Como reza el dicho inglés, *you can't have the cake and eat it*; no puedes estar en una unión y no ser solidario, en el sentido económico del término. Al igual que tampoco puedes ser miembro de un club y no cumplir las reglas de convivencia.

La solidaridad es también necesaria para hacer viables los procesos de ajuste cuando los equilibrios fundamentales se rompen dentro de una unión monetaria. Si toda la carga del ajuste recae exclusivamente sobre los países que están confrontando dificultades, el costo en términos de penuria económica es tan alto que a la larga pone en juego la sobrevivencia misma de la unión. En este sentido, la postura de Alemania y el núcleo central de la eurozona, al no asumir la parte que les hubiera correspondido en un proceso equilibrado de ajuste, fue responsable de que la crisis de la eurozona tardara tanto tiempo en superarse y que la viabilidad futura del euro quedara seriamente cuestionada.

El euro, una moneda huérfana y sin patria

El problema empieza con la condición apátrida del euro. Como primer punto, la UME nació en el "orfanato político" del Comité de

Gobernadores de Bancos Centrales Europeos. No fue que los gobernadores no hubieran tenido el claro mandato político de trabajar en ese diseño, sino que el edificio de la unión monetaria no fue construido sobre sólidas bases políticas, democráticamente legítimas, en la que hubiera espacio para la solidaridad fiscal o para un prestamista de última instancia. A los bancocentralistas de esa época, especialmente a los del Bundesbank, les horrorizaba la posibilidad de que las actuaciones monetarias se vieran contaminadas por la política. En gran parte por eso es que prefirieron dejar la esfera fiscal completamente fuera del diseño de la unión monetaria para que la nueva moneda, el euro, fuera políticamente "aséptica". Pero también los políticos fueron cómplices de este diñeño: experiencias pasadas justificaban su preocupación por el efecto inhibidor que las perturbaciones cambiarias-monetarias habían tenido sobre el proceso de integración europea, así que decidieron encomendarles a los técnicos de los bancos centrales la tarea de aislar la moneda de los avatares fiscales de los gobiernos. Nada más grato a los oídos de un bancocentralista que escuchar un pedido de independizar la moneda de las veleidades políticas.

La "orfandad política" del euro abarca una segunda dimensión, todavía más fundamental que la independencia política del BCE. Nos referimos al hecho de que la unión monetaria europea se construyó sobre la base de un divorcio entre la moneda y el Estado, entre lo monetario y lo fiscal, lo cual le incorporó a su diseño institucional una fragilidad de origen, su principal fragilidad, pudiera afirmarse. Así nació el euro como una moneda "aérea", cuyo emisor no era un Estado y cuyo banco central no tenía otra responsabilidad que la de preservar el valor de esa moneda. Decimos "aérea", porque la nueva moneda rompía con la tradición milenaria de los regímenes monetarios en los que los Estados se constituían en los emisores del dinero, en los creadores y garantizadores del valor de la moneda, en el soporte último del sistema financiero. El dinero, especialmente el moderno, es un instrumento fiduciario, es una promesa de pago en la que el público confía, una deuda de una autoridad emisora. La teoría "cartalista" postula que el dinero sólo puede existir sobre el fundamento de una entidad política centralizada y políticamente legítima.

Esta condición eminentemente política de las monedas nacionales les confiere ciertamente una fragilidad inherente, porque las monedas están expuestas a los avatares políticos de los Estados que las emiten. Los desvaríos fiscales pueden llegar a socavar la estabilidad de la moneda, ciertamente, pero cuando esto llega a suceder, únicamente el Estado tiene la capacidad de enmendar sus propios errores, corregir rumbo y devolverle a la moneda su triple condición de unidad de medida, medio de intercambio y preservación de valor. El Estado, por consiguiente, puede ser fuente de inestabilidad, pero al mismo tiempo es el fundamento último de fortaleza del signo monetario, especialmente en momentos de grandes dificultades.

En un inicio, Alemania hubiera preferido construir la unión monetaria europea sobre la base de una unión política previa, pera no era esa la idea de Francia, que siempre fue muy celosa de no ceder soberanía política. Finalmente, el compromiso fue que lo fiscal siguiera siendo potestad soberana de los Estados, para satisfacción de Francia, pero que el Tratado de Maastricht creara un marco monetario extremadamente ortodoxo en defensa de la estabilidad del euro, para satisfacción de Alemania. Este marco debía sustituir o suplir de alguna forma la ausencia de sustento político legítimo del euro. Prevaleció el concepto ordoliberal alemán, según el cual el euro debía estar engranado en un sólido orden monetario, que integrara a sus Estados miembros dentro de una comunidad supranacional que se regiría por reglas fundamentadas en el imperio de la ley, en el libre mercado y en la "inviolabilidad del dinero"[61]. La independencia del banco central europeo era el principal elemento constitutivo de ese orden monetario. Los Estados miembros tenían el mandato de acatar el orden, convertirse en agentes ejecutores de las reglas e instrumentar sus políticas nacionales, especialmente las fiscales, de tal forma que no amenazaran la estabilidad de la moneda. Por eso es que los arquitectos bancocentralistas del sistema del euro no consideraban al euro una moneda huérfana. No cabía en su cabeza que los intereses nacionales particulares pudieran estar algún día por encima del entramado sacrosanto de las reglas de estabilidad monetaria.

La terca realidad fue que los intereses de los gobiernos no estuvieron muchas veces alineados con los requerimientos del orden monetario. La entelequia supranacional que supuestamente ese orden había creado no resistió los embates de los diferentes *shocks* económicos. Europa, más allá de la retórica comunitaria, no era un Estado, ni siquiera una Federación de Estados. No existían instituciones fundamentales que ejercieran las

---

61 Ver Bonefeld (2016).

funciones de cualquier Estado como una autoridad fiscal única, una Defensa que ejerciera el monopolio del poder militar o un ente político que respaldase la moneda. Lo que existía en Bruselas no era un gobierno, sino una maraña de instancias "intergubernamentales" que intentaban conciliar los intereses de 28 países extremadamente diversos.

La crisis financiera global vino a reivindicar la importancia de la idea de que el Estado es el creador último del dinero, la garantía última de su valor, el protector último del sistema financiero. En un mundo financieramente hiperglobalizado, la probabilidad de que un sistema bancario nacional entre en crisis en algún momento es muy alta. Ahí es cuando la existencia de un prestamista de última instancia es vital. El hecho de que sea el banco central el que ejerza como tal prestamista no debe ocultar la realidad de que siempre será el Estado el "prestamista del prestamista" de última instancia, siempre serán los presupuestos fiscales los que terminen de asumir esa carga. El euro no tuvo tal fortaleza, porque ni detrás de la moneda, ni detrás del Banco Central Europeo existía una entidad europea unida que lo respaldase.

¿Es posible una unión monetaria sin unión política?

Se ha repetido mucho la aseveración de que a largo plazo una unión monetaria sin unión política no es viable. La afirmación parece ser reforzada por el hecho de que ninguna de las diversas uniones monetarias que ha habido en la historia logró sobrevivir sin el acompañamiento de la unión política. Malas perspectivas, por lo tanto, parecieran esperarle al euro si Europa no lograse avanzar lo suficiente en la esfera política como para darle sustento a la moneda común.

Cohen (2003) se hace esta pregunta y busca contestarla a través de la observación histórica de un conjunto de intentos de unión monetaria, la mayor parte de ellos fallidos, y llega a la conclusión de que los vínculos exclusivamente económicos no son suficientes para darle consistencia a una unión monetaria. Una unión monetaria implica una delegación supranacional de importantes decisiones soberanas, que es únicamente aceptable y sostenible cuando sus miembros comparten preferencias y lazos institucionales y culturales que los convierte en aliados de un propósito común. Estos lazos se manifiestan en un entramado amplio de interrelaciones institucionales que reflejan un sentir genuino de solidaridad y espíritu comunitario entre los países involucrados. La gran dificultad y el largo tiempo necesario para crear tal entramado explican por qué son relativamente pocas las uniones monetarias que han prevalecido en el tiempo. A Europa le tomó varias décadas y todavía sigue siendo "una obra en proceso".

Si volvemos la mirada a la hasta ahora más exitosa unión monetaria de la historia, los Estados Unidos de América, encontramos que allí se empezó primero por la unión fiscal y luego se transitó hacia la unificación monetaria[62]. Simultáneamente a la ratificación de la Constitución en 1789, buena parte de las facultades de imponer impuestos, emitir deuda y gastar recursos públicos se trasladaron al nivel federal. No fue sino hasta 1863, con la National Currency Act, que se estableció el dólar federal como la única moneda de los Estados Unidos. El sistema de la Reserva Federal se constituyó en el año 1913.

Desde el sueño-manifiesto redactado por Altiero Spinelli, Ernesto Rossi y Eugenio Colorni en la Isla de Ventotene en 1941, pasando por los otros "padres fundadores" como Schuman, Monnet, Adenauer y de Gásperi, todos ellos visualizaron la integración económica-monetaria como hitos de un camino hacia la integración política, ya fuera en forma de una Federación de Estados o, incluso, como un nuevo gran Estado Europeo. Lo dijo explícitamente el francés Robert Schuman cuando presentó en 1950 su Plan de la Comunidad del Carbón y del Acero. Lo impulsó Jean Monnet en 1954 con la creación del Comité de Acción para los Estados Unidos de Europa (*Action Committee for the United States of Europe*). Cuatro décadas después, el Canciller alemán Helmut Kohl, en su discurso para defender la propuesta de unión monetaria del Tratado de Maastricht ante el Parlamento Federal el 6 de noviembre de 1991, afirmaba enfáticamente: "Hay que repetirlo una y otra vez: la unión política es la contraparte indispensable de la unión monetaria y económica. La historia reciente –y no únicamente la de Alemania– nos enseña que la idea de darle sustento en el tiempo a una unión monetaria y económica sin una unión política es una falacia". Más claro y contundente no podía Kohl establecer el vínculo entre la esfera de la unión monetaria y la esfera de la unión política. Como igualmente contundente fue la Canciller Merkel

---

62 Ver Frankel (2015) y McNamara (2016).

veinte años después cuando en una entrevista el 7 de junio de 2012 en la televisión alemana ARD afirmaba: "Necesitamos más Europa, necesitamos no sólo una unión monetaria, sino también una unión fiscal, en otras palabras, más política presupuestaria común. Y sobre todo necesitamos una unión política, es decir, necesitamos darle gradualmente competencias a Europa, darle el control a Europa".

Tanto el estamento político como el tecnocrático que impulsaron la creación del euro también estaban convencidos de que la unión monetaria no era posible a la larga sin la unión política. Pero dado que en el momento de su creación la integración política no era viable, muchos pensaron que la moneda común iba a acelerar el paso hacia la integración política y desembocar al final en una Europa unida. No era éste, sin embargo, el pensamiento de Alemania en cuanto a la secuencia y prelación de las esferas de integración. En esto, como en muchas otras cosas, las opiniones de los dos principales bastiones europeos, Francia y Alemania, eran divergentes. Al final terminaban poniéndose de acuerdo y, de no ser posible el consenso, uno de los dos cedía en un *quid pro quo* civilizado.

Francia propugnaba el enfoque de la tesis "monetarista" (no confundir con el concepto de monetarismo asociado a Milton Friedman), según el cual la introducción de la moneda común desataría un proceso "endógeno" de mayor integración en todos los campos, incluyendo el político. El economista francés Jacques Rueff afirmaba que "Europa se construirá por la moneda, o no se hará en absoluto" ('*L'Europe se fera par la monnaie ou ne se fera pas*'). La idea que tenía Francia de la unión política, sin embargo, no iba más allá de una confederación laxa de Estados nacionales (*L'Europe des Patries*), en la que las soberanías nacionales quedaban preservadas. El poder último no iba a estar en la Comisión Europea o en el Parlamento Europeo, sino en las instancias intergubernamentales, desde el Consejo de Europa hacia abajo. Por supuesto, la expectativa francesa era que París se convirtiera en la capital política *de facto* de Europa[63].

Alemania, por su parte, defendía la tesis "economista", según la cual la introducción de la moneda común debía ser el último paso, la coronación de un proceso de creciente integración económica y política. En

---

63 Otero-Iglesias (2014) del Instituto Real Elcano elabora sobre la peculiar relación entre Francia y Alemania, en la que la primera dominaba políticamente, al punto de que nada sustancial se movía en Europa sin la aquiescencia francesa, mientras que la segunda sacaba provecho del liderazgo político francés.

este contexto debe entenderse la antes mencionada defensa enfática de Helmut Kohl a favor de la unión política como condición necesaria para la sobrevivencia del euro. Cuatro décadas antes, también Konrad Adenauer se pronunciaba sin ambages a favor de la preeminencia y prelación de la integración política. Ambos, sin embargo, tuvieron que "resignarse" frente a la dificultad de avanzar primero en lo político y se plegaron a la realidad de que Francia le daba prioridad a la integración económica y monetaria sin concesiones de soberanía política. Al final, se impuso el enfoque francés y la moneda común se instauró antes de haber avanzado hacia la integración política.

Sin embargo, visto con el beneficio de la retrospectiva, no hace honor a la verdad afirmar que Alemania estuviera más a favor que Francia de la unión política como una precondición para la sobrevivencia de la moneda común. Para gran parte del estamento político y burocrático alemanes, el discurso unitario era en cierto modo una forma de "arrastrar los pies" frente a una propuesta con la que no simpatizaban, porque implicaba el abandono de su muy valorado marco alemán. Era una forma de decir que Europa no estaba lista todavía para una moneda común. Confirma indirectamente esta interpretación la nula disposición de Alemania a aceptar, entonces y ahora, un elemento sin el cual difícilmente se puede hablar de unión política: la solidaridad fiscal. Todo esquema que implicara la posibilidad futura de un compromiso de transferencia de recursos fiscales a terceros países sin contrapartida, fue rechazado de plano por Alemania. De ahí que la integración fiscal brillara por su ausencia en la arquitectura del Tratado de Maastricht.

Andar en *tándem* con Francia le permitió a Alemania mantener un discurso abiertamente pro unión política, porque sabía que su socia Francia no iba a permitir avanzar excesivamente en esa dirección. Después de estallada la eurocrisis, sin embargo, el estamento alemán se distanció paulatinamente hasta del discurso, porque la opinión pública recelaba cada vez más de soluciones "europeístas" que implicasen tener que meterse la mano en el bolsillo en algún momento. Esto sucedió particularmente después de que Merkel se sintió arrinconada en el Consejo Europeo de mediados de 2012, cuando los socios de la eurozona la presionaron para avanzar en la creación de la unión bancaria, que incluía necesariamente alguna forma de garantía común de los depósitos bancarios. Eso sonaba a "unión de transferencias", el mayor anatema para Alemania.

Si como decíamos más arriba una unión monetaria necesita de algún grado de unión política, ¿cómo el euro ha perdurado varios lustros y superado una crisis de la magnitud de la debacle del *subprime* norteamericano y luego la crisis de la deuda soberana de la periferia europea? ¿O será que el vínculo entre ambas uniones no es tan esencial? La respuesta a estas preguntas debe empezar por reconocer que la realidad no suele ser blanca y negra. Cuando el euro nació, ya existía en Europa un grado nada despreciable de institucionalidad supranacional, de instancias comunitarias que habían absorbido dosis significativas de poder de decisión de los gobiernos. No existía, ciertamente, un Estado Europeo o una Federación de Estados Europeos con los símbolos y rituales de una nación soberana, pero los países europeos compartían una buena cantidad de instancias, funciones o atribuciones, que son típicamente elementos esenciales de una unión política. En suma, la cuna donde nació el euro no era un conjunto desintegrado de naciones, sino una entidad ya con cierto nivel de integración política. Nos referimos a instancias como el Parlamento Europeo, la Corte Europea de Justicia o la Comisión Europea, que representaban a los tres poderes (legislativo, judicial y ejecutivo) constitutivos de una democracia liberal en el marco de un Estado de Derecho. Más aún, el Banco Central Europeo era una institución totalmente supranacional, quizás la más "europea" de todas las instituciones, la más independiente y lejana de las influencias y avatares de los gobiernos de los países individuales, dotada de un ingente poder.

Fue en este contexto donde nació el euro, dentro del entramado que se había ido construyendo poco a poco desde el nacimiento de la Comunidad Económica Europea a mediados de los 50. Negar estos avances de la integración europea sería intentar tapar el sol con un dedo. Ahora bien, estos niveles de integración fueron suficientes para ver nacer el SME, el Mercado Único y la UME. Fueron también suficientes para que la unión monetaria prosperara durante su primera casi década de vida, arropada por la bonanza y la estabilidad de la "gran moderación" mundial previa a la CFG. La orfandad de la que hablábamos en la sección anterior no se notó en el día a día de la normalidad, sino en los momentos excepcionales que pusieron a prueba la solidaridad de los europeos. Esa prueba se presentó con toda su crudeza cuando estalló la eurocrisis en 2010. Ahí es cuando las estructuras del edificio de la UME empezaron a crujir y tambalearse.

¿Unión política o unión solidaria?

A diferencia de los que achacan la vulnerabilidad del proyecto del euro principalmente al insuficiente nivel de unión política, estamos convencidos de que la verdadera carencia no fue la resistencia de las naciones europeas a ceder soberanía a una Europa Unida, sino la renuencia de los países individuales a enfrentar solidariamente los desequilibrios de riqueza entre ellos, a compartir las cargas del ajuste cuando la crisis golpeó las puertas de algunos miembros de la unión o a establecer esquemas de riesgo compartido. La palabra clave es solidaridad, no entendida como magnanimidad, caridad o dádivas, sino como mecanismos para hacer viable la restitución de los equilibrios económicos de los miembros afectados, en un tiempo y a un coste políticamente razonables.

Veíamos en capítulos anteriores que la falencia crucial en el diseño de la unión monetaria fue que no se previeron los mecanismos e instituciones que pudieran lidiar con la gran diversidad de arranque de los miembros de la unión: tasas de cambio desalineadas, estructuras productivas muy disímiles, tasas de desempleo dispares, culturas fiscales divergentes, tradiciones inflacionarias distintas y mercados laborales diversos. La mayoría de los responsables de hacer avanzar la unión en su momento no tuvieron una visión realista de las disparidades y asimetrías existentes. Otros profesaron fe ciega en la capacidad que tendría luego la unión monetaria de generar sobre la marcha los procesos para integrarse más y superar las disparidades. En épocas de bonanza, cuando el lago está rebosante de agua, ningún navegante se preocupa de los escollos, pero cuando el nivel de las aguas retrocede emergen múltiples escollos. Entonces es cuando hacen falta los mecanismos y las instituciones para navegar en aguas difíciles.

El mensaje central de la teoría de las áreas monetarias óptimas es claro: si hay disparidades y perturbaciones asimétricas entre los integrantes de una unión monetaria, deben existir los mecanismos compensatorios suficientes para facilitar el ajuste de las economías. La movilidad de la fuerza laboral y la flexibilidad de los precios y salarios son los dos mecanismos de ajuste que debían funcionar en primera línea de defensa, pero en ausencia de ellos eventualmente no queda más remedio que orquestar transferencias fiscales, garantías de deuda soberana o garantías de depósitos bancarios. Al final del camino, algún país tiene que estar dispuesto a aportarle recursos a otro para ayudarlo a salir de dificultades.

Insistimos en que una unión monetaria requiere un mínimo de solidaridad, una de cuyas principales expresiones es que sus miembros compartan cargas y riesgos, incluso al punto de darle soporte a la deuda de un país miembro en problemas. Evidentemente tienen que haberse puesto previamente en marcha mecanismos para evitar (o atenuar a un límite razonable) la indisciplina fiscal, el *free riding* y el riesgo moral de un país en detrimento de otros. Dados los incentivos a portarse mal y los efectos de contagio, se hace imprescindible la formulación de reglas supranacionales de sanidad en el comportamiento fiscal y financiero, así como la presencia de instancias que garanticen su cumplimiento. Todas estas precauciones, vigilancias, sanciones deben estar presentes, pero al final las crisis siempre sobrevienen y algún tipo de unión fiscal con posibilidad de transferencias de recursos entre los miembros debe estar presente.

Ahora bien, ¿por qué los ciudadanos de un país tendrían que verse obligados a pagar impuestos para que los de otro país salgan de un problema, que muy probablemente ellos mismos generaron? Si el asunto fuera tan sencillo como prestarse dinero unos a otros para luego devolverlo, no habría mucho que debatir. Pero cuando la transferencia de recursos no tiene posibilidad de ser devuelta, ello requiere algo mucho más sólido e incuestionable que un acto de solidaridad altruista. Transferencias fiscales unilaterales tienen implicaciones distributivas directas porque trasladan riqueza de los ciudadanos de un país a los ciudadanos de otro país. Es aquí donde entra en juego plenamente la dimensión "política" del problema. Estas transferencias compensatorias solo parecen posibles dentro del marco de un entendimiento político superior, de una institucionalidad que aglutine a las varias naciones integrantes de la unión monetaria. No tiene que ser necesariamente un nuevo "Estados Unidos de Europa", pero sí una entidad con lazos suficientemente sólidos como para sustentar transferencias de recursos sin retorno. Una entidad también que tenga la suficiente legitimidad democrática como para administrar esas transferencias de riqueza y para imponer a los países miembros reglas de buen comportamiento.

A pesar de la violencia de la crisis financiera y el coste en desempleo y penurias que algunos países tuvieron que asumir, la Unión Monetaria Europea no avanzó suficientemente en la dirección de la solidaridad fiscal. Antes bien, durante el desarrollo de la crisis y sus postrimerías

Alemania fue enfática en la defensa del principio de que ninguna solución o esquema que se adoptase para enfrentar la crisis podía significar al final del camino algún tipo de transferencia unilateral entre países de la unión. La unión monetaria no es una "unión de transferencias", repitió constantemente la dirigencia alemana. Fue este principio de la "no solidaridad fiscal" el que bloqueó todos los esquemas de solución que se plantearon para, por ejemplo, respaldar o "mutualizar" la deuda soberana de los países de la unión, para establecer un mecanismo de resolución de crisis bancarias, para crear un sistema europeo de garantía de depósitos bancarios o para condonar parte de la deuda griega. Cualquiera de estos mecanismos hubiera sido suficiente para parar en seco desarrollos de la crisis que luego terminaron siendo muy costosos, no solo para los países inmediatamente afectados, sino para la UME en su conjunto a causa de los efectos de contagio.

Reparto desigual de las cargas del ajuste

El escuálido desempeño de las economías europeas periféricas hasta varios años después de iniciada la CFG pone el foco en un problema central del proceso de resolución de la crisis dentro de la UME. Se supone que en una comunidad de países que forman parte de una unión monetaria, en la que hay países deficitarios y superavitarios, países con alto desempleo y con bajo desempleo, las cargas del camino hacia la recuperación de los equilibrios deben ser compartidas. Eso significa, en concreto, que países superavitarios deben expansionar sus economías para ayudar a los deficitarios a superar más rápido el desequilibrio. Países con baja inflación deben permitir que ésta suba para facilitar la recuperación de la competitividad de los países en crisis. Pero nada de esto sucedió en la eurozona: toda la carga del ajuste económico recayó sobre los países problemas. Peor aún, los países boyantes contribuyeron con sus políticas restrictivas a hacer la carga aún más pesada y el proceso de recuperación aún más lento y doloroso. Alemania, en vez de expandir el gasto público, lo redujo y contribuyó al 32 por ciento de la austeridad fiscal de toda la eurozona entre 2010 y 2014[64].

---

64   Baldwin y Giavazzi (2015).

Ya Mundell lo decía en 1961 en su sencillo modelo del proceso de ajuste entre dos países, cuyo buen funcionamiento era necesario para conformar un área monetaria (ver Anexo VI-1). Es inherente a la vida económica de las naciones que se presenten situaciones adversas, perturbaciones que pueden ser tanto endógenas como exógenas, tanto autoinfligidas como sin responsabilidad. Cuando esas perturbaciones afectan de manera diversa (asimétrica) a países que están relacionados por lazos de comercio o financieros, los países deben trabajar para ajustar sus economías y restaurar los equilibrios perdidos con sus socios, para lo cual necesitarán ajustar algunas de las variables económicas claves, como el nivel de gasto público, las tasas de interés o el tipo de cambio.

La paridad cambiaria es la variable "reina" de los procesos de ajuste frente a desbalances externos. El problema de los países que forman parte de una unión monetaria es que no pueden usar el tipo de cambio para restituir los balances entre ellos; han perdido el instrumento más valioso de ajuste. Por esta razón los padres de la teoría de las áreas monetarias óptimas enfatizaron que un grupo de países o regiones no podía renunciar a sus monedas propias si no tenía a disposición otros mecanismos o instrumentos alternos que pudieran compensar y sustituir la pérdida del instrumento cambiario en los procesos de ajuste. Como mencionáramos en el capítulo anterior, esos mecanismos de ajuste en ausencia de la variable cambiaria eran, entre otros, la flexibilidad de precios y salarios, la movilidad de la fuerza de trabajo y las transferencias fiscales.

Otro de los supuestos de la teoría es que los ajustes deben producirse orquestadamente en los países integrantes de la unión, es decir que si, por ejemplo, los países afectados negativamente necesitan reducir precios y salarios internos para recuperar competitividad, los países superavitarios deben estimular sus economías, aumentar salarios, aceptar una mayor inflación y reducir así su superávit de cuenta corriente. Y si un grupo de países experimenta un reverso repentino de financiamiento externo, los países acreedores deben establecer esquemas de soporte financiero que eviten en los países deudores un deslizamiento abrupto y desordenado hacia la recesión. Solamente coadyuvando de esta forma los superavitarios y acreedores con los ajustes de los deficitarios y deudores es que la unión monetaria puede tener viabilidad en el largo plazo. De lo contrario, las penurias de los que sufren choques adversos no sólo lastran el desempeño económico de la unión como un todo, sino que erosionan el respaldo político a la unión misma. Hasta los ciudadanos de los países acreedores sienten cada día más motivos para desconectarse de la unión.

En la crisis de la eurozona toda la carga del ajuste recayó inicialmente sobre los países deudores de la periferia. La receta de la austeridad contra viento y marea respondió a esta concepción desequilibrada de lo que debería ser un proceso de ajuste dentro de una unión monetaria. Al recaer todo el peso en un solo lado, la intensidad de los recortes fiscales, de las reducciones salariales y de los desapalancamiento de deuda en los países deudores tuvo que ser brutal. La ironía es que, al final, también los acreedores se vieron afectados, porque la inviabilidad de los programas de austeridad hizo que el crecimiento económico global de la eurozona languideciera por muchos años. La realidad de la deuda griega se impuso y los acreedores tuvieron que aceptar quitas importantes. El banco central europeo tuvo que perder su virginidad y actuar como prestamista de última instancia a partir de 2012.

Un sistema, para que funcione, debe actuar como tal en todas sus partes. Las partes superavitarias deben dejar que los mecanismos automáticos internos de ajuste también funcionen en ellas. Si la carga del ajuste recae exclusivamente en los miembros deficitarios, la magnitud del esfuerzo y el sacrificio torna económica, social y políticamente inviable ese ajuste. Para que unos países puedan deflacionar sus precios internos y recuperar competitividad, otros tienen que inflacionar los suyos. Las reservas monetarias públicas y los excedentes financieros tienen que recircular.

Cuando hacía falta que Alemania y su núcleo de países centro-europeos aumentaran los salarios, incrementaran el gasto y aceptaran mayor inflación para que el camino hacia la recuperación de la competitividad y del equilibrio fiscal de los países en crisis fuera menos largo y menos doloroso, lo que se hizo fue lo contrario. El núcleo central de Europa continuó con su tradicional aversión a la inflación, por mínima que ésta fuera, y a la expansión fiscal. Es muy difícil que una unión monetaria sobreviva a largo plazo sobre la base de esta inequidad en el reparto de los esfuerzos de ajuste. La realidad es que sin una mayor inflación del núcleo central europeo no era viable que la periferia pudiera implementar suficiente deflación interna como para cerrar las brechas de productividad en un tiempo y a un coste razonable. La consecuencia inmediata de esta dinámica desequilibrada del proceso de ajuste es que la brecha entre el centro y la periferia de Europa se agrandó.

Lamentablemente, la discusión europea entró en una tónica de maniqueísmo que desconoció el carácter sistémico de la crisis y de su solución. La doctrina "ortodoxa" –ordoliberal, la definiremos después– impuesta por Alemania y secundada por sus aliados del centro de Europa clasificó a los miembros de la eurozona en dos bandos, los buenos y los malos: aquellos que habían hecho su tarea y cumplido las reglas (los buenos del centro), y los que habían despilfarrado, engañado e infringido las reglas (los malos de la periferia). Los malos tenían que asumir las consecuencias de sus actos bajo la égida castigadora de los buenos. El discurso moralizante se disfrazó con argumentos sobre la necesidad de reformas estructurales. Lo peligroso de este discurso era que eximía a "los buenos" de su responsabilidad sistémica para asumir la parte que les correspondía del ajuste.

La economía política del ajuste

Un segundo elemento que se añadió al problema del desequilibrio en el reparto de las cargas del ajuste fue la lentitud del proceso de reestructuraciones de deuda, las indecisiones, las contramarchas, todo lo cual contribuyó a agravar una situación ya de por sí muy seria. Ciertamente que hubo una buena dosis de falta de expertícia en las instancias técnicas comunitarias, pero la principal explicación para esta destructiva lentitud debe buscarse en el carácter eminentemente político de las decisiones que debían adoptarse. Estas decisiones afectaban de manera diferenciada las relaciones intracomunitarias de poder, al igual que las relaciones de poder dentro de los países.

Veamos. Toda crisis de deuda genera conflictos y divisiones políticas y sociales, tanto entre países acreedores y deudores, como al interior de los países deudores e, incluso, dentro de los países acreedores[65]. El conflicto gira alrededor de quién debe asumir la carga del ajuste: a nivel de relaciones entre países la cuestión obvia es si el peso del ajuste recae únicamente sobre los deudores o es compartido por los acreedores; al interior de los países deudores el debate es cuánto sacrificio debe hacer cada grupo de la sociedad para generar los excedentes que permitan servir

---

65 Ver Frieden, (2014) y Matthijs, (2013) para un desarrollo más elaborado de la dinámica de la economía política de los procesos de ajuste.

la deuda; y dentro de los países acreedores el conflicto se presenta sobre quién debe absorber eventuales quitas de deudas, si los contribuyentes o los tenedores de bonos.

Por definición, en una unión monetaria la única forma de ajuste es mediante la modificación de precios y salarios internos. Teóricamente es posible que ese ajuste interno se logre por la vía de deflación en los países deudores o de inflación en los países acreedores o una combinación de ambas. Si la vía es la deflación, la carga principal del ajuste recaerá sobre los países deudores y, dentro de ellos, sobre los trabajadores. Si la vía es la inflación, la carga recaerá sobre los acreedores y los dueños del capital y de rentas.

Pareciera obvio que sean los deudores quienes absorban las cargas del ajuste, pero no siempre fue así en los episodios de crisis de deuda en otros momentos de la historia. En la crisis de la primera mitad de los 1930, por ejemplo, fueron los deudores los que tuvieron la "sartén por el mango" y retuvieron una considerable fuerza de negociación. En la crisis de la deuda latinoamericana de los 1980, por el contrario, los acreedores pudieron imponer sus condiciones y el peso del ajuste recayó primordialmente sobre los deudores. Cuando la crisis cambiaria-financiera de 1992–1993 en Europa, el poder de negociación estuvo repartido de forma bastante equilibrada entre acreedores y deudores.

En las relaciones entre acreedores y deudores, cada grupo dispone de armas de negociación, algunas de ellas muy poderosas. La principal arma del deudor es no pagar y causarle serios daños patrimoniales al acreedor. El arma del acreedor es expulsar al deudor de la comunidad financiera internacional y cerrarle fuentes futuras de recursos financieros. El balance de costes y beneficios en el caso de un *default* es complejo, porque ahí no hay "almuerzo gratis" para nadie, ni para el deudor ni para el acreedor. Además de las consideraciones puramente económico-financieras, en el caso de una comunidad monetaria los costes políticos de ser marginado de la comunidad pueden ser tan altos o más que los financieros. También a los acreedores les puede resultar extremadamente costoso forzar la salida de un miembro, porque ello sembraría la semilla de la desintegración.

Al interior de los países deudores, la disputa política gira alrededor de qué sectores de la sociedad y en qué cuantía deberán soportar las cargas del ajuste. Los gobiernos deben tomar decisiones difíciles porque cada set de acciones afecta de forma distinta a los grupos sociales. Según las decisiones que se adopten, los principales afectados pueden ser los asalariados, o pueden ser los contribuyentes en general, o los beneficiarios de programas sociales, o las instituciones financieras –ya sean los accionistas de esas instituciones o los bonistas–, o los deudores hipotecarios, o los ahorristas, o los pensionados, o los consumidores, o un largo *etcétera*. La decisión misma de hacer o no *default* afecta de manera diferenciada a la sociedad: por ejemplo, si los intereses del sector financiero o del sector exportador prevalecen, no se transitará la ruta del *default*, como ocurrió en el caso de España. Al interior de los países acreedores, en algún momento habrá también que hacer algún sacrificio, aunque sea pequeño, en forma de quita de deuda, reducción de intereses o alargamiento de plazos. El gobierno tendrá que decidir si el sacrificio será soportado por el presupuesto fiscal, es decir, por los contribuyentes, o será absorbido por los bancos prestatarios o por el banco central.

Cada decisión, de lado y lado, tiene serias implicaciones distributivas y, por lo tanto, una alta carga social y política. Cuando los jefes de gobierno de países acreedores y deudores se sentaban a la mesa de negociaciones en Bruselas, Frankfurt o Madrid, sus respectivos electores y grupos de opinión estaban muy atentos a lo que allí se estaba decidiendo. La Canciller alemana Merkel podía haber tenido mayor o menor simpatía por las penurias que estaban atravesando los países deudores, pero en Alemania había que seguir ganando elecciones y no irritar excesivamente a la opinión pública dominante, que creía firmemente que los deudores tenían que expiar sus culpas y que era inadmisible que el contribuyente alemán tuviera que meterse la mano en el bolsillo para rescatar a países quebrados. Y el primer ministro griego tenía que sopesar políticamente si el cierre de la brecha fiscal se iba a lograr pechando al capital y a las grandes fortunas o disminuyendo las prestaciones a los desempleados y jubilados.

En otro orden de ideas, el efecto colateral de la forma desequilibrada en la que se manejaron las políticas de ajuste fue la erosión de la legitimidad democrática, tanto a nivel de las instancias comunitarias como a nivel de los gobiernos nacionales, especialmente en los países deudores. Los sectores mayoritarios de bajos ingresos en estos países sintieron que sobre sus hombros recayó la mayor parte de la carga. Los gobiernos de los deudores, por su parte, se vieron despojados de soberanía al tener que entregar a instancias comunitarias la potestad de decidir sobre temas tan relevantes como los presupuestos fiscales, la supervisión de los bancos o las prestaciones sociales de los ciudadanos. La tierra estaba abonada para el surgimiento de la inestabilidad política, el sentimiento antieuropeo, los nacionalismos y los populismos.

Anexo VI-1
DOS MODELOS DE REPARTO DE LAS CARGAS DEL AJUSTE

El gráfico VI-1 ilustra el mecanismo mundelliano bilateral de ajuste de precios y salarios internos en el caso de no poder usar el tipo de cambio como variable de ajuste, tal cual sucede en una unión monetaria. Si a este mecanismo se le permite funcionar sin interferencias, ambos países, el deficitario y el superavitario, se reparten por igual las cargas del ajuste (ver Gráfico VI-1).

Gráfico VI-1
Mecanismo automático bilateral de ajuste

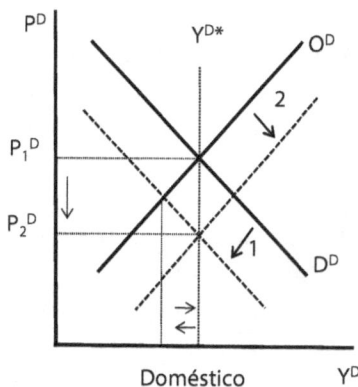
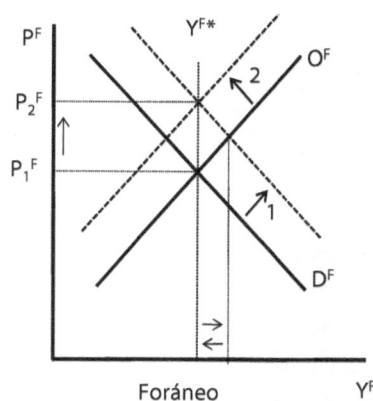

La parte izquierda del gráfico muestra las líneas de oferta y demanda agregadas del país doméstico D y la parte derecha las líneas de oferta y demanda agregadas del país foráneo F. Supongamos que el país D sufre una caída de la demanda externa. En un primer paso, esta caída desplaza la línea de demanda agregada doméstica D^D hacia abajo, al mismo tiempo que desplaza la línea de demanda agregada en el país foráneo D^F hacia arriba (paso 1: desplazamiento de las líneas sólidas de demanda hacia las punteadas). Verbalmente explicado, esta caída de la demanda doméstica implica que para mantener el mismo nivel de actividad económica Y^D los precios domésticos deberían bajar de P_1^D a P_2^D; o si los precios no bajan, la actividad económica debería caer. En la realidad, la caída de la demanda termina en una combinación de caída de actividad y reducción de precios que viene determinada por el punto de nueva confluencia de la línea punteada de demanda reducida con la línea sólida de la oferta O^D, que inicialmente no se mueve. Es decir, que en el país doméstico la caída de la demanda de origen externo genera una caída del nivel de actividad (empleo), reducción de precios (deflación) y déficit en cuenta corriente.

En el país foráneo (lado derecho del gráfico) se produce un efecto espejo inverso: el aumento de la demanda induce un incremento de la actividad y del empleo, presiones inflacionarias y superávit en la cuenta corriente. Gráficamente este efecto se manifiesta en un desplazamiento de la línea de demanda D^F hacia arriba y hacia la derecha, por cuanto la mayor demanda con una oferta inicial fija se traduce en un mayor nivel de precios (paso 1).

En un segundo paso, ¿cuál es el impacto sobre la oferta de estos desplazamientos de la demanda y sus consecuentes efectos en los niveles de precio? Suponiendo que los precios y salarios sean flexibles y que las autoridades no interfieren con manipulaciones cambiarias o de otro tipo; o dicho de otra forma, suponiendo que se le permita funcionar al mecanismo automático interno de ajuste, el desempleo incipiente doméstico presionará hacia una reducción del nivel salarial, con lo que disminuirá el coste marginal de la fuerza de trabajo y se incentivará a los empleadores a incrementar el nivel de producción para un mismo nivel de precios. Esta disposición de las empresas a emplear más mano de obra e incrementar la producción se representa gráficamente con un desplazamiento de la línea de la oferta agregada doméstica O^D hacia la derecha (paso 2: desplazamiento de las líneas sólidas de oferta hacia las punteadas). Este desplazamiento (incremento) de la oferta continuará hasta el punto en el que la economía retorne a su nivel de equilibrio inicial de pleno empleo, que es el nivel de actividad económica Y^D en el que confluían la oferta y demanda originales. Es decir, la actividad económica disminuye inicialmente y luego retorna a su nivel anterior (esa caída y recuperación posterior es el significado de las dos flechas en el gráfico).

El éxito en recuperar el pleno empleo dependerá de que se le permita a la economía reducir suficientemente el nivel de precios (deflación) como para que las nuevas líneas punteadas de oferta y demanda se encuentren en el nivel original de actividad económica. El incremento de la oferta inducido por la caída del salario real reducirá el desempleo inicial e incrementará la producción, pero a costa de causar una caída adicional del nivel de precios doméstico (hasta P^D_2). La deflación adicional reforzará la mejoría relativa de la competitividad doméstica y permitirá restablecer también el equilibrio de la balanza de pagos.

En el país foráneo, a modo de espejo, la expansión de la actividad económica más allá del nivel potencial de equilibrio inicial causará un exceso de demanda de mano de obra y un aumento del nivel salarial. El aumento del coste salarial real desincentivará el empleo de mano de obra, reducirá la actividad económica y elevará el nivel general de precios hasta P^F_2, todo lo cual se expresa gráficamente con el desplazamiento de la línea de oferta agregada O^F hacia la nueva línea punteada a la izquierda (paso 2). Pero como inicialmente (paso 1) se había producido un incremento de la demanda y el correspondiente desplazamiento de la línea de demanda hacia la derecha, el nuevo nivel de equilibrio de la mayor demanda y la menor oferta se encontrará allí donde se retorne al punto de pleno empleo de la actividad económica, pero a un nivel de precios superior (inflación). La consecuente desmejora de la competitividad permitirá eliminar el saldo excedentario de la balanza de pagos y restituir el equilibrio externo.

Al final del proceso, y si los mercados *de factor*es funcionan sin fricciones, la economía doméstica habrá podido restituir el empleo y la actividad productiva a su anterior nivel potencial o de equilibrio, pero a costa de deflación. La economía foránea volverá también a su nivel real de equilibrio, pero a costa de inflación. Una ventaja de este mecanismo automático de ajuste es que ambos países comparten equitativamente las cargas del ajuste, siempre y cuando ninguno de ellos coloque trabas a los ajustes de precios y salarios. El lado negativo del proceso es que ambos países terminan con niveles de precios indeseados y que el camino para restituir el equilibrio será costoso en términos de desempleo en el país doméstico y de aceleración de la inflación en el país foráneo.

Supongamos ahora que el país superavitario (foráneo) se opone a estimular su economía y a aceptar una cierta dosis de inflación. En ese caso, el país foráneo adopta las políticas monetarias y fiscales necesarias para contrarrestar la mayor demanda y permanecer con los niveles de inflación y actividad económica anteriores. Esta situación se ve descrita en el lado derecho del Gráfico IV-2, en el que se muestra que nada sucede.

En el país deficitario (doméstico), sin embargo, la negativa del país superavitario a colaborar con el ajuste entre los dos países obliga al miembro deficitario de la unión a una reducción adicional de la demanda y a una deflación mayor (paso 3). Ello es así porque al mantener el país foráneo el mismo nivel de precios, el país doméstico necesita reducir aún más sus precios y salarios internos para poder recuperar su competitividad y restablecer el equilibrio. Una contracción adicional de la demanda agregada coadyuva a ese proceso de deflación. Gráficamente ello se refleja en un nuevo desplazamiento de la línea de la demanda hacia abajo y una caída adicional del nivel de precios hasta P^D_3. Se desata después una dinámica de los efectos de la mejoría de la competitividad, que no se refleja en el gráfico. Eventualmente la mayor deflación doméstica podrá, vía mayor competitividad, incentivar una mayor oferta y recuperar algo del nivel perdido de actividad económica, pero el resultado final siempre será más duro para el país doméstico que el escenario pintado del Gráfico VI-1, en el que el país superavitario colabora con el ajuste.

GRÁFICO VI-2
Mecanismo unilateral de ajuste

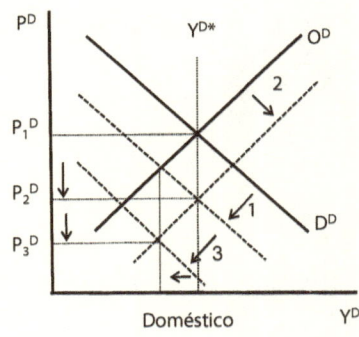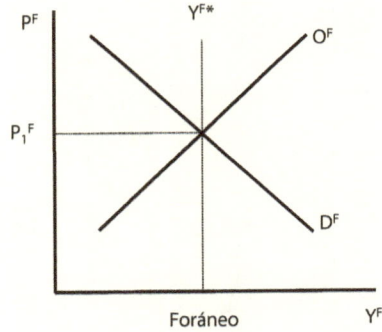

Doméstico   Foráneo

VII

ENTRAMADO INSTITUCIONAL: NUEVA GOBERNANZA JERÁRQUICA Y DÉFICIT DE LEGITIMIDAD POLÍTICA

Después de las anteriores reflexiones en el campo de la economía política, vamos a adentrarnos a partir de este capítulo en la esfera netamente política. Durante la crisis financiera se produjeron desplazamientos tectónicos en la forma de funcionamiento de la institucionalidad europea, que, a su vez, reflejaron cambios en las relaciones de poder al interior de la comunidad. Es famosa la pregunta que se hacía Henry Kissinger sobre a qué teléfono había que llamar cuando alguien quería hablar con Europa. Definitivamente, con los acontecimientos posteriores a 2008, a nadie le quedó la duda de que para comunicarse con Europa debía marcar primero +4930, el código de área de Berlin.

Más que cambios de la institucionalidad, deberíamos hablar de desinstitucionalización del entramado de la comunidad europea. Entre que Europa no estaba preparada, que la crisis no se gerenció adecuadamente y que su virulencia obligó a vivir de emergencia en emergencia, las instancias de gobierno comunitarias fueron desplazadas primero por el intergubernamentalismo de los Jefes de Estado en el Consejo Europeo y luego por el dictado alemán. De esta forma, el déficit de legitimidad democrática que venían arrastrando la Unión Europea y la UME desde sus inicios se exacerbó.

El vendaval de la eurocrisis se llevó por delante los principios de gobernanza que con tanto trabajo habían sido construidos en las décadas anteriores. El *quid pro quo* de recibir paquetes de rescate a cambio de aplicar programas drásticos de ajuste impuestos por los acreedores chocaba con las que habían sido las reglas de convivencia hasta ese momento, en las que no tenía cabida esta forma de gerencia impositiva "de arriba hacia abajo". Y si adicionalmente los ciudadanos afectados percibían que en los cenáculos comunitarios se privilegiaban los grandes intereses corporativos o los del país hegemónico, la mesa estaba servida para un creciente desapego respecto a esa entelequia llamada Unión Europea o Unión Monetaria Europea.

Europa pasó a estar atrapada en un triángulo disfuncional entre las políticas nacionales, las políticas europeas y los mercados globalizados[66]. Bruselas escribía las reglas, pero las decisiones las tomaban los políticos en negociaciones de poder en las que privaban los respectivos intereses nacionales. Los políticos de 28 naciones tomaban las decisiones bajo la presión de sus electorados nacionales, que con creciente frecuencia se guiaban por matrices de opinión opuestas a la lógica comunitaria. Y si no eran sus electorados, los mercados financieros se encargaban de infundir terror cuando las decisiones tomadas no eran de su agrado. No era esta, ciertamente, la mejor forma de darle gobernanza a una unión política.

Mala gerencia, desinstitucionalización y discrecionalidad: de Bruselas a Berlín

Argumentábamos en el capítulo anterior que es difícil que una unión monetaria sobreviva sin un paraguas político solidario. Pero lo difícil se hace imposible cuando adicionalmente se presentan errores en la conducción gerencial de la crisis, ya sea por diagnósticos equivocados e "ideologizados" o por mala gerencia de los procesos. Y tampoco ayuda en absoluto el desmontaje de la institucionalidad existente para darle paso a una discrecionalidad en el proceso de toma de decisiones, cuyo centro de poder se trasladó de Bruselas a Berlín. En ese tránsito hacia la discrecionalidad, las decisiones fueron cada vez menos técnicas y más políticas.

En lo que se refiere a la gerencia macro de la crisis de la eurozona, los técnicos y políticos comunitarios no tuvieron la asertividad (o la humildad) de echar mano de la amplia experiencia acumulada en el mundo en materia de resolución de crisis. Eso les llevó a cometer muchos errores y

---

66 Ver Garton Ash, (2012).

a entrar en un costosísimo proceso de ensayo y error. Las respuestas a las crisis por parte de los países individuales y de las instancias comunitarias fueron tardías, parciales, con exceso de interferencias de los políticos, con poca comprensión de la complejidad de los problemas y poca disposición a aceptar los errores.

De forma similar, la velocidad y calidad de respuesta de las instancias comunitarias no acompañaron la urgencia y magnitud de las tareas que los gobiernos nacionales debieron acometer para resolver las debilidades fundamentales de sus economías. Les correspondía a esas instancias comunitarias la responsabilidad de diseñar los marcos generales de políticas que facilitaran una implementación exitosa de políticas a los niveles nacionales. No estuvieron a tono esas instancias con la urgencia y la gravedad de los problemas.

El manejo de la crisis de la deuda griega fue muy deficiente: lo que se hizo fue correr la arruga, no enfrentarse al verdadero problema de insolvencia de ese país. La resolución de la crisis de los bancos en otros países también demoró indebidamente: España, y las instancias europeas encargadas, patearon ese balón por cerca de tres años. En el caso de la banca italiana el tiempo de indefinición e inacción fue todavía mayor. El Banco Central Europeo tardó tres años en aceptar la responsabilidad de velar no únicamente por la estabilidad de precios, sino también por la estabilidad financiera.

Más allá del diletantismo gerencial, la eurozona sufrió de un problema fundamental: existía una desalineación entre los niveles de responsabilidad y los niveles de autoridad[67]. Para manejar una crisis se necesita que ambas dimensiones residan en el mismo nivel, y que estén debidamente engranadas. En concreto, si la responsabilidad de resolver, por ejemplo, una crisis bancaria reside en el país individual donde están residenciados los bancos, la autoridad y los medios para poner en marcha el rescate deberían existir también a ese nivel nacional. Típicamente, el ente con autoridad y medios para resolver una crisis bancaria sistémica es un banco central. Sin embargo, los bancos centrales nacionales habían delegado en 1999 en el Banco Central Europeo la única herramienta eficaz para enfrentar una crisis bancaria sistémica: su capacidad de actuar

---

67 Contradicción resaltada por Paul de Grauwe en su contribución al libro editado por Baldwin y Giavazzi (2015).

como prestamista de última instancia en representación del Estado. Los gobiernos de la eurozona no tenían la caja suficiente para rescatar a sus bancos en problemas. Cuando inicialmente intentaron hacerlo, los niveles de deuda gubernamental se dispararon, los compradores de bonos se retiraron y la crisis se metamorfoseó en una crisis gemela bancaria y soberana. Únicamente la promesa de Mario Draghi en Julio 2012 de hacer lo que fuere necesario para salvar el euro logró parar en seco esta diabólica espiral descendente. Finalmente, quien tenía la autoridad y los medios, el BCE, asumió también la responsabilidad.

La crisis de la eurozona hizo estallar también en buena medida el entramado institucional comunitario que había funcionado relativamente bien en épocas de normalidad. En sus primeros momentos, los niveles e instancias típicamente comunitarios (la Comisión Europea, los Comisariatos, el Parlamento) fueron medianamente capaces de manejar las manifestaciones de la crisis. Cuando estalló la crisis de la deuda griega, sin embargo, el manejo del rescate tuvo que ser "tercerizado" a un triunvirato, llamado la Troika, compuesto por la Comisión Europea, el Banco Central Europeo y el Fondo Monetario Internacional (un ente externo a Europa). Este fue el primer reconocimiento de que el problema había sobrepasado la capacidad de gestión de las instancias políticas y técnicas comunitarias, que no tenían ni la expertica ni el músculo financiero para afrontar el problema, cosas ambas de las que el BCE y el FMI disponían en abundancia.

Pronto se hizo evidente, especialmente cuando después de la crisis griega eclosionaron las crisis irlandesa y portuguesa, que las instituciones europeas no disponían de los recursos financieros para rescatar a los miembros en problemas. En la segunda mitad de 2010 se crearon el Fondo Europeo de Estabilidad Financiera y el Programa del Mercado de Valores, a los que se les dotó de ciertos fondos, pero que resultaron insuficientes. La crisis de la eurozona había entrado en un nivel de magnitud que requería la movilización de fondos adicionales, que únicamente los Estados miembros de la UME, conjuntamente, podían poner a disposición.

No es lo mismo gobernar para prevenir una crisis que pagar para recoger los vidrios rotos cuando ella ha estallado. Cuando llegó el momento de tener que meterse la mano en el bolsillo, de realizar aportes al Fondo Europeo de Estabilidad Financiera y luego a su sucesor permanente, el Mecanismo Europeo de Estabilidad, los gobiernos ya no estuvieron dispuestos a dejar que las instancias y funcionarios comunitarios –la Comisión Europea y sus órganos dependientes–, tomaran las decisiones de cuánto aportar y a quién entregar fondos. Tampoco era fácil tomar estas decisiones en una macrocefálica Comisión Europea compuesta por funcionarios de 28 países miembros. Entró en ese momento Europa, y más en particular, la eurozona en una nueva etapa de gobierno basado en las relaciones "intergubernamentales", en negociaciones directas entre los gobiernos.

La Comisión Europea empezó a cederle terreno al Consejo Europeo, en el que no se sentaban los funcionarios comunitarios, sino los mismos jefes de Estado. Cada nuevo episodio de la crisis convocaba a una nueva "cumbre" de Jefes de Estado. Ahí empezaron a tomarse las decisiones fundamentales, quedando la Comisión Europea relegada al papel de ejecutor de las políticas y directrices emanadas del Consejo Europeo. La urgencia impuesta por los acontecimientos le dio preeminencia al entramado intergubernamental, representado por el Consejo Europeo, los Consejos de Ministros y el Eurogrupo, en detrimento de la anterior arquitectura institucional que giraba alrededor de la Comisión Europea y del Parlamento Europeo.

Es cierto que el Consejo Europeo era también un órgano comunitario, pero uno de carácter eminentemente político, que no estaba diseñado ni preparado para suplantar y acumular todo el poder de decisión en materias de la UE. Por mucho tiempo, la principal divergencia dentro de Europa había sido entre los "supranacionalistas", que propugnaban un gobierno comunitario centrado en la Comisión Europea y todas sus instancias relacionadas, y los "intergubernamentalistas", que preferían gobernar la vida de la comunidad a través de negociaciones directas entre los Jefes de Estado reunidos en el Consejo Europeo. A decir verdad, mucho avanzó Europa en la senda hacia el supranacionalismo antes de 2008, porque ese era el camino natural hacia más Europa y menos mosaico de naciones. Sin embargo, los avances logrados en el camino de superar el excesivo "intergubernamentalismo" inicial y sustituirlo por instancias y mecanismos supragubernamentales o supranacionales, se vieron revertidos por el efecto de la crisis. Incluso Alemania, bajo el liderazgo de Merkel, migró desde su anterior supranacionalismo hacia el modelo intergubernamental. Cuando ya definitivamente el intergubernamentalismo se impuso, una nueva línea divisoria se creó entre los miembros de la comunidad europea: los que asumieron el intergubernamentalismo de la Comisión Europea como el canal de acción colectiva, y los nacionalistas euroescépticos que, como el Reino Unido, no comulgaban con la idea de que otros gobiernos decidieran sobre su destino soberano (Bulmer, 2016).

Este camino inexorable hacia la desinstitucionalización fue acelerándose en la misma medida en la que la crisis también fue tomando velocidad. Muy pronto ni siquiera el Consejo Europeo se libró del vendaval, porque dejó de funcionar con la "pureza" de un órgano colegiado sujeto a reglas de funcionamiento equilibrado entre sus miembros. Francia y Alemania, Nicolás Sarkozy y Angela Merkel, resucitaron la dupla de poder francoalemana, que tan omnipresente había estado en los comienzos de la Unión Europea y luego de la eurozona. Se convirtió en costumbre que los líderes de las dos principales potencias europeas se reunieran bilateralmente previo a las reuniones del Consejo Europeo para fijar posiciones conjuntas. Y no eran de poca monta las decisiones que adoptaban, como la acordada en la reunión de Deauville el 18 de octubre de 2010 sobre el Involucramiento del Sector Privado, que creó el pánico en los mercados financieros.

Pero a decir verdad, este bilateralismo franco-alemán de 2010, por usar la fecha del estallido de la crisis griega, era cualitativamente distinto al de 1990. Dos décadas antes, Francia y Alemania se hablaban de tú a tú en cuanto a poder e influencia. Puede ser que Alemania tuviera mayor peso económico, pero Francia le superaba en poder político y militar. En 2010, Alemania había emergido fortalecida de una década de reformas, de reestructuración económica y de vigoroso incremento de productividad, que la habían convertido en la potencia económica europea. Esta clara predominancia económica, aunada a una mayor asertividad en la escena política europea, habían convertido a Alemania en el líder indiscutible europeo, quien además tenía la caja llena de dinero para salvar o condenar. Francia, por el contrario, mostraba claros signos de esclerosis a causa de un sistema político y económico hiperregulado, que no dejaba desarrollarse a las fuerzas del cambio productivo. Consciente de esta desventaja, el liderazgo francés prefirió jugar cuadro cerrado con Alemania para no ser dejado fuera de la cumbre del poder europeo. Pero en la dupla Sarkozy-Merkel, quien llevaba la voz cantante era la canciller alemana.

Un resultado probablemente no deseado por ninguno de los dos líderes es que colocó a Alemania en una posición central, en la que *de facto* ese país dominó el debate de las políticas europeas e impuso sus puntos de vista, como veremos más tarde. Ahora los ojos europeos ya no se volvían a ver qué hacía la Comisión Europea, como al principio de la crisis, o hacia el Consejo Europeo cuando había que poner dinero, sino a la Canciller alemana. Adicionalmente, cuando en 2012 François Hollande fue elegido presidente de Francia, la química que podía haber habido entre Sarkozy y Merkel desapareció, Francia perdió terreno adicional y Alemania se afianzó aún más como el *master* de Europa. Más desinstitucionalización no se podía concebir. El molinillo de la crisis del euro había triturado –temporalmente– las principales instituciones del edificio europeo.

Concomitante con el debilitamiento de las instituciones europeas básicas fue el resquebrajamiento de un principio fundamental de la UE. El acuerdo fundacional de las naciones europeas era que la unión estaba fundamentada en un cuerpo de reglas, expresadas en leyes y regulaciones, adoptadas democráticamente y cuya aplicación, administración y poder sancionatorio quedaba encomendado al conjunto de instituciones europeas. La virulencia y velocidad de la crisis, sin embargo, obligó a tomar decisiones ad hoc para situaciones que no estaban previstas en el entramado europeo y para las cuales el cuerpo existente de reglas no ofrecía solución eficaz. Es así como la filosofía de funcionamiento por reglas cedió paso a un sistema de gobierno por decisiones discrecionales que se tomaban al nivel intergubernamental, ya fuera en el Consejo Europeo, en la entente bilateral francoalemana o en la Cancillería alemana directamente. Instituciones básicas como la Comisión Europea quedaron relegadas a la función de brazo implementador de decisiones tomadas a nivel intergubernamental o directamente por Alemania.

El multilateralismo basado en reglas fue la filosofía de gobierno con la que se fundó la UE. Este multilateralismo de los procesos de decisiones cedió paso a la imposición jerárquica de decisiones discrecionales, tomadas primero por instancias intergubernamentales y luego por un país individual. La UE/UME, que habían sido concebidas como un sistema de distribución simétrica de poder, pasó a ser una asociación de Estados que funcionaba con estructuras de dominación y subordinación entre acreedores y deudores, entre centro y periferia. No caeremos en la tentación de atribuirle a Alemania intenciones aviesas para dominar Europa. Lo que pasó simplemente es que el edificio institucional de la

UE/UME no fue diseñado para manejar una crisis de la magnitud vivida después de 2008. Lo que se hubiera necesitado para enfrentarla era un gobierno económico centralizado con autoridad y capacidad efectivas para coordinar las políticas macroeconómicas y asignar recursos fiscales para detener los contagios. Al no existir tal gobierno centralizado y como la decisión que se tomó era que el euro había que salvarlo a cualquier costo, las actuaciones de todos los actores violaron persistentemente los principios del Tratado de Maastricht.

Se dice que la historia la escriben los vencedores. Podríamos parafrasear esta aserción y afirmar que durante el manejo de la eurocrisis los acreedores impusieron su modelo económico. Los deudores en crisis habían basado su crecimiento en un modelo volcado hacia el mercado interno, en el que los motores dinamizadores fueron el endeudamiento y la expansión fiscal (dicho muy simplistamente). Los acreedores, por el contrario, se habían volcado hacia el mercado externo, para lo cual necesitaban mejorar permanentemente la competitividad a través de la contención salarial y la frugalidad fiscal. Claramente, este segundo modelo resultó "vencedor" en la eurocrisis, lo cual le otorgó a Alemania la "autoridad" moral e intelectual para exigirles a los deudores que adoptaran el modelo de la competitividad y la frugalidad. Hacia este propósito se dirigieron las políticas de ajuste impuestas a los deudores. El mensaje a estos últimos fue muy claro: la permanencia en el euro estaba condicionada a que adoptaran el modelo centro-nórdico. El problema era que esa transformación tan profunda exigía mucho tiempo, chocaba con culturas económica profundamente enraizadas y no se correspondía con estructuras productivas existentes. En cualquier caso, este tipo de imposición tampoco estaba en el espíritu fundacional de la UE/UME. No es de extrañar, por lo tanto, que los vencidos se rebelaran y consideraran ilegítimas estas imposiciones.

Déficit de legitimidad democrática

El fenómeno de la desinstitucionalización y abandono del marco reglado agravó el viejo problema del déficit democrático que gravitó en la vida de la comunidad europea desde sus inicios. Cuanta más discrecionalidad se hizo presente en las actuaciones de las instancias europeas y mayor fue el impacto de sus decisiones en la vida de los ciudadanos, más desnuda e irritante se hizo esta carencia democrática. La percepción creciente de los ciudadanos comunes era que las decisiones se tomaban en "cenáculos" de personajes poderosos. Muchas de estas decisiones les afectaban de forma muy negativa y los ciudadanos sentían que estaban pagando por los platos rotos por otros. Muchos ciudadanos percibían también que remitir la solución de los problemas a las instancias comunitarias era dejarlas en manos de los grandes intereses financieros y de las multinacionales, sustrayéndolas así de los controles democráticos que existen a los niveles nacionales para garantizar un mínimo equilibrio social.

La disconformidad de los afectados con las recetas impuestas a los deudores era fácilmente explicable. Estaba claro que había muchas cosas que cambiar y reformar, pero tenía que existir también la percepción de un mínimo de equidad y justicia en los esfuerzos por salvar el euro. Lo que al final sucedió es que casi toda la carga del ajuste –y del sacrificio– recayó sobre los hombros de los deudores, lo cual fue percibido como injusto. Si a esta percepción de inequidad se le suma el quiebre de la institucionalidad comunitaria, estaba servida la mesa para el cuestionamiento de la legitimidad del constructo europeo.

Un poco de historia para entender el concepto

¿En qué consiste el problema de la legitimidad democrática? La opinión general tiende a asociar el "déficit democrático" con el hecho de que las autoridades comunitarias no son electas por los ciudadanos, ni tampoco responden por sus actuaciones frente a instancias de control propias de una democracia participativa. Los altos funcionarios europeos son nombrados por los países miembros en un proceso –generalmente muy poco "edificante"– de cabildeo y trapicheo. El Parlamento, la única instancia directamente electa, es un monstruo de 751 cabezas que legisla mucho sobre la vida de los ciudadanos, pero que no tiene ninguna capacidad de definir el rumbo de la UE, ni de controlar y exigir cuentas a las instancias europeas en las que reside el poder real (el Consejo Europeo, la Comisión Europea o el Banco Central Europeo).

El déficit, sin embargo, no reside principalmente en que los "burócratas europeos no son electos democráticamente". Todo Estado tiene su ejército de burócratas no electos, lo cual no les resta legitimidad para dirigir y dirimir muchos asuntos públicos. Al final, todos los "burócratas" de la Comisión Europea y de sus órganos han sido nombrados por unos ministros o unos jefes de Estado que tienen legitimidad política en sus países de origen. Tampoco tiene que ser antidemocrático que ciertas áreas de política sean delegadas a instancias comunitarias. Pongamos el ejemplo del banco central. Puede estar en el mejor interés democrático de un país delegar en un banco central comunitario la responsabilidad de velar por la estabilidad de una moneda común. Los cuestionamientos empiezan cuando las actuaciones del banco central van en detrimento de ciertos países individuales o tienen efectos redistributivos a lo interno de esos países. Cuando dentro de una nación se presentan conflictos distributivos, existen instancias democráticas de control político para dirimir esos conflictos (los parlamentos, los jueces o, al final, las elecciones). Pero el BCE no está sometido a ningún tipo de control político. Y si existe la percepción de que la institución responde a los intereses del país hegemónico, la legitimidad de sus actuaciones será cuestionada.

Algo que verdaderamente conspira contra la construcción de legitimidad es que a estas alturas todavía no existe un "pueblo" europeo, una comunidad de gentes que sienta y piense europeo con la misma fuerza que siente y piensa francés, alemán o griego. Cuando los electores concurren a elecciones europeas, lo que tienen en mente primordialmente son sus problemas y preferencias nacionales particulares. Casi siete décadas de "europeización" no han logrado que los ciudadanos dejen de pensar primero en sus intereses como países nacionales antes que en los intereses de Europa. Las identidades nacionales siguen siendo el centro de referencia emocional. Los imperativos e intereses domésticos prevalecen todavía sobre el bien común europeo.

La primera década del siglo XXI fue testigo de múltiples esfuerzos por adaptar las estructuras comunitarias y su modelo de gobierno a las nuevas realidades (Tratado de Ámsterdam, Tratado de Niza, Tratado de Lisboa…). Todas estas reformas y tratados, sin embargo, no lograron superar la realidad fundamental de que la Unión Europea se había convertido en un sistema pesado y farragoso, tanto en su burocracia, como en su única instancia de democracia directa, el Parlamento. Tampoco lograron encontrar soluciones al problema fundamental de la legitimidad democrática del edificio europeo.

Volviendo la mirada a los orígenes del problema de legitimidad, veíamos que en la construcción de la comunidad europea prevaleció la concepción de Monnet de hacer avanzar la integración de arriba hacia abajo, gerenciada por los expertos comunitarios, que generalmente eran percibidos como alejados de las preocupaciones e intereses de los ciudadanos. Los ciudadanos no entendían la complejidad de las tareas que se estaban acometiendo, y tampoco el liderazgo tenía especial urgencia o necesidad de que lo comprendieran. Buena parte de los "padres fundadores" de Europa, como Monnet o Delors, habían sido o seguían siendo funcionarios públicos de alto nivel, tecnócratas formados en las elitistas escuelas de ingeniería o de administración pública. Las materias relacionadas con la integración, desde las tecnicidades industriales de la explotación del carbón y del acero hasta las complejidades de un sistema de bandas cambiarias, exigían un alto nivel de experticia, totalmente fuera del alcance de entendimiento de los ciudadanos electores comunes. Desde el principio se les otorgó a estas burocracias europeas el mandato implícito de lidiar con estas tecnicidades, en el supuesto de que sobre estos pequeños bloques de acuerdos "técnicos" se estaría construyendo el gran edificio de la integración europea.

Lo cierto es que el proyecto europeo fue un proyecto de las élites. El pueblo europeo o, mejor dicho, los electorados nacionales quedaron bastante al margen del proceso, salvo la invitación esporádica a participar en un referéndum cuando de un cambio fundamental en el tratado de constitución de Europa se trataba. Pero también hay que reconocer que durante las primeras cuatro décadas la población europea mostró un consenso pasivo con el proyecto de las élites y burocracias comunitarias. Ciertamente, este protagonismo de las burocracias permitió avanzar con más celeridad hacia "más Europa" a pesar de la pasividad, indiferencia o ignorancia de la sociedad. Al final, sin embargo, este elitismo se convirtió en un lastre de legitimidad política que terminó minando las bases del proceso.

Monnet creía fielmente en el poder fecundador de las crisis: "Europa se construirá en las crisis y será la suma de las soluciones aportadas a estas crisis". En su visión, la integración crearía el consenso político para más integración. Una vez embarcados en algún esquema comunitario, los problemas o crisis que se presentaren tendrían que ser solucionados con mayores niveles de integración, porque desandar lo andado, desanudar lo atado, resultaba siempre mucho más costoso que seguir adelante.

En concreto, las burocracias comunitarias concebían el proceso como una transferencia progresiva de funciones o competencias locales o nacionales al nivel supranacional comunitario. Al mover determinadas funciones a ese nivel, la presión para incrementar las áreas de integración aumentaba, ya fuera porque la comunidad percibía los beneficios de las medidas iniciales y demandaba avanzar pasos adicionales (integración por retroalimentación positiva) o porque las medidas iniciales eran incompletas y se necesitaba profundizarlas o extenderlas para hacer que funcionaran o no generaran impactos indeseables (retroalimentación negativa). Algunos han calificado este enfoque negativo como la estrategia de la "tierra arrasada", a la que no se puede o resulta extremadamente doloroso regresar[68]. Así como quemar las naves o destruir los puentes no le permite a un ejército la vuelta atrás, determinadas decisiones comunitarias no dejaban puertas abiertas para el regreso. Una de esas decisiones sin vuelta atrás fue la unificación monetaria. Helmut Schmidt, Canciller de la República Federal de Alemania entre 1974 y 1982, dijo en 2007 que "...esta es la gran fortaleza del euro, que nadie puede abandonarlo sin dañar a su propio país y a su propia economía de forma grave"[69].

El proceso que llevó al Tratado de Maastricht y luego a la Unión Monetaria Europea tuvo este mismo lastre de falta de legitimidad democrática de la que sufrió Europa desde sus inicios. Mientras la integración estuvo acompañada de cierto crecimiento y, sobre todo, de generosos subsidios, los cuestionamientos a las élites comunitarias en Bruselas eran "recatados". Durante las primeras décadas de vida de la comunidad europea, el déficit democrático pudo ser compensado con un avance constante en la mejoría de la calidad de vida de los ciudadanos europeos, que en buena medida era atribuida a los beneficios de un mercado común, a los fondos estructurales que países más ricos ponían a disposición de los más rezagados o a la generosa política de subsidios de la Comunidad, especialmente en materia agrícola. La legitimidad de las instituciones de la Comunidad Económica Europea, primero, y luego de la Unión Europea estaba basada en los resultados de sus actuaciones (*output-oriented legitimacy*), más que en la legitimidad de elecciones democráticas o en la

---

68   Guiso, Sapienza y Zingales (2015).

69   Declaración hecha en una entrevista con David Marsh en 2007, en: David Marsh (2009). "The Euro: The Politics of the New Global Currency" Yale University Press. p. 255.

presencia de mecanismos participativos de los ciudadanos europeos en la toma de decisiones fundamentales (*input-oriented legitimacy*), tal como lo destaca el politólogo alemán Fritz Scharpf (2013). Esta segunda forma de legitimidad nunca estuvo muy presente en el devenir de la comunidad europea, pero era compensada suficientemente por la primera.

La adhesión popular hacia el proyecto comunitario estuvo garantizada hasta bien entrada la década de los 2000, porque todos recibían su porción, poca o mucha, de la generosa política de subsidios, ayudas estructurales, etc. Pero esta adhesión utilitaria no debe ocultar el hecho de que la ciudadanía se sentía alienada respecto a las instituciones europeas, sentía que decisiones que afectaban sus vidas eran tomadas detrás de las puertas cerradas de las oficinas comunitarias. Cuando la crisis financiera global de 2008-2009 golpeó duramente a Europa, el viejo déficit democrático se transformó en desinterés, distanciamiento o abierto rechazo del proyecto europeo.

Las secuelas económicas y sociales de la crisis financiera europea post 2008 hicieron estallar en añicos la legitimidad política que se había derivado del desempeño positivo del gobierno comunitario. Todas las recetas aplicadas a los países deudores tuvieron una dosis importante de sacrificio y deterioro de la calidad de vida, que erosionó la legitimidad basada en bienestar. A nivel de la forma cómo se tomaron las decisiones, el nuevo esquema de gobernabilidad implantado atentó directamente contra cualquier vestigio de legitimidad relacionada con la expresión de voluntad de los ciudadanos, e inclusive contra la participación del parlamento europeo y de los parlamentos nacionales. El nuevo esquema de gobernabilidad de las crisis atentó incluso en muchos aspectos contra la soberanía de los gobiernos nacionales democráticamente electos. Las actuaciones de la Troika y del Banco Central Europeo representaron una intervención exógena intensa y extensa en el funcionamiento interno de algunos países de la unión.

La crisis del euro colocó a la UME en una situación dilemática: los niveles de intervención requeridos para preservar la unión monetaria necesitaban ser de tal naturaleza intrusiva, que chocaban con los preceptos de un manejo democrático de las decisiones. El Procedimiento para Desequilibrios Macroeconómicos, por ejemplo, otorgó facultad discrecional a la Comisión Europea y a sus órganos subalternos para supervisar, controlar y sancionar una gama indefinida de áreas de políticas, pasando por encima de la división de competencias que históricamente había existido entre las instancias nacionales y las comunitarias. Esta discrecionalidad que se le otorgó a la tecnocracia comunitaria no era compatible con la regla de oro del proceso de integración europeo: la vida comunitaria estaba basada en reglas consensuadas por los miembros, que se aplicaban dentro de un marco legal y normativo conocido.

El Consejo Europeo y la Comisión Europea terminaron prácticamente actuando como "poderes extranjeros", que de forma discrecional imponían políticas y reformas al interior de los países deudores, que únicamente las instancias democráticas de gobiernos y parlamentos electos deberían poder adoptar. Los Tratados constituyentes de la UE y de la UME nunca previeron semejantes poderes discrecionales para la Comisión o el Consejo. Y mucho menos previeron el papel de "último decisor" que asumió el Banco Central Europeo para determinar qué países recibían oxígeno para sobrevivir y cuáles no. Estos poderes hubieran sido únicamente entendibles dentro del marco de una unión política. La esencia del dilema democrático europeo que la crisis hizo emerger a la superficie es que una instancia eminentemente tecnocrática, como es el gobierno de la UE, cuya legitimidad estuvo históricamente fundamentada en los logros de bienestar producidos, se vio desprovista de legitimidad cuando más lo necesitaba.

Desencanto de los ciudadanos y fatiga de integración

Es fácil de explicar que los sentimientos antieuropeos se exacerbaran durante la crisis financiera, como veremos en el capítulo XII. Lo interesante es constatar que el problema de legitimidad democrática y de alienación de los ciudadanos con Europa empezó desde mucho antes de la eurocrisis, aunque fuera compensado con dádivas. El desencanto respecto a Europa empezó a gestarse desde el principio de la década de los 90 (ver Gráfico VII-1). Tal como se evidencia del estudio de tendencias de opinión de Guiso, Sapienza y Zingales (2015), basado en las encuestas de Eurobarómetro, el pico de identificación con Europa sucedió en 1991, justo antes de la firma del Tratado de Maastricht. A partir de ahí se observa una reducción paulatina del apoyo a la membresía en Europa hasta alcanzar un mínimo en 1996. La caída fue más pronunciada en términos relativos en los países del sur de Europa (Italia, Grecia, España,

Portugal), aun cuando estos seguían siendo los más eurófilos en términos absolutos. También en Europa central (Austria, Alemania, Francia, Bélgica, Luxemburgo, Holanda) se produjo un descenso muy significativo del sentimiento positivo hacia la membresía en Europa. Desde ese bache en 1996 hasta 2001, el sentimiento positivo mejora moderadamente por efecto de la puesta en marcha de la unión monetaria. Nuevos baches se observan en 2003-2005. En 2009, como era de esperar, el sentimiento positivo disminuye a lo ancho de todo el espectro de países, pero lo hace mucho más pronunciadamente en los países del Sur. Es significativo observar que en los países del Centro y del Norte la caída se revierte rápidamente, mientras que en los países del Sur continuó cayendo.

Gráfico VII-1
Evolución del sentimiento positivo hacia la membresía en Europa, 1973-2011 (EU 15)

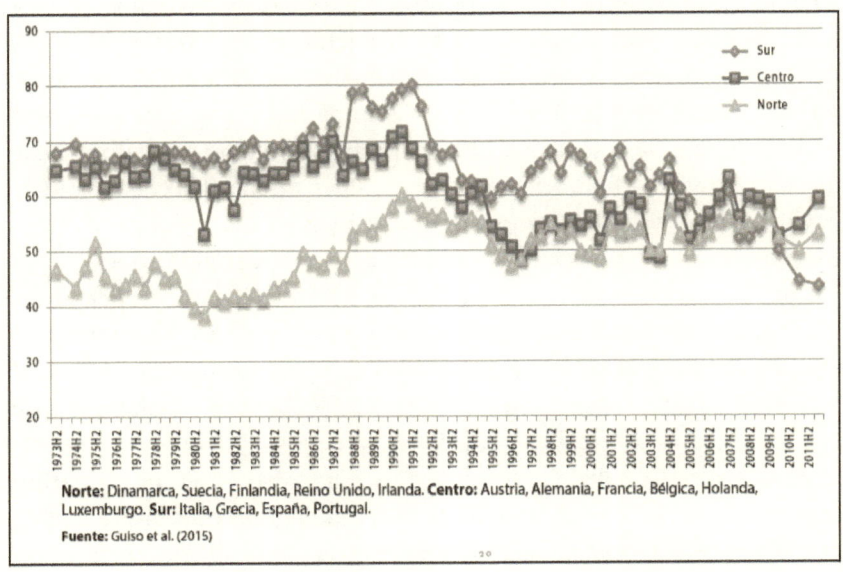

Norte: Dinamarca, Suecia, Finlandia, Reino Unido, Irlanda. Centro: Austria, Alemania, Francia, Bélgica, Holanda, Luxemburgo. Sur: Italia, Grecia, España, Portugal.
Fuente: Guiso et al. (2015)

Llama la atención que después de dos hechos fundamentales, como fueron la culminación del Tratado de Maastricht en 1991 y la macro ampliación de la membresía en 2004, los niveles de identificación con el proyecto europeo descendieran. Paradójicamente, el apoyo a Europa cae históricamente en momentos cruciales de avances del proceso europeo de integración. Pareciera ser el desencanto de quienes abrigaron ilusiones y esperanzas antes de momentos decisivos en la vida de Europa y luego se enfrentaron a una realidad que los ciudadanos percibieron como defraudante.

Menos de un quinto de los europeos favorecía a mediados de los 2010 seguir trasladando poder desde las instancias nacionales a las comunitarias, pero la mayoría quería seguir manteniendo el euro (Rodrick, 2017). El hecho de que los ciudadanos europeos manifiesten no querer mayores niveles de integración, pero que tampoco deseen desandar lo andado, especialmente la moneda común, apunta hacia una disconformidad no con la idea en sí de la integración europea, sino con la forma en la que se ha implementado. O quizás también una intuición de que romper la unión monetaria sería muy costoso para todos.

También evidencian los estudios de opinión que la disconformidad de la ciudadanía se traslada en igual o mayor grado hacia sus gobiernos nacionales, y viceversa. La percepción de que los respectivos gobiernos y las instancias comunitarias no toman en cuenta los intereses reales de los ciudadanos, ni les permiten participar democráticamente en las decisiones que les afectan es muy generalizada. Se suma a ello que ciertos sectores nada pequeños de la sociedad sienten que han resultado perdedores en el juego de la hiperglobalización europea y culpan de ello al hecho mismo de la Unión Europea o de la moneda común. Es por ello que los movimientos populistas europeos apelan también a los grupos antieuropeistas. La Unión Europea concita buena parte de la frustración democrática de los ciudadanos, que se sienten dejados de lado por las élites comunitarias.

La demora, las medias tintas y las inconsistencias con las que el liderazgo europeo abordó inicialmente los problemas estructurales de la eurozona no hizo sino agravar la fatiga de los ciudadanos europeos. Contra la adopción de los correctivos necesarios en el tiempo requerido conspiró un creciente cansancio de los ciudadanos comunitarios en la ciclópea tarea de construir la unión monetaria y, más allá de eso, una verdadera Unión Europea económica y política. Es lo que se ha denominado la "fatiga de integración". La euforia de la primera mitad de la década de 2000 dio paso a un pesimismo y decepción generalizados. La Europa de la unión monetaria, es innegable, ha tenido un desempeño peor que el del resto del mundo, incluso peor que el de los países europeos que no forman parte de la unión monetaria. El crecimiento ha sido más lento, el desempleo más alto, el cúmulo de restricciones y faltas de grado de libertad para enfrentar la crisis ha sido mucho mayor que en el resto del mundo. De ahí que en los países más golpeados por la crisis, a la fatiga de integración se le sumó la "fatiga de la austeridad", al tener que someterse a procesos de ajuste fiscal muy severos, que les hizo entrar en la espiral destructiva de ajustes fiscales, desapalancamiento de deuda y recesión económica. La conjunción de ambas fatigas explica el creciente desapego de amplios sectores de la población con el proyecto europeo.

TERCERA PARTE

ALEMANIA, ENTRE HEGEMONÍA Y COERCIÓN

Si el proyecto de la Comunidad Económica Europea y luego de la Unión Europea fue un intento de resolver el "problema alemán" diluyendo a Alemania en el entramado europeo, el devenir de los acontecimientos terminó creando un nuevo problema alemán. Ciertamente el problema era esta vez distinto, porque nadie puede atribuirle a la actual Alemania talante belicista, pero nuevamente Alemania asumió la incómoda posición para sus vecinos de ser demasiado poderosa como para no alterar el equilibrio de poder europeo, pero insuficientemente grande como para ejercer plenamente el liderazgo hegemónico.

La intención de los aliados vencedores, asumida también por el liderazgo alemán de la posguerra, fue transformar al país en una "Alemania europea", y nunca permitir que Alemania convirtiera el Continente en una "Europa alemana", parafraseando el dilema planteado por Thomas Mann. En el acalorado debate sobre el papel actual de Alemania, algunos describen la situación actual como más cercana a la "Europa alemana". Concordamos aquí más con la precisión del historiador británico Timothy Garton Ash (2012), que define la situación como la de "una Alemania europea en una Europa alemana". Lo cierto es que, según Ash, "Alemania es clave para el futuro de Europa, tal como lo ha sido, de una forma o de otra, durante por lo menos un siglo". No es pensable una solución al problema de la UME sin una decidida actuación de Alemania para completar las piezas que aún le faltan al rompecabezas de la unión.

A Alemania se le ha culpado de muchas cosas durante el despliegue de la crisis del euro[70]. Se le culpa de sumir a Europa en el estancamiento por su obsesión con la reducción del déficit fiscal y de la deuda, se le echa en cara no coadyuvar con el proceso de ajuste de los deudores, de imponer austeridad con implacable celo calvinista, de velar únicamente por sus intereses, de aprovecharse de la crisis para expandir su poder, etc. Buena parte de esta leyenda negra ha debido quedar suficientemente matizada a lo largo del libro. Vimos en la primera parte el papel central que jugó Alemania en la gestación de la UME, tanto para impulsarla, como para darle una estructura y una filosofía que sembró el germen de su vulnerabilidad. Vimos luego en la segunda parte el papel asumido por Alemania en el desafortunado manejo de la crisis de la eurozona. Queremos ahora entender por qué Alemania actuó como lo hizo, cuáles fueron los impulsores ideológicos que impulsaron sus iniciativas y por qué razón no asumió las responsabilidades que le hubieran correspondido como poder hegemónico.

Mantenemos aquí una visión crítica respecto a la actuación alemana, pero estamos lejos de la posición moralista de quienes le atribuyen una intención maligna o simple egoísmo. La búsqueda de sus propios intereses estuvo ciertamente presente, pero no en mayor proporción a la de cualquier país que vela por sus intereses. Alemania realmente estaba convencida de que lo que había sido bueno para ella, tenía que ser bueno también para los países "descarriados" de la periferia europea. Quiso trasladar hacia el resto de la eurozona su exitoso modelo exportador basado en la contención salarial y la austeridad fiscal. Quiso imprimir a las políticas económicas europeas el sello del mismo pensamiento ordoliberal que sustentó el milagro alemán de la posguerra, plasmado en el modelo de la "economía social de mercado".

Nuestro principal criticismo se refiere a la dejación de responsabilidades que le eran propias al país que, de forma voluntaria o involuntaria –eso no viene al caso–, había ascendido a la posición hegemónica dentro del sistema monetario europeo. Detentar tal posición implicaba deberes y derechos, costos y beneficios. Cuando el hegemón de un sistema monetario se niega a asumir los costos y a cumplir los deberes inherentes a su posición, el sistema se resquebraja y eventualmente se desintegra.

---

70 Franz Joseph Meiers (2015) hace un buen recuento de estas imputaciones. Ver también Stiglitz (2016), Krugman (2014), Lagarde (2014), Kundnani (2014), Kundnani (2011), Beck y Kotz (2017).

VIII

CONTENCIÓN SALARIAL ALEMANA Y DESEQUILIBRIOS EXTERNOS EN LA EUROZONA

La política económica alemana después de la crisis financiera global se focalizó en la recuperación de su propia economía. La situación de sus socios de la eurozona recibió apenas una atención marginal, en gran medida porque el discurso predominante era que cada quien asumiera su responsabilidad, especialmente los países que se habían endeudado irresponsablemente. En sintonía con su propio ciclo coyuntural y con una satisfactoria evolución de la recuperación, la política fiscal alemana fue más restrictiva de lo que hubiera sido racional en una unión monetaria donde el grueso de los miembros estaban experimentando una severa recesión. Nadie en Alemania le dedicó pensamiento a la posibilidad de que sus elevados superávits de cuenta corriente y el financiamiento por sus bancos de los déficits de la periferia tuvieran una cuota de responsabilidad en la crisis de esos países. Igual que hubo muy poca introspección sobre cómo los bancos e inversores alemanes se beneficiaron del *boom* de endeudamiento y de consumo de la periferia.

Los responsables germanos de las políticas económicas no reconocieron las interacciones sistémicas de sus actuaciones con lo que estaba pasando en otras esquinas de la eurozona. Estaban tan convencidos de que su modelo era el correcto, que no se imaginaban que pudiera tener implicaciones negativas para otros. Y si las tenía, la certeza de poseer la verdad les inmunizaba de cualquier sentimiento de responsabilidad (o culpabilidad). Así es que las políticas de Alemania entraron en asincronía con las de sus socios de la eurozona cuando más falta hacía coordinarlas.

En el corazón del modelo económico exportador alemán están la contención salarial y la frugalidad. Perfectamente encomiable este modelo, si Alemania no fuera parte del estrecho entramado de una unión monetaria y si no tuviera el peso económico abrumador que tiene. A causa de estas interacciones, el modelo alemán contribuyó a crear los "malos desequilibrios" previos a la crisis en el resto de la eurozona, agravó los efectos de la crisis y colocó un pesado lastre al proceso de recuperación de la periferia.

Ductor moral de Europa y con bolsillo profundo

¿Cómo llegó Alemania a convertirse en el conductor del autobús europeo después de haber estado suplicando después de la guerra que le permitieran sentarse en el último asiento? Lo que Alemania ha representado para Europa ha estado siempre inmerso en paradojas. Recuerde el lector que iniciamos el libro con una introducción sobre el rol central que Alemania tuvo en la historia europea. Su posición geográfica central entre las grandes potencias de la época (Francia, Austro-Hungría, Rusia e Inglaterra) y su tamaño territorial y poblacional la convirtió en el pivote que inclinaba las balanzas en las complejas relaciones de poder entre las potencias. Hasta bien entrado el siglo XIX la atomización de los Principados alemanes no le permitió a esa nación convertirse en una potencia por sí misma, pero quien lograra dominar o ganar a su favor los Principados tenía garantizado el control del centro de Europa y, por ende, del Continente. Y después de que Bismarck logró consolidar la unificación alemana bajo la égida de Prusia en 1871, Alemania pasó a disputar su propio lugar dentro del concierto de potencias europeas.

El problema fue que Alemania siempre constituyó un factor de inestabilidad en Europa, inicialmente por su atomización y luego por su poderío. No era, sin embargo, un poder suficientemente fuerte como para dominar el continente y generar la paz que un imperio suele comandar. Por su lado, las otras potencias se veían amenazadas por el poder económico y militar que la Alemania unificada estaba acumulando rápidamente. A su vez, los alemanes se sentían permanente cercados, tanto geográficamente como políticamente, por las alianzas que los otros países europeos tejían entre sí para contener el peligro alemán. Se generó así una dinámica perversa de retroalimentación de desconfianzas mutuas y de armamentismo que llevó finalmente a las dos guerras mundiales de la primera mitad del siglo XX.

Tal digresión hacia el pasado era necesaria para entender cómo la "cuestión alemana" impregnó el proceso de gestación de la unión europea. La Comunidad Económica Europea, incluso su predecesora Comunidad Europea del Carbón y del Acero, fueron mucho más un proyecto político que económico, en el que Alemania fue siempre el *leitmotiv*. Después de la Segunda Guerra Mundial, Francia estaba empeñada en negarle definitivamente a Alemania la recuperación de su poderío. La forma de neutralizarla fue subsumirla en entidades comunitarias europeas, en las que Francia retuviera el control político. Estados Unidos e Inglaterra estaban menos cargados emocional y políticamente contra los alemanes, pero también concordaban en que la unidad europea era la mejor forma de resolver el problema alemán. Por su parte, Alemania sabía que la única vía para ser readmitida en la comunidad internacional era a través de su participación en instancias europeas. Los alemanes se convirtieron en europeístas fervorosos y ciudadanos internacionales ejemplares.

Pronto el éxito económico colocó a los alemanes en los asientos de adelante del autobús, y en ciertos temas en el puesto del conductor del viaje europeo. Al volante estuvo sin duda Alemania en todo lo relacionado con el sistema monetario-cambiario, que desde el colapso del sistema de Bretton Woods adquirió especial relevancia. La credencial que le permitió asumir tal liderazgo se la concedió la fortaleza del marco alemán y el prestigio del Bundesbank en el logro de la estabilidad de precios. Tampoco cabe duda de que el diseño del euro y del banco central europeo tuvieron un claro sello alemán. Y más allá de su liderazgo monetario, Alemania ensayó un nuevo modelo económico, la "economía social de mercado", que le permitió crecer por encima de sus pares europeos y convertirse de nuevo en la primera potencia económica de Europa. Este modelo estuvo basado en un esquema de co-determinación y pactos entre el capital, el trabajo y el Estado. En el frente productivo, Alemania logró muy pronto recuperar su liderazgo industrial a través del compromiso incansable en pro de la innovación, la investigación aplicada y la apertura de mercados.

Después de la segunda reunificación alemana en 1990, la nueva República Federal de Alemania se consolidó como la primera potencia económica europea, superando en 1,5 veces el PIB de su inmediato seguidor, Francia. Su población pasó a ser 80 millones de habitantes frente a los 58 y medio de Francia. En 1995, la economía alemana representaba un 28,3 del PIB de la Unión Europea. En 2009, sus cuentas fiscales estaban saneadas y la deuda pública representaba 80 por ciento del PIB, sensiblemente por debajo de sus pares de la zona euro. Las cuentas externas estaban especialmente sólidas después de una década de cruzada nacional para mejorar la competitividad del país. En 2010, el balance positivo de su cuenta de bienes y servicios era equivalente a todo el superávit comercial de la eurozona. La posición internacional neta alemana[71] en ese mismo año 2010 era ampliamente superavitaria, equivalente a 25,6% del PIB, mientras que la posición de Francia era negativa en 9,3% del PIB, la de Italia negativa en 20,2% del PIB y la de España negativa en 88,6% del PIB, por solo mencionar a los cuatro países de más tamaño de la eurozona.

No es de extrañar, por consiguiente, que en la medida en que la crisis financiera de la eurozona se agravaba, los ojos de Europa se tornaran hacia Alemania, el único país con un bolsillo suficientemente profundo como para hacer frente a los rescates que iban siendo necesarios. Pero más todavía que la capacidad financiera y el tamaño de su economía, lo que otorgó a Alemania un liderazgo natural cuando estalló la crisis financiera fue su récord de país exitoso, de alguien que había hecho bien sus tareas, alguien que había logrado convertirse del "hombre enfermo de Europa" de mediados de los 90 en la estrella brillante de mediados de los 2000. Alemania era el país europeo estructuralmente mejor preparado para enfrentar los embates de la crisis financiera mundial. Fervorosos defensores de su propio modelo económico, los alemanes se sintieron con el derecho –y el deber– moral de decirles a sus socios europeos en problemas en qué habían fallado. Los que estaban siendo sacudidos por la turbulencia de los mercados financieros a causa de su elevado nivel de deuda debían ser criticados y responsabilizados por haber gastado más de lo que tenían.

Decía el ex primer ministro italiano Mario Monti que "únicamente en Alemania la ciencia económica es considerada como una rama de la filosofía moral." (citado en Christopher Smart, 2017). No es casualidad que en el idioma alemán la palabra "*Schuld*" signifique tanto deuda como

---

[71] Net International Investment Position: macroeconómicamente hablando, diferencia entre activos y pasivos financieros de los residentes de un país respecto al exterior.

culpa. El "ama de casa suaba" –el prototipo del buen hacer alemán– nunca se endeudaría para gastar más de lo que tiene. Existe entre los alemanes una suposición implícita de que los ahorros son una expresión de virtud y las deudas de pecado, en vez de la expresión de un conjunto complejo de hechos económicos y circunstancias coyunturales.

Fue esta supuesta "autoridad moral" la que permitió a las autoridades alemanes imponer su particular interpretación del origen y de las características de la crisis, así como definir el recetario consiguiente. Como decíamos en el capítulo IV, la crisis de la deuda griega proporcionó la narrativa perfecta que encajaba en el pensamiento moral binario de virtuosos y pecadores. La culpa y los deberes estaban de un solo lado, sin mención alguna a los desbalances de los acreedores que financiaron el *boom* de demanda y gasto público de los deudores. Como principal acreedor, directamente, y como líder del "sindicato de acreedores", indirectamente, Alemania estuvo en condiciones de fijar los términos de los rescates y de los fondos de ayuda.

Lamentablemente, las recetas no cumplieron su propósito de extraer a los países deudores de la crisis en un tiempo y costo razonables. El moralismo ofuscó la visión sistémica de la crisis, una visión en la que deudores y acreedores deberían reconocer su cuota de responsabilidad y contribuir equilibradamente a las tareas del proceso de ajuste. Alemania estuvo totalmente cerrada a esta visión, descargó íntegramente la responsabilidad sobre los hombros de los deudores y asumió el rol del policía moral impertérrito e implacable.

No haríamos honor a la verdad, sin embargo, si atribuyésemos a la sociedad alemana y a su liderazgo actitudes de mezquindad o insensibilidad. Por el contrario, el pueblo alemán es conocido por su sentido de solidaridad, compasión y justicia. Lo que estuvo detrás de las duras y unilaterales posiciones alemanas fue su cosmovisión acerca de la forma de organizarse como sociedad, su filosofía económica, su visión sobre las relaciones de trabajo y producción, sus propias recetas de éxito. Alemania quería para sus socios europeos en crisis el mismo modelo y los mismos caminos que a ella la habían llevado al éxito. En todo momento, Alemania estuvo fervientemente convencida de que lo que había sido bueno para ella también tenía que ser bueno para el resto de Europa. Por eso es que nunca tuvo un asomo de duda en imponer con rigor su receta de austeridad a los países deudores.

Contribución de la moderación salarial alemana a la
formación de desequilibrios en sus vecinos

Los desequilibrios que se presentaron en los países de la periferia europea, especialmente los déficits en la cuenta corriente de la balanza de pagos, no se pueden entender sin el contexto de los superávits de los países del centro de Europa, especialmente el de Alemania. Y si existió esta interconexión en la formación inicial de los desequilibrios, es razonable pensar que su superación necesitaba también la cooperación de las economías superavitarias. Debemos cuidarnos, sin embargo, del simplismo de creer que la pérdida de uno es directamente la ganancia del otro, y viceversa. El déficit comercial de la periferia de la eurozona no es un espejo aritmético, un suma cero, del superávit del centro-norte de Europa. Eso ocurriría en el modelo hipersimplificado de Mundell de un mundo de solo dos países, pero no en la vida real de múltiples países interconectados dentro y fuera de la región del euro. El superávit comercial alemán no se logró únicamente a base de venderles a sus socios europeos más bienes y servicios que los que importó de ellos, ya que el principal destino de las manufacturas alemanas fueron los mercados asiáticos y norteamericanos.

Ciertamente no se trató de espejos aritméticos en las respectivas cuentas de bienes y servicios, pero hubo varios canales indirectos a través de los cuales sucedió la interacción entre los superávits y los déficits de Alemania y de la periferia de la eurozona. Una voz crítica y reputada respecto a la responsabilidad alemana en el desequilibrio de la periferia es la del economista alemán Peter Bofinger (2015), a quien no se le puede atribuir inclinación germanofóbica siendo uno de los cinco miembros del sacrosanto *Sachverständigerrat*, el Consejo Alemán de Expertos Económicos, que regularmente emite opiniones y recomendaciones sobre el estado de la economía alemana. Su planteamiento central es que la "narrativa de consenso"[72] sobre el origen de la crisis europea no toma en cuenta la contribución importantísima de Alemania a la formación de los problemas en la periferia europea. Esa narrativa de consenso pone el foco de atención

---

72 Se refiere al trabajo recopilado por Baldwin y Giavazzi (2015), que constituye una especie de manifiesto suscrito por un grupo muy importante de economistas, en el que llegan a un consenso sobre el desarrollo de la crisis de la eurozona y sus causas.

en la acumulación acelerada de deuda privada y pública, que, al producirse la "parada repentina" de los flujos de capital hacia la periferia, degeneró en crisis bancaria y crisis soberana. De forma más o menos velada, esta narrativa apunta a la responsabilidad de los propios países deficitarios, que no supieron o no quisieron ponerle coto al *boom* de demanda que generaron las burbujas de activos y que deterioró la competitividad por la vía de aumentos salariales por encima de la productividad.

Bofinger resalta el efecto que la "contención salarial" alemana tuvo sobre el resto de Europa en la primera década del presente siglo. Si hacemos un poco de historia, Alemania inició su membresía en la UME en 1999 con una situación económica muy comprometida. Toda la década de los 90 se le consumió tratando de asimilar el brutal impacto económico de la incorporación de la Alemania del Este a la nueva nación unificada. Ello lo hizo a un coste fiscal muy alto para financiar la reconstrucción y homologar a los ciudadanos del Este con los beneficios sociales del Oeste. Ello implicó expansión monetaria al reconocer los marcos alemanes orientales al cambio de uno a uno con el *Deutsche Mark* y las consiguientes presiones inflacionarias, que dañaron la competitividad de la industria alemana. Aunque cueste creerlo hoy en día, en esos años se hablaba de Alemania como el "enfermo" de Europa: el desempleo era alto y el crecimiento económico decepcionante. Mientras que el resto de la eurozona creció a un promedio anual de 3,2% entre 1995 y 2000, Alemania lo hizo al 1,7%.

A la vista de esta situación de falta de dinamismo, Gerhard Schröder, una vez elegido Canciller de Alemania en 1998, convocó a un Pacto para el Trabajo, Educación y Competitividad (*Bündnis für Arbeit, Ausbildung und Wettbewerbfähigkeit*), un pacto tripartito entre los sindicatos, el empresariado y el gobierno. La iniciativa fue buen reflejo de la cultura corporativista de la sociedad alemana, muy acostumbrada a entendimientos de alto nivel entre el capital y el trabajo bajo la égida del Estado. Las "cumbres de diálogo" dentro del marco del Pacto funcionaron razonablemente bien hasta fines de 2002, y de ellas surgieron algunos consensos que luego Schroeder, en su segundo mandato de gobierno socialdemócrata, recogió y presentó en 2003 en el plan denominado "Agenda 2010". Como núcleo central del consenso, los sindicatos se mostraron dispuestos a no aumentar los salarios por encima de la inflación, bajo la condición de que los empresarios cumplieran su parte de aumentar el empleo. La "Agenda 2010" contemplaba disminuciones de impuestos al capital, estímulos a las empresas, medidas de apoyo a la productividad, drásticas reducciones de beneficios sociales, flexibilización del mercado laboral y moderación salarial. Un plan de ajuste "ordoliberal" en toda regla, validado por los sindicatos.

Como consecuencia de la Agenda 2010, desde 1999 hasta 2008 los costes laborales unitarios alemanes permanecieron nominalmente constantes a nivel total de la economía y en algunos sectores, como el manufacturero, llegaron a declinar en un 9 por ciento (ver Gráfico v-1). Esta moderación salarial justo durante los años en los que el resto de la eurozona, especialmente los países del Sur, entraron en una fase de recalentamiento de precios y salarios, contribuyó a abrir aún más la brecha entre ambos grupos de países. Según Bofinger, la contención salarial, entendida esta como aumentos salariales por debajo del crecimiento de la productividad, tuvo una contribución decisiva en la formación de los desbalances de los países de la periferia de la eurozona a través de varios canales de transmisión:

- Un primer impacto se derivó de los diferenciales de inflación entre Alemania y el resto de esos países, que afectaron directamente la competitividad de las exportaciones.
- Un segundo impacto se derivó de la política de tasas de interés del BCE, inducida por la baja inflación alemana. Cuando lo que la periferia realmente necesitaba era de una política monetaria restrictiva, el BCE se atuvo al "promedio" de inflación europea y mantuvo bajas las tasas de interés, que se constituyeron en gasolina para el fuego de las recalentadas economías de la periferia.
- En tercer lugar, la demanda agregada interna en Alemania cayó sensiblemente por la moderación salarial, razón por la cual al resto de los países europeos se les dificultó colocar sus exportaciones en Alemania.

Depresión de la demanda en Alemania y *boom* de demanda en la periferia de la eurozona crearon la "tormenta perfecta" para el desbordamiento de los desbalances de las balanzas comerciales. Le Moigne y Ragot (2015) estiman que la moderación salarial alemana fue responsable de casi la mitad de las divergencias en términos de la balanza comercial dentro de la eurozona. Un impacto muy significativo.

A estos canales de transmisión debemos añadir otro extremadamente importante, no enfatizado suficientemente por Bofinger en este análisis. Macroeconómicamente hablando (ver Recuadro VIII-1), los superávits en cuenta corriente equivalen a un exceso del ahorro sobre la inversión nacional, con la consiguiente acumulación de excedentes financieros en el país superavitario. Fueron estos excedentes financieros los que, intermediados por la banca alemana, financiaron la fiesta del consumo de la periferia mediterránea y causaron el *boom* de demanda, las presiones inflacionarias, las alzas salariales y la pérdida de competitividad en esos países. Y fue la parada abrupta de estos flujos financieros la que disparó luego la cadena de círculos viciosos que hizo entrar a la eurozona en crisis.

Contención salarial, ¿héroe o villana?

Dependiendo desde qué lado se contemple, la contención salarial asume el papel de héroe o villana. Para los neokeynesianos, como Bofinger y la mayor parte de los economistas no alemanes, ella fue la villana que alimentó los desbalances de las cuentas corrientes entre los países de la eurozona. Para los neoclásicos, entre los que pudiéramos subsumir también a los ordoliberales alemanes, la moderación salarial y la flexibilización del mercado laboral fueron las causantes del segundo milagro económico alemán, las que convirtieron a la economía alemana del enfermo esclerótico de la década de los noventa en el campeón exportador de la primera década de los 2000, en el líder económico indiscutible de Europa. Esta interpretación de las determinantes del crecimiento alemán encajaba en el paradigma neoclásico de que lo importante para el crecimiento económico era crear condiciones para incrementar la producción de bienes y servicios, es decir, condiciones para mejorar el lado de la oferta. Los instrumentos preferidos por este enfoque son los recortes de impuestos al capital, la flexibilización de regulaciones, especialmente en el mercado laboral, y las reducciones del coste salarial. En contraste, el paradigma keynesiano, privilegia estimular el crecimiento económico a través de los determinantes que impulsan la demanda agregada de consumo e inversión.

La experiencia de la eurozona antes de la crisis, y más especialmente después de ella, pareció validar el enfoque ordoliberal que enfatizaba la importancia central de la contención salarial y la baja inflación para el logro de la competitividad y del crecimiento. Como es usual, los vencedores imponen su cosmología. No hubiera sido tan grave esta disputa entre neoclásicos y keynesianos, si no hubiera sido porque el dogma "vencedor" fue el que se impuso a la hora de explicar las causas de la crisis en los países más afectados y también a la hora de diseñar las recetas para la salida. Los alemanes escribieron íntegramente la narrativa oficial de la tecno-burocracia comunitaria: los países que le habían dado rienda suelta al gasto público, a las inversiones excesivas, al endeudamiento y a las alzas salariales fueron los que entraron en crisis después de 2008, mientras que los que moderaron las apetencias salariales, controlaron el déficit fiscal y redujeron los beneficios sociales fueron los que capearon sin problemas el temporal de la crisis financiera y lograron importantes superávits en sus cuentas internas y externas. Esta narrativa ofrecía la justificación perfecta para culpar a las víctimas, y sólo a las víctimas, de la crisis en la que estaban sumidas. Grecia le vino como anillo al dedo a esta narrativa. La derivación inmediata de este enfoque interpretativo fue que la receta para salir de la crisis no podía ser otra que la contención salarial, la deflación interna, el desmantelamiento de las rigideces laborales y la reducción del gasto público; en otras palabras, la austeridad.

Con el beneficio de la retrospectiva ya casi nadie pone en duda que esta receta de austeridad, sin otros acompañamientos, profundizó y prorrogó la crisis de la eurozona mucho más allá de lo razonable y necesario. La receta de la austeridad estuvo basada en un diagnóstico equivocado. Como tantas veces ocurre con los dogmas, estos se basan en ideas que suenan razonables, en medias verdades y en observaciones reales que luego son aderezadas por las ideologías para convertirlas en dogmas. Una de esas medias-verdades fue que la contención salarial había sido el sustento principal de la competitividad de los productos alemanes por la vía de un menor coste laboral. El mismo Bofinger, a pesar de disentir en muchos puntos con la narrativa alemana oficial, sostiene implícitamente que la contención salarial fue la que mejoró la competitividad alemana por la vía de los costes de la mano de obra y contribuyó al mal desempeño de las balanzas de pagos de sus socios europeos.

El economista holandés Servaas Storm (2016) cuestiona esta relación de unicausalidad lineal entre contención salarial, competitividad y superávit comercial. El hecho de que la contención salarial alemana hubiera ocurrido <u>concomitantemente</u> con los superávits y déficits de las cuentas corrientes europeas, no quiere decir que existiera una relación de causalidad entre ambos fenómenos. Recordemos que la competitividad depende, entre otras cosas, de la productividad de los factores de producción –medida por la relación (cociente) entre los costes incurridos y la cantidad producida–. La competitividad, por consiguiente, se puede mejorar ya sea reduciendo los costes del input (el denominador de la ecuación) o mejorando la cantidad del output (el numerador de la ecuación). Sabemos que la productividad alemana, medida como producción por hora hombre trabajada, creció por encima de la de sus socios europeos, pero las evidencias empíricas no sustentan la tesis de que los menores costes laborales unitarios fueran el principal determinante de la competitividad internacional alemana.

La mayor productividad y competitividad alemanas tuvieron que ver más con condiciones fundamentalmente tecnológicas que con la contención salarial de los trabajadores alemanes. El *boom* de las exportaciones alemanas se explica principalmente por la combinación afortunada de dos factores: en primer lugar, una exitosa revolución tecnológica de su sector manufacturero (el importantísimo *Mittelstand*) que se especializó en la fabricación de equipos de capital altamente sofisticados y de alta tecnología; y en segundo lugar, una situación favorable de demanda del mercado mundial, que mostró un apetito insaciable por esos productos tecnológicos alemanes, especialmente por parte de países en acelerado crecimiento como China, India, Rusia o Arabia Saudita. La década del 2000 fue la década de oro del crecimiento de las economías emergentes. El "efecto demanda", más que el efecto coste, fue el que motorizó las exportaciones alemanas. A través de una encomiable inventiva ingenieril, la industria alemana fue capaz de desarrollar los productos sofisticados que la demanda mundial estaba ávidamente solicitando. Esta fue la clave de su *boom* exportador.

Tampoco es cierto que los "excesos" salariales de los países de la periferia de la eurozona fueran los causantes primordiales del desbalance de su cuenta corriente. Prueba de ello es que los déficits de cuenta corriente aparecieron antes del recalentamiento salarial y se debieron inicialmente al aumento de las importaciones y no a una caída de las exportaciones. Esta secuencia fue especialmente evidente en el caso de España. Fueron los flujos de capital, provenientes principalmente de los bancos alemanes y holandeses, los que en primera instancia recalentaron la demanda agregada interna, incrementaron las importaciones e indujeron posteriormente las alzas salariales por la vía del *boom* de demanda.

Como apuntábamos antes, la "narrativa" sobre las causas de los desbalances dentro de la eurozona adquirió gran importancia a la hora de diseñar vías de solución. Nadie niega que la contención salarial contribuyera a mejorar la productividad de los trabajadores alemanes, al igual que el desborde salarial empeoró la productividad de los trabajadores del sur de Europa. Condujo a serios errores de política, sin embargo, que esta relación se convirtiera en el dogma interpretativo unicausal dominante, según el cual la contención o el desbordamiento salarial pasaron a ser la explicación de los superávits o déficit de las cuentas corrientes. Porque bajo ese enfoque, la virtud estuvo exclusivamente del lado de los que supieron "posponer satisfacciones" al buen estilo de la ética protestante, mientras que los que dieron "rienda suelta" a gastos y salarios crecientes, los "latinos dispendiosos", tuvieron culpas que necesitaban expiar por la vía de la austeridad. Y por ser una culpa unilateral, la parte no culpable no tenía obligación económica ni moral de coadyuvar a la restitución de los equilibrios.

Dualismo estructural, en lo económico y en lo cultural

Adicional a todo lo anterior, detrás de los desbalances de balanzas de pagos en la eurozona estuvo también la dualidad estructural entre un núcleo central de países, básicamente Alemania, que se especializó en la producción de bienes de alta tecnología y alto valor añadido, y el resto de países, principalmente los del Sur de Europa, que se concentraron en sectores productivos no transables y en productos transables de baja tecnología y bajo valor añadido. Las manufacturas que exportaba Alemania tendían a ser relativamente insensibles al coste laboral unitario, cosa que no sucedía con los productos que exportaba el sur de Europa, donde las ventajas comparativas descansaban en gran medida en el binomio coste – precio. Paradójicamente, a pesar de que Alemania no necesitó realmente de la reducción del coste salarial para marcar su fuerte presencia en el mercado internacional de bienes de alto valor tecnológico añadido, fue el único país que realmente lo redujo. Los otros países, que realmente lo necesitaban por el tipo de productos que producían, fueron en la dirección opuesta de incrementar los costes laborales. La tragedia de estos países de menor desarrollo tecnológico es que el restablecimiento del balance de su cuenta corriente dependió en gran medida de la reducción del coste salarial, la cual fue una receta muy contraproducente para salir de la trampa de bajo crecimiento en la que estaban sumidos.

La verdad es que la semilla de este dualismo estaba ya sembrada antes de la implantación de la unión monetaria, pero no hay duda de que desde 1999 las divergencias de las estructuras productivas al interior de la eurozona se fueron agrandando. Y la crisis financiera de la eurozona post 2008 no hizo sino agravar este problema de la dualidad estructural, porque todos los esfuerzos se dedicaron a la devaluación interna, sin que quedara oxígeno para abrir vías para el crecimiento de una oferta exportadora de mayor calidad.

Esta es una muy mala noticia para un área integrada monetariamente, cuyo postulado fundamental es que las divergencias estructurales entre sus integrantes o no deben existir al inicio, o deben irse reduciendo posteriormente por efecto de la integración. Divergencias estructurales crecientes terminan minando inexorablemente los cimientos de una unión monetaria, salvo que existan mecanismos solidarios compensatorios. Inclusive cuando tales mecanismos existen, es a largo plazo inviable una unión monetaria en la que esta brecha se abra más día a día. Más que la austeridad fiscal o la deflación de los salarios, lo que verdaderamente ayudaría a los países deficitarios de la eurozona son políticas para cerrar esta brecha estructural, como por ejemplo políticas industriales que promuevan avances tecnológicos e incrementen la competitividad en sectores de más alto valor añadido y empleo mejor remunerado.

No es fácil ser optimistas respecto a las perspectivas de superación de este dualismo estructural en un plazo razonable. La razón es que subyacente a este dualismo económico-productivo se esconde también un dualismo socio-cultural igual o más importante. Diferentes modelos de sociedad, diferentes culturas económicas y diferentes modelos económicos conviven dentro de la UME (Streeck, 2015; Scharpf, 2018). Con riesgo de sobre-simplificar pudiéramos trazar la siguiente línea divisoria Norte – Sur:

- Un Sur Mediterráneo, que históricamente ha sido más benevolente con la inflación, que tiende a gastar más de lo que tiene, cuyo modelo de crecimiento ha estado dinamizado por la demanda

doméstica, donde los sindicatos atomizados tienen un alto poder de negociación, donde la concepción de equidad y solidaridad tiende a sobredimensionar los beneficios sociales y donde el Estado interviene significativamente en el quehacer económico.
- Un Centro y Norte de Europa, que tiene fuerte aversión a la inflación, que predica la frugalidad hogareña y fiscal como virtud, cuyo modelo de crecimiento ha estado dinamizado por el sector exportador, basado en eficiencia y emprendimiento, donde los agentes económicos se relacionan en un marco corporativista y cooperativo para consensuar contención y donde el Estado se limita a preservar la competencia no abusiva.

Hay ciertamente muchos matices en la realidad de cada país, algunos de los cuales, como Francia o Austria, son difíciles de encasillar en cualquiera de los dos polos, pero eso no le quita utilidad a las tipologías idealizadas. La tipología nos dice que hay dos modelos sociales, basados en historias y tradiciones culturales distintas. Aterrizada en la esfera de lo económico, la tipología sureña se corresponde con países con mayor tendencia al gasto y al endeudamiento, mientras que la tipología norteña aplica a países con mayor tendencia al ahorro y la inversión. Ambas culturas tienen sus propias dinámicas socio-económicas y sus propios mecanismos de viabilidad. Es relativamente fácil caer en la tentación de atribuirle a un modelo u otro superioridad moral o un mayor poder para organizar eficientemente la sociedad alrededor del objetivo de generar bienestar. Cualquier juicio moral tendrá que estar basado en un conjunto de preferencias sociales y de prioridades de valores, lo cual lo hace necesariamente subjetivo.

El problema es cómo compatibilizar ambas culturas y modelos dentro de una unión monetaria. Es mucho el desgaste político, los conflictos, las discusiones interminables y las negociaciones permanentes que la coexistencia de ambos modelos le acarrea a la vida comunitaria. La realidad es que son dos modelos que no pueden convivir dentro de un régimen de cambio fijo, porque en vez de convergir, están condenados a divergir. Para evitar el desgaste, ellos deberían "convergir negociadamente" hacia ciertos arreglos comunes fundamentales, única forma de que la unión monetaria sea viable. De no hacerlo, alguno de los dos modelos tendrá que prevalecer sobre el otro, tarde o temprano. No es difícil adivinar cuál prevalecerá. En lo económico-financiero, no hay forma de que el modelo exportador, basado en frugalidad y productividad, no supere al modelo de mercado interno, basado en gasto público distributivo.

La crisis del euro se encargó de hacer aflorar crudamente esta supremacía del modelo de eficiencia exportadora y de su filosofía económica. Ahora bien, lo que está por verse es si el Sur va a estar en disposición y en capacidad de asimilar e interiorizar la cultura del Centro-Norte. Para que toda la eurozona esté en una misma página en materia de filosofía económica, a la periferia mediterránea no le queda otra opción que adoptar el modelo del Centro-Norte, porque no es realista pensar que Alemania y sus vecinos vayan a renunciar a su "exitoso" modelo. Si esto es así, el futuro de la eurozona, en su actual configuración de países, luce muy incierto. Una moneda común no tiene espacio para tanta divergencia.

Superávit comercial alemán: la manzana de la discordia

Al principio de la CFG, Alemania presentaba un superávit en cuenta corriente de 5.6 por ciento del PIB, mientras que el promedio de la periferia mediterránea tenía un déficit cercano al 10 por ciento (ver Gráfico VIII-1). Después de un esfuerzo denodado, la cuenta corriente de la periferia logró salir de la zona del déficit en 2013, manteniéndose entre cero y uno por ciento desde entonces. El superávit alemán, en vez de converger, subió ininterrumpidamente desde 2008 para ubicarse en un rango entre 8 y 9 por ciento del PIB desde 2015. Que después de 9 años de eclosionada la crisis, la periferia tenga tal nivel de incapacidad de dinamizar su sector externo y Alemania continúe tan exageradamente superavitaria, es un indicativo de los profundos desequilibrios que persisten al interior de la eurozona.

Las cifras del Gráfico VIII-1 revelan la profunda desalineación de políticas económicas entre Alemania y la periferia de la eurozona. Es cierto que el sector exportador alemán logró alcanzar una envidiable posición competitiva, pero no menos cierto también fue que la magnitud del desbalance no se podía explicar por simples factores competitivos. La teoría económica establece una clara correlación entre superávit comercial y bajos niveles de demanda agregada interna, alto nivel de ahorro y superávit fiscal (ver el Recuadro VIII-1 para entender la relación de la cuenta corriente externa con las principales variables macroeconómicas). Los desbalances de la balanza de pagos son un reflejo de las preferencias intertemporales de las sociedades, más en concreto, un reflejo de la preferencia de un país a favor del ahorro o del consumo, a favor del ahorro o de la inversión. En una economía cerrada, por definición, el ahorro es igual a la inversión. Pero en una economía abierta, el ahorro puede ser canalizado al exterior en vez de hacia el consumo y la inversión internos. Este (des)balance macroeconómico entre ahorro e inversión se manifiesta siempre directamente en el (des)balance de la balanza de pagos. Ello es así porque una mayor propensión a la frugalidad y al ahorro disminuye la demanda de bienes y servicios en el mercado interno y, por ende, la demanda de bienes y servicios importados. Si al mismo tiempo la frugalidad va acompañada de deflación y bajos costes, como suele frecuentemente ocurrir, la mesa está servida también para la mejoría de la competitividad y el aumento de las exportaciones. La preferencia de la sociedad alemana se inclinó definitivamente hacia el ahorro y la frugalidad.

GRÁFICO VIII-1
Saldo en Cuenta Corriente (% del PIB), 1999-2017

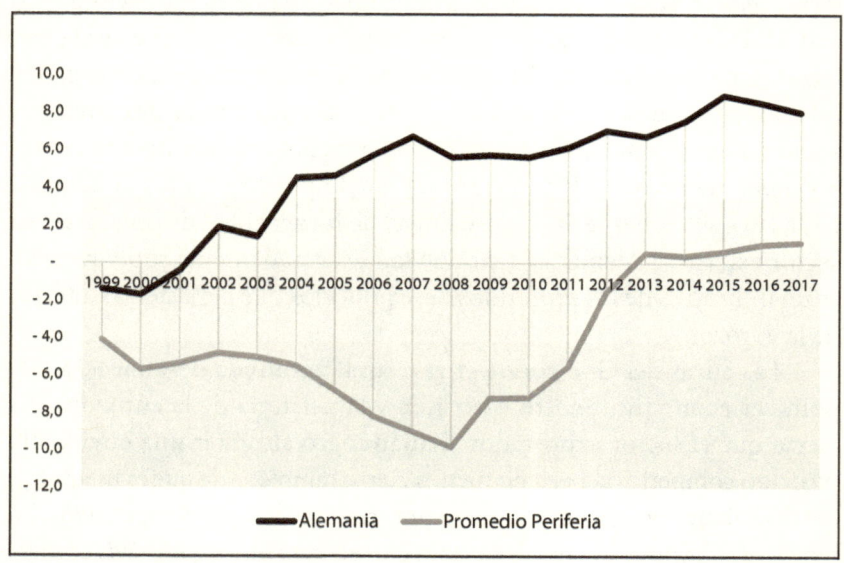

> **Recuadro VIII-1**
> **BREVE LECCIÓN DE MACROECONOMÍA:**
> **EL SIGNIFICADO DE LA CUENTA CORRIENTE DE LA BALANZA DE PAGOS**
>
> En la Contabilidad Nacional rige la siguiente igualdad:
>
> $CA = (S - I) + (T - G)$
>
> La ecuación nos dice que el ahorro externo (=saldo de la cuenta corriente externa CA) es la suma del ahorro interno privado neto (ahorro S menos inversión I) y del ahorro neto del gobierno (ingresos públicos T menos gasto público G).
>
> Una simple multiplicación de la ecuación anterior por -1, nos enseña la otra cara de la moneda:
>
> $-CA = (I - S) + (G - T)$
>
> Dicho en palabras, el endeudamiento neto de la nación (-CA) es la suma del endeudamiento neto del sector privado (inversión I menos ahorro S) y del endeudamiento neto del sector público (gastos G menos ingresos T).
>
> Otra identidad macroeconómica nos dice que el ahorro (S) es la parte del producto nacional (Y) que el sector privado no consume (C) y el gobierno no gasta (G).
>
> $S = Y - C - G$
>
> Por la primera ecuación sabemos que para disminuir el déficit de cuenta corriente hay que aumentar el ahorro y ello se logra reduciendo el consumo privado y el gasto del gobierno. Este es el axioma básico de la receta de austeridad. Por la otra cara de la moneda, la disminución del superávit en cuenta corriente sucede por la vía de aumentar la inversión, aumentar el consumo o aumentar el gasto público.
>
> Curiosamente, las autoridades alemanas comulgaron fervorosamente con el axioma de la austeridad, pero no tanto con su otra cara de la moneda.

El *establishment* alemán no vio en estos superávits nada negativo, antes bien fueron considerados muestra de lo acertado de su modelo económico. Las cuentas externas no eran vistas como el producto de políticas o estímulos orquestados por el gobierno, sino como el resultado de infinidad de transacciones privadas hechas con la expectativa de obtener un beneficio[73]. Si de esta infinidad de transacciones surgía un balance positivo era porque el país tenía una economía competitiva basada en factores estructurales. Phillip Steinberg del Ministerio de Asuntos Económicos identifica que no menos de la mitad del superávit comercial se explica por esos factores fundamentales que tienen que ver con una estructura industrial orientada a productos de alto valor tecnológico y con un portafolio acertado de productos y clientes. Sin embargo, Steinberg reconoce también que superávits persistentes de tal magnitud apuntan a la existencia de distorsiones y problemas estructurales, como por ejemplo condiciones desfavorables para la inversión, debilidad de la demanda interna o excesiva contención salarial.

Otros analistas, como Hans-Werner Sinn (2016) del Instituto IFO de Investigación Económica, son menos autocríticos y descargan toda la responsabilidad en los países que, según Sinn, viven crónicamente con déficit de cuenta corriente y demandan el flujo de excedentes alemanes de capital para financiar sus déficits. La eurozona, en particular, creó antes de la crisis un falso sentido de ausencia de riesgo que permitió a los bancos alemanes inundar con préstamos la periferia mediterránea deficitaria. En vez de quejarse tanto, sigue el relato de Sinn, los socios europeos deficitarios deberían esforzarse en copiar el modelo alemán y hacerse más eficientes. Cualquier otra cosa que no sea apretarse los cinturones no haría más que alargar el declive de los países deudores.

Esta posición equivale a negar que la economía internacional y, más particularmente, las economías de una unión monetaria están entrelazadas sistémicamente. En los años del *boom*, Alemania alimentó la expansión inflacionaria de sus vecinos; en los años de la depresión, exportó deflación a los países deudores. Hemos insistido en que el real impacto de la contención salarial alemana no fue tanto por la vía directa del efecto de los costes en las productividades relativas, sino principalmente a través del doble efecto de deprimir la demanda interna en Alemania y recalentar la demanda en la periferia de la eurozona antes de la crisis. La Agenda 2010 puso a la sociedad alemana en modo de austeridad y de ahorro,

---

73 Palabras de Christoph Schmiedt, presidente del Consejo Alemán de Expertos Económicos (citado por Coricelli, 2017).

dificultando así las exportaciones de bienes desde la periferia europea hacia ese país. De mucho impacto fue también la caída de la demanda de inversión o su otra cara de la moneda, el alto nivel del ahorro nacional, que los bancos alemanes tuvieron que canalizar en préstamos hacia los países de la periferia europea, todos ellos ávidos de fondos para acometer ambiciosos planes de inversión. Fueron estos flujos de capital hacia la periferia los que alimentaron el *boom* de demanda agregada en esos países y las presiones salariales consiguientes.

El porcentaje del PIB destinado al ahorro en Alemania es sensiblemente superior al del resto del mundo. Si observamos el gráfico VIII-2, constatamos que la tasa de ahorro alemana supera persistentemente la del conjunto de la Unión Europea, la del conjunto de los 35 países de la OCDE (Organización para la Cooperación y el Desarrollo Económico) y la de Estados Unidos. Llama la atención especialmente la divergencia con este último país, cuya tasa promedio de ahorro desde 2007 ha sido 17%, mientras que la de Alemania ha sido 27%. Significativamente, Alemania se despega del pelotón mundial después de 2003, cuando el Plan Schroeder (la Agenda 2010) comienza a dar sus frutos.

Gráfico VIII-2
Tasas comparativas de ahorro, 1999-2017 (% s.PIB)

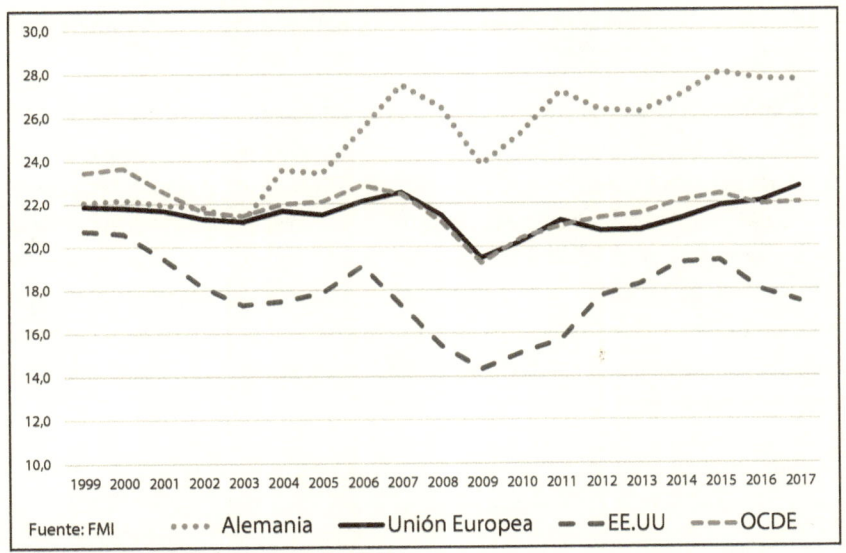

Así como en ahorro Alemania está a la cabeza, en materia de tasa de inversión ese país marcha a la cola respecto del resto del mundo. El gráfico VIII-3 muestra que desde principio de la década de los 2000, Alemania tiene la más baja tasa de inversión del mundo occidental, incluyendo la Unión Europea. Únicamente en el trienio del 2009 al 2011, por efecto de la crisis financiera global, la tasa de inversión de EE.UU. se sitúa por debajo de la de Alemania.

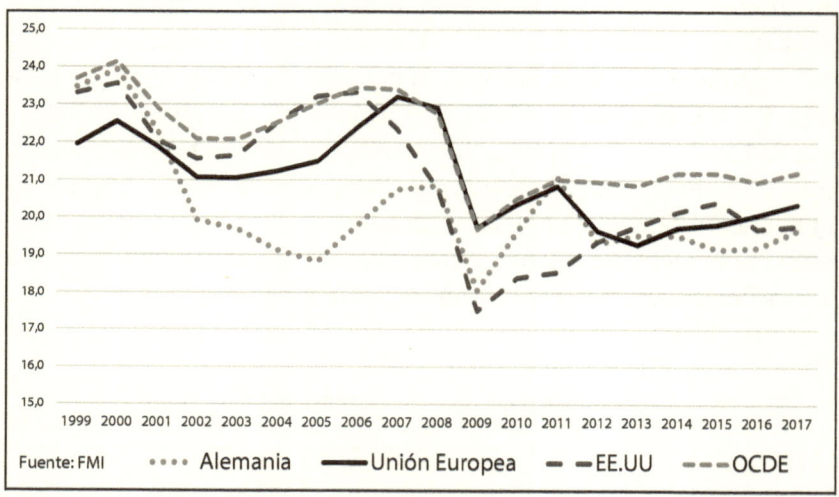

Gráfico VIII-3
Tasas comparativas de Inversión, 1999-2017 (% s.PIB)

El reclamo de los socios europeos a Alemania es que debe ahorrar menos, consumir más e invertir más. A este reclamo se ha sumado el resto de la comunidad internacional y el Fondo Monetario Internacional[74]. La visión oficial alemana es que el alto nivel de ahorro y su espejo de superávit comercial está a tono con los cambios etario-demográficos de la sociedad alemana, que va envejeciendo aceleradamente y por cuya seguridad social debe velarse. Se estima que para el 2035 Alemania tendrá más de 21 millones de personas con una edad superior a los 67 años, la mitad de ellos con edad superior a los 80[75].

---

74   *The Economist* 2016-09-03 - More spend, less thrift.

75   Fuest (2017) y Coricelli (2017).

El argumento del envejecimiento de la población es válido, pero el problema alemán para Europa no es tanto que ahorre mucho, sino que invierta muy poco. La opinión generalizada es que la holgada situación fiscal permitiría a Alemania incrementar el nivel de inversión pública sin poner en riesgo el necesario ahorro intergeneracional. Alemania tiene una de las tasas de inversión pública más bajas del mundo industrializado. La inversión del gobierno ha caído cuatro puntos porcentuales desde el 2000. Tampoco las compañías alemanas quieren reinvertir internamente los altos beneficios que obtienen en el exterior. Según Marcel Fratscher del German Institut for Economic Research, aproximadamente la mitad del superávit de la cuenta corriente refleja esta "brecha de inversión"[76].

Después de tantos años de "moderación", las brechas de inversión en infraestructuras públicas son muy grandes, especialmente en facilidades educativas, instalaciones hospitalarias, vialidad, red y equipos ferroviarios y un largo *etcétera*. Alemania se resiste también a abrir su sector de servicios a la competencia y a la inversión extranjeras. Suena paradójico que el sector servicios continúe tan protegido internamente en un país tan volcado a las exportaciones. Cuesta entender la resistencia a desmontar los excesos regulatorios, remover barreras de entrada a la inversión y a liberalizar el acceso a todos los actores, incluyendo privados y extranjeros. Es precisamente en los servicios donde las brechas de inversión son más llamativas y donde estaría plenamente justificado hacer un cambio de políticas. Si esto sucediera, el efecto sobre la reducción del superávit comercial sería significativo.

Estas brechas de inversión son un argumento adicional para que Alemania emprenda un amplio y sostenido programa de inversión. Colateralmente, tal programa crearía automáticamente el ambiente para mejoras salariales que estimularían la propensión al consumo de los trabajadores, lo cual incrementaría las importaciones desde otros países del continente. También vendría muy bien que Alemania permitiera un aumento de su inflación por encima de la media de la periferia de la eurozona, con el fin de que los países en procesos de ajustes no necesiten incurrir en una deflación excesiva para cerrar la brecha de productividad.

---

76 Citado en *The Economist* (2017), "Vorsprung durch Angst. The good and bad in Germany's economic model are strongly linked" - Jul 8, 2017. Contrario a esta opinión, Fuest (2017) argumenta que la tasa de inversión alemana se ha mantenido estable alrededor del 20% por los últimos 15 años con diferentes niveles de superávit de la cuenta corriente.

El estamento político e intelectual alemán, sin embargo, se ha negado a transitar esta vía de estímulo de su economía interna. Hay internamente un frente cohesionado, desde los sindicatos hasta los empleadores, que está en contra de cualquier medida que debilite su posición exportadora, ya sea por la vía de incrementos salariales o de inflación interna. Estimular su economía por la vía del gasto interno hasta el punto de que pueda generar presiones de alzas salariales o presiones inflacionarias es un anatema que corre en dirección opuesta a lo que siempre ha sido su filosofía económica de frugalidad y de profunda aversión contra la inflación.

Tampoco se dejan ablandar por el argumento de que una expansión del gasto interno en consumo e inversión ayudaría a aliviarles la carga de la austeridad a sus socios europeos. Creen firmemente que los problemas de desempleo y bajo crecimiento de esos países son responsabilidad exclusiva de ellos y que deberían tomar ejemplo de la contención alemana para enderezar sus economías. No pueden aplicar internamente políticas de estímulo que supuestamente han llevado a otros al basurero económico. Y para que nunca ningún gobierno futuro caiga en esa tentación, en 2009 Alemania adoptó una regla constitucional que limitó el déficit fiscal. Justamente en la dirección contraria a la que los socios solicitaban, el gobierno alemán introdujo en 2010 un paquete de reducciones de gasto para alcanzar el objetivo de reducción del déficit a 0.35% en 2016.

Otro argumento para justificar la negativa alemana a asumir solidariamente parte de la carga del ajuste comunitario es que no necesariamente un estímulo a la demanda interna alemana repercutiría en una reducción del déficit comercial de la periferia de la eurozona mediante un incremento de las exportaciones de esos países a Alemania. El argumento es sólido, tal como lo demuestran algunas proyecciones basadas en la matriz insumo-producto de Europa, que apuntan a que una mayor demanda alemana incentivaría las exportaciones de Europa del Este más que las del Sur de Europa (Storm 2016). Ahora bien, como decíamos antes, tan simplista es pensar que los déficits/superávits de los países de la eurozona fueron un espejo aritmético mutuo antes de 2008, como creer que revertirlos pueda orquestarse en una relación de 1 a 1. Al igual que tampoco tendría el impacto suficiente que los trabajadores alemanes aumentasen sus salarios para que los trabajadores de la periferia pudieran recuperar su productividad sin tanto sacrificio de austeridad. Las fuerzas que están detrás de los desequilibrios de las balanzas de pagos son más complejas, pero esto no exime de la tarea de encontrar canales de transmisión que permitan a Alemania contribuir con los procesos de ajuste del resto de la eurozona. Un aumento de la demanda agregada alemana no lo es todo, pero tiene otros efectos de *spill-over* sobre la economía europea y mundial que también se deben considerar. La reanudación de flujos de capital hacia el interior de Europa es otra vía, porque permite reciclar los superávits comerciales hacia los países deficitarios.

Algunos analistas, como el experto en asuntos internacionales Alan Cafruny (2015), son menos benévolos cuando tratan de explicar la poca disposición de Alemania a coadyuvar con los ajustes de sus socios comerciales. Resaltan que el modelo de crecimiento alemán, el llamado mercantilismo exportador, descansa totalmente en el crecimiento de las exportaciones, especialmente debido al círculo vicioso de que su mercado interno no tiene el dinamismo suficiente para sostener su crecimiento a causa de la contención salarial y la frugalidad fiscal. De acuerdo a esta visión, Alemania se benefició grandemente de la UME porque ello le permitió tener una moneda, el euro, que estaba ciertamente subvaluada en comparación con lo que hubiera sido la fortaleza del marco alemán en caso de no pertenecer a la eurozona. Adicionalmente, pertenecer a una unión monetaria le protegió de posibles políticas de devaluación competitiva por parte de sus vecinos europeos. La imposición de recetas de austeridad, por lo tanto, no fue consecuencia de una lectura "errónea" de la crisis, producto de su credo ordoliberal, sino un reflejo del conflicto entre los intereses estructurales del capital alemán y las necesidades de desarrollo de la eurozona como un todo.

No negamos que Alemania se haya beneficiado sustancialmente de un euro subvaluado, pero no le vemos sustento la tesis de que el éxito exportador alemán se haya fundamentado en el tipo de cambio o, ni siquiera, en sus bajos costes laborales unitarios. Ambos factores contribuyeron al éxito exportador, sin duda, pero la ventaja competitiva alemana no descansó únicamente en factores de coste, sino primordialmente en un modelo económico promotor de la eficiencia, el emprendimiento y la innovación tecnológica. Al César lo que es del César.

La discusión entre Alemania y el resto del mundo sobre el superávit comercial ha llegado a un *impasse*. Alemania no compra los argumentos económicos de sus críticos. Creemos, sin embargo, que serán probablemente razones de economía política o propiamente políticas las que deberían moverla a hacer algo. La primera es que no se puede perpetuar la brecha entre acreedores y deudores, si ambos pertenecen a una unión. Ya se vio el grado de tensión política desintegradora que esa brecha creó durante la crisis. El caso extremo de Grecia mostró lo que no debería haber pasado nunca entre dos paises de una unión monetaria: un miembro irresponsable y tramposo, cuya soberanía económica es anulada por los miembros acreedores. La segunda razón es que situaciones persistentes de desequilibrios en las cuentas corrientes de los países terminan por generar tendencias hacia el proteccionismo comercial en los países deficitarios, que se materializan cuando los populismos se apoderan del poder político. Es cierto que el entramado normativo e institucional de la eurozona no permitiría la concreción de derivas proteccionistas, pero las tensiones entre países alimentarían las fuerzas centrífugas.

Un tercer motivo es que Alemania está violando los límites definidos por el Procedimiento para el Desequilibrio Mecroeconómico Excesivo de la Unión Europea, el cual establece que el superávit en cuenta corriente no debe exceder de 6 por ciento del PIB. Fue significativo el daño reputacional que sufrió Alemania cuando en los primeros años de la Unión Monetaria Europea incumplió repetidamente el límite del déficit fiscal. Similar situación se está presentando en la década de los 2010 con el superávit comercial. Este incumplimiento de reglas fundamentales no está acorde con el papel de liderazgo que tiene Alemania dentro de Europa. Le resta autoridad moral, algo muy apreciado por ese país.

Y finalmente, las tensiones que dentro y fuera de Europa genera la posición comercial alemana le dificultan el ejercicio de la que ha sido la máxima que ha guiado su política exterior desde 1945: la cooperación internacional. La vocación por resolver todos los conflictos por la vía de la cooperación multinacional, el uso de esta cooperación bilateral o multilateral para expander sus mercados internos y el carácter civilista de su engranaje en el concierto internacional han sido constantes de su posicionamiento internacional. Es incómodo para un país que siempre ha proclamado estos principios cooperativos y consensuales, sentarse en reuniones internacionales y escuchar repetidamente el mismo reclamo del desequilibrio externo.

Qué tanto pesen estos motivos políticos para motivar a Alemania en el futuro a temperar su carrera solitaria, es difícil de elucubrar. Esperemos que el hecho de que la crisis del euro haya sido temporalmente superada, no disminuya el incentivo para que Alemania modere su desequilibrio de las cuentas externas.

IX

ORDOLIBERALISMO:
EL CATECISMO ECONÓMICO ALEMÁN

La UE y la UME no solo sufren de asimetrías económicas, sino también de asimetrías ideológicas, que a la larga pueden ser tan desintegradoras o más que las económicas. Dentro de la unión conviven culturas muy dispares, formas distintas de entender la vida, de entender la autoridad, visiones distintas del trabajo, del balance entre ahorro y consumo, del papel del Estado en la economía y otras más. Así como el desarrollo de la crisis hizo emerger líneas divisorias económicas entre países deudores y acreedores, importadores y exportadores, tecnológicamente rezagados y avanzados, así también se hicieron visibles escisiones ideológicas que tuvieron mucha influencia en la forma como los países manejaron sus economías y en por qué entraron en crisis[77]. Hay un océano de distancia entre la tolerancia de un país mediterráneo hacia la inflación o la deuda y la que puede tener un país como Alemania, para quien *Schuld* es deuda y culpa al mismo tiempo.

Los vencedores escriben no sólo la historia, sino que imponen también la ideología. Alemania emergió de la crisis de la eurozona como vencedora: su modelo económico había capeado sin problemas el temporal de la CFG. Detrás de ese modelo económico exitoso había una ideología bastante bien definida, el llamado ordoliberalismo, con profundas

---

77 Algunos analistas explican el escabroso e ineficiente proceso del manejo de la crisis como un reflejo del antagonismo e incompatibilidad de las culturas nacionales dentro de la eurozona (Herrera, Guiso et al., 2017). En un modelo de interacción de decisiones (*choices*), los griegos terminan "engañando" más de lo que es normal en ellos y los alemanes terminan "castigando" más de lo usual, con la consiguiente pérdida de bienestar para todos.

raíces tanto en la filosofía alemana del Estado y de la Sociedad como en la cultura popular protestante personificada por el "ama de casa suaba". El éxito del modelo le daba a Alemania la autoridad moral para decirles a sus socios y vecinos cómo tenían que haber hecho las cosas y cuál era el camino para enderezar sus economías. Y si encima de eso Alemania tenía el poderío económico para aportar los recursos de los rescates, estaba claro quién estaba al mando. La visión alemana de las causas de la crisis de los deudores se convirtió en el diagnóstico oficial, del cual se derivaron las recetas que debían ser aplicadas.

Ordoliberalismo y cultura de estabilidad

La interpretación y el abordaje de la crisis engranaron perfectamente en lo que había sido la ideología filosófico-económica dominante en Alemania después de la Segunda Guerra Mundial, que ha recibido el nombre de "ordoliberalismo". Fue esa filosofía la que inspiró los cimientos del constructo de la unión monetaria europea y la que luego impregnó las respuestas a la CFG. Si bien es cierto que su aplicación durante la eurocrisis estuvo llena de contradicciones e incongruencias, no hay duda de que a nivel de "ideario popular" ejerció fuertes restricciones en el abordaje de la crisis.

Los conceptos centrales de ese pensamiento fueron inicialmente desarrollados por la Escuela de Friburgo en los años previos a la II Guerra Mundial, uno de cuyos principales representantes fue Walter Eucken (1891 – 1950). Wilhelm Röpke (1899 – 1966) hizo también decisivas contribuciones al pensamiento ordoliberal. La escuela quería alejarse tanto del intervencionismo estatal nacional-socialista, como del liberalismo del *laissez-faire*. De acuerdo a Eucken, los principios sobre los que está constituida una economía de libre mercado son:

- la propiedad privada,
- un sistema de precios eficiente,
- la primacía del orden monetario,
- la apertura y libertad de los mercados,
- la responsabilidad legal y
- la estabilidad de la política económica.

Para entenderla es importante destacar que la teoría ordoliberal fue desarrollada por filósofos del derecho, no por economistas (en el sentido moderno de la palabra). Para ellos, lo jurídico le da forma a lo económico, y lo económico no sería lo que es sin lo jurídico[78]. Como principio básico, la sociedad debe funcionar según reglas formuladas de forma general; es función del Estado definir los principios formales y las reglas, velar por su cumplimiento y sancionar su incumplimiento; en ningún caso el Estado debe asumir funciones directas de producción o distribución de bienes y servicios. La principalísima responsabilidad del Estado es definir reglas para la promoción de la libre competencia en los mercados e impedir la actuación de carteles monopólicos u oligopólicos. En esencia, el enfoque ordoliberal propugna una autoridad estatal fuerte que sea guardián y defensora de una economía de libre mercado, que además debe funcionar dentro de un marco ético, social y humanista. La canciller Angela Merkel lo expresó en su discurso de fin de año 2009: "... el Estado debe ser el guardián del orden económico y social. La competencia necesita tener un sentido de proporción y responsabilidad social ... Estos principios deben ser seguidos en todo el mundo". Esta última frase lapidaria de validez universal del principio apunta al tono dogmático con el que en Alemania se acostumbra a hablar de este orden económico.

El pensamiento ordoliberal y el liberalismo al estilo de Friedrich von Hayek y de la Escuela de Chicago comparten la preocupación por la preservación de la libertad individual y la convicción de que los mercados competitivos son el mejor ambiente para el desarrollo de esa libertad. En donde se diferencian radicalmente es en el papel del Estado. Mientras el liberalismo clásico confía plenamente en el poder de los mercados para disciplinar y castigar los abusos de poder de los individuos o de las corporaciones, y de ahí su defensa del *laissez-faire*, los ordoliberales proponen un Estado fuerte que vigile los abusos de poder y castigue a los que se desvíen de las reglas. El Estado debe tener la fortaleza para crear y defender las condiciones que le permitan a la "mano invisible" de Adam Smith trabajar adecuadamente; es el "policía del mercado" en palabras de Walter Rüstow, otro de los padres del pensamiento ordoliberal . Es tan central el papel del Estado en el pensamiento ordoliberal originario que la economía es vista como un hecho político, algo que funciona bajo

---

78 Ver un desarrollo de estos conceptos en Hien y Jörges (2018).

reglas de orden político o deja de funcionar si esas reglas no se aplican. Si, por ejemplo, la economía entra en crisis es porque se ha producido una falencia de intervención del Estado, ya sea porque éste no ha regulado suficientemente o porque ha direccionado la intervención de forma inadecuada o porque no ha sido capaz de hacer cumplir las reglas.

Es el Estado el que define el marco reglado dentro del que se desenvuelve la actuación de los individuos en ejercicio de su libertad y el que sanciona a quienes se desvían del él. Los agentes económicos son plenamente responsables por sus actuaciones. El incumplimiento de las reglas acarrea plenas responsabilidades individuales que tienen que ser sancionadas sin excepción. Esta rendición de cuentas de los agentes económicos es esencial para el buen funcionamiento del sistema de libre mercado. Cuando la asignación de responsabilidades y la aplicación de sanciones se diluyen de cualquier forma, se crean los incentivos morales para futuros incumplimientos y el sistema reglado se resquebraja. Un rescate, por ejemplo, de un banco mal administrado o de un gobierno dispendioso, socava las bases del sistema, porque eximiría a los dueños o administradores de ese banco de asumir las responsabilidades y consecuencias de la quiebra.

Hasta el arribo de Konrad Adenauer y de su ministro de Economía, Ludwig Erhard, al gobierno, el pensamiento ordoliberal, no había salido apenas del cenáculo académico de las ideas abstractas. Fue en las décadas de los 50 y los 60 cuando el ordoliberalismo encontró expresión y concreción en el modelo económico que impulsaron Adenauer y Erhard. El modelo que generó el milagro alemán de la posguerra fue denominado "economía social de mercado" (*Soziale Marktwirtschaft*), una combinación muy alemana de libre mercado bajo reglas de alto contenido social y ético. La principal regla era la prohibición de posiciones de abuso de poder económico que pudieran mermar la libre competencia. Además de velar por la libre competencia, el Estado era responsable de que el sistema económico no abandonara a su suerte a los necesitados de protección social y que existiera un equilibrio entre los intereses del capital y del trabajo. Es esta responsabilidad social del Estado la segunda gran diferencia del ordoliberalismo con otras ramas del liberalismo neoclásico. Ciertamente, el modelo experimentó luego cambios a lo largo de las siguientes décadas y absorbió muchos elementos del liberalismo neoclásico norteamericano, pero siempre preservó los rasgos esenciales del ordoliberalismo de la

Escuela de Friburgo, en lo que se refiere al papel central del Estado y a su responsabilidad social.

Al nivel de las implicaciones de esta filosofía como guía de decisiones de gerencia económica, el modelo se aderezó con varios elementos que luego se convirtieron en pilares del edificio de la UME:

- Estabilidad de precios como objetivo máximo; independencia del Banco Central.
- Principio de probidad (equilibrio) fiscal: gastar en función de lo que se ingresa; no vivir por encima de las posibilidades; aversión a contraer deuda.
- Principio de no rescate (no *bail-out*): los países, los bancos y, en general, los sujetos económicos tienen que asumir las consecuencias de sus políticas y actuaciones.
- Fe en el efecto disciplinante de los mercados financieros sobre gobiernos dispendiosos.

Estos cuatro elementos forman parte de la "cultura de estabilidad" (*Stabilitätskultur*) que es tan característica del pensamiento económico alemán. La profunda aversión a la inflación encontró su concreción en el sacrosanto respeto a la independencia política del banco central, al cual se le encomienda un único objetivo de preservar la estabilidad de precios. La mentalidad de guardar para épocas de vacas flacas y la aversión a endeudarse para gastar más de lo que se tiene son la garantía de que por el lado fiscal no se socavará la estabilidad monetaria.

Estos pilares de la cultura de la estabilidad quedaron plasmados en el acuerdo constitutivo de la UME. Comentábamos en el capítulo III que Francia fue la que más proactivamente empujó la idea de la unión monetaria y que para los alemanes abandonar el *Deutsche Mark* constituyó un difícil sacrificio. La única forma de vencer la resistencia del Bundesbank y de la dirigencia alemana fue asegurándose de que el Tratado de Maastricht incorporara estos elementos de la cultura de estabilidad alemana. La independencia del Banco Central Europeo fue la encarnación de un orden monetario en el que la política monetaria fue elevada al olimpo de la ley y conducida por un poder supranacional libre de veleidades políticas. De esta forma, la moneda quedó "desnacionalizada" para que ningún gobierno pudiera manipularla. Los Estados nacionales mantuvieron la responsabilidad de la gestión fiscal, pero siempre (supuestamente) bajo la restricción del bien supremo de la estabilidad de la moneda. En el acuerdo constitutivo de Maastricht, la política fiscal debía apoyar y subordinarse a la política monetaria mediante un marco reglado de limitaciones. El constructo de la unión monetaria no contempló ningún tipo de transferencias fiscales o responsabilidades ni riesgos compartidos, ya que ello hubiera atentado contra el principio de la responsabilidad individual de los Estados y hubiera minado la disciplina de los miembros de la unión.

Muy en línea con la forma de ser y de pensar alemana, el diseño del Tratado de Maastricht estuvo basado en la presunción (ingenua) de que las reglas de no financiamiento monetario del déficit fiscal y no rescate iban a ser suficientes para garantizar la estabilidad. La ingenuidad provino, primero, de creer que todos iban a respetar las reglas y, segundo, de pretender aplicar un mismo set de reglas fijas y generales a países estructuralmente tan distintos como los que iban a hacer vida dentro de la UME[79].

Una vez que la política monetaria adquirió la total supremacía y la política fiscal nacional quedó subordinada a la estabilidad de la moneda, el mecanismo de ajuste por excelencia de la unión pasó a ser el ajuste del mercado de trabajo para el logro de costes laborales competitivos. El ordoliberalismo, al igual que el neoliberalismo, se basa en la convicción de que los precios y salarios flexibles (hacia la baja) son la solución del problema del desempleo. En la literatura económica se le denomina el mecanismo automático de ajuste de precios y salarios internos, que caracteriza a todos los regímenes de cambio fijo. La contención salarial adquiere en este esquema, por lo tanto, un rango de primer nivel dentro de las políticas económicas.

Diferencias ideológicas entre Alemania y la Europa latina

Un abordaje útil para entender esa filosofía económica alemana es contrastarla con otras formas de pensar, y ¿qué mejor contraste que el que ofrece el pensamiento de Francia, el segundo polo del binomio que ha

---

[79] Scharpf (2018) atribuye también esta creencia ingenua a la fe que el pensamiento ordoliberal tiene en los sistemas basados en reglas.

gobernado Europa? Brunnermeier, James y Landau (2016) se han dado a la tarea de contraponer las visiones de Alemania y Francia sobre la economía en general y sobre los principios que deben regir sus actuaciones en materia económica (ver un resumen esquemático en el Cuadro IX-1).

Cuadro IX-1
Visiones divergentes entre Alemania y Francia

Diferencias ideológico-políticas[80]		
ASUNTO	ALEMANIA	FRANCIA
Estado	Federal	Centralizado y unitario
Orden constitucional	Estado Social de Derecho, basado en reglas y *check&balances*	Estado de Derecho, basado en reglas sujetas a control político
Democracia	Democracia de control parlamentario	Democracia presidencialista
Valores	Solidez, rigor, frugalidad, estabilidad de reglas	Solidaridad, flexibilidad, adaptabilidad, innovación
Ideología predominante	Ordoliberalismo	Activismo keynesiano
Responsabilidad de los agentes económicos	Sin atenuantes	Sujeta a control político
Diferencias respecto al sistema económico		
Relaciones laborales	Consensuadas, centralizadas y corporativas	Antagónicas y atomizadas
Mercados	Libertad comercial y mercados financieros abiertos.	Promoción de "campeones nacionales"
Política macroeconómica	Marco monetario reglado que privilegie la estabilidad inflacionaria	Gerencia activa de la economía para el logro del crecimiento
Banco Central	Independencia, objetivo único de estabilidad	Objetivos de estabilidad y crecimiento con control político
Banca	Descentralizada federalmente, dispersa	Nacional y concentrada
Régimen cambiario	Flexible según fundamentales	Franco "fuerte" y fijo.
Unión fiscal	Opuesta a transferencias fiscales, salvo en unión plena	Renuente a ceder soberanía, pero abierta a transferencias solidarias

---

80 Cuadro elaborado en base a Brunnermeir et al. (2016), que contrastan las divergentes visiones de Alemania y Francia sobre la economía y el Estado.

Aquí nos referiremos únicamente a los principios e ideas que tuvieron pertinencia más directa sobre el manejo de la crisis. Como el Sur mediterráneo de Europa está más cerca del pensamiento francés y el norte y centro de Europa están más cerca del pensamiento alemán, pudiéramos trazar una línea divisoria ideológica entre el centro-norte anglosajón y protestante, y el sur mediterráneo latino y católico. El centro-norte privilegia las reglas, el rigor, la consistencia, mientras que el centro-sur mediterráneo coloca el énfasis en la flexibilidad, la adaptabilidad y la innovación. Puesto en cliché, es Kant vs. Machiavelli, reglas vs discreción.

Como decíamos antes, el eje central del pensamiento alemán es que la sociedad y la economía deben funcionar bajo un conjunto de reglas estables, cuya aplicación y ejercicio sancionatorio se garantiza por medio de las instancias de chequeo y control imbuidas en el Estado Social de Derecho. Esta necesidad de vivir bajo reglas estables tuvo su sentido después de la traumática experiencia del nacional-socialismo. De hecho, el ordoliberalismo de la Escuela de Friburgo nació como una reacción contra el totalitarismo arbitrario que se apoderó de Alemania en la década previa a la Segunda Guerra Mundial.

De acuerdo al principio de <u>responsabilidad</u> (*Haftungsprinzip*), los ciudadanos, ya sean individuos o corporaciones, son los únicos responsables de sus actos y deben rendir cuentas sobre el cumplimiento de las reglas. Si un banco o un Fisco nacional entran en insolvencia, deberán asumir plenamente las consecuencias de sus actuaciones, no importa cuál sea la dureza de estas consecuencias. La primera instancia de castigo son los mercados, la segunda la bancarrota y al final la justicia. Rescates o condonaciones de deudas irían en contra del principio de responsabilidad y constituirían precedentes que acabarían con la razón de ser de un mundo de reglas, que es precisamente disciplinar a los agentes económicos para el buen hacer. Este riesgo moral de saber que el mal comportamiento puede un día ser premiado con un rescate o un perdón socavaría las bases del sistema y crearía incentivos para el *free riding*. El Estado no es una compañía de seguros para cubrir riesgos privados.

Es el principio de responsabilidad, y el "riesgo moral" en caso de no respetarlo, lo que explica la aversión de Alemania a utilizar al Banco Central como prestamista de última instancia. Cuando un deudor, ya sea soberano o privado, recibe alivio de su deuda, pierde el incentivo para enmendar los errores a futuro. Adicionalmente, la expansión monetaria que se derivaría del rescate de una crisis bancaria mayor pondría en peligro lo que para los alemanes es el único objetivo de un banco central: mantener la estabilidad de precios. Un sistema de reglas firmes, tanto monetarias como fiscales, es lo que impedirá el desbordamiento de la gestión fiscal y en consecuencia librará al Banco Central de las presiones políticas que puedan dar al traste con su independencia.

En la tradición intelectual y política de la Europa greco-latina, por el contrario, las reglas ciertamente existen, pero no tienen la entidad absoluta del pensamiento nórdico. Así como el establecimiento de las reglas es en su origen producto de la confrontación y negociación democráticas, también su aplicación debe estar sujeta a procesos políticos de negociación, especialmente cuando una aplicación implacable pueda acarrear graves consecuencias. Especialmente en épocas de crisis y turbulencia, los marcos reglados deben saber adaptarse flexiblemente a las nuevas circunstancias. No se correspondería con el espíritu democrático que el gobierno estuviera absolutamente atado de pies y manos por esquemas regulatorios que pudieran haber hecho sentido en circunstancias normales, pero no en momentos de crisis.

Para los países latinos, el principio de responsabilidad no debe excluir que las partes de un sistema (los miembros de una comunidad) asuman su cuota parte de responsabilidad, aunque sea indirecta y en la porción que les corresponda. Por ejemplo, para que los bancos del sur de Europa llegaran a sobre endeudarse de la forma en que lo hicieron, los bancos de los países acreedores tuvieron que prestarles cantidades de dinero que excedieron los límites razonables de riesgo. Ciertamente, no es igual la responsabilidad de quien presta que la de quien recibe prestado y no paga, pero hay razones económicas y políticas de peso para justificar que el ajuste se emprenda de la forma más simétrica posible.

Aplicadas estas filosofías contrastantes a la esfera <u>fiscal</u>, el pensamiento alemán se negó a cualquier mutualización de deuda soberana hasta tanto no se alcanzara el estadio de una total unión fiscal; mientras tanto, cada país debía ser responsable de su propia deuda y quedaban totalmente prohibidos los rescates. Esta postura dejaba el *default* como la única válvula de escape de un sistema monetario rígido como lo era una unión monetaria. Francia, por el contrario, consideraba que los rescates fiscales eran indispensables como un mecanismo de estabilización frente a choques económicos asimétricos adversos, tal como la teoría de las áreas monetarias óptimas lo postuló inicialmente. Curiosamente, Alemania siempre estuvo más dispuesta a trasladar ciertas competencias fiscales a Bruselas, algo que para Francia era políticamente inaceptable. En contrapartida, Francia estuvo más dispuesta a considerar transferencias de recursos fiscales a países en crisis, mientras que Alemania se cerró por banda ante cualquier tipo de transferencia fiscal. Detrás de este antagonismo observamos nuevamente el contraste entre el principio de responsabilidad individual en un mundo reglado vs. la flexibilidad aderezada con solidaridad.

Fiel a este principio de responsabilidad, Alemania no permitió ningún paquete de rescate que no fuera "condicional" al buen comportamiento futuro del receptor. Las reglas de este buen comportamiento quedaron recogidas en el Tratado de Estabilidad, Coordinación y Gobernanza (TECG) de marzo 2012:

- un tope de déficit estructural y un presupuesto fiscal balanceado,
- un tope de carga de deuda pública (60 por ciento del PIB),
- un mecanismo automático de corrección si hay desviación en alguna de estas reglas,
- obligación de darle el máximo estatuto legal al TECG dentro de cada país.

En cuanto a la receta básica para restituir los equilibrios fiscales perdidos, la posición alemana fue coherente con su filosofía de la responsabilidad individual y con su apego a la frugalidad: los países que habían incurrido en excesos de gasto debían someterse a los rigores de la austeridad, reducir gastos y aumentar impuestos. Solamente esta "purificación" por medio de la austeridad, acompañada de reformas estructurales para mejorar condiciones de producción (el lado de la oferta), pudiera colocar de nuevo a esas economías en la senda del crecimiento económico saludable. Los socios latinos, por su parte, no creían en las propiedades curativas de la austeridad y veían en ella riesgos de autodestrucción o agravamiento de la crisis. La apuesta por reducir el déficit a punta de contraer la demanda era llover sobre el mojado de una demanda ya deprimida por la crisis de la deuda. Antes bien, era necesario estimular la demanda agregada para darle viabilidad social y económica a los programas de reformas estructurales.

En la esfera bancaria, Alemania tendió a interpretar los problemas de los bancos como una expresión de fallas estructurales de fondo, razón por la cual los problemas debían ser manejados como si fueran problemas de solvencia. Regar el tronco de los problemas estructurales con liquidez no iba a resolver los problemas de fondo, sino más bien eludir o retrasar las necesarias reestructuraciones bancarias. Francia y los países del sur tendían a considerar los problemas bancarios como situaciones de iliquidez, que debían afrontarse mediante una proactiva y agresiva política de inyección de liquidez a los sistemas financieros. En el diseño original de la UME, la responsabilidad de los auxilios financieros recayó sobre los bancos centrales nacionales, lo cual equivalía a decir que recayó sobre los hombros de los contribuyentes de los respectivos Estados nacionales. Cuando en 2011 - 2012 la crisis bancaria se tornó sistémica en varios de los países de la periferia, se hizo evidente que ningún Estado nacional por sí solo tenía el músculo financiero para soportar su sistema bancario. Fue en ese momento cuando la mayoría de los miembros de la eurozona le encargaron al Banco Central Europeo la misión de estabilizar el sistema financiero europeo, lo cual hizo de manera muy efectiva.

Esta intervención del BCE como prestamista de última instancia generó incomodidad en el gobierno alemán y abierto rechazo por parte del Bundesbank. Su planteamiento fue que este salvavidas iba a generar los incentivos equivocados al ahorrarles a los sistemas financieros rescatados y a sus fiscos nacionales la necesidad de emprender las reformas que los situaran en la senda de la disciplina financiera. Según Alemania, los auxilios del BCE estaban impidiendo que la fuerza curativa del "rigor del mercado" hiciera su efecto; más bien, ayudaban a prolongar la misma dependencia de financiamiento externo para cubrir déficits internos que se había evidenciado desde los albores de la unión monetaria. La oposición a la actuación del BCE llegó al punto de cuestionar su legalidad ante el Tribunal Constitucional Alemán bajo el argumento de que el Tratado de Maastricht prohibía expresamente el *bail-out* de gobiernos o sistemas financieros. Un segundo argumento fue que la expansión monetaria derivada de los auxilios atentaría contra el mandato único del BCE de preservar la estabilidad inflacionaria. No compartían Francia y la periferia mediterránea esta visión restrictiva del mandato del BCE. Según este bando, un banco central no es un sistema solar aparte, sino parte de un mismo sistema que se llama "Estado", cuya responsabilidad social es también preservar la estabilidad del sistema financiero.

¿Principios, pragmatismo o interés propio?

La diatriba de ideas Alemania-Francia nos ha ayudado a aterrizar la ideología en el campo de la realidad del contraste entre dos formas de abordar la eurocrisis. Demos un paso más hacia el mundo real y preguntémonos qué tan coherente ha sido Alemania en la aplicación de los principios. Una cosa es la retórica y otra la implementación. Cuando llegaron las horas críticas de la crisis de la eurozona, Alemania tuvo que dejar de lado varios de los principios ordoliberales, a veces porque la virulencia de los mercados no daba tregua ni margen de maniobra y otras veces porque sus intereses particulares estaban amenazados. Voces críticas destacan que Alemania siempre gustó de imponer reglas estrictas a sus socios, pero se tomaba flexibilidad cuando se veía ella misma en dificultad para aplicarlas[81]. Mencionan como antecedente el incumplimiento del límite de déficit fiscal en la primera década de los 2000, cuando por tres años consecutivos Alemania excedió el límite de déficit fiscal y no fue sancionada por ello. Luego, una vez desatada la CFG, las autoridades alemanas fueron prestas y generosas en el rescate de varios bancos alemanes, haciendo caso omiso del riesgo moral que tanto preconizaron. También consintieron en desviaciones de los principios en los primeros rescates de Grecia o cuando permitieron a Francia y España déficits fiscales superiores a los límites. El gobierno alemán prefirió hacerse la vista gorda ante las operaciones de inyección de liquidez del BCE en 2011 y 2012, porque eso le disminuyó la presión de tener que convertirse en el prestamistas de última instancia de algunos de sus bancos. Ni antes, ni menos después de la CFG fue Alemania una fiel cumplidora de los principios ordoliberales.

El problema de fondo con sistemas basados en reglas es que, primero, sus adalides no conciben que una crisis grave pueda presentarse

---

81   En el libro editado por Thorsten Beck y Hans-Helmut Kotz (2017), varios de los autores contribuyentes resaltan las constantes desviaciones de Alemania respecto al marco reglado ordoliberal durante los años de la eurocrisis (ver especialmente las contribuciones de Feld, Köhler y Nientied, Michael Burda y Charles Wyplosz).

si todos se atienen a las reglas y, segundo, que cuando la crisis estalla, las reglas se convierten en camisas de fuerza y los gobiernos tienen que recurrir a medidas discrecionales para cuyo manejo y administración el sistema no está preparado. A nivel de la eurozona, esta discrecionalidad no solo generó ineficiencias y retrasos, sino que colocó a Alemania en el foco del escenario, la convirtió en el decisor final –cosa que los alemanes siempre habían tratado de evitar– y la arrastró a la diatriba política de los que criticaban que las decisiones del Consejo Europeo y del resto de las instancias comunitarias respondían al interés particular de Alemania.

Tomemos el caso de la banca para ilustrar lo dicho. Contrario a lo que pudiera pensarse, la banca alemana confrontaba muy serios problemas cuando estalló la crisis en 2008. Los principales bancos privados y públicos, en su afán de convertirse en jugadores internacionales de primera línea, se habían dejado arrastrar por el frenesí especulativo de la burbuja de los *subprime* norteamericanos y de otras burbujas en Europa. Como consecuencia de las malas inversiones, varios bancos tuvieron que ser rescatados en 2008-2009 o nacionalizados.

El gobierno de Merkel proveyó a fines de 2008 a SoFFin, Fondo Especial de Estabilización del Mercado Financiero (*Sonderfonds für Finanzmarktstabilisierung*), el ente encargado de rescates bancarios, la importante suma de 672 billones de dólares (equivalente a 20% del PIB) en garantías y dinero líquido para atender la grave situación de la banca alemana. Para tener idea de las proporciones, este monto fue similar a los 700 billones autorizados para el *Trouble Asset Relief Program* de los Estados Unidos para el mismo propósito, que representaba 4.75% del PIB norteamericano; es decir, en términos relativos la cuarta parte de los recursos necesitados por Alemania. Una frenética actividad de rescates bancarios tuvo lugar entre el último trimestre de 2008 y el primer semestre de 2009: el Hypo Real Estate, una subsidiaria del Hypo Vereinsbank, fue rescatado y luego nacionalizado; el segundo banco comercial privado, Commerzbank, fue rescatado a cambio de entregarle al Estado un 25% de su capital; los bancos estatales regionales Bayerische Landesbank, West Landesbank y HSH Nordbank recibieron también importantes inyecciones de capital; el Deutsche Bank, buque insignia de la banca alemana, no recibió directamente recursos, pero ya tenía en ese momento sembrada la semilla de lo que luego fue su declinación como jugador mundial.

Más allá de los efectos de la crisis del *subprime*, los principales bancos alemanes y franceses también tenían una alta exposición a la deuda griega. Para proteger a sus bancos, Alemania y Francia rehusaron inicialmente aplicarle "quitas" (reducciones) a la deuda griega y optaron por la vía del rescate, suministrando a Grecia nuevos préstamos para pagar viejos. No solamente contravenía esta solución la prohibición de *bail-outs* consagrada en el Tratado de Maastricht, sino que atentaba contra la racionalidad de que no se le debe cargar más deuda a un deudor que ya es insolvente. De esta forma, el problema de los bancos fue trasladado a los gobiernos europeos, y en última instancia a los contribuyentes. Una vez que los bancos estuvieron fuera de la zona de peligro, Francia y Alemania propusieron la política de Involucramiento del Sector Privado para el segundo paquete de rescate griego de 2012. Sin embargo, la esencia de la estrategia de los acreedores no cambió: entrega de recursos nuevos para cobrar deuda vieja y para cubrir los nuevos déficits fiscales. Según un estudio de la European School of Management and Technology de Berlín (ESMT), casi la mitad de los 216 billones de euros de los dos primeros paquetes de rescate griego fue para pagar intereses vencidos, recapitalizar bancos y repagar préstamos, medidas todas ellas que aliviaron los problemas de los bancos acreedores.

Estas son las cosas que han llevado a cuestionar el doble rasero del abordaje alemán de la crisis financiera: ortodoxo para los deudores y pragmático y autointeresesado para los acreedores. No todos los pasos fueron acertados, sin embargo. El Involucramiento del Sector Privado, por ejemplo, en ese momento de turbulencia de los mercados y sin ninguna medida adicional que asegurara la detención de la hemorragia, fue una muy mala decisión de Merkel, que agravó y aceleró la crisis. Este agravamiento obligó a Alemania a hacer o permitir cosas que siempre había tratado de evitar, como por ejemplo los rescates, la expansión monetaria (*quantitative easing*) del BCE o la supervisión de sus bancos por parte de instancias externas. Esta contradicción es lo que Matthias Matthijs (2016) ha llamado el "*Berlin puzzle*".

Una posible explicación del rompecabezas es la hipótesis adelantada por David Art (2015), quien afirma que lo que aparentaron ser decisiones erradas de política por parte de Alemania, fueron en realidad piezas de una estrategia bien diseñada desde la eclosión de la deuda griega en 2009. Dicha estrategia exigía un alto grado de turbulencia de los mercados financieros para quebrar las barreras de resistencia de la opinión pública alemana y también las barreras constitucionales que estaban impidiendo las acciones de rescate. Era necesario presentar el dilema en términos de preservación de la estabilidad del euro y no en términos de solidaridad con los deudores o de salvavidas a los bancos acreedores. Preservar el euro era algo que el Bundesbank y los jueces constitucionales consideraban de alta prioridad, pero auxiliar a deudores irresponsables no era un argumento aceptable para nadie, especialmente para la opinión pública alemana. Vista desde esta perspectiva, la decisión del Involucramiento del Sector Privado de 2011no sería el "grave" error de Merkel que tanto se le criticó, sino parte de una congruente estrategia de llevar al límite la tensión de los mercados financieros para el logro de objetivos de reforma de más largo plazo.

No compartimos esta hipótesis de la estrategia fríamente maquiavélica de las autoridades alemanas. Simplemente lo que sucedió es que la crisis financiera se agravó por efecto de la gestión ineficiente y tardía de las instancias comunitarias, Alemania a la cabeza. No solamente no estaba preparada la estructura comunitaria para una crisis de esta magnitud, sino que se evidenció también en todas las instancias ausencia de comprensión del problema e ignorancia en cuanto al instrumental para enfrentarlo. Que luego Alemania aprovechara este agravamiento para impulsar sus políticas, eso es otra cosa.

Concordamos con la posición de Feld, Köhler y Nientiedt (2017), autores cercanos a la Escuela de Friburgo, de que el pensamiento ordoliberal no moldeó realmente las principales actuaciones de Alemania durante la crisis de la eurozona, sino que más bien predominaron el pragmatismo, la defensa del *status quo* y los intereses nacionales. Apuntan al hecho de que la mayor parte de los economistas alemanes no difieren tan radicalmente de sus colegas de otras latitudes, especialmente de los del ámbito neoliberal anglosajón. Sus planteamientos no podían apartarse tanto de la realidad, salvo que vivieran en las torres de marfil de las universidades. Donde Alemania se mantuvo más congruente con la ideología ordoliberal fue en la interpretación de las causas de la crisis y en la aplicación a los deudores del recetario de austeridad y de reformas estructurales cortadas con el patrón alemán. Rigidez para fuera y flexibilidad en casa.

Esta incongruencia entre la actuación interna y externa explica que buena parte de las actuaciones y decisiones de política de las autoridades alemanas durante la eurocrisis fueron en dirección opuesta a los preceptos ordoliberales. En honor a la verdad, esos preceptos estaban formulados a un nivel tan abstracto y general que daban pie a diferentes soluciones[82]. Fue intenso dentro del campo ordoliberal, por ejemplo, el debate sobre qué estabilidad había que preservar, si la estabilidad de la institucionalidad de la Unión Europea –el *Ordnungsgefüge*– o la estabilidad del euro. Salvar el euro implicaba saltarse a la torera algunas reglas del orden ordoliberal establecido. Al final se impuso el pragmatismo de salvar el euro.

Hien y Jörges (2018) opinan también que la influencia <u>directa</u> del ordoliberalismo sobre la política económica alemana ha sido sobreestimada. La mayor parte de los economistas y hacedores de política alemanes están más cerca del neoliberalismo anglosajón que del ordoliberalismo de la escuela de Friburgo. La influencia fue más bien <u>indirecta</u> a través de los valores culturales subyacentes al ordoliberalismo, con fuertes raíces en la ética protestante. Más que en los economistas, esta cultura sigue presente en la población y en el discurso político alemanes, y ha restringido fuertemente el campo de las opciones de política. Como ejemplo tomemos el concepto de solidaridad, que tan crucial es para la sobrevivencia de una unión monetaria. En el imaginario ordoliberal puro, las ayudas sociales tienen que estar limitadas a lo que es estrictamente necesario para que cada ciudadano tenga los incentivos conducentes a un comportamiento virtuoso: trabajo duro, frugalidad, responsabilidad. Cada quien debe valerse por los medios que le proporciona su trabajo y no gastar más de lo que tiene. El peligro de las ayudas sociales es que tienden a generar incentivos contraproducentes y terminan siendo una "catástrofe total para el Estado y la sociedad" y convierten a los ciudadanos en "esclavos del Estado". Un seguro general de desempleo, por ejemplo, no tiene cabida en este concepto de solidaridad. Mucho menos un salvamento de un banco o de un país quebrado.

La contribución de la ética protestante al pensamiento ordoliberal es innegable, pero con el paso del tiempo la realidad política obligó a pactar compromisos con la izquierda social demócrata y la visión social del catolicismo. Cuando en los 50 y los 60 Alemania le fue dando forma a su modelo económico, la dura ética calvinista-luterana tuvo que hacerle concesiones

---

82 Jacoby (2014) justifica estas contradicciones en el hecho de que el ordoliberalismo no es una teoría desarrollada y completa de la vida económica y que por ello puede cobijar bajo su paraguas recetas muy distintas.

a la visión católica de la sociedad, mucho más paternalista e inclinada a la justicia social y a la redistribución de la riqueza. El católico canciller Konrad Adenauer y el protestante ministro de Economía Ludwig Erhardt, con la ayuda del economista Alfred Müller-Armack, arribaron así a la simbiosis del modelo de la "*soziale Marktwirtschaft*" (Economía Social de Mercado). Este modelo combinaba principios originales del acervo ordoliberal, más enraizados en el protestantismo, con elementos de justicia social y redistribución de ingresos, más enraizados en el catolicismo. La vertiente social venía dada tanto por la vigilancia por parte del Estado para evitar abusos de poder de mercado, como por el sistema previsional de bienestar.

Las ideas ordoliberales tuvieron y siguen teniendo un poderoso atractivo en la opinión pública alemana, porque apelan al sentido común del "ama de casa suaba" y se enraizan en las profundidades atávicas del moralismo protestante del norte de Europa (Schmidt 2016). Fue primordialmente la opinión pública alemana –alimentada por periódicos al estilo del Bild Zeitung, popular de calle, y el Frankfurter Allgemeine Zeitung, órgano de la derecha ilustrada–, la que permaneció apegada a una versión simplificada del ordoliberalismo que le sirvió para catalogar rápidamente la crisis de la eurozona como una consecuencia y un castigo merecido a los sureños despilfarradores y dormidores de siesta. Ello les proporcionó el argumento moral para defender los intereses particulares de Alemania, especialmente para evitar tener que pagar cuentas de platos rotos por otros.

Es este arraigo popular de las ideas ordoliberales el que explica la persistencia de esas ideas en el discurso político alemán, aunque sus ejecutorias no siempre se hayan correspondido con ellas. Merkel tenía que seguir ganando elecciones y para ello necesitaba conectar con la versión popular del ordoliberalismo, predominante en el electorado. Y también es cierto que, más allá de conveniencias electorales, gran parte del *establishment* alemán comulgaba con el ideario ordoliberal. Un conspicuo y convencido representante de este pensamiento fue Wolfgang Schäuble, ministro de Finanzas desde 2009 hasta 2017, quien repetidamente mencionaba con orgullo su origen ordoliberal (nació y estudió en Friburgo, cuna del ordoliberalismo). Para Schäuble, la causa de la crisis del euro fue que algunos países vivieron por encima de sus posibilidades hasta que la crisis estalló, razón por la cual no podían exigir ayudas o solidaridad incondicionales. Cualquier ayuda debía estar condicionada a cambios de comportamiento en la dirección de más trabajo, más productividad, frugalidad, responsabilidad, autosuficiencia.

X

UNA HEGEMONÍA INCOMPLETA Y DISFUNCIONAL

La historia de los sistemas monetarios internacionales apunta a que su sostenibilidad en el tiempo dependerá principalmente de condiciones políticas, más en concreto, de la capacidad y voluntad del miembro hegemónico del sistema de continuar proveyendo los elementos que le confieran estabilidad y cohesión al sistema. Aplicado a Europa, la sobrevivencia de la unión monetaria en su constelación actual dependerá de la disposición de Alemania a ejercer su responsabilidad hegemónica y, por ende, a asumir su parte del coste del ajuste en el futuro, al igual que el coste de "dotación y mantenimiento del club". ¿Cumplió Alemania con esa responsabilidad? ¿Sintió que tenía realmente esa responsabilidad? Se puede decir sin exagerar que el fracaso o éxito de Alemania en su tarea de estabilizar y cohesionar el sistema de la eurozona sería el fracaso o el éxito del proyecto de la Unión Europea. Y si llegara a implosionar la eurozona de los 19, la Unión Europea de los 27 tendría un futuro muy incierto. Todo apunta a que, así como el principal motor de la decisión de conformar la UME fue político, también será política la decisión de darle viabilidad a futuro.

Se justifica, por consiguiente, el esfuerzo de entender cómo se fue configurando la constelación de relaciones de poder dentro de Europa y qué rol que asumió Alemania dentro de esa constelación. Ella emergió de la crisis como el centro de poder económico y político de Europa: las líneas de negociación y decisión pasaban inexorablemente por Berlín, convertida en una suerte de "capital europea". La fuerza de los números y de los hechos la colocó en una posición dominante, pero también en centro de las críticas. Ironía de la historia fue que la Unión Europea, que supuestamente nació para "domar" a la fiera alemana, se convirtió por efecto de la crisis en el escenario en el que Alemania emergió como la nueva potencia dominante. Durante la crisis del euro, de Alemania se esperaba un liderazgo "benevolente", que ella no pudo o no quiso asumir. Esto la convirtió en blanco de acusaciones, para gran frustración de los alemanes que se sintieron incomprendidos después de tanto esfuerzo que le habían dedicado al proceso de integración europea.

Si el proyecto de integración europea nació en gran parte como una forma de resolver el "problema alemán", el desarrollo de los acontecimientos colocó a Alemania en una posición en la que nuevamente, aunque bajo nuevas formas, se hizo presente ese "problema" y resurgieron algunos de los estereotipos y prejuicios que habían perseguido a Alemania durante dos siglos. ¿Qué tanto contribuyó Alemania a ser blanco de tanta crítica y pasar de ser percibida como el buen ciudadano a ser vilipendiada por muchos como un poder implacable, insensible y egoísta?

Buena parte del problema residió en la aversión alemana después de la II Guerra Mundial a asumir posiciones de liderazgo o de fuerza que pudieran resucitar el fantasma del pasado. Esta ambigüedad entre una dominación *de facto* y la incomodidad de ejercer un papel hegemónico explicó buena parte de las contradicciones e ineficiencias de la gerencia de la crisis. Lo que se conformó en Europa en la década de los 2010 fue un sistema hegemónico "disfuncional", en el que el líder no asumió sus responsabilidades colectivas, lo cual acarreó importantes costes. Tampoco fue capaz de aglutinar ideológicamente al resto los miembros y ganarse sus voluntades.

Esta era la preocupación de Radoslaw Sikorski, ministro polaco de Exteriores, cuando en un discurso en Berlín en noviembre de 2011 advertía: "Soy probablemente el primer ministro polaco de Exteriores que diga esto, pero lo voy a decir. Estoy empezando a tenerle menos miedo al poder alemán que a su inactividad. Ustedes se han convertido en la nación indispensable de Europa. No pueden fallar en liderarla.". Matthijs y Blith (2011) fueron todavía más enfáticos al afirmar que "la complejidad de causas de la crisis del euro tiene, sin embargo, una raíz común: el fracaso de Alemania en actuar como un hegemón responsable en Europa."

Teoría de la estabilidad hegemónica

Necesitamos hacer un aparte teórico para entender el concepto de hegemonía, el cual nos ayudará a responder la pregunta sobre si Alemania se comportó como un poder hegemónico en la Europa de la unión monetaria. El término "hegemonía" viene del griego y significa dirección, jefatura, liderazgo, puesto dominante. En la Grecia antigua, la calificación de hegemón se usaba tanto para describir al jefe máximo comandante del ejército, como también a la ciudad-Estado que lideraba la coalición contra otras ciudades-Estado, como pudieron ser Atenas o Esparta en su momento. En términos más politológicos, la hegemonía implica una determinada relación de dominación/subordinación entre dos o más Estados. Ejemplos típicos de hegemones fueron Roma en el Imperio Romano, España en el Imperio Español, Inglaterra en el Imperio Británico, Prusia en la Confederación Alemana, Rusia en la Unión Soviética o Estados Unidos en la Alianza Occidental.

Fue el politólogo y constitucionalista alemán Heinrich Triepel quien desarrolló a profundidad en su obra de 1938 la teoría de la hegemonía[83]. La hegemonía se define dentro del espectro entre simple influencia y dominación pura. Cuando la relación entre dos o más Estados se basa exclusivamente en la fuerza de uno de ellos para imponer sus decisiones, no se puede hablar de hegemonía, porque ésta debe estar basada en el reconocimiento del liderazgo hegemónico por parte de los otros Estados liderados. De ese reconocimiento precisamente deriva el hegemón su legitimidad y estabilidad. De no haber reconocimiento y subordinación voluntaria no podemos hablar de hegemonía, sino de simple dominación imperial. Tampoco es hegemonía una relación basada en simple influencia de ideas, modos de vida o modelos sociales. En su origen, pues, la hegemonía nace de un entendimiento recíproco, de una comunión de intereses, de un sentido de pertenencia, ya sea que este entendimiento haya quedado plasmado en un acuerdo jurídico o a través de un grado especial de influencia de un país sobre otros.

Por lo general, el hegemón es un "*primus inter pares*" que se ha ganado por algunos motivos su condición de líder conductor y que sigue

---

[83] A pesar del sugestivo título ("*Ein Buch von Führenden Staaten*") y del momento en que lo escribió (1937-1938), Triepel logró eludir cualquier referencia o apología al nacionalsocialismo de la época.

trabajando permanentemente para preservar la cohesión del grupo y alimentar las razones por las que en su momento se generó la adhesión del resto de los miembros. El poder y la influencia que el hegemón pueda ejercer sobre sus liderados depende principalmente de su habilidad y capacidad de influir sobre la voluntad de los otros Estados. Ese poder e influencia del hegemón debe estar fundamentado en cuatro condiciones necesarias:

- Suficiente base de poder económico y militar.
- Habilidad y capacidad de imponer e implantar su modelo ideológico, social, político y económico.
- Voluntad de asumir el rol hegemónico y los deberes que ello comporte.
- Aceptación del hegemón por parte de los otros Estados miembros de la comunidad.

Al final, de lo que se trata es de que el líder hegemónico logre implantar su modelo político, cultural y socio-económico en el resto de los miembros. Ello puede suceder por una de las siguientes tres vías o una combinación de ellas[84]:

- Inducción externa: aceptación racionalmente motivada de normas a cambio de incentivos y/o prebendas provistos por el hegemón.
- Persuasión normativa: aceptación de normas por convencimiento propio de los subordinados.
- Conducta apropiada: un camino intermedio en el cual los miembros se comportan de forma políticamente apropiada (correcta), interpretan su papel y siguen las normas que se esperan de ellos, en la esperanza de ser retribuidos con algunos beneficios colectivos.

Una evolución teórica posterior desarrolló la "teoría de la estabilidad hegemónica", inicialmente más aplicada al mundo de las relaciones económicas internacionales, pero que es perfectamente extensible al mundo de las relaciones geoeconómicas entre países. En su libro sobre las causas de la Gran Depresión de 1929, Charles Kindleberger (1973)

---

84 Ver Ikenberry y Kupchan (1990).

atribuyó la gravedad y la fuerza destructiva de la crisis a la ausencia de un líder hegemónico que hubiera emprendido las acciones necesarias para atajar el contagio voraz que hundió a la economía mundial en 10 años de depresión[85]. Gran Bretaña había emergido definitivamente debilitada después de la I Guerra Mundial y no tenía el músculo financiero necesario para dotar al sistema financiero mundial de la liquidez necesaria en ese momento. Estados Unidos había sufrido poco durante esa guerra y continuaba su imparable ascenso económico, pero no había interiorizado todavía su nueva importancia y no mostró interés alguno en tomar el relevo del liderazgo mundial.

El mensaje central de este enfoque es que sin un líder hegemónico que ejerza plenamente su papel, los sistemas económico-financieros internacionales tienden a ser inestables. Según la teoría del "Neorrealismo Estructural" (Waltz, 1979), las relaciones internacionales tienden a ser naturalmente anárquicas y fragmentadas. Los agentes económicos, incluyendo los Estados, tienden a competir y a enfrentarse de forma no cooperativa en un juego de suma-cero, que tarde o temprano desata fuerzas destructivas desestabilizadoras. Consciente de esta realidad, Kindleberger vinculó el éxito de un orden monetario a la existencia de un hegemón capaz de asumir responsabilidades colectivas de manera solidaria[86]. Decía Kindleberger: "Un orden monetario estable requiere un hegemón suficientemente poderoso como para resolver problemas de interés colectivo y extender concesiones a los aliados subordinados". Ese hegemón debe asumir una buena dosis de solidaridad: "... el sistema económico y monetario internacional necesita liderazgo, un país preparado consciente o inconscientemente ... para asumir una porción adicional de las cargas del sistema, y en particular hacerse cargo de darle soporte en la adversidad a través de la absorción de excedentes de mercancías, de la continuidad del flujo de inversiones y de la provisión de liquidez."

Dos funciones del hegemón son centrales en el postulado de Kindleberger:

---

85 Kindleberger (1973).

86 Curiosamente, el ministro alemán de Finanzas, Wolfgang Schäuble, actor principalísimo durante la crisis del euro, hizo mención a Kindleberger para suscribir su visión de que solo una nación líder, un hegemón benigno o "estabilizador" pudiera crear una economía global estable. En Europa ese papel les corresponde jugar a Alemania y Francia conjuntamente (citado en Kundnani, 2014).

- Capacidad para resolver problemas de interés colectivo y
- Disposición para asumir una porción superior de las cargas del sistema, otorgar concesiones a los aliados y aplicar sanciones a los disidentes.

La resolución de problemas de interés colectivo equivale a lo que en las ciencias sociales se llama la dotación de bienes "públicos", como pueden ser la seguridad y defensa de la nación o la protección de los desvalidos, tareas que usualmente acomete el Estado nacional o las delega en terceros bajo su tutela económica. Extendido a la esfera internacional es necesario que alguien provea de ciertos bienes como la institucionalidad que preserve el orden del comercio mundial, el derecho internacional o la preservación del medio ambiente global. En la esfera de las relaciones económico-financieras internacionales, bienes públicos esenciales son la provisión de liquidez internacional, la seguridad jurídica comercial, la protección de la propiedad privada y, por encima de todo, la estabilidad económico-financiera del sistema. Refiriéndose específicamente a la crisis de la Gran Depresión, pero aplicable a otros eventos de crisis, Kindleberger identifica cinco bienes públicos que el hegemón benevolente debe proveer:

- servir como mercado de bienes que no pueden encontrar un comprador (*distressed goods*),
- proporcionar préstamos anticíclicos de largo plazo,
- coordinar las políticas macroeconómicas,
- estabilizar las tasas de cambio,
- actuar como prestamista de última instancia durante crisis financieras.

Por ser bienes públicos, nadie puede estar excluido de su disfrute, pero tampoco nadie suele estar dispuesto de forma espontánea a asumir su coste individualmente para que otros los disfruten. Por lo tanto, a nivel de una nación es el Estado el que asume, directa o indirectamente, la producción de bienes públicos. A nivel de una comunidad de naciones, es un Estado "*primus inter pares*" o un Estado dominante quien debe asumir esa función, ya que, de no hacerlo, el sistema derivará hacia la anarquía y la inestabilidad.

El segundo elemento o función de la ecuación de hegemonía es la disposición de otorgar concesiones a sus aliados. Para ser considerado como tal, el país hegemónico debe asumir la mayor proporción de los costes de la producción de bienes públicos. Como la cooperación y la integración internacionales son bienes públicos de primer orden, especialmente en una comunidad unida por una moneda común, el hegemón debe absorber una carga sobre proporcional de los costes de preservar esa cooperación e integración. Hay dos razones que justifican la sobre proporcionalidad de las cargas asumidas por el hegemón. La primera es que, si no lo hiciera así, no tendría justificación arrogarse el título de hegemón, ni tampoco los otros miembros de la comunidad tendrían razones para reconocerlo como tal. El sistema de relaciones hegemónicas tiene que proveer suficientes incentivos a los países que quieran integrarse a esa relación de "dominación consensuada", siendo el principal de ellos la disposición del hegemón de proveer los bienes públicos a su propio coste. La segunda razón es que la potencia hegemónica recibe importantes beneficios que se derivan precisamente de su condición hegemónica. Piénsese en el "privilegio exorbitante"[87] que ha representado para los Estados Unidos el hecho de que el dólar se haya convertido desde la II Guerra Mundial en la moneda de reserva mundial. O piénsese en los beneficios para Alemania de la subvaluación del euro respecto a un hipotético *Deutsche Mark*, que le permitió tener precios competitivos para exportar. O en la prerrogativa de Alemania de establecer los términos de los rescates financieros de Grecia, Irlanda o Portugal para salvar a sus propios bancos. La sobre proporcionalidad de los costes comunes se corresponde con la sobre proporcionalidad de los beneficios. Es una relación equitativa.

Además de ser capaz de incrementar los beneficios de pertenencia al sistema mediante incentivos, el hegemón debe estar en capacidad de imponer y hacer cumplir sanciones a los miembros que no se comporten de acuerdo a las reglas. Ahora bien, que las reglas se cumplan no puede depender exclusivamente del poder de coerción o sanción del miembro hegemónico. Hacen falta incentivos creados por éste para motivar la adhesión del resto de los miembros. Es necesaria también la presencia de

---

87 Término acuñado por el expresidente francés Giscard d'Estaing y tratado in extenso en el libro de Barry Eichengreen, "*Exorbitant Privilege*" (2011) para referirse a la posición del dólar estadounidense en la economía mundial.

una red amplia de vínculos, codependencias y compromisos mutuos, así como un sentido de comunidad y de pertenencia; todo ello debidamente reflejado en un marco de instituciones comunes.

Estrictamente hablando, nada le obliga al hegemón a asumir una cuota de mantenimiento del "club comunitario", que sea superior a la que le correspondería matemáticamente por su número de "acciones" en el club (medido este número de acciones, por ejemplo, por su peso económico relativo o el peso de su población). Por eso es que el país que voluntariamente está dispuesto a asumir la sobre proporcionalidad de los costes, suele denominarse en la teoría un hegemón "benevolente". Por lo contrario, el hegemón que sólo admite pagar una cuota estrictamente proporcional a su tamaño es denominado un hegemón "malevolente", malevolencia que puede abarcar desde no asumir la sobre- proporción hasta abusar del poder y extraer de los consocios beneficios adicionales. Esta forma malevolente de ejercer hegemonía no es viable a largo plazo, porque se vería privada del elemento esencial del "reconocimiento" de los otros miembros del grupo y terminaría convirtiéndose en dominación pura. En consecuencia, sólo un hegemón "benevolente" puede ejercer realmente la hegemonía estabilizadora tal como la hemos definido aquí.

El término benevolencia se presta fácilmente a confusión, porque tiende a asociarse con bondad, generosidad, altruismo. Ninguno de estos atributos necesita tener el hegemón: cuando asume una parte mayor de las cargas comunitarias lo está haciendo "en su propio interés" y con plena conciencia de que los beneficios derivados de su condición hegemónica compensan con creces los eventuales mayores costes. Es fundamental, sin embargo, que los socios reconozcan esta supuesta benevolencia y que no se sientan amenazados ni intimidados por el miembro mayor. El hegemón debe saber autocontrolar su poder, nunca abusar de él, sino más bien transmitir la percepción de que sus actuaciones son en beneficio colectivo, de que el arreglo cooperativo es bueno para todos, tanto para el conductor como para los seguidores.

¿Por qué los sistemas hegemónicos "estables" tienden a desestabilizarse en algún momento? Gilpin (1987) elabora sobre el concepto de que el hegemón actúa en su propio interés en todo momento. Llega un momento, sin embargo, en el que el hegemón se cansa y pierde la motivación para seguir asumiendo los deberes asociados con su rol. Generalmente este cansancio suele estar asociado a uno de dos factores o a una combinación de ellos:

- Los costes de mantenimiento del sistema hegemónico se incrementan de forma sustancial, ya sea por efecto de una crisis sistémica o por la dinámica endógena de una integración que exige cada vez mayor nivel de integración.
- La emergencia de economías más dinámicas, cuyo fortalecimiento es interpretado por el líder como un aprovechamiento (*free riding*) de sus generosas contribuciones. El líder empieza a percibir a los países emergentes como rivales y como amenazas a su liderazgo, a raíz de lo cual les exige mayores contribuciones y empieza a renegar de sus compromisos anteriores de seguridad, defensa, protección del medio ambiente, etc.

A título ilustrativo, el primer factor de cansancio parece ser más aplicable al caso de Alemania en la Unión Monetaria Europea hoy, mientras que el segundo se aplicaría al viraje de la política exterior de los Estados Unidos durante la presidencia de Trump.

Los hegemones en sistemas monetarios comparados

Cuando mejor se aprecia la importancia del hegemón para la estabilidad de un sistema es cuando éste, por decisión propia o por fuerza mayor, deja de cumplir sus deberes. En la esfera de los sistemas monetarios internacionales nos encontramos con varios casos emblemáticos, que evidencian la conexión del éxito o fracaso de los grandes sistemas monetarios con la disposición del país hegemónico a asumir las cargas y responsabilidades que le corresponden.

Un breve repaso de los sistemas monetarios de los últimos dos siglos, especialmente el análisis de sus fracasos, apunta a ciertos elementos comunes:

- No importa cuán simétrico y políticamente equilibrado pretenda ser el sistema en sus inicios, tarde o temprano evoluciona hacia un sistema hegemón-subordinados, centro-periferia.

- La actuación del hegemón en pro del interés colectivo crea en el resto de los miembros un sentido de comunidad y solidaridad.
- La disposición y/o capacidad del miembro hegemónico de continuar proveyendo los bienes de interés colectivo necesarios para el funcionamiento del sistema son esenciales para la perduración del mismo.
- Cuando el miembro hegemónico antepone sus intereses particulares nacionales sobre los colectivos, especialmente en un contexto de crisis, el sistema llega a su fin.

Así como la presencia de un país individual dominante es necesaria para la existencia de un sistema monetario integrado, también esa misma presencia puede convertirse –tiende de hecho a convertirse– en el principal impedimento para su funcionamiento y continuidad. Hagamos una breve referencia histórica a cuatro sistemas monetarios.

En el caso de la Unión Monetaria Latina (UML), creada en 1865 por Francia, Bélgica, Italia, Suiza y Grecia, Francia asumió el papel de eje hegemónico del sistema[88]. El patrón monetario estaba basado en el estándar o patrón bimetalista, del cual Francia era ardoroso defensor. Las monedas de oro y plata circulaban simultáneamente con un valor de paridad oficial de conversión de oro en plata y viceversa. Como todo sistema bimetalista, las distorsiones causadas por el arbitraje entre ambas monedas cada vez que el valor de mercado de los metales se alejaba del valor implícito en la paridad oficial, creaban permanentes conflictos entre los miembros de la unión. Cuando Suiza intentó a mediados de la década de los 1870 salirse de la UML para adoptar el patrón oro, Francia le impuso como barrera de salida la obligación de rescatar todas sus monedas de plata contra pago de oro a la paridad oficial sobrevaluada. El Banco de Francia, de capital privado, tenía una larga tradición de buenos negocios de arbitraje, así como larga era también su posición de reservas en monedas de plata propias y de otros países de la unión. Retenidos los miembros dentro de la unión a causa del alto coste de rescatar sus monedas de plata, la UML languideció hasta la década de los 1920, y sus miembros optaron por plegarse *de facto* al patrón oro, en el cual convivía ya la mayor parte de la economía mundial. Al final, la

---

88 Fendel y Maurer (2015).

empecinada e interesada defensa francesa del bimetalismo por intereses egoístas acabó con la unión monetaria, que ella había creado, y con sus posibilidades de tener una presencia dominante en el sistema monetario internacional.

En el caso del patrón oro, la cabeza del imperio británico, Gran Bretaña, ejerció hasta 1914 a plenitud su responsabilidad hegemónica y el sistema funcionó a la perfección. De 1914 a 1918 el arreglo tuvo que ser puesto "en espera" a causa del conflicto bélico. Con la restauración del patrón estándar-oro después de la I Guerra Mundial, Inglaterra no estaba ya en condiciones económicas de asumir las cargas de la hegemonía, ya que salió económicamente muy debilitada de la conflagración bélica. Pero la nueva potencia hegemónica en ascenso, los Estados Unidos de América, no estaba todavía consciente de su nueva figuración en la escena mundial y de las exigencias inherentes a ella. Así es como el sistema monetario del patrón oro se desintegró y la economía mundial entró en una negra fase de aislacionismo, proteccionismo y confrontación.

No fue sino hasta después de la II Guerra Mundial que cambió la actitud norteamericana, cuando impulsó la implantación del Sistema de Bretton Woods, un arreglo monetario-cambiario en el que el dólar asumió cabalmente su condición de moneda de reserva mundial y la Reserva Federal estadounidense ejerció *de facto* el papel de autoridad monetaria mundial. Originalmente, el sistema de Bretton Woods fue concebido también como un esquema monetario "simétrico", con un numerario distinto a las monedas de cualquier país miembro. En la vida real, sin embargo, Estados Unidos emergió de la guerra con tal poder económico en comparación con sus aliados europeos, que pronto el dólar pasó a ocupar el puesto del "numerario" del sistema, moneda de reserva y moneda de cuenta, a la cual se referenciaban el resto de las monedas. La Reserva Federal se convirtió en el banco central del sistema, que con su política monetaria determinaba los niveles de tasas de interés y el nivel del inflación mundiales. Pero llegó el momento en el que Estados Unidos "descuidó" negligentemente atender sus obligaciones como pivote hegemónico del imperio del dólar. Nuevamente un evento bélico, la Guerra de Vietnam, colocó a la potencia hegemónica en un conflicto entre su propio interés nacional y el interés colectivo mundial, conflicto que el gobierno de Nixon decidió a favor de su interés nacional, lo cual condujo al colapso del sistema en 1971.

El Sistema Monetario Europeo, establecido en 1979, quiso ser también un sistema simétrico con el ECU como numerario, pero pronto se convirtió *de facto* en un sistema asimétrico en el que el *Deutsche Mark* pasó a ser la moneda de reserva e intervención, al tiempo que el Bundesbank asumía el papel rector de la política monetaria europea. Las dos principales razones para que Alemania asumiera este papel fueron el tamaño considerable de su economía y de su mercado financiero, así como también su reputación de contención inflacionaria, cuya credibilidad fue tomada prestada por los otros países europeos a cambio de someterse a sus designios monetarios. Adicionalmente, los mecanismos de intervención cambiaria del SME estaban diseñados de tal forma que favorecían al país con la moneda de reserva y colocaban la carga de los ajustes sobre los hombros de los países con monedas más débiles.

Nuevamente los problemas e intereses nacionales del país hegemónico terminaron sobreponiéndose a la responsabilidad de liderar un colectivo. La sorpresiva caída del muro de Berlín a fines de 1989 y la posterior unificación sometió a Alemania a severos impactos monetarios y fiscales, que se contagiaron hacia el resto de Europa a través de la política monetaria del Bundesbank y terminaron generando la crisis de septiembre de 1992. Esta crisis dio prácticamente al traste con el SME, porque se produjo una asincronía entre los requerimientos de política monetaria de Alemania y los del resto de Europa, conflicto que se resolvió a favor del miembro hegemónico y desató violentos ataques especulativos contra las monedas del resto de los países.

Estas experiencias históricas demuestran que la sostenibilidad de esquemas de integración monetaria depende más de condiciones políticas que económicas, a la vez que confirman el postulado teórico de la importancia crucial de la presencia o ausencia de un Estado hegemónico (dominante) con voluntad de hacer que el arreglo funcione efectivamente en términos aceptables para el resto de los miembros.

¿Estuvo Alemania a la altura de su responsabilidad hegemónica?

Volviendo la mirada hacia el tema que nos ocupa en este capítulo –la crisis de la Unión Monetaria Europea y el papel de Alemania– es pertinente la pregunta sobre si este país asumió el rol que teóricamente le correspondería haber asumido como eje hegemónico de la unión. Son muchas las referencias que a lo largo del libro hemos venido haciendo sobre las actuaciones de Alemania antes, durante y después de la crisis. A la luz de estas actuaciones y con la ayuda del marco interpretativo de la teoría de la estabilidad hegemónica podemos decir que la balanza se inclina hacia el lado negativo, en cuanto a que la eurozona no contó con un hegemón benevolente que ayudara a ajustar y estabilizar el sistema en un tiempo y a un coste razonables para los miembros que sufrieron un severo *shock* durante la crisis financiera mundial.

Al igual que los otros sistemas monetarios antes mencionados, el euro también nació con la mejor intención de ser un orden monetario simétrico, en el cual la moneda fuera una creación *ex nihilo* y sin patria. Sin embargo, el viejo dilema de la asimetría hegemónica volvió a aparecer. Funcionó en primer lugar la proyección (extrapolación) de un Bundesbank que tomó control del nuevo Banco Central Europeo por la vía del Estatuto y del Tratado de Maastricht. En segundo lugar, el peso económico-financiero de Alemania lejos de disminuir en términos relativos, continuó creciendo una vez que la Agenda 2010 de Schröder empezó a dar sus frutos a mediados de los 2000. Finalmente, por obra y gracia de la crisis financiera de 2008, el sistema de una unión monetaria que teóricamente debía eliminar de raíz la predominancia de una moneda o de su banco central, evolucionó *de facto* hacia un esquema de centro-periferia, en el que Alemania dominaba los mercados, así como los escenarios de decisiones de la UME. Los esquemas de rescate de los países de la periferia y la imposición de la ideología ordoliberal de la austeridad colocaron toda la carga del ajuste en los países deudores. Así se consolidó la asimetría fundamental del sistema de la UME, en la que Alemania emergió como el hegemón indiscutible.

Al menos así rezó el discurso de amigos y enemigos. ¿Pero realmente se puede catalogar a la Alemania de la segunda década de los 2000 como un hegemón benevolente en el sentido que le dio Kindleberger? Si nos atenemos a la esfera de lo económico, Alemania no estuvo a la altura de las responsabilidades que debería haber asumido como líder hegemónico del sistema. Con la posición hegemónica suelen venir asociados una cantidad de beneficios, tales como:

- capacidad de adaptar la política monetaria común a su situación coyuntural individual,
- influjo de capitales y financiamiento a menor coste,
- moneda subvaluada,
- protección privilegiada de su sistema bancario en los procesos de rescate de deudores

El hegemón debe saber retribuir estos beneficios con gestos de solidaridad y, sobre todo, con la asunción de las "responsabilidades del cargo". Para haber estado a la altura de las responsabilidades, Alemania tenía que haber invertido más esfuerzos y recursos en:

- mejorar cualitativamente –o transformar en muchos casos– la institucionalidad de la eurozona,
- equilibrar más las cargas de los procesos de ajustes intracomunitarios, en el sentido de coadyuvar con su propia expansión económica a la reanimación de la demanda agregada comunitaria,
- facilitar la creación de estabilizadores fiscales para atenuar el grave impacto social de los procesos de ajuste en los países deudores.

La actitud de Alemania hacia la comunidad de la eurozona durante la fase previa a la crisis se asemejó en bastantes aspectos a la actitud de "negligencia benigna" que Estados Unidos tuvo hacia la acumulación de tensiones en el sistema de Bretton Woods en los años previos a su colapso. Alemania no ignoraba la burbuja financiera que venía inflándose en el sur de Europa o en Irlanda antes de 2008, pero eran sus mismos bancos los que estaban inflando la burbuja con préstamos excesivos a los bancos de la periferia. Esto le permitió reciclar los fondos excedentarios que estaban asociados al superávit en cuenta corriente, que a su vez era un reflejo del desbalance interno entre mucho ahorro y poco consumo. Eran sus empresas las que estaban usufructuando el *boom* de demanda de bienes de consumo e inversión en los países del Sur europeo. Alemania, conjuntamente con Francia, socavó los cimientos del Pacto de Estabilidad y Crecimiento, cuando en 2003-2005 incumplió los límites de déficit fiscal permitidos e impidió descaradamente que le impusieran las multas que el Pacto tenía contempladas. No fue ese comportamiento compatible con la autoridad moral del líder. Una vez roto ese dique, la disciplina fiscal del resto de los miembros de la unión monetaria dejó de ser un principio irrenunciable.

Una vez estallada la crisis, Alemania adoptó una estrategia de "salir del paso" (más gráfico es el término inglés "*muddling through*"), especialmente durante los primeros cuatro años, reflejando una considerable ambigüedad frente a la crisis: hacer lo suficiente para que ella no hiciera estallar el proyecto europeo por los aires, pero resistiéndose a aplicar políticas que afectasen sus intereses particulares , desagradasen a sus electores internos o implicasen costes para su bolsillo, aun cuando esas políticas pudieran haber resuelto de raíz el problema. La presión de la ortodoxia monetaria alemana paralizó totalmente al BCE para hacerle frente a la inmensa crisis financiera que se estaba gestando, llegando incluso a impulsar una subida de tasas de interés en 2011 en un acto de suprema estulticia, simplemente porque la inflación promedio europea excedía en 0.6 por ciento la meta establecida. Los rescates de Grecia, Portugal e Irlanda se hicieron tarde y en cantidades insuficientes, en buena parte por la renuencia alemana a cualquier tipo de rescate de gobiernos "dispendiosos".

Ofuscada por el velo ideológico del pensamiento ordoliberal, la dirigencia alemana interpretó erróneamente la crisis de la periferia de la eurozona como una consecuencia de la indisciplina fiscal de esos países, cuyas raíces había que buscarlas en la cultura mediterránea de trabajar poco, ahorrar menos y vivir por encima de las posibilidades. Se pasó por alto que antes del estallido de la crisis financiera, las cuentas fiscales de los países deudores eran "sanas", al menos tan sanas como las cuentas del núcleo central de Europa. Se pasó también por alto que los déficits fiscales no estuvieron en el origen de la crisis de los deudores, sino que fueron consecuencia de la manera particular en la que se encaró la crisis financiera.

Dada esta interpretación sesgada, la receta para salir de la crisis no podía ser otra que la austeridad: gastar menos, cobrar más impuestos, privatizar y reducir así el déficit fiscal. Esta austeridad tendría también el efecto colateral positivo de deprimir los precios y salarios internos (la denominada devaluación interna) y recuperar así la competitividad externa para reducir el déficit de la balanza comercial. No se habló en el diagnóstico de los factores que motivaron el *boom* de demanda en la periferia de la eurozona: una política monetaria de bajas tasas de interés a la medida únicamente de la coyuntura alemana o los grandes flujos de capital provenientes de la banca alemana. No se mencionó que la crisis se disparó por la retirada abrupta de esos capitales, que obligó a un desapalancamiento brutal de los bancos, las empresas y los hogares de la periferia, provocó el estallido de las burbujas inmobiliarias, las quiebras de bancos, una caída en picada de la demanda agregada, recesión, caída de ingresos fiscales, endeudamiento soberano para rescatar los bancos y finalmente déficit fiscal.

Hubo mucha acusación moralista (*"finger pointing"*) por parte de los alemanes: los otros, los deudores, eran los únicos responsables de sus excesos; debían aprender a vivir hasta donde les alcanzaran sus posibilidades; las deudas tenían que ser exigidas sin concesiones, porque si se condonaban, se crearía el incentivo para seguirse portando mal en el futuro; los deudores debían acometer reformas estructurales similares a las de la Agenda 2010 de Schröder. Hubo un rechazo total por parte de Alemania de cualquier esquema de compensación gratuita a favor de los países en problemas, bajo el argumento de que los tratados comunitarios prohibían los rescates y de que se requeriría aprobación del parlamento alemán para autorizar este tipo de transferencias sin retorno.

No tiene nada de malo que un país persiga sus intereses y evite colocar sobre los hombros de sus ciudadanos cargas ajenas; esta actitud, sin embargo, no era compatible ni con la responsabilidad del liderazgo que voluntaria o involuntariamente recayó sobre Alemania, ni con la equidad en compartir los beneficios tangibles derivados de la posición hegemónica dentro de una comunidad de países. Al igual que cuando hablábamos del concepto de solidaridad en el capítulo VI, no estamos utilizando aquí estos términos en el marco de la moralidad o del altruismo. Simplemente estamos apuntando al axioma de que un sistema, como el de una unión monetaria, necesita para su funcionamiento de ciertas estructuras y reglas, una de las cuales es la figura de un centro hegemónico

- que vele por la dotación de ciertos bienes públicos o colectivos necesarios para la estabilidad y sobrevivencia del sistema,
- que esté dispuesto a asumir solidariamente una buena porción del coste de esa dotación y
- que con sus actuaciones genere en el resto de los miembros del colectivo incentivos para asociarse, primero, y luego para permanecer en el club.

Pero no fue esta la forma en la que Alemania percibió sus obligaciones. No quiso asumir responsabilidades de un hegemón benevolente, porque no se veía como tal.

Algunos analistas, como Matthijs (2014), definen sin ambages a Alemania como un hegemón "coercitivo", especialmente si se analiza su actuación en comparación con la de Estados Unidos durante la CFG. Ambos países percibieron y definieron su liderazgo de forma muy diferente, inclusive contrapuesta. Mientras Alemania actuó dentro del marco dicotómico de la interpretación ordoliberal de las causas de la crisis, Estados Unidos reconoció su carácter sistémico, proveyó la liquidez necesaria, incentivó la actuación del prestamista de última instancia y armonizó los estímulos monetarios con los fiscales. En pocas palabras, las autoridades americanas asumieron la responsabilidad y el coste de proveer estabilidad al sistema financiero. Mientras que el enfoque coercitivo de Alemania intentó descargar sobre los hombros de los deudores la mayor parte de la carga del ajuste y no se sintió responsable de dotar de estabilidad al sistema.

La marca de la historia y la política exterior alemana

Alemania nunca quiso verse como un hegemón, porque ello iba radicalmente en contra de la imagen que había cultivado después de la II Guerra Mundial, como un buen ciudadano del mundo, humilde, cooperativo, civilizado y pacífico. Asumir posiciones de dominio o preponderancia no estaba en su talante; la palabra hegemonía no debía ser siquiera pronunciada. Había que dejar atrás un pasado de casi dos siglos en el que Alemania era visto como un problema, como una amenaza a la paz por su espíritu de dominación. El pasado marcó decisivamente su política exterior y también la forma como entendió su espacio dentro de Europa.

Recordábamos en el primer capítulo que cuando antes del siglo XIX Alemania no existía todavía como nación, sino como una confederación *"light"* de Principados y ciudades-Estado, unidos por la lengua y la cultura comunes, su posición geográfica central entre las tres potencias europeas, Francia al Este, Rusia al Oeste y Austria al Sur, convirtió al territorio alemán en campo de batalla por la supremacía europea. Quien dominara el centro alemán, dominaba Europa. Después de la derrota de los ejércitos napoleónicos a principios del siglo XIX y los consiguientes acuerdos del Congreso de Viena de 1814, el principal principado alemán, Prusia, emergió como un nuevo actor militar y político en la escena europea. Lo verdaderamente importante de la nueva situación fue que alrededor del centro de poder prusiano fueron amalgamándose paulatinamente un número creciente de Principados alemanes, conformando una Confederación que fue el germen del posterior Estado-Nación alemán. El impulso final vino dado por el Pacto de Versalles de 1871, tras una nueva victoria de Prusia sobre Francia, cuando la Confederación de Alemania del Norte se autoproclamó como el Imperio Alemán, después de que todos los Estados y Principados alemanes accedieran a formar parte de la Confederación bajo el liderazgo de Prusia.

A partir de ese momento, el "problema alemán" para Europa fue que Alemania tenía un tamaño y un poderío económico que la convertía en un factor principalísimo de poder del entramado europeo, que no podía ser ignorado. Ese poderío, sin embargo, no era suficiente para ejercer una hegemonía que fuera reconocida y aceptada por el resto de Europa, ni tampoco suficiente como para asumir explícitamente el costo de esa hegemonía. Esta ambigüedad convirtió a Alemania en un vecino incómodo, demasiado grande para no tenerle miedo, pero demasiado pequeño para aceptar su hegemonía. O también a la inversa: demasiado grande para ser amado y demasiado pequeño para ser temido. Suficientemente grande para ser culpado de todo lo malo, pero demasiado pequeño para arreglarlo. Son todas estas, variantes de la misma realidad ambigua.

A esta ambigüedad se le sumó una profunda desconfianza del resto de las potencias europeas hacia las supuestas pretensiones expansionistas del Imperio Alemán, cuya contrapartida era un miedo cerval de Alemania a ser "cercada" y aniquilada por esas potencias. De ahí se derivó desde la segunda mitad del siglo XIX una dinámica de acción y reacción, carreras armamentistas y profecías autocumplidas, que desembocaron en las dos guerras mundiales del siglo XX. A diferencia del escenario post I Guerra Mundial, cuando el débil liderazgo y falta de entendimiento de las potencias vencedoras le permitieron a Alemania una recuperación acelerada, después de la II Guerra Mundial las potencias aliadas se encargaron de fragmentar geográficamente a Alemania, someterla a una ocupación territorial y cercenarle su potencial económico. Especialmente Francia y Rusia estuvieron negadas a permitirle al vencido levantar cabeza.

La estrategia alemana para enfrentar este cercamiento fue doble. Por una parte, la Cancillería desarrolló una activa política de apertura hacia el Este de Europa y Rusia, la llamada *Ostpolitik*. Por otra parte, realizó una alianza estratégica con Francia para impulsar la Unión Europea. El eje francoalemán estuvo presente en todas las decisiones cruciales que se tomaron para hacer avanzar la integración europea. Alemania no tuvo problema de concederle a Francia el puesto de conductor político al volante del proyecto, a cambio del reconocimiento como nación plena.

Después de 1945, Alemania, aunque derrotada y subyugada, continuó siendo el eje de atención y preocupación de la política europea e, incluso, de la política mundial, al menos mientras duró la "Guerra Fría". Qué hacer con Alemania siguió siendo "el" problema de Europa. Las iniciativas de cooperación en defensa militar, la OTAN, la Comunidad del Carbón y del Acero y hasta la misma Comunidad Económica Europea nacieron bajo la sombra omnipresente del problema alemán. Las potencias aliadas, especialmente las del viejo continente, vieron estas iniciativas como una forma de meter a Alemania por el carril de la civilidad, una vía para subsumir su poder dentro de estructuras internacionales. Los alemanes, por su parte, veían su incorporación a estas instituciones supranacionales como la puerta para ser readmitidos en la comunidad internacional.

Después de la guerra, la sociedad alemana tomó la decisión de hacer todo lo necesario para no ser vista ya más como problema:

- los esfuerzos de desnazificación fueron profundos, así como fue la reconversión de las mentes hacia la promoción de la paz y la democracia;
- la contribución a la construcción progresiva de instancias políticas y económicas europeas fue fervorosa y generosa;
- la política exterior estuvo marcada por la contención, eludiendo cualquier tipo de protagonismo y enmarcado en los principios del civilismo y la cooperación internacional.

Sin embargo, la profundidad de las heridas abiertas y la herencia de desconfianza hicieron que al menos durante los primeros tres lustros de la posguerra no hubiera una decisión importante en el tablero europeo sobre la que no planeara el fantasma alemán.

En su decidido propósito de recuperar el estatus de "buen ciudadano", la política exterior alemana de la posguerra tuvo una aversión profunda al protagonismo y mucho mayor todavía a lo que pudiera sonar a cualquier pretensión hegemónica. Esta es una de las claves de interpretación de por qué después de 1945 Alemania estuvo negada a actuar sola en el campo de la política exterior. Antes de hacerlo sola, prefirió no actuar o simplemente ignorar con benigna indiferencia el asunto en cuestión. Por ello es que todas las iniciativas europeas en las que estuvo involucrada fueron de la mano y en *tandem* con Francia. Después de la unificación en 1990, fueron muchos los guiños que Alemania recibió de Estados Unidos para que diera el paso de convertirse en socio del liderazgo occidental. Haciendo caso omiso de esos cantos de sirena, Alemania prefirió seguir volcada hacia dentro de Europa e impulsar el proyecto de unión monetaria de la mano de Francia. El problema es que esa relación especial se enfrió durante la crisis, primero porque ambos gobiernos tenían enfoques teórico-políticos divergentes y segundo porque Francia se fue quedando económicamente rezagada. Añadámosle a ello la falta de química entre los líderes (Hollande y Merkel), tendremos entonces la explicación de un motivo adicional de Alemania para inhibirse de asumir sola el liderazgo de Europa.

Ello explica que, cuando por la fuerza de los hechos Alemania adquirió tal preponderancia económica, especialmente después de 2008, se mantuviera todavía renuente a asumir un liderazgo que nunca quiso ni buscó. De ahí el epíteto que se le colocó de "hegemón renuente" y que explica en buena medida la ambigüedad con la que Alemania actuó antes, durante y después de la crisis financiera de la eurozona.

El europeísmo fue una de las columnas vertebrales de la política exterior germana. Alemania sabía que la única forma de liberarse del yugo cervical impuesto por los vencedores era a través de la integración en instancias europeas, en las que otros países, especialmente Francia, mantenían el control político. Al "diluirse" en Europa, sus viejos rivales, especialmente Francia, se fueron tranquilizando porque sentían que la recuperación alemana no desembocaría en su propio fortalecimiento sino en el de Europa. Ello explica el entusiasta apoyo alemán a todas las iniciativas comunitarias, inclusive a algunas en las que el balance de costes y beneficios era negativo para ella, como lo fue la Comunidad del Carbón y del Acero o la Política Agrícola Común de la Comunidad Económica Europea. Tampoco la unión monetaria era de particular interés para Alemania, pero la aceptó en aras del proyecto de integración política y económica de Europa.

La otra columna vertebral de la política exterior alemana, probablemente la más importante, fue el proyecto de reunificación de las dos Alemanias. Fue un proyecto de muy largo aliento, que requirió mucha constancia y consistencia, mucha habilidad y capacidad de equilibrio, porque el Berlín dividido, las Alemanias divididas se habían convertido en la máxima expresión y en el campo de batalla de la Guerra Fría. La República Federal Alemana, por su sistema político, social y económico, pertenecía indudablemente a la Alianza Occidental, pero también necesitaba mantener permanentes canales de comunicación y relaciones con la Unión Soviética, sin cuya cooperación la reunificación no sería posible. Una vez pasada a retiro la primera generación de líderes (Adenauer, Erhard, etc.), cuyas inclinaciones eran más atlanticistas y anglosajonas, los socialdemócratas, bajo el liderazgo de Willy Brandt, desarrollaron la *Ostpolitik*, una política de acercamiento y cooperación con la Unión Soviética y los otros países de la Europa del Este, que Alemania mantuvo a pesar de ciertos momentos de incomodidad por parte de los aliados occidentales.

El abandono del militarismo constituyó un tercer elemento de caracterización de la política exterior. La prohibición de rearme militar fue tajante después de la guerra; únicamente fueron permitidos gradualmente contingentes armados limitados, pero siempre bajo el paraguas de esquemas de defensa europeos o en el marco de la OTAN. Por su parte, la nación alemana aceptó con gusto esta limitación, primero por clara convicción propia y segundo porque Estados Unidos, Francia e Inglaterra ofrecían suficiente protección en el marco de la Guerra Fría.

El no militarismo le permitió a Alemania perfilarse como una sociedad netamente civil. Esta connotación le resultó de mucha utilidad cuando con el paso de los años su tamaño y pujante desarrollo económico la convirtió en una potencia innegable, pero que al denominarse una "potencia civil"[89], no representaba un peligro para nadie. Este civilismo se convirtió

---

89 Término acuñado por Francois Duchene a comienzos de los 70 y luego aplicado por Hanns Maull (2001) a Alemania y Japón.

en el cuarto elemento definitorio de la política exterior alemana. Este concepto también fue aplicado a Japón, otra potencia regional derrotada y desmilitarizada, que también desarrolló un modelo de crecimiento volcado a las exportaciones. En la esfera de las relaciones internacionales, un poder "civil" reconoce la necesidad de cooperación con otros actores para el logro de objetivos internacionales, particularmente objetivos económicos, como un medio para lograr metas de política exterior[90]. En aras de estos objetivos, el poder civil está dispuesto a transferir fragmentos de soberanía a instituciones supranacionales. Para las relaciones internacionales civilizadas son de capital importancia el imperio de la legalidad internacional, la existencia de instancias multilaterales de cooperación y el buen funcionamiento de las instituciones internacionales. Ese fue el objetivo central de la política exterior alemana: "civilizar" las relaciones internacionales y proveer el ambiente adecuado para el comercio internacional. La expansión comercial, no la territorial, y el poder del comercio, no el de las armas, marcaron el nuevo posicionamiento de Alemania en la esfera internacional. Sin tono peyorativo, pudiéramos calificar al Estado alemán como un "Estado Mercantil" que volcó todos sus esfuerzos exteriores en promover la salida de sus empresas a los mercados externos.

El quiebre de la segunda unificación

1871, año de la primera reunificación, marcó un antes y un después de la política exterior alemana del siglo XIX. 1990, año de la segunda reunificación, representó otro punto de quiebre en la política exterior alemana, aunque más silencioso y, por suerte, menos problemático. Así como del proceso de 1871 surgió una nueva nación, no una simple suma de mini reinos o Principados, después de 1990 nació (resurgió) otra nación, no una simple suma del Oeste más el Este. A partir de ese momento se produjo un paulatino cambio de identidad, caracterizado por mayor confianza y asertividad de Alemania como nación. El gran objetivo de la reunificación se había hecho realidad. 40 años de contención habían logrado el

---

90 Hans Kundnani (2011, 2014) ha investigado la política exterior alemana desde el ángulo de su modelo económico exportador. Suyo es también el concepto del "poder geo-económico" aplicado a la Alemania actual.

efecto de superar las resistencias de los aliados y posicionar al país como una potencia civil y civilizada. Los alemanes sintieron que habían vuelto a ser una nación "normal", que el país había dejado de ser un territorio ocupado, que la familia se había reencontrado, que las culpas habían sido básicamente expiadas y los fantasmas del pasado habían sido exorcizados.

La Alemania unificada pasó a ser una nación de 80 millones de habitantes, bastante por encima de los 58 millones de Francia o de los 57 millones del Reino Unido. Los primeros años fueron difíciles por el ingente sacrificio económico que representó para el Oeste absorber los problemas del Este y elevar su población al nivel de beneficios sociales y de estándares de vida de sus compatriotas del Oeste. Hacerlo sin permitir que la inflación y el déficit fiscal se desbordaran representó un acto de malabarismo para el gobierno. De luchar celosamente contra la inflación se encargó el Bundesbank, con el resultado de un crecimiento languideciente durante casi una década. Cuando Gerhard Schröder fue electo Canciller en 1998, su principal iniciativa fue convocar a un Pacto tripartito entre gobierno, sindicatos y empresarios para revivir la economía, que estaba languideciendo.

En cualquier caso, se había instalado el sentido de la normalidad en la política exterior e interior alemanas, lo cual tuvo repercusiones importantes. La primera de ellas es que el país empezó a hablar de forma más desinhibida de su propio "interés nacional" y a estar más consciente de su posición de poder en Europa. En la esfera internacional, en la medida en que la economía alemana dependía más y más de las exportaciones, mayor era el pragmatismo que impregnaba sus relaciones con otros países. Lentamente se fue produciendo una transición desde el poder civil absolutamente comprometido con el multilateralismo hacia un poder económico que perseguía de forma realista sus propios objetivos. La relevancia de esta transición no se entendería si no se contextualiza en el largo período anterior, en el que hablar del interés propio de Alemania era una especie de tabú.

Después de superado el bache de los 90 (el "hombre enfermo" de Europa), la década de los 2000 fue testigo del despegue de Alemania respecto de sus socios europeos. Adicional a que la Agenda 2010 de Schröder estaba dando sus frutos, el inicio de la Unión Monetaria Europea en 1999 disparó también dinámicas que agrandaron las brechas entre Alemania y sus socios de la eurozona, tema sobre el cual hemos tratado extensamente a lo largo del libro. Cuando estalló la crisis financiera del 2008, la posición de dominio económico alemán en la eurozona quedó definitivamente establecida, convirtiendo al gobierno alemán en el árbitro y ductor de la política europea. Como nunca antes en las primeras seis décadas de la posguerra, Alemania definió con asertividad sus intereses propios y no tuvo empacho en imponer sus preferencias y recetas sobre los países europeos sometidos a los estragos del sobreendeudamiento.

No estaba, sin embargo, en el talante alemán un ejercicio de imposición pura y simple. Con todo y la evolución hacia la "normalidad", Alemania seguía siendo reticente a ejercer posiciones de dominio o de liderazgo. Por ello, sus actuaciones estuvieron envueltas en un manto ideológico, el pensamiento ordoliberal, que camufló la naturaleza real del ejercicio de dominación, haciéndola aparecer como la inevitable aplicación de las verdades de ese catecismo. Ese manto le proporcionó tanto una interpretación sesgada de la crisis, según la cual todo había sido producto de los excesos de gobiernos dispendiosos, como la justificación de la receta de austeridad impuesta a esos países. El éxito económico alemán, una especie de "segundo milagro", había supuestamente demostrado que esa "vía especial" alemana de hacer las cosas, de entender el Estado, la sociedad y la economía, era acertada y que lo que había sido bueno para Alemania también tenía que ser bueno para otros. Así lo decía expresamente Angela Merkel en 2014: "Lo que es bueno para Alemania, es también bueno para Europa"[91]. No faltaron quienes, ante tales manifestaciones, hicieran referencias a momentos pasados de la historia alemana, específicamente la era bismarquiana, cuando la nación se sintió poseedora de una "vía especial" (*Sonderweg*) para cumplir un destino también especial.

Adicional a sus profundas convicciones ideológicas, la actuación alemana en la crisis de la eurozona estuvo constreñida por el modelo exportador, eje de su éxito económico. La economía alemana no podía asumir la parte que le hubiera correspondido de la carga del ajuste, porque ello hubiera requerido inflacionar su economía y permitir la revaluación interna, es decir, un aumento relativo de precios y salarios internos, lo cual hubiera significado pérdida de competitividad de las exportaciones. Aparte de ir contracorriente de la cultura antiinflacionaria alemana, este tipo de políticas hubiera atentado directamente contra su modelo de crecimiento.

---

91 "What is good for Germany is also good for Europe". Citado en Meiers (2015).

Así fue como los acontecimientos de la crisis de la eurozona marcaron otro quiebre adicional en la actitud de Alemania frente a Europa. Berlín había emergido de la crisis como la única potencia económica intacta. La segunda y tercera economía de la eurozona confrontaban serias dificultades. Italia estaba abrumada por el peso de su gran deuda interna, la endeble situación de sus bancos y el poco dinamismo exportador de su sector industrial. Francia languidecía bajo el peso de un Estado intervencionista y protector y unas relaciones laborales confrontacionales. La vieja alianza franco-germana no sobrevivió la ausencia de empatía entre Hollande y Merkel. En otras circunstancias, la tendencia natural de Alemania hubiera sido hacerse a un lado, dejar que cada quien se las arreglara, no imponer, no liderar. El problema fue que la crisis presentó un verdadero riesgo existencial para el euro. O se actuaba o se desmembraba la unión monetaria. Y Alemania actuó con gran asertividad y firmeza para impulsar las soluciones que concordaban con su imaginario ideológico y que buscaban salvar la unión monetaria.

Hacia afuera de Europa, sin embargo, Alemania se siguió comportando de manera bastante similar, privilegiando el uso de un poder "suave" a través de la promoción de las relaciones comerciales recíprocas, renuente a usar la palanca de su poder económico. Hacia Europa, sin embargo, el ejercicio del poder fue definitivamente "fuerte". Cuando sus intereses se vieron directamente amenazados, como con la amenaza real de implosión del euro después del estallido de la crisis griega, su intervención fue enérgica e implacable, amparada por su supremacía económica. Pero cuando la actuación sucedía en el marco internacional multipolar, en el que su poder económico listaba de cuarto o quinto lugar, la política exterior continuó privilegiando la diplomacia multilateral y la defensa de marcos reglados que favoreciesen el intercambio comercial. En este marco más amplio, Alemania seguía negada a ser vista como una gran potencia, a usar fuerza militar o a imponer su liderazgo.

El experto en relaciones internacionales, Hans Kundnani (2011), ha desarrollado la tesis de que Alemania fue y se comportó como una "potencia geoeconómica" dentro de Europa y que esa es la nueva forma en que ha resurgido el "problema alemán". En la definición de Simms, el problema básico siempre fue cómo robustecer el centro de Europa sin al mismo tiempo desarrollar tendencias hegemónicas. La euro-crisis definitivamente otorgó a Alemania una posición de liderazgo, más impuesta que deseada. A diferencia del pasado, tal liderazgo adquirió la forma pacífica y civilizada de impulsar un modelo económico. Se había producido una traslación desde la geopolítica a la geoeconomía y Alemania se había convertido definitivamente en una potencia "geoeconómica".

El término "potencia geoeconómica" se refiere a una condición de poder internacional en la que los mecanismos comerciales sustituyen a los métodos militares para ejercer poder o presión: es el uso de capitales en vez de poder de fuego, de la innovación civil en vez de avances tecnológicos militares y de la penetración de mercados en vez de bases militares[92]. A lo interno, este posicionamiento internacional sobre la base del comercio implicaba una estrecha interacción entre el Estado y las corporaciones empresariales en una relación de mutua interdependencia y mutua (y consentida) manipulación, que caracterizaba a lo que más arriba denominábamos el "Estado Mercantil". Japón también catalogaría dentro de esta definición, al igual que China, pero la diferencia es que Japón y Alemania no poseen ni usan poder militar para apalancar su poder económico.

No se discute el hecho de que Alemania alcanzó a partir de los 2000 el estatus de una potencia geoeconómica, al menos dentro del ámbito europeo, su esfera de influencia. La discusión se centra más bien en qué tan potente ha sido esa potencia, valga la redundancia, y qué factores culturales, ideológicos e institucionales han restringido el ejercicio hegemónico de ese poder. Ciertamente, la relación de tamaño de la economía alemana respecto a sus consocios europeos es menos impresionante que la que pueden tener Estados Unidos o China con sus principales socios. Si tomamos los tres mayores países después de Estados Unidos, la economía estadounidense en 2015 era 1.6 veces mayor que China, 4.1 veces mayor que Japón y 5.4 veces mayor que Alemania. Pero si tomamos los tres mayores países europeos después de Alemania, la economía alemana era en 2015 apenas 1.4 veces mayor que la francesa, 1.8 veces mayor que la italiana y 2.8 veces mayor que la española. De acuerdo a estas proporciones, Alemania parece haber sido más un *"primus inter pares"* que una potencia dominante clásica. Por poner un solo ejemplo, Alemania no hubiera tenido la capacidad de rescatar a España y mucho menos a Italia, cuando en 2011-2012 ambas sufrieron el rigor de la crisis de sus deudas soberanas. Vistas estas proporciones, volvió a hacerse realidad

---

92 Concepto fue desarrollado por Edward Luttwak (1990).

la situación de Alemania en la historia, en el sentido de que fue y sigue siendo muy grande para no ser determinante, pero insuficientemente grande para ejercer una verdadera hegemonía.

También factores culturales e ideológicos, así como lastres históricos han limitado el ejercicio de la supremacía dentro de Europa. No hay dentro de Alemania ni el consenso social ni la disposición interna para asumir una abierta hegemonía, ni mucho menos la disposición para asumir el costo que eventualmente ello significaría. Cualquier solución que implique el riesgo de transferencias de recursos sin retorno a otros países –la innombrable "*transfer union*"– es rechazada categóricamente.

Por estas razones de tamaño insuficiente y, sobre todo, de escasa disposición es que se ha calificado el esquema de dominación alemana dentro de Europa como una semihegemonía geoeconómica[93]. Alemania no quiso asumir las obligaciones que conllevaba una hegemonía plena, especialmente la referente a asumir la mayor parte de los costes de la dotación de bienes públicos. Las soluciones que puso sobre la mesa eran en su mayoría de resultado "suma-cero"[94], en las cuales las ganancias de unos eran pérdidas de los otros. Las culpas por entrar en crisis eran enteramente de los deudores y Alemania no tenía obligación de asumir ninguna porción del coste del ajuste. Ciertamente, la Alemania de la eurocrisis no puede catalogarse como un hegemón "benevolente", en el sentido del concepto desarrollado por Kindleberger. Tampoco puede catalogarse como un hegemón de dominación pura y simple, porque ya hemos visto que esta posición estaba muy lejos de las posibilidades y del talante alemán. De ahí el uso del término "semihegemonía" para describir la peculiar posición de Alemania en Europa. El prefijo "semi" fue precisamente el problema de Europa antes, durante y después de la crisis financiera global, porque ante una crisis existencial del sistema el hegemón no puede hacer sus tareas "a medias" a riesgo de desestabilizarlo, cosa que sucedió.

---

93 Kundnani (2014) traza un paralelismo entre esta posición semi-hegemónica actual y la existente entre 1871 y 1945, cuando la ambivalencia relacionada con el tamaño de Alemania (el "problema alemán") fue una fuente de inestabilidad en Europa.

94 Este concepto viene de la Teoría de Juegos, y describe una situación en la que las ganancias o pérdidas de cada participante se balancean matemáticamente con las pérdidas o ganancias de los otros participantes.

Razones para la renuencia: otras interpretaciones más benévolas

Hay que ser cautelosos a la hora de trazar paralelismos históricos entre la situación actual de Alemania y épocas pasadas, especialmente si se trata de épocas cargadas de conflictividad y belicismo. Donde la referencia histórica es ciertamente pertinente es lo referente al problema derivado del tamaño y la ubicación geográfica de Alemania. El hecho de estar en medio de Europa, de tener un tamaño y poder económico superior al del resto de los vecinos, pero no lo suficientemente grande como para ejercer –y ser reconocido– como hegemón, es el elemento común con el pasado.

Especialmente los intelectuales y analistas alemanes rechazan ir más allá de este problema del tamaño y la ubicación. La mayoría del estamento político alemán rechaza honestamente que su país esté jugando o tenga interés en jugar un juego hegemónico[95]. Piensan que la actuación de Alemania durante la crisis del euro no fue distinta a la que pudiera haberse esperado de un acreedor que emprende las acciones necesarias y usuales para recuperar sus acreencias, utilizando las herramientas típicas en episodios de problemas con deuda soberana. La panoplia de instrumentos abarcó "avisos" directos de cobro, acuerdos de reestructuración con concesión de plazos mayores, reducciones de tasas de interés y nuevos préstamos para honrar los vencimientos de los viejos, condicionados a ciertos programas de reforma de las economías deudoras. No fueron distintos estos métodos, dicen estos analistas, a los que tradicionalmente empleó el FMI cuando se le encomendaba lidiar con países en problemas.

El sistema político alemán no favorece el ejercicio de un liderazgo, y menos de una hegemonía suficientemente ejecutiva y asertiva. Para asegurarse de que el pasado no pudiera repetirse, los aliados refragmentaron al país en un sistema federal geográficamente descentralizado en lo político, en lo fiscal y en lo financiero. Los estados regionales, los *Länder*, gozan de mucha autonomía. La cabeza de gobierno, la Cancillería, no está dotada de poderes ejecutivos como los que tienen regímenes presidenciales al estilo francés. El sistema electoral está diseñado de tal forma que obliga al partido mayoritario a gobernar mediante coaliciones. La Constitución de la República Federal de Alemania, por otra parte, contiene una gran

---

95 Ver Mertes (2015).

cantidad de *checks and balances* institucionales que limitan la capacidad de tomas de decisiones del poder ejecutivo. Entre esas instituciones, por ejemplo, está un Tribunal Constitucional Alemán que ha puesto límites a varias iniciativas comunitarias, entre ellas algunas emanadas del Banco Central Europeo.

Tampoco la nueva generación de líderes políticos alemanes –decimos "nueva" en comparación con la que lideró el país hasta fines de los 90– mostró disposición, talento o talante para asumir posiciones de liderazgo en Europa. Se trata de una generación nacida en la posguerra, funcionarios políticos "de carrera", que responden más a intereses locales que a grandes visiones europeístas. Los temas que dominan la discusión política son deliberadamente estrechos y cautelosos, muy poco "estimulantes". Nos encontramos así con la paradoja de que mientras el poder alemán ha crecido, su clase política se ha parroquializado (Garton Ash, 2013).

No se sienten cómodos los alemanes cuando alguien traza paralelismos hacia el pasado. Piensan que es buscarle "cinco patas al gato", que la explicación es más sencilla: el acercamiento a la crisis del euro no fue otra cosa que la expresión de la ideología ordoliberal que tradicionalmente ha impregnado el estamento político, empresarial y académico. Este pensamiento no sólo enraizaba profundamente en la tradición cultural e ideológica de la sociedad alemana, sino que su validez universal habría sido reivindicada por la historia de éxitos de su economía. Visto desde este ángulo, Alemania solo quiso aplicarles a sus socios comunitarios en problemas las mismas recetas que llevaba décadas aplicándose a sí misma. Lo que había sido tan conveniente para ella, no tenía por qué no serlo para sus vecinos.

Un principio ordoliberal central es la responsabilidad individual por los actos de cada quien y por sus consecuencias (*Haftungsprinzip*). Cuando no se exige de forma efectiva esa responsabilidad, el sistema de reglas e incentivos se desmorona. En consecuencia, no podía Alemania permitir que los países deudores de la periferia de la eurozona no asumieran las consecuencias de los "excesos" dispendiosos durante los años de bonanza. Era a ellos, y no a Alemania, a quienes les correspondía apretarse el cinturón, reducir su déficit fiscal y recuperar su competitividad externa. Por esta razón, un ajuste simétrico como el que muchos propugnaban, iba en contra del principio de la responsabilidad. Llamados a incentivar la propia demanda interna alemana o a armar paquetes de estímulo para los deudores en recesión fueron categóricamente rechazados por Alemania. Fue la ideología y no la dureza de corazón la que motivó tal rechazo.

Detengámonos brevemente en este asunto de la ideología en el contexto de la discusión sobre el ejercicio de la hegemonía por parte de Alemania. Un elemento esencial de toda hegemonía es la capacidad de influenciar el pensamiento, el modo de vida y el modelo de organización política y económica de las sociedades bajo el ámbito de influencia del hegemón. De lo contrario no hablaríamos de hegemonía, sino de simple dominación. ¿Logró Alemania que sus socios europeos aceptaran y asimilaran de buen gusto la ideología ordoliberal? No parece que haya sido así. Las recetas alemanas para el manejo de la crisis fueron vistas como impuestas por la fuerza por parte del país que tenía la "sartén por el mango" y que además no tenía la razón en el diagnóstico. Por otra parte, había demasiada desalineación entre la cultura nórdica, anglosajona, calvinista, estricta, austera, y la cultura latina flexible, negociadora, solidaria, poco dada a postergar satisfacciones. Si tomamos a Estados Unidos como un hegemón de referencia, ese país ha sido mucho más exitoso en orquestar "roles modelo", patrones culturales y consensos ideológicos. Recordemos, por ejemplo, el "consenso de Washington" que se formó en los 80 y los 90 en forma de un conjunto de preceptos para enfrentar las crisis de deuda en los países en desarrollo y emergentes. En retrospectiva, muchas críticas pueden plantearse a esos preceptos, pero no se puede negar que el consenso de Wahington fue abrazado en su momento tanto por los acreedores como por los deudores. Tal consenso no existió en la Europa de la crisis.

Hubo otro problema todavía más fundamental por el cual la ideología ordoliberal no logró penetrar el tejido de la eurozona como sistema hegemónico. El ordoliberalismo propugna un orden regido por un cuerpo de reglas de conducta, que el Estado se encarga de aplicar y sancionar. Las reglas aplican a personas naturales o jurídicas que son súbditas de un Estado que actúa con plena legitimidad. Pero cuando esa filosofía se extiende al ámbito de una comunidad de naciones soberanas, el problema de la legitimidad aparece con crudeza. Cuando las reglas no han sido establecidas por un Estado democráticamente electo, sino por unos entes comunitarios opacos a través de un proceso de negociaciones intergubernamentales, su imposición despierta rechazo. No hay forma de trasladar la aplicación del principio de la responsabilidad desde el nivel de los ciudadanos de un país al nivel de las naciones soberanas de una comunidad. Y si además se percibe que las reglas las ha dictado el miembro dominante de la comunidad y que el reparto de las cargas es injusto, están dadas las condiciones para una crisis de legitimidad del hegemón o, al menos, para un rechazo de las políticas emanadas del centro hegemónico.

No es fácil de resolver el dilema en el que se encuentra sumida Alemania. Si insiste en la condicionalidad de que para cualquier tipo de ayuda los recipientes se comporten "como debe ser", es acusada de imponer coercitivamente su modelo económico. Pero si acepta generosamente ayudar sin imponer condiciones, su propio electorado –y probablemente también su Tribunal Constitucional– se opondrían firmemente. En cualquiera de los dos casos, Alemania se ve sentada en el banquillo de los acusados.

En un intento por redondear –simplistamente– la argumentación, diríamos que no importa mucho la buena conciencia moral de los alemanes o la percepción de los griegos o italianos de sentirse dominados por Alemania. Lo que nos ha interesado aquí es suministrar evidencias y argumentos que vayan más allá de las percepciones y nos den luces sobre qué tan conducentes han sido las actuaciones alemanas a preservar la estabilidad de la unión monetaria y a optimizar el nivel de bienestar de todos sus miembros. Tales actuaciones no pueden ser evaluadas bajo el prisma simple de un miembro más de la unión, sino de un integrante que detenta una posición de poder privilegiada y de quien, por consiguiente, depende en enorme medida la sobrevivencia de la unión. Desde este ángulo de visión, Alemania, como líder hegemónico, no ha estado a la altura de sus responsabilidades y su actuación ha sido generadora de empobrecimiento más que de bienestar.

CUARTA PARTE

LOS FUTUROS DESEABLES, LOS POSIBLES Y LOS PROBABLES

¿En qué punto se encuentra Europa hoy, segunda mitad de 2018, y hacia dónde puede dirigirse? Intentar predecir, como si fuera ciencia exacta, la evolución venidera de la Unión Europea y particularmente de la Unión Monetaria Europea, es una tarea fútil. Lo que sí podemos hacer es entender cuáles son las opciones ante las que se encuentra el proyecto europeo, cuáles son las proposiciones que están sobre la mesa y cuál es el grado de consenso que tienen. Porque dos cosas son ciertas: primera, que el edificio de la unión monetaria europea no está en absoluto blindado para enfrentar una nueva crisis de la magnitud de la del 2010-2012; y segunda, que una futura crisis representará un nuevo riesgo existencial para la unión monetaria, pero esta vez sin la voluntad política de salvar el euro.

Empezaremos discutiendo las opciones económicas. El debate está escindido en dos grandes grupos: los que piensan que el edificio de la unión monetaria está incompleto y que principalmente necesita esquemas de solidaridad (riesgo compartido) para enfrentar adecuadamente una nueva crisis; y los que piensan que la unión está completa y que lo que hace falta únicamente es que exista disciplina de mercado y que cada quien cumpla con sus deberes. El segundo grupo se niega de plano a compartir riesgos, con lo cual el juego está trancado. No es difícil imaginarse de qué lado está Alemania.

Se están haciendo esfuerzos importantes para conciliar ambas posiciones, pero al final el problema y la solución son de carácter político. La integración europea tiene hoy el viento político en su contra. La crisis del euro y la crisis de los refugiados desgarraron el consenso de las naciones europeas sobre Europa y su proyecto de integración. De hecho, los riesgos de desintegración son muy reales. El Brexit es apenas un capítulo de una larga historia de desencuentros. El surgimiento de populismos nacionalistas y antieuropeístas a lo largo y ancho de Europa ha reducido drásticamente el margen político de maniobra del *establishment* para acometer cualquier tipo de reforma relevante. Estando así las cosas, parecería que la estrategia sensata sería evaluar realistamente lo que es posible, rebobinar lo que deba ser rebobinado, principalmente la Unión Monetaria en su actual forma, y visualizar una Europa mucho más flexible, plural y democrática.

XI

LO DESEABLE: PREPARARSE PARA LA NUEVA CRISIS

Hasta 2015, la evaluación general del desempeño de la Unión Europea y particularmente de la Unión Monetaria Europea fue mayoritariamente negativa, tanto en los círculos de los analistas académicos como en el mundo de la ciudadanía de a pie. Se percibía que la unión monetaria no había traído el crecimiento y la prosperidad que se esperaba. Los sacrificios que buena parte de sus países miembros tuvieron que hacer para enfrentar y superar el embate de la crisis financiera mundial y de su retardada versión europea fueron realmente grandes. Y cuando las turbulencias de la crisis se fueron calmando a partir de 2013, el crecimiento subsiguiente fue pobre y las tasas de desempleo se mantuvieron a niveles anormalmente altos. El legado de alta deuda pública que había dejado la crisis limitó el uso de la política fiscal para estimular el crecimiento.

El desigual reparto de las cargas del ajuste económico entre los miembros de la unión monetaria generó disputas y resentimientos. La unión monetaria, diseñada para unir, se convirtió en motivo de desunión. La ruptura de la solidaridad, aunada a las penurias de la recesión, cocinaron el caldo de cultivo para el surgimiento de peligrosas tendencias nacionalistas-populistas, mayormente ultraconservadoras, que empezaron a enarbolar el antieuropeismo como una de sus principales banderas políticas. Temas antes tabú como abandonar el euro o la Unión Europea, empezaron a debatirse con desparpajo. Resurgieron demandas para volver a colocar barreras a personas que habían tardado décadas en ser derribadas. Las fuerzas antieuropeístas del Reino Unido, que siempre habían estado agazapadas, aprovecharon el momento para inclinar el referendo de junio 2016 hacia la salida (Brexit) de la Unión Europea.

A partir de 2016, sin embargo, todas las economías europeas empezaron a crecer de forma consistente, en buena parte como resultado de las reformas para salir de la crisis, pero también arropadas por una sólida bonanza mundial. Producto de la mejoría, las críticas a la integración se iban suavizando, el celo reformador en la eurozona perdió impulso y las profundas divergencias acerca del camino a seguir afloraron sin los atenuantes de las urgencias previas de la crisis. La línea divisoria entre el Centro-Norte europeo, liderado por Alemania, y el Sur, liderado por Francia, resurgió una y otra vez en cuanta propuesta se puso sobre la mesa para rediseñar la arquitectura de la unión monetaria. La cruda realidad es que Europa, particularmente la UME, no se ha terminado de preparar para la nueva crisis que indefectiblemente algún día se presentará. Mucho se avanzó entre 2011 y 2014, pero definitivamente no será suficiente si no se completan los diversos paquetes de reforma.

¿Qué futuro le espera a la UME y, como derivación, a la Unión Europea? ¿Cuáles son los principales retos que tiene por delante? ¿Qué propuestas de reforma de su arquitectura institucional están sobre la mesa? ¿Cuáles son los escenarios de mediano plazo? Dos cosas están claras. El futuro de la UE está íntimamente ligado al de la UME: difícilmente sobreviviría la UE en su forma actual si se produce una desintegración traumática de la unión monetaria –y no vemos cómo eso pueda suceder sin una buena dosis de trauma y conflicto entre los países. Y la segunda cosa es que la crisis de 2008-2012 no va a ser ciertamente la última crisis existencial que amenace al euro. Mientras no se implementen los mecanismos que permitan a los miembros más afectados realizar los ajustes necesarios a un coste y en un tiempo razonables, la voluntad política de preservar la unión –de lado y lado– es probable que desaparezca.

La calma después y antes de la tempestad: el estado de la unión

Desde 2015, todos los países de la eurozona estuvieron creciendo moderadamente, con excepción de Grecia que recién lo hizo a partir de 2017. Las tasas de desempleo se redujeron de forma consistente. A pesar de la moderación del crecimiento mundial en 2018, las perspectivas de crecimiento de cara a 2020 todavía son positivas, principalmente alimentadas por el estímulo fiscal de los Estados Unidos. En cuanto a la eurozona, las estimaciones de crecimiento para 2018 y 2019 son más modestas, pero siempre en el terreno positivo. De ser así, estaríamos en presencia de cinco años de crecimiento continuo y sin mayores sobresaltos.

Varios elementos positivos son visibles en esta recuperación de Europa, a diferencia de la bonanza que hubo antes de 2008:

- El crecimiento económico no ha estado basado en expansión crediticia y acumulación de deuda, sino en una robusta recuperación de la demanda.
- Los países tradicionalmente "deudores" han logrado poner la cuenta corriente de sus balanzas de pagos en positivo. Ello significa que no han financiado el crecimiento con capital foráneo, que algunos han podido amortizar deuda externa y otros no han necesitado incrementarla.

Es justo reconocer que los países de la periferia europea han hecho la tarea de ordenar sus economías y acometer algunas reformas estructurales, con la excepción de Italia. Hoy están parados sobre bases más sólidas, lo cual les permitirá enfrentar la próxima recesión con más entereza. Su mejor posición externa le bajará la intensidad al irritante conflicto entre países acreedores y deudores. El nuevo conflicto girará más alrededor de diferentes filosofías económicas, diferentes modelos económicos y diferentes visiones de qué hacer con la eurozona y con Europa.

Los legados de la crisis: deuda soberana y morosidad bancaria

No obstante las buenas noticias económicas, hay amenazas importantes en el horizonte: Brexit, Italia, guerra comercial, populismos… Europa no puede cantar victoria. Como recuerda la historiadora experta en crisis financieras Carmen Reinhart (2018), recuperación no es lo mismo que resolución de la crisis. Baste recordar los largos períodos de languidez económica que sucedieron después de la Gran Depresión, de la década perdida de América Latina, o de la crisis bancaria japonesa de 1992. Riesgos políticos y cargas de deuda del pasado acechan. Las bajísimas tasas de interés en algún momento tendrán que subir, privando a los gobiernos de su bombona de oxígeno y frenando el crecimiento económico. La población está envejeciendo, la productividad no crece suficientemente.

Es comprensible que los marineros se relajen y adormezcan después de una larga y dura tempestad. Pero si no achican el agua de la bodega del barco mientras dura la calma, la nueva tempestad los sorprenderá con capacidad reducida para enfrentar nuevas turbulencias. Y si además resulta que la tempestad anterior demostró que el velamen y el sistema de navegación no eran los adecuados, con más razón deberían aprovechar el buen clima para acometer todos los trabajos necesarios. Es muy probable también que el método de mando del capitán no fuera el más adecuado durante la pasada tormenta, en cuyo caso es tiempo de que se haga una revisión.

GRÁFICO XI-1
Deuda pública total, 2017 (% del PIB)

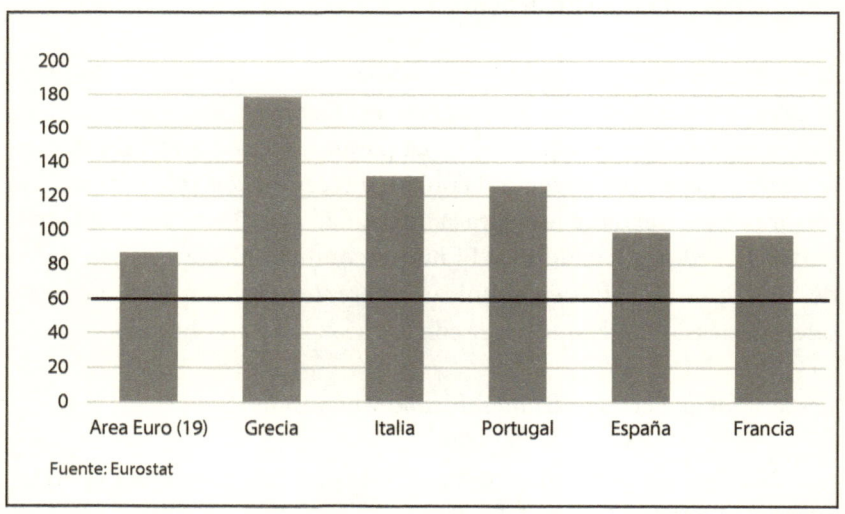

Fuente: Eurostat

Dos son los legados financieros –en nuestro símil, el agua en la bodega– que dejó la crisis de la eurozona: una alta deuda pública y una significativa porción de la cartera de créditos bancaria de dudosa recuperación. En cuanto a la carga de la deuda del gobierno, el incremento experimentado desde la víspera de la CFG ha sido significativo. Todos los países de la periferia mediterránea están sensiblemente por encima del umbral de 60 por ciento sobre el PIB establecido en la normativa europea (ver Gráfico XI-1). A fin de 2017, Grecia estaba cerca del 180 por ciento sobre el PIB, Italia estaba en 132 por ciento, Portugal en 126 por ciento, y Francia y España rozaban el 100%. Estas cargas de deuda representan una camisa de fuerza para la gestión fiscal, sobre la que en una unión monetaria recae la principal responsabilidad de suavizar los vaivenes de la coyuntura y viabilizar las reformas estructurales. En la segunda mitad de la década de 2010, una vez retomado el crecimiento económico y con tasas de interés casi negativas, la carga de la deuda ha sido llevadera y no ha hecho falta endeudarse adicionalmente. Pero dos cosas son ciertas: algún día subirán las tasas de interés y algún día también el crecimiento se detendrá. Con tasas de interés más altas el servicio de la deuda se tornará más oneroso, y con menos crecimiento los ingresos fiscales se reducirán. En el momento en que los mercados financieros empiecen a poner en duda la sostenibilidad fiscal de algún país, los ataques especulativos se dispararán y la ola de contagios se iniciará.

El legado de la crisis bancaria tampoco ha sido resuelto. A fines de 2016, el monto bruto de créditos de difícil recuperación del sistema bancario europeo ascendía a 5.1% del total de la cartera de créditos, muy por encima del 1.5 por ciento de EE.UU. y Japón[96]. Ese porcentaje equivale a un trillón de euros, correspondiéndole a Italia 300 billones de euros (equivalente a 17 por ciento de su cartera bruta de créditos), seguida de Francia (150 billones, equivalente a 4 por ciento de su cartera bruta de créditos), España (139 billones, equivalente a 5.6 por ciento de su cartera bruta de créditos) y Grecia (120 billones, equivalente a 45 por ciento de su cartera bruta de créditos). De esos montos de créditos en problemas no más de la mitad está cubierto por provisiones, cuando lo ortodoxo sería que las provisiones cubrieran el 100 por ciento de incobrables de tanta antigüedad. Adicionalmente, los mecanismos de protección de depositantes y de resolución de quiebras bancarias a nivel comunitario no están todavía a punto como para evitar una nueva espiral destructiva de crisis de deuda soberana y crisis bancaria.

Italia es la mejor demostración de los riesgos que todavía acechan a la eurozona (ver Recuadro XI-1). Muchos piensan que ese país será el siguiente eslabón débil por donde se romperá la estabilidad de la eurozona.

---

96 Ver el Informe del European Systemic Risk Board (2017).

Tiene una carga de deuda que supera el 130% del PIB, una banca que todavía no está saneada y una economía que carece de impulsos para crecer. La ventana de respiro de un crecimiento moderado y de una calma de los mercados que se abrió a partir de 2015 se volverá a cerrar un día, ya sea por causas políticas internas o por una nueva coyuntura recesiva. Los mercados saben que ninguna de las instituciones comunitarias, ni siquiera el Banco Central Europeo, tienen hoy capacidad para enfrentar el tamaño del eventual hueco italiano. Si Grecia disparó una crisis tan severa en 2010, imaginemos el impacto de una desestabilización del mercado de bonos italiano.

Recuadro XI-1
ITALIA: AMENAZA INMANEJABLE

Italia es hoy la mayor amenaza para la UME. Es la tercera economía de la eurozona y uno de los seis países signatarios del Tratado de Roma. Su economía está prácticamente estancada desde hace varias décadas: su PIB real per cápita es hoy inferior a cuando en 1999 arrancó la unión monetaria europea. Su carga de deuda pública ha sido durante décadas, junto con la de Grecia, la más alta de Europa: 110 por ciento del PIB en 1999, 132 por ciento hoy, muy por encima del 60% acordado como umbral para poder formar parte de UME. Los niveles de inversión pública y privada han estado consistentemente por debajo de la media europea, al igual que la productividad, a pesar de tener algunos clusters exportadores de alto valor agregado.

El problema principal de Italia es que ha estado postergando y evitando las reformas que hubieran sido necesarias para erradicar las ineficiencias de su sistema político, social y económico. El país ha sufrido históricamente de altos niveles de corrupción, gran parte de la cual queda impune a causa de un sistema judicial "disfuncional"[97]. Los niveles de evasión y elusión tributarias son también altos, al igual que la burocracia en una administración pública sobredimensionada. En la esfera económica, las rigideces del mercado laboral frenan el emprendimiento, la innovación y la nueva inversión. El sistema bancario presenta la mayor tasa de impagados en Europa (después de Grecia), síntoma de que sigue pendiente el

---

97 Ver Roubini y Rosa (2018).

saneamiento del sistema financiero. La gestión fiscal es crónicamente deficitaria, al igual que crónico es el virtual estancamiento de la economía.

Después de la llegada al poder de la coalición populista conformada por la derechista Liga del Norte y el izquierdista Movimiento 5 Estrellas, al problema económico se le superpuso un riesgo político grave. La plataforma sobre la que fueron elegidos esos partidos predicaba un punto final a la austeridad fiscal y al sometimiento a los "dictados de Bruselas". La complicada dinámica política de la coalición gobernante hace inevitable el choque con Bruselas algún día. Si se concretan los planes ofrecidos en las respectivas plataformas electorales, tales como como la implantación de un ingreso básico universal (M5S) o una tasa impositiva flat (Liga), el déficit fiscal se dispararía en contravención con las directrices europeas. Si Bruselas sanciona a Italia, ello sería gasolina para el fuego del nacionalismo anti europeísta dentro de Italia. Si no lo hace, la credibilidad de las reglas y sanciones en la UME sufriría un golpe fatal. Mal si haces, mal si no haces. Si los mercados financieros se muestran renuentes a seguir haciendo eterno roll over de la deuda, una reestructuración de la inmensa deuda pública italiana puede ser necesaria en un momento no muy lejano, lo cual dispararía un maremoto de consecuencias impredecibles. No tiene Europa hoy ni los mecanismos ni los recursos financieros para enfrentar esta eventualidad. Tampoco parece que tendrá la voluntad política para hacerlo. En el caso italiano, la única forma de enfrentar la crisis sería evitándola.

¿Más o menos Europa?

¿Entre qué extremos se ubica el debate hoy dentro de la eurozona? Una dialéctica reiterativa es la cuestión de si se debe avanzar hacia más Europa o menos Europa. Más Europa significa profundizar el alcance de las instancias comunitarias supranacionales, ceder soberanía de decisiones a esas instancias e incorporar progresivamente más elementos de una unión política y fiscal. Menos Europa significa devolverles a los miembros de la comunidad su soberanía fiscal y su autonomía en políticas sociales y migratorias, Con esta "devolución" se trataría de relocalizar la legitimidad política en los niveles nacionales, donde siempre estuvo. Propulsores de esta orientación piensan que la Unión Monetaria fue un "paso de más" en el proceso de integración europea, un paso que no se debía haber dado, algo para lo que Europa no estaba preparada, algo que incluso no era necesario para salvaguardar los beneficios de la integración comercial y económica. La realidad, sin embargo, es que ese paso ya se dio, y que revertir la unión monetaria sería hoy inmensamente costoso para un país individual. Grecia se asomó brevemente a ese abismo de la salida y tuvo que retroceder despavorida. El Reino Unido nunca hubiera podido hacer un referéndum sobre su permanencia en Europa si hubiera sido miembro de la eurozona, porque una cosa es abandonar una unión monetaria y otra mucho más "fácil" salirse de la Unión Europea, si de fácil puede catalogarse la negociación del Brexit…

Las burocracias comunitarias de Bruselas, comprensiblemente, desearían más Europa. En su opinión, una unión monetaria no es viable a largo plazo sin avances significativos hacia una mayor unión política que le dé sustento democrático a la cesión de soberanía a instancias comunitarias supranacionales. En lo fiscal, esas instancias serían las encargadas de transferir recursos comunitarios a países afectados por perturbaciones para evitar que entren en espirales destructivas de ajustes fiscales y recesiones económicas. En lo financiero, esas instancias ejercerían una efectiva regulación y supervisión comunitaria del sistema financiero y de los mercados de valores. Y cuando una crisis bancaria se presente, los fondos comunitarios de garantía de depósitos y de resolución de quiebras bancarias deberían tener suficiente respaldo fiscal europeo como para cortar de raíz las espirales de contagio en los mercados financieros.

Hoy por hoy, no están ganados la mayoría de los países de la eurozona para tal cesión de soberanía. Especialmente los países del centro-norte de Europa, con Alemania y Holanda a la cabeza, rechazan rotundamente cualquier esquema que conduzca a transferencias fiscales automáticas desde unos países a otros. Por eso la Comisión Europea ha estado buscando caminos intermedios que pudieran ser negociables, pero todos ellos tienen una cierta dosis de solidaridad que pudiera llevar en algún momento a transferencias fiscales entre países miembros de la unión monetaria.

La arquitectura institucional de la eurozona experimentó algunos avances importantes durante los años álgidos de la crisis, pero se ha quedado definitivamente a mitad de camino e incapaz de manejar preventivamente próximas crisis. Esta afirmación es especialmente cierta en relación a los dos talones de Aquiles del constructo de la eurozona:

la falta de integración fiscal y la ausencia de unión bancaria. Casi febril fue la actividad en ambos frentes durante la crisis; sin embargo, todas las reformas empezaron a trastabillar cuando se toparon con el verdadero corazón del problema: la aceptación de que una unión monetaria pueda necesitar en algún momento algún tipo de solidaridad fiscal o "unión de transferencias". Hoy los técnicos gustan utilizar el concepto de "compartir riesgo", pero el eufemismo no cambia la esencia de que en una unión monetaria al final alguien tiene que estar dispuesto a sacarle las patas del barro a otro. Ciertamente, este tema no es fácil de resolver porque involucra el serio "riesgo moral", el *free-riding* y los desincentivos para las reformas. Tampoco los ciudadanos de los países boyantes están dispuestos a meterse la mano en el bolsillo para auxiliar a otros "despilfarradores". Mientras tanto, a falta de verdaderas soluciones en ambos campos, las burocracias europeas han continuado haciendo lo que siempre han sabido hacer muy bien: montar normas sobre normas, procedimientos sobre procedimientos, y enmarañar aún más la madeja regulatoria.

A nivel político harían falta una de dos cosas para salir del marasmo en que se encuentra la UME: un claro liderazgo de un hegemón benevolente que esté dispuesto a asumir el coste del aseguramiento de ese bien común llamado "estabilidad financiera"; o la construcción de real consenso entre los principales miembros de la unión para lograr el mismo objetivo de la estabilidad. La primera vía encuentra renuencia por parte del único país con capacidad para asumir ese rol hegemónico, Alemania. Y la segunda ruta implicaría la reconstrucción del eje franco-alemán, el mismo que dinamizó los grandes avances de las primeras cinco décadas de la Unión Europea y luego de la Unión Monetaria Europea. Contra esta reconstrucción del eje conspira no solamente la brecha de poder económico que se ha ido abriendo entre ambos países, sino principalmente las profundas divergencias ideológicas entre ellos. Y no son únicamente los dos grandes los que difieren; los desgarramientos intraeuropeos han sido otro de los legados que ha dejado la crisis de la eurozona: norte contra sur, acreedores contra deudores, ordoliberales contra keynesianos, élites contra ciudadanos de a pie, liberales contra populistas-nacionalistas.

El ambiente europeo no está proclive a grandes cambios. Ahora bien, si la eurozona no quiere estar pasando de una crisis a otra, algo debería hacerse para darle viabilidad al euro. La mayoría de los analistas coinciden en que la próxima crisis puede acarrear de nuevo un riesgo existencial para la UME y, por extensión, para la UE. ¿Qué se necesitaría hacer para preservar la estabilidad macrofinanciera de la unión? ¿Pueden los miembros de la eurozona vivir con la opción salomónica de "menos Europa" en lo político y más integración en lo fiscal-bancario? ¿Cuál debería ser el alcance mínimo de tal integración y cuál es su viabilidad?

Si bien es cierto que la UME está hoy mejor preparada que antes de 2010, nadie sabe cuánto pueda aguantar el edificio si se enfrenta a una seria tempestad. Mientras otras alternativas terminan de tomar forma, hay que apuntalar el actual edificio de la unión monetaria, si no queremos que su derrumbe arrastre el edificio mayor de la unión europea. El edificio de la UME tiene fallas de diseño, ciertamente, pero en poco ayuda seguir apuntando el dedo acusador contra el diseñador sin plantear soluciones realistas, que tomen en cuenta la realidad política de Europa. No hacer nada no es una opción. La unión monetaria existe y, como reza el dicho español, "a lo hecho, pecho", mientras dure.

¿COMPARTIR RIESGO O SOMETERSE A DISCIPLINA?

El principal debate económico europeo hoy en día se centra en la dicotomía de quienes propugnan soluciones que implican algún grado de riesgo compartido y transferencia fiscal entre los países de la eurozona y los que la rechazan en aras de someter a todos los miembros de la unión al rigor de la disciplina de mercado y la ortodoxia en el manejo de los asuntos fiscales y bancarios. Alrededor de esta dicotomía han tomado forma los conflictos y alianzas en las negociaciones políticas sobre las principales propuestas atinentes a la reforma de la eurozona[98]. Si en los dos extremos de un eje colocamos la dicotomía compartir riesgo vs. disciplina de mercado y ubicamos a los países de la eurozona sobre ese eje, se pueden identificar tres grandes coaliciones:

- Los países del Sur grecolatino (Francia, Grecia, España, Italia, Portugal y Bélgica), liderados por Francia, que se ubican más cerca de la solidaridad fiscal y de compartir riesgo.

---

98 Wasserfallen y Lerner, (2018) han elaborado un mapa de grupos que compiten entre los extremos de la dicotomía entre solidaridad y responsabilidad individual.

- Los países del Norte, Centro y Este (Alemania, Finlandia, Eslovaquia, Holanda, Austria), liderados por Alemania, que se ubican en el campo de los defensores de la disciplina fiscal y de mercado.
- Países pequeños que se ubican en posiciones intermedias y conforman alianzas circunstanciales hacia un lado o hacia el otro (Luxemburgo, Irlanda, Chipre, Eslovenia, Estonia, Latvia, Lituania, Malta).

Hasta ahora ha sido imposible labrar los consensos mínimos para avanzar hacia verdaderas soluciones. Las coaliciones tienen que hacerse mutuas concesiones en una dinámica de permanente negociación. En este espectro, las instituciones comunitarias como la Comisión Europea y hasta el mismo Banco Central Europeo bajo el liderazgo de Draghi tienden a ver con simpatía propuestas con algún contenido de solidaridad y riesgo compartido. El camino que estas instancias comunitarias han transitado para presentar las propuestas es buscar un terreno común que refleje el mínimo que un bando estaría exigiendo y el máximo que la otra parte estaría dispuesta a aceptar. Por lo general, este mínimo común denominador suele quedar muy corto de lo que realmente se necesitaría para darle solidez al edificio de la unión monetaria. Y de todas formas, muy poco es lo que se ha llegado a concretar de toda esa cantidad de propuestas y contrapropuestas. El Mecanismo Único de Resolución (Single Resolution Mechanism), creado a mediados de 2014 como parte del proyecto de unión bancaria acordado en 2012, fue la última reforma sustantiva en materia financiera-económica que Europa aprobó. Preocupante sería que haga falta una nueva crisis para que se retome la senda de las reformas necesarias.

El bloque del Sur –y veladamente las instancias comunitarias– propugnan el establecimiento de mecanismos que permitan estabilizar las economías *ex ante*, por ejemplo, haciendo disponibles fondos que suavicen el impacto de perturbaciones negativas. Y si a pesar de todo una economía llegare a desestabilizarse, proponen mecanismos *ex post* para aplicarle un torniquete al desangramiento y mitigar los impactos de las crisis. Esos mecanismos tienen todos una buena dosis de riesgo compartido –y eventuales transferencias unilaterales– entre los miembros de la unión. El bloque Norte-Centro-Este, liderado por Alemania y Holanda, rechaza de lleno compartir riesgos, porque ello generaría incentivos para portarse mal y no acometer las reformas estructurales que ataquen las causas que condujeron en primera instancia a la crisis. Lo que se necesita para salir de la crisis y no volver a caer en ella es un reforzamiento de las reglas fiscales y más disciplina de mercado.

El gran reto para avanzar hacia algún consenso es lograr que los mecanismos de estabilización y los esquemas de seguro colectivo no degeneren en la necesidad de transferencias unilaterales permanentes de unos países a otros o que debiliten el sentido de urgencia de las reformas estructurales. Ambas son preocupaciones muy válidas de quienes propugnan esquemas de disciplina de mercado y que, si no se atienden, difícilmente se podrá avanzar. Para darle viabilidad al euro en el largo plazo algún compromiso debe encontrarse entre ambas posiciones, pero no uno en el que las posiciones se encuentren salomónicamente a mitad de camino, que sería lo mismo que no llegar a ningún lado. Los esquemas que se adopten deben atacar realmente el fondo del problema de la inherente inestabilidad del euro.

Algunos economistas y centros de investigación han estado haciendo importantes esfuerzos para conciliar posiciones, como por ejemplo las propuestas que se formulan en el documento presentado a principios de 2018 por un grupo de 7 economistas franceses y 7 alemanes denominado Grupo 7+7 (ver Bénassy-Quéré y otros, 2018), titulado "Reconciliando compartir riesgo con disciplina de mercado". En esa dirección apunta también la posición del presidente del BCE Mario Draghi (2018), expresada durante una conferencia en el Instituto de la Universidad Europea de Florencia, en la que elabora sobre las ventajas de esquemas de riesgo compartido para prevenir crisis financieras. La esencia de ambos planteamientos es que compartir riesgos y disciplina de mercado no tienen por qué ser excluyentes, más bien deben ser complementarios.

El mensaje del autodenominado Grupo 7+7 es que esquemas de riesgo compartido en el sistema bancario no sólo reducen el riesgo global de la banca de un país, sino también el de sus bancos individuales, que es el objetivo final de la disciplina de mercado. Estos economistas coinciden también en que es posible reconciliar la necesaria disciplina fiscal con políticas de crecimiento que impidan la aparición de las trágicas espirales destructivas del pasado, cuando una crisis bancaria conducía a una crisis soberana y ésta al déficit fiscal, austeridad, recesión y más déficit fiscal. Las recomendaciones de política del grupo buscan tres objetivos:

- Eliminar el círculo vicioso entre crisis bancarias y crisis soberanas, obligando a los bancos a reducir la tenencia de títulos de deuda de sus gobiernos
- Aumentar la resiliencia de las economías frente a *shocks* adversos mediante esquemas fiscales de riesgo compartido
- Permitir reestructuraciones ordenadas de deuda, si todo falla y los gobiernos o los bancos se vuelven insolventes

Unión bancaria para reducir vulnerabilidad

¿Qué significa el concepto de riesgo compartido para el sector financiero-bancario? Identifiquemos primero el problema. Cronológicamente, la crisis de la eurozona post 2008 fue una crisis bancaria antes que fiscal. La lección amargamente aprendida fue que sin un sector bancario creíblemente sólido no hay estabilidad macrofinanciera y, segundo, que una vez desatada la crisis bancaria no hay capacidad a nivel nacional en el marco de una unión monetaria para detener la hemorragia y el contagio. En ausencia de un prestamista de última instancia, los fiscos nacionales no tienen el músculo para detener la caída libre de sus bancos y, cuando lo intentan en las primeras fases, lo hacen a costa de convertir la deuda bancaria en deuda soberana y desatar el *loop* perverso entre crisis bancaria y crisis soberana. Debido a la preeminencia de la financiación bancaria, la banca europea se ha vuelto muy grande para sus respectivos estados nacionales.

Sobre el trasfondo de este diagnóstico, las propuestas para enfrentar la inherente inestabilidad financiera de la eurozona buscan crear una unión bancaria, ya que la banca europea sigue estando altamente "cantonalizada". Esa unión tiene tres componentes básicos: estructura común de supervisión, mecanismo común de resolución de siniestros bancarios y garantía colectiva de depósitos. En el primer componente, los avances desde 2012 han sido significativos. En el segundo y en el tercero se sabe lo que hay que hacer, los mecanismos están diseñados, las instituciones han sido creadas, pero falta por acordar el "pequeño detalle" de quién pagaría si los diques existentes –es decir, los fondos disponibles a nivel nacional y/o comunitario– llegaren a ser desbordados. Si hoy la crisis volviere a adquirir carácter sistémico, los fondos disponibles no alcanzarían para enfrentarla. En conocimiento de este hecho, los mercados ejercerían presiones extremas para cubrirse del riesgo y obligarían a los miembros de la unión a tomar decisiones existenciales, al estilo del "*whatever it takes to save the euro*" de Mario Draghi.

No es bueno, sin embargo, hacer depender la sobrevivencia de la eurozona de decisiones heroicas puntuales, que no emanen de un marco institucional, legal y regulatorio que se haya reformado previamente para atender crisis financieras sistémicas. La política de rescate adoptada por el BCE en Julio de 2012 se situó en un peligroso borde de ilegalidad, en el que el Tratado de Maastricht y los estatutos del BCE tuvieron que ser reinterpretados demasiado laxamente. El objetivo a futuro es que tanto el Fondo de Resolución Bancaria para manejo de bancos insolventes, como el Fondo de Garantía de Depósitos tengan un último respaldo fiscal-comunitario, que los haga creíbles. La historia ha demostrado repetidamente que la simple promesa (creíble) de un respaldo final suele hacer innecesario el uso de esos fondos. Así quedó demostrado durante la crisis financiera 2008-2010 en Estados Unidos, donde el FDIC no necesitó usar la línea de crédito con el Tesoro americano. Tampoco el BCE incurrió en pérdidas por su compromiso de julio 2012. Si el compromiso de las autoridades es creíble, los fondos de seguro de depósitos que aportan los bancos privados suelen ser suficientes para manejar las situaciones puntuales de quiebras bancarias.

Paradójicamente, la cláusula de "no rescate", escrita con fuego en el Tratado de Maastricht y violada repetidamente en la crisis de la eurozona, sólo podrá ser realistamente cumplida, si existen un Fondo de Resolución Bancaria y un Fondo de Garantía de Depósitos que sean creíbles, así como un mecanismo ordenado de quiebra de bancos. Estando los agentes económicos (depositantes, inversores, otras instituciones financieras) en conocimiento de ello, los ataques especulativos cesarán en el momento en que cada quien haya cubierto su riesgo, momento que llegará mucho antes de lo que hubiera llegado en ausencia de esos mecanismos de protección y de resolución.

Resulta, entonces, que el compromiso de las autoridades de proveer fondos públicos –el respaldo último– para detener ordenadamente el pánico financiero es el que haría que funcionen esquemas privados de riesgo compartido, tipo protección de depósitos, y no se lleguen a usar esos recursos públicos. Incluso si la crisis sistémica fuera de tal magnitud que el BCE o el Fisco comunitario tuvieran que desembolsar algunos recursos, el monto de estos sería sensiblemente inferior a los que se hubieran necesitado sin la existencia del respaldo. Así es como la disposición comunitaria de compartir riesgo permite reducir el riesgo general del sistema bancario y, por ende, el riesgo de los bancos individuales. De ahí que los esquemas de respaldo público reducen de manera determinante la vulnerabilidad del sistema financiero.

Evidentemente, cualquier esquema de riesgo compartido debe ir acompañado de un funcionamiento satisfactorio de los mecanismos comunitarios de supervisión bancaria. Igualmente deben adoptarse regulaciones macroprudenciales que erradiquen varios de los cánceres que condujeron a las crisis bancarias en el pasado, en especial el perverso *loop* entre crisis bancarias y crisis de deuda soberana. Deben establecerse, por ejemplo, límites de exposición a la deuda del gobierno en los balances bancarios, así como límites y/o prohibiciones a las garantías del gobierno a los bancos[99].

Una vez implementados los tres pilares de la reforma bancaria, estarían dadas las condiciones para una verdadera unión bancaria. Los beneficios serían importantes, desde reducir la probabilidad de crisis sistémicas hasta estabilizar los flujos de crédito. Piénsese, por ejemplo, que la existencia de poderosas instituciones con presencia supranacional le permitiría a la banca asumir buena parte del papel de estabilizador anticíclico que usualmente le corresponde a la gestión fiscal. Un banco con presencia en varios países puede compensar pérdidas en un país afectado por la recesión con razonables ganancias en otros países no afectados. No se vería obligado, como ocurrió en la crisis de la eurozona, a cerrar totalmente la llave del crédito. De ahí que la unión bancaria funciona como un seguro de riesgo compartido de carácter totalmente privado.

Estabilización fiscal compartida

Mientras que la unión bancaria goza de menor resistencia, una unión fiscal de la misma profundidad que la unión monetaria o la unión

---

99   Hay países, como Italia, que hoy en día todavía se resisten vigorosamente a normas que limiten la tenencia de títulos de deuda italiana por parte de sus bancos. Tabellini (2018) argumenta que una restricción así golpearía a los gobiernos altamente endeudados, ya que les privaría de su cuasi-prestamista de última instancia, con el consecuente riesgo de desestabilización. No le falta razón hasta tanto la unión bancaria no haya avanzado lo suficiente para compensar ese riesgo, pero en cualquier caso el *loop* debe ser roto.

bancaria encuentra rechazo generalizado. Ningún gobierno, ni siquiera los que abrazan la filosofía del riesgo compartido, estaría ganado a la idea de renunciar al último reducto de soberanía económica nacional, que es la potestad de recabar impuestos y decidir en qué se van a gastar. El problema de fondo –difícilmente salvable– es que esta potestad es hoy exclusividad de los gobiernos nacionales en todas las constituciones de los países europeos, y así lo reconoce también el Tratado de Maastricht. Se necesitaría una reforma profunda del marco constitucional de la Unión para llegar a esta cesión de soberanía fiscal, algo impensable por el momento. Tampoco despiertan entusiasmo propuestas *light* de un "superministro" europeo de Finanzas.

La buena noticia es que esas formas convencionales de fiscalidad común, que concitan tanta resistencia y exigen tantas reformas legales, tampoco son la única vía de lograr el propósito de estabilización. Otros esquemas "*second best*" pudieran cumplir el mismo propósito, el cual es impedir que las economías se desestabilicen en circunstancias adversas. Para ello no se necesitan ingentes masas de recursos.

En la teoría de las áreas monetarias óptimas, especialmente a partir de la contribución de Kenen (1969), algún grado de trasvase fiscal siempre se consideró necesario como parte de los mecanismos de estabilización en ausencia de flexibilidad cambiaria. Este apoyo estabilizador es necesario para evitar entrar en el círculo perverso de más y más recesión. Lo que perpetuó e hizo más destructiva la eurocrisis fue la espiral recesiva que generó la perversa dinámica de la austeridad y ataques especulativos. Y detrás de esa falta de crecimiento estuvo la incapacidad de los países deudores de movilizar recursos fiscales para estabilizar la economía en las primeras fases de la crisis. Como los mercados financieros conocían esta debilidad fiscal fundamental, sus ataques especulativos contra los mercados de bonos de los países afectados no cesaron hasta ubicarlos en ese círculo vicioso.

De cara al futuro de la eurozona, las razones para dotarle a la eurozona de algún tipo de capacidad comunitaria de estabilización tienen mucha fuerza. Cuando un país pierde el margen de maniobra fiscal para enfrentar un choque negativo, las fuerzas de mercado –otros lo llaman los agentes especulativos– se encargarán de colocarlo al borde de la quiebra, momento en el cual la comunidad deberá decidir si rescatarlo o abrirle la puerta de salida de la unión monetaria. Durante la eurocrisis la decisión fue rescatar, pero a un coste muy alto, tanto por la gran destrucción previa de bienestar, como por el monto de los recursos necesarios para el salvamento. Si los mercados hubieran sabido de la existencia de una capacidad fiscal suficiente a nivel comunitario para permitirle a ese país estabilizar su economía y retomar la senda del crecimiento, los ataques especulativos hubieran cesado temprano –o no se hubieran producido– y el coste del salvamento para la comunidad hubiera sido muy inferior o hasta inexistente.

Los que propugnan la disciplina de mercado (Alemania y sus aliados regionales) se resisten a estos esquemas de apoyo fiscal mutuo, porque los consideran un premio al mal comportamiento pasado de los países en crisis y un desincentivo para acometer las necesarias reformas hacia el futuro. Este no es un argumento banal, pero son necesarias aquí dos consideraciones. La primera, relativa al pasado, es que no siempre las economías se desestabilizan por culpa de malas políticas económicas; bajo determinadas circunstancias, los mercados "irracionales" puede castigar a un país que es percibido como "potencialmente" vulnerable de una manera desproporcionada y por encima de lo que hubiera sido necesario para corregir las fallas que pudieran haber estado objetivamente presentes. Esta sobrerreacción (*overshooting*) de los mercados puede terminar de llevar a un país a un estado de insostenibilidad fiscal que hubiera sido perfectamente evitable con un moderado soporte comunitario inicial. En segundo lugar, hacia adelante, la crisis de la eurozona ha mostrado que los países terminan siendo llevados a una posición tan debilitada que su margen de maniobra fiscal y política para acometer reformas en un tiempo y a un coste social razonable es muy limitado.

A decir verdad, los rescates de países deudores durante la eurocrisis constituyeron un pésimo precedente. Está demostrado que ellos generan los más perversos incentivos, atentan contra la constitución europea y no evitan el alto costo de pérdida de bienestar. La tragedia griega no debe repetirse. Por eso es necesario que en la nueva arquitectura de la unión monetaria europea se prevean mecanismos para una ordenada reestructuración de deuda soberana. Cuanto antes en el proceso de la crisis se produzca la reestructuración, mejor, para lo cual deben existir incentivos que reduzcan su coste y su potencial de contagio. Una cosa es cierta: estas reestructuraciones ordenadas son necesarias para evitar que se acumulen deudas inmanejables que hagan inútiles todos los esfuerzos y sacrificios de las reformas estructurales. La disciplina de mercado no funciona cuando el "legado de deuda" hace no creíble la viabilidad de largo plazo de las reformas. Primero hay que apoyar a países fuertemente endeudados para que se coloquen en una senda sostenible de manejo de deuda, es decir, una senda que permita gradualmente reducir la carga de la deuda. La austeridad no es ciertamente la solución, como lo demostró la eurocrisis. Esta es una lección que la ortodoxia centro-norte europea no debe olvidar.

Entre 2011 y 2013, las burocracias europeas entraron en una actividad frenética de generación de directivas y reglas para "meter en cintura" fiscalmente a sus miembros. Todas estas reformas fueron necesarias y útiles, pero no lograron erradicar el escepticismo sobre la capacidad de las instancias comunitarias para hacer cumplir las reglas e imponer las sanciones cuando se produjesen los incumplimientos. Basados en este escepticismo, entre otras cosas, algunos economistas proponen sincerarse con esta realidad y devolver a los gobiernos nacionales el control y la responsabilidad sobre su gestión fiscal[100]. Esta propuesta de "devolución", sin embargo, tendría que venir acompañada de alguna forma de castigo al mal comportamiento de los gobiernos. Si un país lo hace mal y entra en desgracia con los inversionistas, no será rescatado y tendrá que asumir plenamente el coste de reestructurar su deuda.

Estar dispuestos a cumplir con la prohibición constitucional del rescate es música para los oídos de los que propugnan la disciplina de mercado. Sin embargo, de estar dispuestos a cumplir a efectivamente hacerlo hay un buen trecho. La experiencia dice que cuanto más se deteriora una situación, más costoso es no rescatar, pero al mismo tiempo más tienden las autoridades a dilatar las acciones hasta que se ven forzadas a renegar de su compromiso inicial de no rescatar. Por eso es que tendrían que definirse reglas claras de actuación temprana para que la reestructuración de deudas sea menos costosa que un rescate posterior.

El problema con esta política –y en general con el enfoque "disciplinante"– es que puede generar pánico en los mercados financieros y empujar a todos los agentes a desprenderse al mismo tiempo de activos que consideran a riesgo en una posible futura reestructuración[101]. Estas

---

100   Ver, por ejemplo, Eichengreen (2017).

101   Micossi (2018) y Tabellini (2018) expresan esta preocupación, probablemente muy condicionada a su cercanía con la situación italiana. Argumentan que intentos de aplicar "disciplina de mercado" pueden generar inestabilidad y pánico.

reacciones de pánico y contagio pueden llevar a un país o a un banco a la insolvencia, aun cuando sus fundamentos económico-financieros sean básicamente sanos. Aquí es donde los defensores de la solidaridad dicen que la disciplina del no-rescate necesita estar acompañada de esquemas de riesgo compartido para que las situaciones de ataques especulativos se limiten a los casos en los que la desconfianza está justificada por la comprobada insolvencia de un deudor y no por pánico irracional.

La facilidad con la que pueda desatarse una situación de pánico suele estar directamente correlacionada con las cargas que se arrastren del pasado. Un sistema bancario que tenga un problema no resuelto de cuentas morosas del pasado o un gobierno que cargue sobre sus hombros una pesada deuda son más propensos a ser atacados por fuerzas especulativas. Esta mayor vulnerabilidad es uno de los costes del legado del pasado. Otro costo es que, si el legado es alto, la probabilidad de que la disciplina del mercado fracase o de que las reformas estructurales no logren su propósito es también alta. Las medidas que se adopten carecerán de credibilidad: nadie va a creer que Grecia vaya a crecer y generar empleo con una pesada losa sobre sus hombros de 170% de deuda sobre el PIB; y si no crece, no reduce deuda.

Alemania y sus aliados de la disciplina de mercado tienen razón en no aceptar crear mecanismos de riesgo compartido, mientras no se aíslen los riesgos heredados del pasado (vieja morosidad o vieja deuda) de los riesgos nuevos que nazcan del día a día del funcionamiento de las economías. Los costes del legado (*legacy costs*) deben tener una solución paralela y distinta a los esquemas de riesgo compartido para el presente y el futuro. En el caso de los bancos, soluciones en esta línea pueden ser vender carteras morosas a entidades especializadas, amortizar a pérdida los créditos malos o crear un "banco malo" que absorba los activos no sanos. Se ha avanzado significativamente en esta dirección, pero falta mucho por hacer y se requeriría más apoyo público, al estilo del Programa de Alivio de Activos en Problemas (*Trouble Asset Relief Program*) del gobierno norteamericano durante la crisis de 2008-2009. En el caso de los países soberanos, los esquemas de reducción son más complejos, pero ello no debe servir como una excusa para patear la lata de la solidaridad eternamente, porque es la sobrevivencia de la eurozona la que estará en juego en la próxima crisis.

Son muchas y variadas las propuestas que se han hecho para movilizar recursos fiscales comunitarios en pro de la estabilidad:

- Mecanismo Europeo de Estabilización (MEDE): creado en septiembre de 2012 para atender los rescates durante el proceso de crisis soberanas.

    El problema con el MEDE, en primer lugar, es que el Mecanismo no dispuso ni dispone de fondos suficientes para enfrentar una crisis de la magnitud sufrida por la eurozona y, en segundo lugar, la estricta condicionalidad atada a la concesión de los recursos tiene un claro sesgo procíclico, que agrava la crisis en vez de aliviarla. Por presión de Alemania, el Mecanismo se creó como un organismo intergubernamental, que no forma parte de los órganos controlados por la Comisión Europea, ni está sujeto a las leyes comunitarias.

- Fondo Monetario Europeo: la Comisión Europea ha estado proponiendo convertir el MEDE en un verdadero Fondo Monetario, al estilo y con las capacidades del Fondo Monetario Internacional.

    La preocupación de la alianza Norte-Centro-Este, especialmente de Alemania y Holanda, es que los países acreedores no tendrían el control –derecho a veto, para decir la verdad– de a quién se le presta y bajo qué condiciones. Mientras que la preocupación de la periferia mediterránea es exactamente la opuesta: que los acreedores usen el Fondo para imponer discrecionalmente sus políticas, tal como ha venido sucediendo con el MEDE. Por el momento, el FME sigue en el congelador.

- Fondo Europeo de Inversión: el fondo sería financiado con aportes fiscales de todos los miembros. El propósito es evitar la caída de la inversión en momentos de crisis fiscal, ya que los proyectos de inversión son los primeros que se recortan ante la caída de los ingresos.

    El Fondo en sí tiene consenso, pero no el monto de recursos que se le asignarían.

- Fondo de Compensación de Desempleo: igualmente con aportes de los miembros como un porcentaje del PIB. El propósito es que en fases recesivas las prestaciones de desempleo actúen como un estabilizador fiscal anticíclico.

  La resistencia hacia este tipo de fondos compensatorios es alta, porque las tasas de desempleo al interior de la eurozona son distintas y los países con tasas más bajas temen que las transferencias de recursos fluyan únicamente hacia los países con tasas de desempleo altas. Una solución de compromiso es que las transferencias de recursos estén condicionadas a reformas estructurales para incrementar la flexibilidad del mercado laboral.

- *Rainy day fund*: propuesta realizada por el FMI como un mecanismo para acumular en momentos de bonanza recursos (0.35% anual del PIB) que puedan ser luego usados en épocas de recesión.

  Este fondo no goza del apoyo de Alemania y la alianza de países centro-nórdicos, que prefieren que cada país use los recursos excedentarios para reducir los niveles de deuda durante las bonanzas.

- Emisión de bonos seguros: la paleta de propuestas en esta materia es amplia (Bono Senior Europeo, Títulos respaldados por bonos soberanos, etc.), pero todas tienen el propósito de incrementar la seguridad de los bonos soberanos que emitan los países.

  La emisión de un bono de riesgo netamente europeo no es viable hoy.

- Garantía comunitaria del primer tramo de deuda soberana: sólo deuda emitida por debajo del umbral del 60% del PIB gozaría de respaldo comunitario. Por encima de ese umbral, solo el país emisor sería responsable, con la consecuencia de que las primas de riesgo de este segundo tramo serían sensiblemente más altas.

Las propuestas que desde fines de 2017 está poniendo la Comisión Europea sobre la mesa son más agresivas y apuntan a que Europa tenga un Tesoro común con capacidad para emitir eurobonos y gestionar un presupuesto propio hacia mediados de la década de los 2020. Ese presupuesto cumpliría funciones de estabilización macroeconómica en momentos de crisis. Alemania y sus aliados, por el momento, no quieren saber nada de un presupuesto de la eurozona, ni de un seguro de desempleo común, ni de mutualizar la emisión de deuda.

En cuanto a la propuesta del Fondo Monetario Europeo, Alemania estaría dispuestos a apoyar la transformación del MEDE en un FME, siempre y cuando este nuevo organismo quede sometido a un control intergubernamental, es decir, fuera de la potestad de decisión de los órganos comunitarios. Adicionalmente, los países que reciban recursos del Fondo deberán someterse a una estricta condicionalidad. *Nihil novo sub sole*. Alemania insiste en focalizarse en reglas de sana fiscalidad, sencillas y estrictas, cuyo cumplimiento sea reforzado. Un elemento nuevo de la posición alemana es el foco en poner límites a los niveles de deuda como porcentaje del PIB (un torpedo para Italia...), al estilo de los límites que tradicionalmente se fijaron para los déficits fiscales. También apoya la creación de un mecanismo de reestructuración de deuda, que maneje ordenadamente la "quiebra" de países indisciplinados.

El riesgo moral de la solidaridad

La argumentación alemana para resistirse a cualquier mecanismo de solidaridad que consista en compartir riesgos es que esos esquemas al final van a ser modos de compartir cargas, en los que los recursos van a fluir siempre en una sola dirección, de los donantes a los beneficiarios. No es difícil adivinar quiénes serían los donantes y quiénes los beneficiarios. El "riesgo moral" de tal situación es que los países dispendiosos o los banqueros irresponsables terminarían siendo premiados por su mal comportamiento. Cuando los agentes económicos saben que otros eventualmente asumirán los costes de su mal comportamiento, están dados los incentivos para seguir portándose mal. Un ejemplo típico es el del banquero que sabe que será auxiliado por el Estado y ello le incentiva a otorgar alegremente créditos o hacer inversiones muy arriesgadas.

El mejor antídoto contra el riesgo moral, según la ortodoxia, es la disciplina del mercado y la exigencia de responsabilidad individual. Este sería el "deber ser". El problema es que no siempre la disciplina logra su propósito. Cuando por consecuencia de comportamientos inadecuados todo un sistema financiero o todo un país amenazan con irse por el desaguadero y llevarse consigo a otros más, el coste para la sociedad puede llegar a ser injustificable. Ahí es cuando esquemas de solidaridad fiscal y riesgo compartido adquieren una razón de ser social y económica. El Tratado de Maastricht le prohibió al BCE actuar como prestamista de última instancia y tampoco contempló mecanismos fiscales de rescate a nivel de la UME. La disciplina de mercado en su más pura expresión. Al final, sin embargo, el BCE no tuvo más remedio que sobrepasar su mandato ante la ausencia de una solución fiscal a la crisis de la eurozona.

El esquema clásico de riesgo compartido es la actuación del Banco Central como "prestamista de última instancia". Por supuesto que el conocimiento de este posible rescate último relaja la disciplina de los banqueros, pero hay formas de mitigar la influencia nociva del riesgo moral. La existencia misma de esquemas compartidos de protección en fases intermedias del proceso de deterioro (fondos de estabilización fiscal, fondos de protección de depósitos, etc.) reducen sensiblemente las consecuencias negativas de un *default* de un banco o de un Estado. Y si además existe un procedimiento ordenado de quiebra o reestructuración de deuda, los costes del *default* disminuyen al punto de que los mercados lo consideran posible y actúan en consecuencia, castigando los malos comportamientos por medio de altas primas de riesgo. De no existir ningún esquema de riesgo compartido creíble, pudiera producirse paradójicamente el efecto contrario: un *default* sería tan catastrófico que no sería creíble y los mercados no actuarían en consecuencia, es decir, no diferenciarían entre buenos y malos.

La cláusula de no-rescate nunca fue realmente creíble en la eurozona, ni antes ni después de la crisis. La supuesta disciplina de mercado no funcionó antes de 2010, porque nadie concebía la posibilidad de que la unión monetaria pudiera abandonar a uno de sus miembros. Y tampoco funcionó después, a pesar de que intentó ser aplicada a través de programas de austeridad, porque la insostenibilidad fundamental de los niveles de deuda hacía igualmente no creíbles las promesas de no-rescate. Durante la breve ventana que se abrió entre fin de 2010 y mediados de 2012, cuando en el marco del caos y la descoordinación comunitaria los inversionistas llegaron a contemplar la posibilidad de una quiebra griega y el correspondiente Grexit, la disciplina de mercado funcionó, pero de una forma tan destructiva que el rescate se hizo inevitable.

El punto central del planteamiento del Grupo 7 + 7 es que la ausencia de esquemas intermedios de riesgo compartido con regla creíble de no rescate impidió la actuación efectiva de la disciplina de mercado. Dicho de otra forma, esquemas de riesgos compartidos y disciplina de mercado no son antípodas irreconciliables, sino que se pueden complementar y reforzar mutuamente. Esta es una buena noticia, porque abriría las puertas a entendimientos entre países que hoy están enfrentados en Europa. ¿Esperanza ilusa?

Todo puede pasar, nuevamente

¿Qué hacer con la unión monetaria? La respuesta económica, técnica, racional es que hay que hacer los cambios necesarios en su arquitectura financiera para dotarla de herramientas que le permitan enfrentar las crisis financieras sin que cada una de ellas represente un nuevo riesgo existencial. Cada uno de los bandos ideológicos en pugna tiene sus propias recetas, sobre las que no se ponen de acuerdo. Particularmente Alemania y sus "almas gemelas" del Centro-Norte europeo no quieren dar ningún paso hacia una posible "unión de transferencias". No se trata, como algunos juzgadores morales apuntan, de que estos países ricos sean simplemente egoístas y no quieran apoyar a los pobres. Lo que sucede es que están firmemente convencidos de que no hacen falta esos esquemas de solidaridad si todos los miembros de la eurozona cumplen disciplinadamente con las normas establecidas. Por el contrario, esta solidaridad serviría más bien de desestímulo para hacer las cosas bien y emprender las reformas necesarias.

El juego de las reformas de la eurozona está trancado. No quiere decir esto que no se hayan producido y no se vayan a producir cambios incrementales que aumenten la resiliencia de la eurozona frente a embates negativos, pero no esperamos que los avances sean suficientemente sustanciales como para enfrentar con tranquilidad una crisis financiera mayor. Ha habido y habrá momentos de mayor o menor avance en las reformas: del 2010 al 2013 se hicieron muchas cosas buenas en la eurozona, pero de 2014 a 2016 no se avanzó prácticamente nada. En 2017 apareció el "efecto Macron", que volvió a re-entusiasmar el sentimiento europeo con su discurso visionario. Cuando en 2018 este efecto empezó a diluirse, el cambio de gobierno en Italia y la crisis de refugiados fueron una campanada que le advirtió a Alemania que tenía que ceder algo si no quería quedar aislada en Europa. Sin embargo, de acuerdo a la más pura tradición comunitaria, la UME y particularmente Alemania no van a dar pasos decisivos hasta que el euro no esté de nuevo sometido a una nueva amenaza existencial. En 2012, fue el BCE (Mario Draghi) quien salvó al euro *in extremis mortis*, con el asentimiento pasivo y renuente de Alemania. Durante los siguientes cuatro años, los gobiernos comunitarios prácticamente "subcontrataron" al BCE para que se ocupara de la estabilidad de la eurozona. ¿Hasta cuándo?

En el 202?, cuando se presente una nueva crisis y el nuevo Fondo Monetario Europeo no tenga todavía el respaldo fiscal comunitario para enfrentarla, ¿cuál será la "carta bajo la manga" que se necesitará para volver a salvar al euro? El BCE no puede seguir indefinidamente sosteniendo el euro, porque ningún banco central debe ni puede estar todo el tiempo resolviendo enredos políticos o constitucionales[102]. Lo lógico y sensato sería aprovechar los años de tranquilidad para construir los mecanismos y las instituciones que cumplan la tarea estabilizadora que hasta ahora ha asumido el BCE. No es eso lo que está sucediendo, cosa que no debería extrañar a nadie, porque así es cómo han funcionados los procesos de reforma tradicionalmente en la comunidad europea. Sólo en medio de una nueva crisis decidirá Alemania si le merece la pena salvar el euro o no. Si considera que merece la pena y el coste es manejable, las opciones seguirán siendo las mismas que en 2012: o el BCE empieza a emitir dinero para comprar deuda en problemas, o los fiscos europeos se comprometen a pagar la cuenta.

---

102   Pisani-Ferry (2016).

XII

ENTRE LA DESINTEGRACIÓN Y LA RECOMPOSICIÓN PACTADA

Con el beneficio de la retrospectiva son muchos los que ahora dicen que dar el paso de la creación de la unión monetaria fue un error. Ashoka Mody (2018) lo califica de "tragedia". Martin Feldstein (2016) le hace el reclamo al liderazgo europeo por haber excedido el mandato que originalmente los pueblos les habían otorgado de construir un espacio común de libre movimiento de bienes, servicios, capitales y personas. En su opinión, fue este paso de más el que terminó alejando al Reino Unido de Europa, hasta que finalmente decidió salirse. Otros añoran el Sistema Monetario Europeo, ciertamente no exento de turbulencias, pero del que los países podían salirse con relativamente poco trauma. El problema es que una vez que un país entra en el supuesto "paraíso terrenal" de una unión monetaria, salirse individualmente tiene un costo inmediato incalculable. Como decía el experimentado comentarista del Financial Times Martin Wolf: "Crear la eurozona es la segunda peor idea que sus miembros hayan podido tener. Disolverla es la peor"[103].

En vez del slogan de campaña de Bill Clinton en 1991 *It's the economy, stupid*, en el caso de la Unión Monetaria Europea habría que decir: *It's politics, stupid*. Muchos y muy importantes son los riesgos económicos que acechan a la UME, y ríos de tinta siguen corriendo para plantear soluciones. Pero el problema de la unión es eminentemente político: fueron políticas las razones que la crearon, son políticas las causas que la

---

103 Citado en Franz Joseph Meiers, (2015).

tienen paralizada y serán políticas las fuerzas que la salven o la mantengan lánguidamente viva hasta que un *big event* decida su final. Antes y ahora, el problema fundamental es que hay una asincronía entre la lógica económica que debería subyacer el edificio de la unión monetaria y la voluntad política de hacer lo que se debe hacer. Para decirlo en términos más sencillos: no hay disposición política para ceder los espacios de soberanía fiscal que permitan implementar esquemas de solidaridad o de riesgo compartido entre los miembros de la unión. Sin esta solidaridad, una unión monetaria compuesta por países tan distintos entre sí no tiene forma de sobrevivir a largo plazo.

Hipotéticamente, esta asincronía entre la necesidad y la voluntad de compartir recursos fiscales pudiera haberse compensado por la presencia de un miembro fuerte de la unión que hubiera asumido para sí la responsabilidad de dotar de estabilidad al sistema. Pero ha sido este dogma de la no-transferencia fiscal el que le ha impedido a Alemania cumplir con el papel de hegemón benevolente. Alemania, por presión de sus ciudadanos, tuvo una idea-fuerza cuando accedió a los deseos de Francia de constituir la UME: nunca debía la unión monetaria convertirse en una "unión de transferencias" (o una unión de deudas). La soberanía nacional en la decisión sobre impuestos y gastos era irrenunciable. Contra esta muralla se estrellan una y otra vez las propuestas de compartir riesgos que presentan la Comisión Europea o los países del sur mediterráneo.

No es exagerado afirmar que la UME se sostiene o cae por Alemania. Otros diluyen más la responsabilidad y la ponen sobre los hombros del eje francoalemán. Eso pudo haber sido así en épocas pasadas, pero hoy las capacidades de ambos países están desequilibradas a favor de Alemania. Y de todas formas, Francia es también una defensora acérrima de su soberanía fiscal. Ambos países presentan ciertos rasgos esquizofrénicos en su discurso europeo: ambos cantan loas a una Europa unida, pero ninguno está dispuesto a ceder un ápice de su soberanía fiscal. La diferencia es que los franceses están más dispuestos a meterse la mano en el bolsillo para contribuir a un presupuesto fiscal común.

Si, como nos tememos, Alemania y sus aliados del Centro-Norte continúan pateando la lata de las reformas fundamentales de la UME hacia el futuro, habrá llegado el momento de hacer dos cosas: primero, y mientras tanto, seguir construyendo mecanismos *second-best* de defensa contra la inestabilidad financiera y, segundo, preparar mecanismos de salida ordenada de la eurozona. La alternativa más viable es que sean los países más fuertes los que den el paso de salida para aglutinarse alrededor de un nuevo "euro fort" revaluado, más acorde con su modelo exportador de alta productividad. De esta forma, la periferia mediterránea quedaría en el ámbito de un euro que no estaría sometido a las tensiones que se derivan de la coexistencia de economías exportadoras muy competitivas con economías más volcadas a sus mercados internos.

El manejo tardío y desacertado de la crisis de la eurozona agravó las tensiones políticas al interior de la UME. La receta de afrontar la insolvencia de los países mediante nuevos préstamos atados a duras condiciones fiscales, pero sin reducir la carga de deuda, condujo a empobrecimiento y desempleo. El estilo coercitivo que se les aplicó a los deudores atentó contra lo que había sido el código de conducta consensual y respetuoso con el que se había construido Europa. La tan necesaria cohesión se resquebrajó a lo largo de varias líneas ideológicas y geográficas: demócratas pro-europeos vs populistas euroescépticos, ordoliberales vs humanistas, sur mediterráneo vs centro-norte anglosajón, etc. Cuando las tensiones de origen económico empezaban a suavizarse, la crisis de refugiados de 2015 se convirtió en el nuevo problema divisivo de Europa. El liderazgo de Merkel en el manejo de esa crisis fue severamente cuestionado al interior y fuera de Alemania. El *stress* que significó para Italia y algunos países del Este de Europa ser primera barrera de entrada de migrantes ilegales al continente europeo, alimentó el fortalecimiento de las tendencias populistas de izquierda y derecha en esos países.

No ignoramos la magnitud de las grietas económicas que presentan un riesgo existencial para la unión monetaria europea, pero su reparación sería relativamente fácil si no fuera por las amenazas políticas que acechan a Europa. Comentaremos cuatro de ellas. La primera es el resquebrajamiento de la alianza franco-alemana sobre la que descansó históricamente la construcción del edificio de la unión europea. La segunda es el creciente desafecto de los ciudadanos respecto a la institucionalidad europea, a la que no le atribuyen legitimidad democrática. La tercera, de más reciente data, se refiere a la crisis de refugiados y, más en general, a los problemas migratorios. Y la cuarta es el fantasma de los populismos que hoy recorre Europa de punta a punta. Son estas realidades políticas las que hacen ver con poco optimismo las perspectivas de reformas económicas que representen verdaderas soluciones a las fallas de diseño de la unión monetaria.

¿Cuán cerca estamos de la desintegración del actual constructo europeo? ¿Representa el Brexit el primer eslabón de este proceso de desintegración?

Si se hacen las cosas bien, la probable disolución de la Unión Monetaria Europea, tal como hoy la conocemos, no tendría por qué degenerar en un derrumbe total del proyecto de integración que Europa con tanto ahínco y esfuerzo llevó adelante después de la guerra. Otras formas de convivencia pacífica y de cooperación constructiva fueron y siguen siendo factibles. Dos condiciones, sin embargo, deben respetarse: primero, el edificio que se construya debe tener una sólida fundamentación de legitimidad democrática y, segundo, la nueva integración debe respetar la inmensa variedad de culturas, preferencias sociales, estructuras económicas y hasta modelos políticos que hoy todavía coexisten en el mosaico de pueblos europeos. Probablemente la Europa "unida" resultante no se parecerá en nada a la actual UE rígida, uniformada, invasiva, impositiva. La integración será multi-nivel, multi-esfera y multi-velocidad.

¿Podrá el eje franco-alemán salvar el euro?: la sagrada e incómoda alianza

Francia quiso el euro y Alemania la secundó. Cada uno de los dos países tenía su agenda política propia. La decisión de crear la unión monetaria desatendió cuestionamientos desde el campo de los economistas académicos, particularmente de economistas del ámbito estadounidense. En vez de darle tiempo a los lazos económicos para que tejieran paulatinamente el entramado de lazos políticos, se decidió dar el salto al vacío de la unión monetaria con la esperanza de que ello forzaría posteriormente la maduración del proyecto político. En vez de sincronizar los modelos y políticas sociales de los países paralelamente a la integración económica, el foco se centró exclusivamente en lo económico. El tiempo les ha dado la razón a los académicos. La introducción del euro no solamente no trajo la prosperidad e integración entre los pueblos que prometía, sino que se ha convertido en una amenaza existencial para la misma Unión Europea. Algo que estaba destinado a unir, se ha convertido en fuente de desunión y discordia.

Los destinos de la UME y la UE están íntimamente entrelazados. Hasta la escasamente visionaria canciller alemana, Angela Merkel, lo tuvo claro cuando en mayo 2010, en medio de la crisis griega, dijo que "...si el euro fracasa, no solamente fracasa la moneda sino también Europa, y con ella la idea de la unión europea"[104]. Se entiende este tono algo grandilocuente y angustiado en un contexto tan agitado como el de ese momento, en el que la crisis griega estaba contagiando al resto de la periferia. Ahora bien, en el trasfondo de esas palabras estaba una visión particular del proyecto europeo, la misma que impulsaron sus predecesores Willy Brandt, Helmut Schmidt y Helmut Kohl. La visión de una *"ever closer Union"*, en la que la moneda común era pieza central del engranaje. Otras visiones, sin embargo, hubieran sido y son posibles.

Uno de los problemas que ha confrontado Europa en décadas recientes es que, para bien o para mal, ha habido ausencia de liderazgos inspiradores. Decimos que puede ser para bien o para mal, porque inspiraciones en la dirección equivocada hacen mucho daño, pero también la falta de inspiración que galvanice a los pueblos puede hacerles perder el tren de la historia. Políticos de la talla de Monnet, Pompidou, de Gaulle, Moro, Adenauer, Brandt, Kohl y otros más que vivieron la guerra, no los hemos vuelto a ver. En su lugar han llegado funcionarios de partidos y políticos de carrera más preocupados por asuntos parroquiales que universales, expertos en los vericuetos de las burocracias y olfateadores de los vientos de la opinión pública. Son las encuestas de opinión las que gobiernan sus actos, en vez de ser ellos, los líderes, los que le den forma y orientación al pensamiento colectivo, tal cual hicieron sus predecesores.

La alianza franco-alemana ha sido también víctima de esta mediocridad. Después de las presidencias de François Mitterrand and Jacques Chirac, Alemania se quedó sin un verdadero interlocutor y compañero de ruta, no solo por la falta de empatía de los siguientes presidentes Sarkozy y Hollande con la Canciller Merkel, sino por el anquilosamiento de la economía francesa. La brecha económica entre ambos países se abrió llamativamente en las primeras dos décadas de este siglo.

Por ello es que en el grisáceo contexto actual del liderazgo europeo, la elección de Emmanuel Macron como presidente de Francia significó un destello de ilusión. Ganó holgadamente la presidencia sobre la

---

104 Merkel, Angela (2010), "Scheitert der Euro, dann scheitert Europa", Rede vor dem Deutschen Bundestag am 19. Mai 2010, available at https://www.bundestag.de/dokumente/textarchiv/2010/29826227_kw20_de_stabilisierungsmechanismus/201760.

plataforma de un programa liberal y pro-europeo, sin concesiones al populismo de la derechista Marine Le Pen. Advirtió del riesgo existencial que amenazaba a Europa y pergeñó una visión para revitalizarla[105]. En su diagnóstico, Europa es débil a lo interno y a lo externo, no tiene capacidad de acción ni de reacción frente a los grandes desafíos contemporáneos. Su principal eje argumental fue que Europa necesitaba redemocratizarse, re-entusiasmar a sus ciudadanos y reincorporarlos al proyecto de su reconstrucción.

Consciente del terreno minado que rodeaba los temas puramente económicos, el foco del nuevo presidente francés se centró en iniciativas alrededor de la seguridad y defensa de Europa. La puesta en duda del compromiso de defensa de Europa por parte de la administración de Trump puso al continente en máxima alerta. Macron propuso la creación de una fuerza europea de intervención militar, un presupuesto de defensa y una doctrina militar común. El aseguramiento de las fronteras exteriores y una política común de asilos de refugiados fueron también dos componentes de esta integración en seguridad y defensa.

Será reveladora la manera e intensidad con la que Alemania se integre a esta iniciativa en seguridad y defensa. A nivel de discurso, Alemania le dará apoyo a la idea de un ejército europeo, pero habrá que ver qué tanta autonomía supranacional esté dispuesta a concederle y cuánto esté dispuesta a aportar a su presupuesto. La OTAN nació y perduró porque el hegemón del hemisferio occidental estuvo dispuesto a asumir una carga sobreproporcional de sus costos. Ahora que la administración Trump ha manifestado no estar dispuesta a seguir asumiendo ese papel de hegemón benevolente, la OTAN empezará a languidecer y terminará siendo sustituida por otros arreglos alternativos.

Los alemanes han sido severamente criticados por su bajo nivel de gasto militar y por su alarmante deficiencia en el apresto militar. Buena parte de sus armas y medios de transporte necesitan renovación. La mayor parte del gasto militar se dedica a salarios y pensiones. Datos de la OTAN revelan que en 2017 el gasto alemán en equipamiento, investigación y desarrollo militar alcanzó apenas un 0.17% del PIB, mientras que en Francia

---

[105] Ver las principales ideas en el discurso de Macron en la Universidad de La Sorbonne en septiembre 2017: https://www.theguardian.com/world/2017/sep/26/profound-transformation-macron-lays-out-vision-for-post-brexit-eu.

representó el 0.42% y en el Reino Unido el 0.47% del PIB[106]. Un cálculo aproximado revela que desde 1990 Francia ha gastado acumulativamente un 30% más de su PIB que Alemania en gasto militar. Se toma 1990 para iniciar la comparación porque hasta esa fecha Alemania contribuía en proporciones similares a sus principales socios europeos.

Curiosamente, el quiebre de tendencia en el gasto militar de Alemania se produce a partir de la reunificación de las dos Alemanias. Interpretaciones e hipótesis hay muchas, pero lo que aquí interesa destacar es que ese descuido del gasto militar fue poco solidario con sus socios y aliados occidentales, y de ninguna forma se correspondía con la conversión de Alemania en primera potencia económica europea y mucho menos con cualquier atisbo de un rol hegemónico. Alemania ha sido un *free rider* en materia de seguridad y defensa. Su seguridad ha estado garantizada en primer lugar por Estados Unidos, tanto directamente, como indirectamente a través de la OTAN. El segundo pivote sobre el que se ha apoyado ha sido históricamente Francia, el cual adquirió más relevancia después de que Alemania se distanciara militarmente de los Estados Unidos e Inglaterra con su decisión de no apoyar la invasión de Irak en 2003. En la peculiar figura de "liderazgo compartido", Francia tradicionalmente le proveía de seguridad a Alemania y proyectaba el poder militar europeo hacia la esfera mundial, mientras que Alemania le proveía a Francia de poder financiero y económico (Harold, 2017). Pero en esta materia militar la balanza estuvo desequilibrada en detrimento de Francia.

Tooze y Vallée (2018) tocan una fibra sensible cuando hacen un paralelo entre los "costes de legado" financieros (viejas cargas de deuda de la crisis) y el coste de legado del déficit de inversión militar de Alemania. Una de las principales razones de Alemania para no aceptar esquemas de riesgo compartido en el campo fiscal y bancario ha sido precisamente que primero deben resolverse los viejos legados. ¿Aceptaría Alemania la obligación de resolver su propio viejo legado militar y nivelarse retroactivamente con su principal socia, Francia, para así convertirse en *partner* equitativo en el gran proyecto europeo de asumir las riendas de su propio destino en materia de seguridad y defensa? Una cierta coherencia en las posiciones sería de esperar.

---

106   Ver Tooze y Vallée (2018).

En materia fiscal, Macron propuso la creación de un Ministro de Finanzas Europeo y un presupuesto común de la eurozona, pero no llegó a concretar montos o maneras de fondearlos, a sabiendas de la reticencia alemana respecto de este tema. Por eso dejó claro que el presupuesto común no era para mutualizar deudas ni para resolver los problemas financieros de un país en particular. Tampoco fue concreto cuando abrió la posibilidad de una Europa de dos velocidades, que permitiese avanzar a los países que quieran profundizar la integración, mientras que el resto se mantendría en el *status quo*. ¿Se aplicarían estas dos velocidades también a la eurozona? ¿Desembocaría la eurozona en dos zonas monetarias con dos euros distintos? Probablemente no fue esto lo que Macron tiene en mente, porque una zona monetaria común, por definición, no puede tener dos velocidades en la esfera fiscal o financiera.

La reacción de Alemania a las propuestas francesas fue lenta y tibia, para desilusión de los que pensaban que Merkel y Macron iban a reeditar el eje franco-alemán. En un gesto típicamente merkeliano y nada improvisado, la canciller alemana tardó nueve meses en reaccionar a las propuestas de Macron. Lo hizo en una entrevista concedida al periódico conservador alemán Frankfurter Allgemeine Zeitung, en vez de enmarcarlo en un discurso formal ante una audiencia importante, como acostumbra a hacerlo Macron[107]. Más allá de algunas concesiones menores, en esencia la posición alemana respecto a esquemas de riesgo compartido no ha cambiado:

- La aceptación alemana de convertir el Mecanismo Europeo de Estabilidad (MEDE) en un Fondo Monetario Europeo (FME) está condicionada a dos elementos: primero, que el Fondo esté fuera del ámbito de control de la Comisión Europea y, segundo, que las decisiones de reestructuración y rescate de un país en problemas sean tomadas consensualmente por el método intergubernamental y bajo control último de los respectivos parlamentos. En la práctica, esto equivale a un derecho de veto de Alemania sobre las decisiones fundamentales del Fondo. Adicionalmente, el mecanismo de decisión propuesto hace virtualmente imposible la toma de decisiones con la premura y la profundidad que tales situaciones suelen exigir.

---

107 Ver https://m.bundeskanzlerin.de/Content/DE/Interview/2018/06/2018-06-04-merkel-fas.html.

- Alemania no quiere saber nada de un ministerio europeo de finanzas, ni de un presupuesto común importante; cuando mucho acepta un moderado fondo de inversión para innovación tecnológica del orden del 0,2% del PIB de la eurozona (Macron sugirió un presupuesto común diez veces mayor).
- Alemania está de acuerdo en avanzar hacia la unión bancaria, pero no da ninguna fecha para la implementación del fondo de garantía de depósitos y advierte que debe resolverse primero el legado de la vieja morosidad bancaria. El nuevo Fondo Monetario Europeo pudiera respaldar el Fondo de Resolución de Quiebras Bancarias a partir de 2024.
- Merkel dice que está de acuerdo con una fuerza conjunta de intervención militar, pero advierte que habrá ocasiones en las que Alemania no participará y que la última palabra la tendrá siempre el parlamento alemán.

En cualquier caso, Merkel advierte que la solidaridad entre los socios europeos nunca debe convertirse en una "unión de deudas". Es el conocido "sí, pero no" alemán. La cumbre francoalemana celebrada en junio 2018 en Meseberg ratificó esta posición de mínimos acuerdos. Hubo algunos pequeños pasos en la dirección correcta, pero temas cruciales como medidas para romper el lazo perverso entre bancos y sus gobiernos, crear títulos europeos de deuda seguros, instituir un fondo de reestructuración de deudas soberanas o ampliar el mandato del BCE no fueron acordadas.

Después de este jarro de agua fría, el "momento Macron" que oxigenó la escena europea en 2017 empezó a desvanecerse. Al interior de su propio país, la luminaria Macron también perdió su brillo sin haber todavía cumplido dos años de electo. No es éste un asunto menor, en absoluto, porque es difícil que Europa avance en ninguna dirección sin el entendimiento entre Francia y Alemania. Así lo fue a lo largo de la segunda mitad del siglo pasado y así sigue siendo en este nuevo siglo. Francia no tiene hoy la fuerza económica ni el liderazgo para encarrilar ella sola el tren europeo, y particularmente el tren de la UME, hacia verdaderas soluciones. Alemania pudiera tener el poder económico, pero siempre se ha negado a actuar y liderar sola en la escena europea.

¿Serán capaces Francia y Alemania de ponerse de acuerdo en una visión de Europa, un proyecto compartido que transcienda sus propios intereses particulares para volver a liderar el continente? Somos escépticos. Ciertamente veremos en el futuro una buena colaboración de los dos países en otras esferas como la militar, política de refugiados, armonización de impuestos, políticas sociales, etc. La importancia de esta disposición a colaborar en otros ámbitos no se debe desestimar, porque uno de los problemas que tuvo el proceso de integración europea en el pasado fue que se forzó la barra en lo comercial y lo monetario, sin que hubiera acompañamiento de las otras esferas. Al final del camino, sin embargo, la UME es un proyecto primordialmente monetario-fiscal-financiero y debe existir un acuerdo básico entre los dos principales miembros sobre cómo darle viabilidad a esa unión. Por el momento, las posiciones siguen siendo muy divergentes.

Por si estas desavenencias no fueran suficiente motivo de preocupación, diferencias entre los diferentes subbloques europeos también han estado surgiendo con creciente fuerza. Tradicionalmente, Francia y Alemania se reunían previamente a las cumbres europeas, acordaban la agenda y luego eran capaces de aglutinar a su alrededor las posiciones del resto de los países: Alemania lograba encauzar las inquietudes de los países del Centro, Norte y Este de Europa, y Francia hacía lo propio con los países del Mediterráneo. A raíz de las amargas discrepancias que surgieron alrededor de la crisis del euro y, sobre todo, de la crisis de refugiados, ya Italia, por poner un ejemplo, no está ganada a alinearse con Francia en muchos asuntos, al igual que Holanda ya no lo hace con Alemania. Por ejemplo, los (mínimos) acuerdos de Meseberg fueron cuestionados por un importante grupo de países integrado por Holanda, Dinamarca, Estonia, Finlandia, Irlanda, Latvia, Lituania, y Suecia, los cuales están radicalmente negados a compartir riesgos con otros países.

Cuestionar la "sagrada alianza" solía ser tabú en Francia y Alemania. Pero en vista de la dificultad de conformar una plataforma de acción conjunta, algunos expertos alemanes en relaciones internacionales e incluso personajes gubernamentales, han recomendado que Alemania se abra a nuevas alianzas flexibles con otros países europeos. Ursula von der Leyen, ministra alemana de Defensa, avanzó la propuesta en 2015 en su discurso ante la Conferencia de Seguridad de Munich[108]. Decía la

---

108 https://www.securityconference.de/fileadmin/MSC_/2015/Freitag/150206-2015_Rede_vdL_MSC_Englisch-1_Kopie_.pdf.

ministra que Alemania estaba dispuesta a "liderar desde el centro" en materia de seguridad y defensa. En el sinuoso lenguaje diplomático, ella no se refirió directamente al centro geográfico de Europa, sino a crear nuevas alianzas y asociaciones en las que –así reza el discurso– Alemania fuera el centro que aportaría sus mejores recursos y capacidades. No es extraño que expertos en relaciones internacionales empezaran pronto a ponerle nombres a ese centro y lo asociaran con el Centro y Norte de Europa. Más allá de las viejas alianzas un tanto anquilosadas, la sugerencia es que Alemania arme coaliciones flexibles y construya un centro político con países como Suecia, Dinamarca, Finlandia, Austria y los países del Benelux[109]. Todas ellas son naciones con las que Alemania mantiene históricamente relaciones estrechas, basadas en geografía, nivel de vida y afinidad cultural, pero que habían sido tratadas tradicionalmente como socios "menores" en la tarea de configurar el rumbo de la Unión Europea y de la UME.

Esta apertura hacia un nuevo centro político no es un asunto menor. Tradicionalmente los países europeos, especialmente los del Centro-Norte, han sido cautelosos y han evitado convertir su mayor afinidad en alianzas formales y visibles. Si llegare a consolidarse la alianza Centro-Norte como una potencial alternativa al motor francoalemán, Europa se estaría encaminando hacia profundizar la división Norte-Sur. No se trataría de que el Centro-Norte avanzaría con mayor velocidad que el Sur hacia más Europa, sino de que lo haría hacia una Europa distinta a la que preconizan sus socios latinos. No tardaría mucho en surgir la idea de dos bloques monetarios, dos euros, dos bancos centrales. Estos son procesos que, una vez que empiezan a rodar, no es fácil controlar su destino final.

La crisis de los refugiados y los populismos nacionalistas: nueva amenaza existencial

Dos macro eventos han sacudido los cimientos del edificio europeo en la década de los 2010: la crisis del euro de 2010 y la crisis de refugiados de 2015. En ambos eventos Alemania jugó un papel protagónico. Ambos

---

109 Ver por ejemplo Janning y Möller (2016), de la oficina del European Council on Foreign Relations en Berlin.

eventos cambiaron la faz de Europa y el lugar de Alemania dentro de ella. En ambos, también, el liderazgo hegemónico alemán se vio seriamente cuestionado, aunque por razones opuestas y por países distintos. En la eurocrisis, la actuación de Alemania fue percibida como coercitiva, injerencista y egoísta, atributos todos ellos que el liderazgo alemán siempre había tratado de evitar como parte de su campaña de "reposicionamiento" pacifista después de la guerra. En la crisis de refugiados, Alemania sufrió la retaliación del pasado coercitivo.

Cuando las turbulencias de la crisis de la eurozona ya se estaban calmando, una nueva crisis, la crisis de refugiados de 2015, copó la escena europea. Desde la primavera de ese año, una afluencia sin precedentes de refugiados, provenientes principalmente de países musulmanes en situación de guerra civil (Siria, Libia, Afganistán), inundó las costas del mediterráneo europeo. Ya 2013 y 2014 habían sido críticos, con 431 mil y 627 mil solicitantes de asilo respectivamente, pero en 2015 el número de solicitudes de asilo más que se duplicó hasta alcanzar 1.3 millones de personas y una cantidad similar en 2016. Fue en ese momento cuando la canciller Angela Merkel, en un gesto inesperado y poco cónsono con su prudente mesura, decidió abrir las fronteras de Alemania a los ríos de refugiados que por tierra desde los Balcanes habían desbordado las fronteras externas europeas. En la decisión de Merkel hubo una mezcla de "imperativo moral" de atender la crisis humanitaria, y de pragmatismo en manejar una situación que ya estaba fuera de control. En un primer momento, gran parte de la población Alemania, solidaria y generosa por naturaleza, se volcó en conmovedores gestos de "cultura de bienvenida". Ese año 2015, Alemania canalizó casi un 40 por ciento del total de solicitudes de asilo de la Unión Europea, siendo acompañada en este esfuerzo sobreproporcional únicamente por Suecia y Hungría. En el 2016, Hungría se hizo a un lado y Alemania manejó el 60% del total de solicitudes de asilo de Europa, sumando así más de 1.2 millones de refugiados acogidos en dos años. Más que una oleada de inmigrantes fue un maremoto. Y Alemania, esta vez sí, asumió como hegemón benevolente una carga sobreproporcional del problema.

Los esfuerzos posteriores de Merkel para que todos los países europeos asumieran su cuota-parte de la carga de refugiados cayeron en el vacío. El sistema de acogida de inmigrantes que venía aplicando Europa, acordado en la Regulación de Dublín II, quedó desbordado y hecho añicos por la avalancha proveniente del Mediterráneo. La verdad es que este sistema no era equitativo, porque estaba basado en el principio de que las solicitudes de asilo debían ser tramitadas en el país de primera entrada a la Unión Europea, es decir, en los países mediterráneos del sur de Europa. Esta regulación colocaba la mayor parte de la carga política y social en los países de la periferia fronteriza; principalmente Grecia e Italia se sintieron dejados solos por Europa.

El rechazo abierto de muchos países del Sur y del Este de Europa al sistema de cuotas de refugiados representó un duro golpe al liderazgo de Alemania como país proponente. Se hicieron patentes los límites de un ejercicio de hegemonía "blanda" que no ofrecía nada a cambio, ni tampoco quería usar medios coercitivos para forzar a los socios europeos a aceptar su carga proporcional. Algunos vieron en esta negativa una "dulce venganza" para castigar a Alemania por el estilo coercitivo/impositivo con el que había manejado la crisis del euro[110]. La opinión pública y los gobiernos de los socios europeos estaban incómodos al observar la contradicción latente entre el acercamiento a la crisis de refugiados, en la que Alemania exigía solidaridad y asunción de cuota-partes equitativas de sacrificio, y el acercamiento a la crisis de deuda soberana, en la que cada deudor debía asumir su responsabilidad individualísima.

A lo interno, la opinión pública alemana giró en pocos meses en contra de la política de acogida de Merkel. Las fuerzas populistas radicales encontraron un creciente eco en la población, al punto de que el gobierno se enfrentó a una seria rebelión interna dentro de la coalición, especialmente por parte de su eterna aliada, la CSU bávara, que exigía reducir el número de inmigrantes a 200 mil por año y devolver refugiados al país que había concedido originalmente el asilo. La derecha conservadora nacionalista AfD cabalgó sobre esta ola de angustia de la ciudadanía causada por la "invasión musulmana" y mejoró su participación electoral en la elección general de 2017, pasando de 4.7 a 12.6 por ciento, lo que la convirtió en la tercera fuerza del parlamento con 94 diputados.

Por otra parte, los incipientes pasos de algunos países europeos para erigir fronteras internas dentro de la unión amenazaban con hacer estallar el Acuerdo de Schengen y el Acuerdo de Dublín. Todo ello obligó al gobierno alemán a negociar en marzo de 2016 un acuerdo con Turquía

---

110   Visión que comparten Janning y Möller (2016) y Seung-Jae Oh (2016).

–el país clave a través del cual fluía la mayor cantidad de refugiados del Medio Oriente– para que aceptara de regreso contingentes de emigrantes atascados en Grecia. Estas negociaciones y otras medidas de endurecimiento interno de los procedimientos de asilo permitieron reducir a poco a más de la mitad el número de solicitudes de asilo en 2017 en Europa. Sin embargo, Alemania continuó confrontando el problema de que los refugiados admitidos por otros países periféricos buscaban tarde o temprano continuar su periplo hasta ese país. Imponerles barreras en la frontera alemana violaría los acuerdos comunitarios de libre tránsito interno, pero quedarse de brazos cruzados terminaría socavando la base política del gobierno de Merkel. Un diabólico dilema.

El origen de esta enrevesada situación es que Europa no tenía una política realmente común de manejo de refugiados, una agencia común de otorgamiento de asilos y acuerdos de cuotas intraeuropeas. El hecho de que la emergencia de 2015-2016 fuera superada no invalida en absoluto la afirmación de que el problema de los refugiados y, más en general, el problema de los inmigrantes representa la segunda amenaza existencial de la Unión Europea. La crisis de refugiados ha conmocionado y desintegrado a Europa. Cada miembro de la unión ha velado por sus intereses particulares, la disciplina comunitaria se ha roto y pilares fundamentales de la Unión, como el Acuerdo de Schengen, han tambaleado. Ha sido un sobrio despertar después de décadas de un placentero sueño de integración. El problema sigue ahí y seguirá por mucho tiempo. Lo decía Merkel en una entrevista en junio de 2018: "Considero ahora que los temas de aseguramiento de fronteras, política común de asilo y ataque a las causas de la emigración son cuestiones verdaderamente existenciales para Europa"[111].

Aunque los vecinos no lo apreciaran así, el lado positivo de la "cultura de bienvenida" es que Alemania mostró su lado más plural e inclusivo y que las fuerzas liberales aperturistas siguen siendo vigorosas[112]. Otro aspecto positivo es que, a diferencia de su actuación en la crisis de la eurozona, Alemania actuó como hegemón benevolente al aceptar un

---

111 "Nun sehe ich die Themen Grenzsicherung, gemeinsame Asylpolitik und Bekämpfung der Fluchtursachen als wirkliche Existenzfragen für Europa" https://m.bundeskanzlerin.de/Content/DE/Interview/2018/06/2018-06-04-merkel-fas.html.

112 Ver el extenso reporte sobre Alemania en de la semana del 14 de abril de 2018.

número sobreproporcional de refugiados. Lo hizo para ayudar a los países de la periferia de la UE, consciente de que la avalancha de refugiados era inmanejable por ellos solos y pudiera desestabilizar políticamente a estos países.

Pero también demostró la profunda división de su población y de su clase política, entre una derecha cada vez más nacionalista y un centro-izquierda liberal, o entre las masas urbanas modernizantes y las masas suburbanas y rurales conservadoras. No se puede subestimar la importancia de esta división interna en un país en el que una de las claves de éxito fue siempre la capacidad de entenderse y crear consensos. Desde 1945, la inmensa mayoría de la sociedad alemana apoyó de forma consecuente y entusiasta el proyecto de integración europea. Hoy ya no se puede afirmar que sea así. La crisis de refugiados y, en general, el problema de la inmigración se ha encargado de sembrar la semilla de la inestabilidad política al interior del principal país de la Unión Europea. Al punto de que no se puede descartar que algún día sea en Alemania donde germine una crisis europea y que ese país se convierta en el problema, en vez de en la solución.

La crisis del euro y la crisis de refugiados tuvieron dos elementos en común a nivel europeo. En primer lugar, ambas causaron serios daños —¿irreversibles?— a la cohesión de la comunidad europea de naciones: la crisis del euro por los conflictos entre deudores y acreedores, la crisis de refugiados por la falta de solidaridad intracomunitaria. En segundo lugar, ambas crearon el caldo de cultivo para el surgimiento de nuevos populismos nacionalistas o el fortalecimiento de existentes. Son estas fuerzas populistas las que representan la mayor amenaza para el futuro de la UE, ya que todas ellas son militantemente antieuropeístas. No nos referimos tanto al riesgo (poco probable) de que eventuales gobiernos populistas decidan retirarse de la eurozona o de la UME, sino a la paralización de las urgentes reformas que Europa debería acometer para sobrevivir en el largo plazo. Lamentablemente, la realidad es que cada jefe de gobierno que se sienta en las reuniones del Consejo Europeo toma sus decisiones en función de cómo cada asunto afecta sus perspectivas electorales frente a los contrincantes populistas.

Las secuelas de la crisis de la eurozona terminaron de convencer a grandes sectores sociales de los países más severamente golpeados, los países deudores, de que el desarrollo económico los estaba dejando de lado, de que las clases políticas ya no los representaban y de que las instancias comunitarias europeas eran insensibles a los problemas de los ciudadanos. Los sectores de menores ingresos percibieron que tuvieron que pagar una parte desproporcionada de los costes para resolver unos problemas bancarios que los ricos habían generado. Percibieron que la UE, lejos de cerrar las brechas, había agrandado los desequilibrios entre los países. Constataron que las desigualdades sociales internas se habían incrementado después de la crisis. Y, sobre todo, percibieron que el lánguido crecimiento económico post-crisis no les iba a proporcionar nunca más las oportunidades de empleo de la pre-crisis. En los países acreedores, a pesar de haber sido menos afectados, los sectores de rentas bajas también se sintieron abandonados por un sistema económico incapaz de mejorar su nivel de vida, un sistema en el que las condiciones del empleo eran cada vez más precarias y en el que la brecha entre trabajadores tecnológicamente calificados y no calificados se abría cada día más.

La globalización se ha convertido en el foco de las iras de los populistas. La unión comercial, económica y monetaria de Europa ha sido el producto de un proceso de hiperglobalización de seis décadas. Tal como múltiples experiencias históricas lo demuestran, en una globalización siempre hay perdedores y ganadores. Tienden a perder los países menos competitivos y dentro de ellos los sectores tecnológicamente menos desarrollados y los trabajadores no especializados. El problema con las globalizaciones, y Europa no es la excepción, es que las nuevas "estructuras globales" no tienen el mandato de redistribuir las ganancias de la globalización y compensar a los perdedores para enderezar las desigualdades creadas. Les queda esa tarea a los gobiernos nacionales, que tienen el mandato democrático de la justicia social, pero carecen de la capacidad material para implantarla. Como apunta Meyer (2018), las estructuras comunitarias de la UE únicamente tuvieron mandato para impulsar la integración "negativa", es decir, la integración mediante remoción de barreras y regulación de los mercados. No tuvieron, sin embargo, el mandato de integrar "positivamente" mediante acciones redistributivas para preservar la cohesión social entre los países miembros. El otro foco de la ira populista ha sido la ideología liberal. No hay nada más liberal que la eliminación de barreras entre los mercados, actividad que ha sido el corazón del proyecto europeo. Eso hace que el proyecto de integración de la UE tenga inevitablemente un sello de identidad liberal, que es rechazado por los disconformes con el actual estado de cosas, al igual que es rechazado el liberalismo *per se*.

El caldo de cultivo para el surgimiento de nacionalismos populistas en todo el continente estaba servido. Todos ellos contienen elementos chauvinistas de rechazo de lo foráneo y ensalzamiento de lo autóctono, tanto en lo cultural como en lo económico. La globalización, lamentablemente, no ha reportado beneficios de forma equitativa para todos los grupos sociales. Amplios sectores se sienten inseguros, amenazados por la apertura de fronteras y el liberalismo económico internacional. La reacción ha sido un "vuelvan caras" hacia el proteccionismo y las retaliaciones comerciales[113].

A la sensación de inseguridad económica por culpa de la globalización, se ha sumado la percepción de la amenaza de los inmigrantes: empleos amenazados, identidad cultural amenazada, formación de guetos urbanos, terroristas infiltrados entre los solicitantes de asilo… Esta percepción de la población sobre la magnitud del problema de los inmigrantes suele estar muy distorsionada, como lo demuestra un estudio de opinión hecho por la Universidad de Harvard[114]. La gente, especialmente los sectores de menor nivel de educación y capacitación laboral, tiende a creer falsamente que los inmigrantes son mayoritariamente de una raza o religión amenazante, son desempleados sin formación y viven de las dádivas del gobierno. No es coincidencia, por lo tanto, que las corrientes populistas se fortalecieran relativamente más en países donde los problemas de inmigración fueron más agudos y que tuvieran más eco entre las mayorías desfavorecidas por la globalización. En Grecia, Italia, Hungría, Polonia y Austria, partidos o coaliciones populistas llegaron al poder. En Holanda, Francia y Alemania, la ofensiva populista todavía ha podido ser contenida, pero la amenaza está latente y cercana. Los partidos populistas, aún sin estar en el poder, están perturbando la vida política diaria.

De esta forma, una amenaza existencial adicional se añade a la vulnerabilidad financiera del edificio europeo: la vulnerabilidad política

---

113   Conti et al. (2018a) ofrecen un detallado análisis de la vuelta al "soberanismo" nacionalista a lo largo de Europa. Glencross (2013) advierte sobre la amenaza muy real de un retroceso a una visión meramente nacional de la legitimidad democrática y la consiguiente deslegitimación de todo lo supranacional.

114   Stantcheva (2018).

que representa el ascenso paulatino al poder de grupos políticos que son marcadamente nacionalistas y antieuropeístas. Esta nueva vulnerabilidad no hace distingos entre acreedores-deudores, ricos–pobres, norte-sur. De hecho, la amenaza ya se ha instalado en el principal miembro de la unión, Alemania, donde ya no se puede dar por descontado que las mayorías continúen respaldando el proyecto de una unión europea liberal, el cual fue la quintaesencia del posicionamiento de la política exterior alemana desde la Segunda Guerra Mundial. Aun cuando los populistas no lleguen al poder, el gobierno alemán tendrá poco margen de maniobra para adelantar una agenda europea valiente. Y si llegan al poder, nada en Europa será como era antes. En un caso o en otro, si es verdad, como creemos firmemente, que el destino de Europa dependerá de lo que Alemania haga o, sobre todo, deje de hacer, no son buenos los augurios para el futuro de la unión.

Brexit: ¿primer eslabón del proceso de desintegración europea?

Dada la profunda división política que surca a Europa y lo separadas que están las visiones de lo que se debe hacer, no se puede obviar la pregunta de cuán cerca estamos de un proceso de desintegración. ¿Qué haría falta para hacerle frente a las amenazas existenciales? ¿Qué fuerzas aglutinantes crearon y preservaron en tiempos pasados la integración europea? ¿Siguen hoy presentes? No pareciera así. Los liderazgos europeos de la primera y segunda generación de la posguerra mostraron una denodada voluntad de impulsar la integración europea. El pueblo común nunca fue parte activa del proceso, pero lo apoyó "utilitariamente" por los beneficios materiales que la comunidad europea les proporcionaba de manera creciente. Hoy en día, sin embargo, la tercera generación de liderazgos tiene mentalidad parroquial y gobierna por el espejo retrovisor de lo que dictan las encuestas de opinión. No les guía ninguna "visión". Y la población ha visto deteriorarse su nivel de vida por efectos de la crisis y está por ello recelosa de todo lo que salga de Bruselas.

El desapego de larga data del Reino Unido respecto a Europa lo ubicó históricamente en el tercer anillo de la constelación de países europeos que conformaron la UE. El segundo anillo estaba compuesto por los países que pertenecían a la UE, pero que no eran miembros de la UME (Bulgaria, Croacia, República Checa, Dinamarca, Hungría, Polonia, Rumanía y Suecia). Y el primer anillo, el núcleo duro, eran los restantes 19 países que formaban parte de la UME. La problemática y perspectivas de cada grupo eran distintas. Sin embargo, aun cuando el caso del Reino Unido era muy particular como para sacar conclusiones generales, no era el único país que se sentía incómodo con la dirección que había tomado Europa. Los problemas centrales de Europa afectaban a los tres anillos, pero los diferentes grados de margen de maniobra condicionaban las respuestas.

¿Por qué se va el Reino Unido? Una incómoda relación desde el inicio

Después de seis décadas de ampliación ininterrumpida, el segundo miembro más grande de Europa[115], el Reino Unido, decidió en junio 2016 bajarse del tren europeo. Un 51.9 por ciento del electorado votó por abandonar la Unión Europea. El resultado del referéndum tomó por sorpresa a muchos. Es cierto que sucedieron eventos coyunturales que inclinaron la balanza hacia la opción de salir, pero el hecho innegable es que la mitad de la población estuvo en contra de la membresía europea.

¿Representa el Brexit el primer eslabón del proceso de desmoronamiento de la Unión Europea? Hagamos primero un poco de historia acerca de la relación del Reino Unido con Europa para entender la verdadera dimensión del hecho. Explicábamos en el capítulo II la muy especial relación del Reino Unido con Europa. Los ingleses, con su ambigüedad característica, nunca quisieron formar parte del núcleo duro de la integración europea. Querían que Europa se uniera, colaboraban activamente para ello, pero siempre observando los toros desde la barrera y con la opción de entrar y salir del ruedo cuando quisieran. Querían estar sentados a la mesa europea, pero siempre pedían un menú especial del cual poder elegir. O para usar una expresión muy inglesa: querían "conservar el pastel y comérselo al mismo tiempo".

Desde el principio estuvo presente una divergencia fundamental con respecto al propósito de Europa. Francia y Alemania alimentaban la gran visión de una Europa cada vez más integrada en lo económico y en

---

115 Francia y el Reino compiten por este segundo lugar: en PIB el Reino Unido es mayor, en población Francia supera levemente al Reino Unido, incluyendo los territorios franceses de ultramar.

lo político, ordenada y regida por reglas que los órganos comunitarios se encargaban de definir, interpretar y obligar a su cumplimiento. Los ingleses, por el contrario, se acercaron a Europa por intereses exclusivamente mercantilistas. Recordemos sus penurias económicas de la década de los 60 y los 70. Necesitaban acceder al mercado común europeo para contrarrestar el profundo declive económico que se estaba derivando de la pérdida del Imperio y de las erradas políticas económicas de los gobiernos laboristas. Pero no les interesaba en absoluto ser parte del proceso de profundizar la unión europea en otros ámbitos distintos al comercial. Por el contrario, la concepción británica era opuesta a todo lo que significara transferencia de autoridad regulatoria a instancias supranacionales. Trasladado a lo político, el Reino Unido se resistió siempre a todas las iniciativas que significaran estructuras de poder supranacional o esquemas federalistas. Todo debía resolverse en la esfera "intergubernamental" (negociaciones entre países), preservando siempre el poder de veto o, en su ausencia, el derecho de no participar (*opt out*) del Reino Unido.

No hace honor a la verdad, sin embargo, generalizar y decir que todos los británicos rechazaban la idea de Europa. El escepticismo respecto a la idea de una Europa unida dividió desde el principio al *establishment* y a la opinión pública británica, tanto transversal como verticalmente. Tanto así que es muy probable que un hipotético referendo sobre Europa en cualquier momento de los 1990 o los 2000 hubiera arrojado el mismo resultado dividido que vimos en junio 2016 y que la balanza pudiera haberse inclinado en cualquier dirección dependiendo de eventos coyunturales del momento[116]. En vista de esta profunda escisión, David Cameron tuvo que prometer en su plataforma electoral en 2015 que convocaría a un referendo sobre la permanencia del Reino Unido en Europa, si ganaba las elecciones. Fue una jugada peligrosa -irresponsable, para muchos-, porque cualquier resultado era posible en ese referendo de consecuencias inmensas para el país. Cualquiera fuera el resultado, el problema de la división de la sociedad inglesa respecto a Europa no iba a desaparecer. Son éstas, situaciones en las que uno pone en duda la razonabilidad de estas vías de democracia directa para resolver asuntos tan complejos y de tal impacto para la vida de un país.

---

[116] Especulación que compartimos con de Burca en su contribución al libro de Martill y Staiger, editores (2018).

Cameron lideró una campaña racional para convencer al electorado de los beneficios económicos de ser miembros de la UE, al mismo tiempo que negociaba con el resto de los socios europeos una serie de "concesiones" que hicieran más digerible la permanencia. A Cameron le preocupaba que Europa se estaba convirtiendo cada vez más en la Europa del euro y que la problemática de la unión monetaria estaba acaparando la agenda de las instituciones europeas, especialmente del Consejo, la Comisión y el Parlamento Europeos. Los países de la UE, que no eran al mismo tiempo parte de la UME, se sentían "miembros de segunda", no tanto por no participar en el proyecto de una Europa cada vez más unida (*ever closer union*), cosa que no les interesaba, sino por perder voz en los asuntos europeos. El gobierno de Cameron quería asegurarse la opción de no participar en las iniciativas supranacionales (*opt out*), pero seguir manteniendo su puesto privilegiado en la mesa de las decisiones europeas. La actitud de los socios europeos en las negociaciones fue abierta y constructiva, especialmente la de Alemania, porque a nadie le interesaba un Brexit. Finalmente, las negociaciones resultaron bastante exitosas para el lado inglés, excepto en la pretensión de poner restricciones adicionales al acceso de ciudadanos comunitarios al Reino Unido. La Unión Europea no podía renegar de los que eran sus valores fundamentales.

Cameron, y los miembros de su gobierno que propiciaban la permanencia, aportaron durante la campaña del referendo todo tipo de argumentos y hechos para demostrar técnicamente que la balanza de costes y beneficios se inclinaba a favor de permanecer en Europa. Del lado de los partidarios del Brexit, sin embargo, predominaron argumentos irracionales, sentimentales y atávicos. Como dijo el ministro británico Michael Gove durante la campaña del referendo, "la gente en este país está cansada de expertos ... de organizaciones con acrónimos que dicen saber lo que es mejor, pero que se equivocan consistentemente". Insistentes referencias al peligro de pérdida de identidad nacional, a la amenaza de puestos de trabajo por culpa de los inmigrantes, a la insolencia de burócratas de Bruselas de pretender imponer normas y pasar por encima de la soberanía milenaria británica o al sueño de recuperar la grandeza de Britania en el mundo, calaron más en el electorado que los argumentos racionales de la permanencia, especialmente en segmentos menos educados y de mayor edad de la población.

La doble crisis existencial que vivió la Unión Europea en los 2010 (eurocrisis y crisis de refugiados) aportó muy buena leña al fuego de los euroescépticos. A pesar de no formar el Reino Unido parte de la UME, el manejo de la crisis del euro mostró la cara fea de una institucionalidad europea incompetente, que tuvo que ser suplantada por la imposición hegemónica de uno de sus miembros. Los dictados de Berlín, más la actitud represiva de Bruselas reavivaron la aversión británica a toda forma de intervencionismo foráneo. Por otra parte, la avalancha de los migrantes provenientes de los países de Europa del Este recién incorporados a la Unión Europea –un millón de ellos se instalaron en el Reino Unido después de 2004–, había sido la bandera que los propulsores de la salida agitaron durante la campaña. La gota de agua que desbordó el vaso (o más bien, la tormenta que desbordó el río) fue la oleada de refugiados a través de los Balcanes en primavera-verano de 2015. La política inicial de brazos abiertos de Alemania y su pretensión de repartir los refugiados por un sistema de cuotas fue probablemente ese factor que inclinó finalmente la balanza y convirtió el previsto 48-52 en 52-48 a favor del Brexit.

Dos años después de la decisión de abandonar la UE, la balanza de los hechos se inclina más a favor de los que vaticinaban consecuencias económicas negativas. Los vientos favorables provenientes de la bonanza de la economía mundial desde 2016 han amortiguado los efectos económicos de corto plazo del Brexit, pero el largo plazo luce negativo. Incluso un prudente bancocentralista como Mark Carney, Gobernador del Banco de Inglaterra, no pudo evitar pintar en septiembre 2018 frente al Gabinete de Ministros un panorama altamente negativo en caso de una salida abrupta sin acuerdo. Según Carney, la libra esterlina continuaría su proceso de depreciación, la inflación aumentaría, y con ella las tasas de interés, los precios de las propiedades inmobiliarias caerían drásticamente y la tasa de desempleo se elevaría a dos dígitos[117]. Una salida con acuerdo sería menos traumática, pero siempre negativa a largo plazo. La City de Londres dejaría de ser el centro financiero de Europa, porque las instituciones financieras en ella domiciliadas perderían sus "derechos de pasaporte", es decir, su posibilidad de usar su licencia bancaria en cualquiera de los países de la

---

117 Declaraciones de Mark Carney, Gobernador del Banco de Inglaterra: https://www.bbc.co.uk/news/business-45516678; https://www.theguardian.com/politics/2018/sep/13/no-deal-brexit-could-be-as-bad-as-2008-financial-crash-carney-says.

UE. Los servicios, que son tres cuartas partes de la economía británica, quedarían por fuera de cualquier acuerdo, duro o blando.

Pocos meses antes de la fecha de expiración de las negociaciones, todavía no se sabía si un acuerdo de salida "suave" iba a ser posible. El gobierno de May trazó a principios de 2017 unas "líneas rojas" para la negociación de salida: acceso (sin membresía) al Mercado Común de bienes, acuerdo (sin membresía) para permanecer en la Unión Aduanera, no jurisdicción de la Corte Europea de Justicia, control sobre inmigración de ciudadanos europeos, mantener abierta y libre la frontera entre Irlanda del Norte e Irlanda del Sur (Miller 2017). Mejor un no-acuerdo que un mal acuerdo, fue su lema. La Unión Europea, por su parte, adoptó una posición negociadora firme y sin disposición a renunciar a sus principios y valores constitutivos. Cualquier miembro que deseara suspender su membresía de la unión en el futuro, tenía que saber las consecuencias a las que debía atenerse. La frontera con Irlanda resultó ser un obstáculo casi insalvable: para Europa la única forma de mantener abierta la frontera intra irlandesa sería si el Reino Unido aceptaba mantener y hacer suyas las reglas que regían el intercambio comercial en la Unión Europea. De otra forma, el Reino Unido únicamente pudiera aspirar a un acuerdo al estilo del existente entre Europa y Canadá, por ejemplo.

A la vista de la firme respuesta de los negociadores europeos, el gobierno de May se vio forzado a mediados de 2018 a elaborar una nueva posición de negociación que traspasaba varias de las líneas rojas trazadas anteriormente, lo cual condujo a una grave escisión dentro de las filas del partido conservador. A nivel de opinión pública británica seguía habiendo un amplio sector anti- europeísta radicalizado, pero un segmento significativo que había votado por la salida en el referendo de 2016 se percató de los costos de la salida y de la falacia de la mayor parte de las promesas de grandeza hechas en la campaña. Tanto es así que a la pregunta sobre si el Reino Unido había hecho bien o mal en votar por el Brexit, 48 por ciento de los encuestados a mediados de 2018 opinaba que mal, contra 42 por ciento que bien. Año y medio antes, en Febrero 2017, las cifras estuvieron invertidas (48 por ciento opinó que bien y 41 por ciento que mal). No es de extrañar, por consiguiente, que se alzaran voces calificadas pidiendo un nuevo referendo sobre la pertenencia del Reino Unido a Europa. Haya o no un nuevo referendo, al Reino Unido no le queda más remedio que llegar a algún tipo de acuerdo, porque un no-acuerdo sería altamente perjudicial, casi catastrófico. Probablemente, el acuerdo al que se llegue sea una forma más o menos elegante de correr la arruga ante la incapacidad de consensuar los temas cruciales.

Volvamos a la pregunta inicial sobre si el Brexit pudiera representar el inicio de un proceso de desintegración de Europa. La respuesta inmediata pareciera ser que no, que el Reino Unido ha sido un caso único en la historia de la Unión Europea, un miembro que nunca lo quiso ser plenamente, que siempre mantuvo un pie adentro y otro fuera. Por otra parte, la firmeza de la posición negociadora de la UE y la constatación del enorme costo de la salida actuarán como disuasorias de similares iniciativas. Una mirada más cuidadosa al tema, sin embargo, nos lleva a otras conclusiones. Los desencuentros del Reino Unido con Europa no fueron exclusivos de ese país, antes bien eran compartidos crecientemente por otros socios comunitarios[118]. Brexit fue una manifestación específica de varias crisis y cuestionamientos que surcaban Europa y que han sido mencionadas a lo largo de este libro:

- Cuestionamiento de la legitimidad democrática de los procesos comunitarios de decisión
- Tensión entre las soberanías nacionales y los poderes comunitarios supranacionales
- Angustia popular por el manejo de los inmigrantes y refugiados
- Tensión entre miembros y no miembros de la UME
- Incomodidad por el ejercicio de dominación de Alemania

El hecho de que el resto de socios de la UE estuvieran unidos en su posición negociadora frente al Reino Unido, no quiso decir que algunos no compartieran varias de las incomodidades que empujaron a ese país al Brexit. Tácitamente, el gobierno británico se había convertido en el portavoz de otros países que tampoco estaban conformes con la invasión de los ámbitos nacionales o con la imposición *top-down* de modelos económicos y políticos. Varios países de Europa del Este, por ejemplo, se resentían de la presión para adoptar el modelo político liberal de "talla única", que prevalece en la UE. En la postura frente a la inmigración y los refugiados,

---

118 Este es un tema repetitivo en varias de las contribuciones al libro editado por Martill y Staiger (2018) sobre causas y consecuencias del Brexit.

muchos miembros de la UE comulgaban con la posición británica. Brexit no será el disparador de una cadena de salidas, pero ciertamente ha sido la manifestación de la presencia de fuerzas disgregadoras y centrífugas al interior de la Unión Europea.

¿Cómo afectará el Brexit el binomio Francia- Alemania? El Reino Unido fue el tercer *primus inter pares*, con quien el eje franco-alemán frecuentemente antagonizaba, pero con quien en ocasiones uno de los dos países fraguaba alianzas circunstanciales, más Alemania que Francia. Con la venidera salida del Reino Unido de la Unión Europea, la alianza Francia – Alemania adquiere todavía más relevancia, pero también se torna más difícil, porque una dinámica de a tres es muy diferente a una dinámica de a dos. A quien más le afectará la retirada del Reino Unido de Europa será a Alemania, ya que Alemania pierde un aliado con quien ideológicamente ha estado mucho más cercana por la filosofía liberal de ambos. A Alemania le unen con Francia ciertamente intereses más tangibles, pero no es fácil mantener una agenda común cuando se tienen visiones ideológicas tan distintas. Tampoco le conviene a Alemania la percepción que se pudiera generar de que con la salida del Reino Unido su posición de dominación en Europa se ha incrementado. De tal forma que no le queda más remedio a Alemania que seguir insistiendo, ahora más que antes, en la alianza histórica con Francia.

¿Cuál será el nuevo lugar del Reino Unido en el concierto de poder europeo y mundial? Para Alemania y el resto de Europa, Brexit ha pasado a un segundo plano de importancia. La salida de la segunda economía europea, con un peso de 15% del PIB de la UE, no es ciertamente poca cosa, pero su efecto económico negativo se hará sentir sobre proporcionalmente en el Reino Unido. Este país exportó en 2017 el 43% de sus bienes y servicios a Europa, mientras que las exportaciones del resto de Europa hacia el Reino Unido representaron poco más del 15%. La creencia de los partidarios del Brexit de que una vez liberados de los compromisos comerciales con la UE el país podrá entrar en beneficiosos acuerdos comerciales con otros países, luce un tanto ilusoria. La administración Trump, por ejemplo, ya les ha advertido que su prioridad es cerrar primero el acuerdo con la Unión Europea. En cuanto a su peso político en la escena mundial, las perspectivas son todavía menos favorables. El exministro inglés Malloch-Brown (2018) califica la pretensión de Inglaterra de volver a liderar el vasto mundo anglosajón como un "delirio cómico".

Más bien, desligarse de Europa parece haberle hecho perder el norte, tal como lo demuestra el coqueteo con la anti-liberal administración de Trump y su apoyo a iniciativas tan cuestionables como el retiro del acuerdo climático de París. La hostilidad creciente hacia los inmigrantes y refugiados le pone en riesgo de perder también el norte en cuanto a los valores liberales democráticos que durante cientos de años fueron la antorcha que iluminó el continente europeo.

El segundo anillo de (des)integración: los europeos fuera del euro

Ocho son los países que son miembros de la UE, pero no forman parte de la UME (exceptuando el Reino Unido). De los ocho integrantes del segundo anillo, seis son países de la Europa del Este. El resentimiento por el manejo inconsulto e impositivo del problema de los refugiados por parte de Alemania abrió una profunda grieta en la tradicional alianza de los países del Este con Alemania. La crisis de los refugiados hizo aflorar también divergencias fundamentales en cuanto a los modelos socio-políticos y las ideologías subyacentes. En contraste con el liberalismo occidental, rasgos de autoritarismo y populismo se hicieron presentes en buena parte de países del Este, cual fantasmas del pasado comunista.

El poder disruptivo de los populismos nacionalistas está impidiendo afrontar el problema de los refugiados y de la inmigración en general desde una perspectiva europea unificada. El problema no es tanto que el número de refugiados sea inmanejable, sino la forma "anti-comunitaria" como está siendo abordado el problema. Para empezar, Europa se ha convertido en un vecindario donde la actitud predominante es ver cómo descargo los problemas en el vecino. Por el Acuerdo de Dublín, a los países fronterizos les toca manejar la avalancha de inmigrantes y procesar las solicitudes de asilo. En parte por incapacidad de hacerlo, pero también por retaliación, los países periféricos han abierto "corredores" para que los inmigrantes sigan hacia los países del centro. Estos, a su vez, han dado pasos hacia erigir fronteras internas para que el problema le siga quedando a la periferia. La indisciplina comunitaria ha sido abierta y cada quién está cuidando sus propios intereses nacionales. Cada nuevo gobierno de corte populista se siente con el derecho de redefinir los términos de los acuerdos previos y erigir fronteras internas. Nunca antes los principios fundacionales de la Unión Europea habían sido socavados de una forma tan abierta.

Preguntábamos antes si el Brexit ha sido un preámbulo de un proceso desintegrador más amplio en Europa. Del grupo de países del segundo anillo, únicamente Dinamarca y Suecia tendrían nivel de desarrollo político y económico similar para ser comparables con el Reino Unido, pero su tradición liberal los hizo en el pasado relativamente inmunes a la demagogia populista antinmigración, que fue la motivación principal del referendo británico. Las elecciones generales suecas en septiembre 2018, sin embargo, encendieron luces de alarma. No ocurrió el deslizamiento hacia el populismo en la magnitud en que los analistas vaticinaban, pero los partidos tradicionales continuaron perdiendo votos a favor del partido populista Demócratas Suecos. Inmigración y delincuencia fueron temas centrales de la campaña electoral. En Dinamarca, el Partido Popular Danés, que ondea la bandera del populismo nacionalista y euroescéptico, se convirtió en las elecciones de 2015 en el segundo partido más votado. Ahora bien, a diferencia de Inglaterra, las sociedades danesa y sueca no comparten la aversión que la mitad de los ingleses sintieron tradicionalmente hacia el tutelaje de la Unión Europea. Tampoco se caracterizan estas sociedades por tendencias de nativismo aislacionista

Distinto es el caso de algunos países del Este de Europa, como Hungría, Polonia y la República Checa, especialmente los dos primeros, que pudieran ser candidatos a la salida de la UE en vista de la deriva autoritaria y antiinmigrante de sus gobiernos. Ahí se han instalado gobiernos autoritarios que se han dado a la tarea de subvertir el orden democrático desde dentro, es decir, utilizando abusivamente la mayoría electoral conseguida para cercenar la independencia del poder legislativo y del poder judicial. Por primera vez en la historia de UE, el Parlamento Europeo ha abierto las puertas para suspender el derecho a voto de Polonia y Hungría en las instancias comunitarias y someterlos al escrutinio de la Corte Europea de Justicia. Este nivel de confrontación bien puede ser el disparador de acciones concretas en esos países para desligarse de la Unión Europea.

La disputa alrededor de los refugiados fue el principal motivo de distanciamiento, particularmente respecto a Alemania. La decisión inconsulta de Merkel en el verano de 2015 de abrir las fronteras a los refugiados causó profundo malestar en los países del Este y fue considerada como una invitación a que nuevas oleadas invadieran Europa. Eran los países del Este, particularmente los de la ruta de los Balcanes, los principales afectados, por ser esta ruta el corredor de entrada de refugiados provenientes del

Medio Oriente. Los nuevos flujos resultaban sencillamente inmanejables para esos países individualmente. Inicialmente, Hungría cooperó con las iniciativas alemanas, pero pronto Viktor Orban giró su política 180 grados y abrazó la posición de total rechazo a la acogida de refugiados bajo el sistema de cuotas que Alemania pretendía imponer. El Grupo de Visegrád, conformado por Hungría, Polonia, República Checa y Eslovaquia, se opuso frontalmente a Alemania en todo el manejo del tema. A raíz de la crisis de refugiados, los cuatro gobiernos viraron en mayor o menor grado hacia posiciones menos liberales y más populistas, incorporando así una nueva línea divisoria al mapa europeo: la línea Este-Oeste –una raya más para el tigre de la Europa fragmentada.

Es bueno también tener en cuenta que la "europeidad" de estos países del Este no tiene las raíces históricas y culturales de los otros países de la Europa occidental. La Europa fundacional de los 6 en 1957, luego de los 9 en 1973 o la Europa de los 15 en 1995, es muy distinta a la Europa de los 28 después de la ampliación hacia Europa del Este. Un buen número de los países que se incorporaron a partir de 2004 no comparten los valores liberales de las democracias maduras occidentales. Su ansiosa aplicación de incorporación a la UE respondió más que nada a la necesidad de superar su pasado comunista y sustraerse del ámbito de influencia rusa. Una vez dentro, sin embargo, han privado más los vínculos utilitarios de comercio y los subsidios comunitarios que una verdadera identificación con la identidad cultural europea. Serán también estos mismos vínculos utilitarios los que probablemente alarguen el proceso de "desenamoramiento" hacia Europa, pero no cabe duda de que ya está abierta una "falla tectónica" entre el Este y el Oeste de Europa.

Escenarios de desintegración de la eurozona

La verdadera prueba de fuego de la integración europea, su verdadera amenaza existencial, la constituirá la capacidad de la Unión Monetaria Europea, su primer anillo de integración, de mantenerse cohesionada. El futuro de la UE está atado al de la UME, hoy en día más para mal que para bien. A la hora de evaluar los eventuales escenarios de desintegración, hay que tener clara una diferencia fundamental respecto al segundo y tercer anillos de Europa: de cara a una salida de la UE, no es igual el margen de maniobra de un miembro de la UME, que el de un miembro únicamente perteneciente a la UE. Si el Reino Unido hubiera formado parte de la eurozona, el solo anuncio del referendo hubiera desatado tal inestabilidad en los mercados financieros británicos y tal fuga de capital, que hubiera tenido que ser desconvocado inmediatamente. No es mediante un referendo civilizado y democrático la forma en que países de la zona del euro pudieran desligarse de Europa.

Cualquier otro miembro de la UE que también fuera miembro de la UME tendría que pensárselo muy bien antes de salirse unilateralmente. La UME no tiene previstos mecanismos legales, operativos o económicos para el retiro de uno de sus miembros. Aparte de las enormes dificultades prácticas, la relación costo-beneficio de una salida para el caso de países con dificultades financieras es inmensamente desfavorable. Cuando Grecia medio se asomó en 2015 al precipicio de una eventual salida, tuvo que retroceder despavorida. Los ánimos se estremecen cuando se evalúan los costos de una salida de la unión monetaria. La sola sospecha de estar contemplando esta medida dispararía una corrida bancaria masiva, un "corralito" financiero y la desaparición del crédito en la economía. Una vez efectuada la salida, todas las acreencias y obligaciones tendrían que ser denominadas en la nueva moneda local, acompañado de un incumplimiento generalizado de contratos a lo largo de todas las relaciones entre los agentes económicos. Muchas empresas con pasivos en euros o que necesitan acceso a los mercados financieros externos se tornarían inviables, lo cual agravaría la ola general de bancarrotas. Todos estos problemas, sin embargo, no le ahorrarían al país el costo de tener que recuperar competitividad con reformas estructurales y disminución del ingreso real de la población, aunque ésta se disfrace bajo el manto de la devaluación y su correspondiente redistribución regresiva del ingreso.

A la vista de estos costos de salida, el hecho de que el euro siga siendo vulnerable le añade urgencia al problema. Un crecimiento lánguido en toda la eurozona, junto con el desempleo persistente en su periferia, preconfiguran un escenario de vulnerabilidad, tanto en el frente político-social, como en el fiscal. El pesado legado de deuda no puede aligerarse sin crecimiento económico. Perturbaciones de orden político o económico se van a presentar indefectiblemente, dando pie a ataques especulativos contra los mercados de bonos. Con acciones decididas hacia la unión bancaria y fiscal, las perspectivas de sobrevivencia a estos ataques serían mayores. Pero el "pequeño detalle" es que no hay consenso para avanzar a estos niveles de unión que conlleven algún grado de riesgo compartido.

Aparte de solidaridad fiscal, entre los miembros de una unión monetaria debe existir también concordancia en cuanto a los objetivos de política monetaria y equilibrio en cuanto al poder de influencia. Cuando los intereses nacionales divergen y, sobre todo, cuando algún país tiene más poder que otros para imponer el rumbo de la política monetaria en función de su estructura económica y de sus propios intereses nacionales, la semilla de la discordia está sembrada. La percepción de inequidad y de reparto desigual de las cargas es el elemento más corrosivo en una comunidad. Berthold et al. (2014) estudiaron las razones que privaron en la desintegración de cuatro experiencias históricas de uniones monetarias y llegaron a la conclusión de que las dos principales causas fueron el diferente poder de influencia sobre la política monetaria y las divergencias sobre los objetivos de política.

Los riesgos de desintegración de la eurozona son pues reales; la cuestión es qué forma asumiría. Visualizamos varias sendas posibles de desintegración:

- Bicicleteando para no caerse
- Anomia desintegradora
- Ruptura ordenada del euro
- Ruptura caótica del euro

Estas sendas no tienen por qué ser alternativas o excluyentes. Hay fuerzas que están trabajando simultáneamente para socavar los cimientos de la UME y que pueden generar escenarios paralelos. Pueden orquestarse, por ejemplo, juiciosos esquemas para organizar una ruptura ordenada del euro, y ocurrir un evento que precipite el proceso hacia el caos. Quien pretenda tener la bola de cristal para vaticinar cuál será el resultado final es un "pretencioso".

Bicicleteando para no caerse

Las leyes dinámicas del ejercicio de montar bicicleta determinan que hay que seguir pedaleando para no caerse. En este menester lleva ya varios años la eurozona: no hay consenso sobre hacia qué dirección avanzar, pero sí lo hay en que hay que seguir pedaleando para que no se derrumbe el edificio de la unión monetaria. Es un "consenso negativo", en el que todos los miembros de la eurozona quieren evitar el desmoronamiento, pero no se ponen de acuerdo sobre qué clase de futuro debe ser construido. El pedaleo no es para avanzar, sino simplemente para no caerse.

Pudiéramos caracterizar también este escenario como "*business as usual*". La Comisión Europea, el Parlamento Europeo y toda la densa red de instancias burocráticas comunitarias continúan desarrollando una actividad intensa, pero ello no quiere decir que la unión esté avanzando hacia ningún lado definido. Pueden producir esas instancias comunitarias largas estanterías de resoluciones y directrices y sin embargo no atender los problemas medulares de la unión.

A primera vista, bicicletear simplemente para no caerse no pareciera ser un escenario de desintegración, sino más bien uno de mantenimiento. El problema es que no hacer nada sustancial para reparar el edificio de la UME, es receta segura para caerse algún día de la bicicleta. Es altamente probable que sucedan eventos disruptivos que pongan a prueba los mecanismos de estabilización y hagan caer al ciclista.

Anomia / anarquía

No es por la vía del abandono o salida que se presentan las verdaderas amenazas para la (des)integración europea. La UE se ha encargado de elevar el costo del Brexit suficientemente, como para que otros países miembros de la UE, pero no miembros de la UME, se lo piensen dos (y mil) veces. Y los miembros de la zona euro han tenido el ejemplo griego para asomarse por la rendija del descalabro financiero que acompañaría un abandono unilateral de la moneda común.

Es más probable que la desintegración tome la forma subrepticia de simplemente ignorar las reglas comunitarias y cuestionar el orden establecido. Ya hubo precedentes con el incumplimiento durante varios años de las reglas de déficit fiscal por parte de Francia y Alemania en la primera mitad de la década de los 2000, o la vista gorda que las autoridades comunitarias debieron hacerse también diez años después frente al incumplimiento de los programas de reducción de déficit de España, Portugal, Francia e Italia. Quedó demostrado en ambos episodios que los mecanismos institucionales de toma de decisiones de la comunidad europea carecían de la capacidad de hacer cumplir las reglas y de sancionar a los infractores a la hora de la verdad. Pero hay una diferencia importante respecto del tipo de indisciplina que Europa está viviendo recientemente. Antes eran incumplimientos esporádicos, producto de circunstancias desfavorables, de los que los infractores mostraban arrepentimiento. Ahora son incumplimientos intencionales y duraderos, que entran en la categoría de "me importa un rábano". No son expresión de una indisciplina temporal, sino de un cuestionamiento al sistema de reglas como tal, un cuestionamiento a la legitimidad de las actuaciones de instancias supranacionales sobre asuntos nacionales.

En cuanto a la Europa del Este, la anarquía, el egoísmo y la deslegitimación que se impusieron en el manejo de la crisis de refugiados 2015-2016, al igual que la no aceptación de directivas comunitarias, preconfiguran un tipo de incumplimiento mucho más grave, que sí representa un riesgo de desintegración, porque revela una no aceptación de las reglas. Adicionalmente, la rebelión de los países de Europa del Este en contra de la normativa sobre refugiados y el rechazo frontal de las resoluciones sobre las cuotas de reparto de refugiados introdujeron una grieta –¿irreparable?– en la alianza histórica de Alemania con este grupo de países. Con el agravante de que no solamente se estaba resquebrajando una relación especial, sino de que otro importante grupo de países estaba también rechazando el liderazgo de Alemania en Europa.

Si nos movemos al Sur de Europa, se sabe que el nuevo gobierno italiano electo en 2017 hubiera preferido no tener la camisa de fuerza que representa la pertenencia a la unión monetaria. Italia tiene serios problemas de carencia de impulsores de crecimiento, que no le permiten absorber el desempleo y reducir la carga de deuda. La tentación de usar la expansión fiscal para revitalizar el crecimiento es muy grande. Imaginémosnos el caso altamente probable de que el gobierno italiano adopte una política fiscal en contra de los lineamientos comunitarios. Si los órganos comunitarios deciden hacerse la vista gorda o relajan discrecionalmente las normas, no tendrían después autoridad moral para hacer cumplir esas normas al resto de países de la unión. Y si para evitar este desmoronamiento de la disciplina, las autoridades comunitarias exigiesen a Italia el cumplimiento de las normas, entrarían en abierto conflicto con un gobierno de por sí enemigo de la integración, avivando así las llamas del antieuropeísmo dentro de Italia. Cualquiera de los dos escenarios tendría consecuencias muy malas. En una perspectiva de más largo plazo, a Italia se le va a hacer muy difícil reanimar su economía en el contexto de una unión monetaria dominada por la política deflacionaria dictada por Alemania. Llegará algún día en que este problema desemboque en abierta rebelión, probablemente cuando se presente la próxima crisis existencial. Y recordemos que otras economías de la eurozona comparten una problemática similar.

Si algo ha sido consustancial al proceso de construcción del edificio europeo, ha sido el respeto por las reglas y las normas. El orden basado en reglas ha formado parte esencial del ADN que la Alemania ordoliberal le inyectó a la UME. Con la propagación del populismo, sin embargo, este postulado del orden reglado está siendo cuestionado severamente. El liderazgo populista se caracteriza por dos rasgos. En primer lugar, se autoproclama como el único intérprete y representante del pueblo, razón por la cual no valora la democracia representativa y busca crear relaciones directas entre el líder y el pueblo, rasgo esencial de las democracias autoritarias. Otra característica del populismo es el desprecio por el orden establecido, al cual considera el instrumento de dominación de las élites globalizantes. La derivación lógica de ambos rasgos es que las reglas no tienen por qué ser respetadas cuando se interponen entre el líder y su pueblo[119]. Esta deslegitimación de las reglas es otro de los frentes de ataque que el populismo ha montado en contra del proyecto europeo.

Ya sea por la vía de la confrontación con las autoridades comunitarias, del irrespeto de las normas establecidas o del rechazo *per se* del orden establecido, el proyecto europeo ha entrado en una nueva dimensión. El conflicto en Europa ya no será únicamente entre los que pueden o no pueden cumplir los estándares de la unión monetaria, sino entre los que quieren y los que no quieren estar dentro de ella.

Ruptura ordenada

Es significativo observar cómo el discurso público sobre una posible salida de la eurozona ya no es un tema tabú. Hasta los mismos alemanes no están teniendo empacho en hablar del tema. Lo puso el ministro Schäuble sobre la mesa para amenazar a Grecia, cuando ésta andaba renuente a firmar el acuerdo de rescate en julio 2015. El mensaje implícito

---

119 Ver Meyer (2018).

del ministro alemán fue "si no te gusta, ahí tienes la puerta". Lo han planteado 154 profesores alemanes de economía en una carta pública, cuando piden que se prepare un "mecanismo ordenado de salida"[120]. Lo planteaba abiertamente el candidato (vetado) para ocupar la cartera de Finanzas del nuevo gobierno italiano, Paolo Savona. Llegar a este punto de desinhibición es síntoma de que la credibilidad del compromiso en la irrevocabilidad del euro, que es el requisito central de un régimen de cambio fijo, ha empezado a resquebrajarse. A partir de ese momento, "el futuro no es ya lo que solía ser". Estas fisuras en la credibilidad del compromiso cambiarán radicalmente la dinámica de las próximas crisis financieras, para peor. Razón de más para tomarse en serio las reformas que se necesitan o "para poner las barbas a remojar".

Nadie quiere, sin embargo, una salida atropellada de la UME y menos una ruptura unilateral. A causa de las graves implicaciones de una disrupción no consensuada, son cada día más frecuentes y desinhibidas las voces que propugnan una ruptura "ordenada" de la unión monetaria[121]. Los economistas anglosajones han mostrado tradicionalmente bastante desenfado en cuestionar el experimento de la unión monetaria europea. Un ejemplo es el papel de trabajo de Barry Eichengreen, publicado en verano de 2007 en el National Bureau of Economic Research, con el título "La ruptura de la eurozona", en el que afirmaba que no se podía excluir la posibilidad de que algunos miembros de la eurozona pudieran volver a introducir su propia moneda. Nótese que a mediados de 2007 todavía la eurozona estaba viviendo su momento de gloria. Apuntaba, incluso, a la mayor posibilidad de que fuera Alemania el "desertor", cosa que ocurriría si las decisiones del BCE llegaren a politizarse y la inflación creciera como consecuencia de ello. El trabajo concluía diciendo, sin embargo, que cuanto más tiempo sobreviviera la unión monetaria, menos probable era la salida de alguno de sus miembros.

Después de la crisis de la eurozona, Stiglitz (2016) ha sido particularmente enfático en que es preferible un divorcio amistoso que la

---

120   Dicen estos 154 profesores que la eurozona necesita "ein geordnetes Insolvenzverfahren für Staaten und ein geordnetes Austrittsverfahren." ("un procedimiento ordenado de insolvencia para Estados y un procedimiento ordenado de salida"). Ver FAZ 2018-05-22 – "Ökonomen-Aufruf: Euro darf nicht in Haftungsunion führen".

121   Ver Melitz (2014), Stiglitz (2016), Rodrik (2017), Scharpf (2018), entre otros muchos.

continuación de un estado de cosas insostenible como el actual, en el cual no se están acometiendo las reformas fundamentales para darle sustento sólido a la unión monetaria y todo lo que se hace es correr la arruga. El divorcio pudiera tomar la forma de la conformación de dos o más bloques monetarios dentro de Europa, que se agruparían en función de mayor o menor afinidad de grupos de países.

Estamos convencidos de que tendrían que ser Alemania y sus pares los que deberían montar tienda aparte alrededor de una nueva moneda. Es mucho más fácil que un país fuerte abandone la unión monetaria que lo haga un país débil, porque éste sufriría una brutal fuga de capitales ante la expectativa de una devaluación de su moneda. Si, por el contrario, la expectativa fuera de revaluación, el país fuerte saliente no experimentaría ataques especulativos, aun cuando habría que establecer controles de capital y mecanismos de reciclaje de fondos para evitar afectar los bancos de los países que se quedan con una moneda más débil. Una vez consumado el divorcio, el tipo de cambio de los diferentes bloques de euros fluctuaría para reflejar los diferenciales de productividad, preferiblemente dentro de ciertos límites o bandas, al estilo del Mecanismo Cambiario del Sistema Monetario Europeo que estaba vigente en Europa antes de la introducción del euro en 1999.

A diferencia de los anglosajones, los académicos europeos y particularmente los alemanes han sido más recatados en sus llamados a una ruptura acordada de la eurozona. De ahí que adquieran especial relevancia posiciones como la del reconocido académico alemán Fritz Scharpf (2018), director emérito del Max Plank Institut para Estudios Sociales, que propone la disolución de la eurozona en su forma actual. Su propuesta es la transición hacia una Comunidad Monetaria Europea, compuesta inicialmente por dos estratos: un núcleo duro de pocos países que se mantendrían en la UME y el resto de los países que reintroducirían sus propias monedas, las cuales fluctuarían dentro de bandas respecto al euro. El marco de esta flexibilidad vendría regulado por el Mecanismo Cambiario Europeo II[122], el mismo sistema que se instauró en 1999 para regular la relación cambiaria con el euro de los países europeos que no

---

122 El Mecanismo Cambiario Europeo II sustituyó en 1999 al Mecanismo Cambiario Europeo que rigió las relaciones cambiarias europeas desde 1979. El Mecanismo II era el marco que regulaba la relación con el euro de los países que eran candidatos a incorporarse a la UME. En la actualidad únicamente Dinamarca es miembro de este mecanismo.

formaban parte del euro o que eran candidatos a ingresar posteriormente a la eurozona.

Lo que llama poderosamente la atención es el descarado "germano-centrismo" de la propuesta de Scharpf. Aunque reconoce que haría más sentido económico y sería técnicamente más viable que Alemania y sus pares salieran del euro y formaran otro bloque monetario aparte, Scharpf opina que esta via de solución es utópica, porque iría en contra del "compromiso ideológico fundamental de las principales fuerzas políticas alemanas respecto a la integración europea". Adicionalmente, el poder político de la industria exportadora y de los sindicatos nunca permitirían que se cuestionara la membresía de Alemania en la eurozona. La consecuencia práctica de este planteamiento es que tendrían que ser los países de la periferia mediterránea los que deberían pedir su salida del euro ante la incapacidad de competir y de crecer económicamente dentro de la camisa de fuerza de la UME. Más claro no canta un gallo: quienes no se acoplen a los dictámenes del euro "fuerte" del BCE –léase, del Bundesbank–, tendrán que empezar a hacer sus maletas para buscar otros arreglos monetarios. Ello equivaldría a una expulsión *de facto*, a raíz de la cual esos países tendrían que enfrentarse a la furia de las fuerzas especulativas.

Sospechamos que Scharpf ha puesto en blanco y negro lo que es hoy un pensamiento extendido, aunque silencioso, en Alemania. No estábamos acostumbrados a esta "asertividad" alemana, pero hay que reconocer que es la derivación lógica del pensamiento ordoliberal. Es también reflejo del creciente convencimiento del *establishment* alemán de que hay una divergencia estructural tan profunda entre las economías de la UME que hace imposible a largo plazo la convivencia bajo el mismo techo de una moneda común. Ante la imposibilidad de convivir, mejor es una separación amistosa (si de "amistosa" puede catalogarse la proposición de Scharpf...).

Las dificultades prácticas del divorcio serían ingentes. Para empezar, en toda la legislación de la eurozona no hay una sola referencia a un procedimiento de salida de un miembro. Este régimen de salida tendría que crearse *ex nihilo* y debería contener al menos los siguientes elementos:

- Procedimientos y plazos para una salida consensuada, régimen de transición

- Procedimientos para el manejo de la deuda externa pública y privada, que contemplen la necesidad eventual de una reestructuración de deudas.
- Reformulación del Mecanismo Cambiario Europeo II
- Esquemas de apoyo técnico y financiero durante la transición.

Ruptura caótica

Sin duda, el divorcio amistoso y la creación de dos o más eurozonas es un escenario menos explosivo que la salida caótica de algunos de sus miembros individuales. Este último escenario –el de una salida abrupta voluntaria de un miembro individual– es poco probable. Más esperables serían escenarios de intento consensuado de formación de bloques. Pero lo que no se puede descartar es que las cosas salgan mal en cualquiera de las opciones, en cuyo caso el orden se puede convertir en caos. Puede suceder que:

- que las negociaciones de salida lleguen a un *impasse*,
- que los mercados no confíen en la ruptura ordenada y "se ceben" atacando a los países salientes,
- que el "legado" de la vieja deuda no sea manejable, ni amistosa ni inamistosamente,
- que ocurra un evento catastrófico sorpresivo (el "cisne negro").

El momento y el resultado de una ruptura caótica, por definición, son impredecibles, al igual que es impredecible la probabilidad de su ocurrencia. Hoy, este escenario no se ve en el horizonte y nadie lo quiere, pero todo dependerá de si cualquiera de los otros tres escenarios logra perdurar en el tiempo. Las opciones de bicicletear y la de la anomia son las menos estables, ya que eventos perturbadores puede colocar a la eurozona en el umbral de la ruptura y sin tiempo para hacerlo de forma ordenada y consensuada.

Disensos, consensos y nueva visión: necesidad de rebobinar y recomponer

Las fuerzas desintegradoras son poderosas, la opinión pública está dividida y los gobiernos tienen serias divergencias sobre lo que se debería hacer para apuntalar el edificio europeo. ¿Es posible construir una nueva visión de Europa en este contexto? Como primer paso deberían todos los actores poner los pies sobre la tierra y evaluar lo que es posible y viable. Los líderes de los órganos comunitarios y algunos jefes de gobierno siguen insistiendo irracionalmente en un proyecto de Europa "ideal" que hoy por hoy no tendría ninguna posibilidad de materializarse. Parecen capitanes que han decidido hundirse con el barco que ellos construyeron y capitanearon. Parte de esa "vuelta a la realidad" es saber cuándo uno tiene que "rebobinar" y colocarse en una posición más sólida sobre la que empezar a reconstruir el proyecto europeo.

¿Qué piensan y quieren los europeos?

En todo este enrevesado panorama, ¿qué quieren los ciudadanos europeos? ¿Cuán sólido y homogéneo es el respaldo de la opinión pública al proyecto europeo? Lo primero que llama la atención al analizar las encuestas de opinión es que la relación de los ciudadanos con la unión europea y el euro es muy utilitaria: en momentos de crisis económica y aumento del desempleo, la identificación con el proyecto comunitario disminuye[123]. Lo segundo que llama la atención es que, a pesar de los múltiples problemas que aquejan a la unión y aún en los peores momentos, más de la mitad de los europeos siguen respaldando la existencia de la UE. A fines de 2007, en la antesala de la crisis financiera global, 58 por ciento de los europeos consideraban que la Unión Europea era "algo bueno"[124]. Esa opinión favorable cae a 47 por ciento en 2011, para luego recuperarse paulatinamente al ritmo de la superación de la eurocrisis y llegar a 60 por ciento en 2018. Mirando hacia adelante, igual porcentaje opina que a su país le iría mejor en el futuro dentro de la UE que fuera de ella.

La percepción en los países de la eurozona sobre las bondades del euro también ha mejorado desde su punto más bajo en la eurocrisis a mediados de 2011. Curiosamente, en plena crisis 56 por ciento de los ciudadanos de la eurozona todavía consideraban que el euro era algo

---

[123] Roth et al. (2018) proporcionan evidencia empírica de que los factores de desempeño económico son los principales determinantes del apoyo de la opinión pública al euro.

[124] Todos los datos de opinión aquí presentados han sido tomados de los diferentes levantamientos de Eurobarómetro.

bueno para su país. Ese respaldo era superior al que disfrutaba en ese momento la UE en conjunto. La percepción favorable hacia la eurozona también fue mejorando al ritmo de la recuperación económica para situarse en un sólido 64 por ciento a fines de 2017. Estos números son muy significativos y pudieran sorprender a primera vista. Con todo y la severidad de la crisis del euro, es mayor la proporción de ciudadanos que ha tenido y tiene una percepción positiva del euro que la percepción que tienen de la Unión Europea.

Si el respaldo popular hacia la UE y hacia la UME sigue siendo mayoritario y sólido, se preguntará el lector, ¿por qué tanta dificultad en implementar las reformas que blindarían a la unión ante futuras crisis? La respuesta hay que buscarla en las profundas discrepancias que persisten dentro de la unión. Como suele suceder, los promedios estadísticos ocultan importantes divergencias y divisiones. Una contradicción fundamental es que al mismo tiempo que los ciudadanos apoyan la idea de la unión europea, una gran mayoría está demandando que atribuciones y poderes de Bruselas retornen a la esfera nacional. 74 por ciento de los ciudadanos europeos quieren que sus propios gobiernos tomen las decisiones sobre inmigración y refugiados. Incluso en atribuciones tan fundamentales como migración interna y comercio, 66 por ciento de ciudadanos opina que cada gobierno nacional debe poder decidir qué ciudadanos de otros países miembros de la UE pueden ser aceptados. 51 por ciento prefieren que sus propios gobiernos decidan sobre los acuerdos de comercio con terceros países.

Un primer nivel de escisión lo encontramos en los diferentes grados de apoyo que muestran individualmente los países miembros. El rango va desde un 82 por ciento en Luxemburgo que consideran que el euro ha sido algo bueno para su país, pasando por un 76 por ciento en Alemania, ambos bien por encima del promedio de 64 por ciento, hasta apoyos por debajo del promedio como Grecia con un 57 por ciento, Chipre con un 48 por ciento e Italia con un 45 por ciento. Estas diferencias parecen reflejar, primero, cómo le fue a cada país durante la crisis y, segundo, que hay países descontentos con el euro, particularmente Italia.

Un segundo nivel de escisión está presente dentro de la estructura socio-educativa al interior de cada país: mientras que 70 por ciento de los empleados de "cuello blanco" tienen opinión favorable sobre el euro, únicamente 47 por ciento de los "trabajadores manuales" piensan que el euro ha sido bueno para su país. Mientras que 72 por ciento de los que se mantuvieron en el sistema educativo hasta los 20 años de edad o más tienen opinión favorable del euro, apenas un 42 por ciento de los que no pasaron de los15 años en el sistema educativo piensan que el euro ha sido algo bueno.

El tercer nivel de escisión sucede al interior del espectro político de cada país. El Eurobarómetro no cruza las opiniones de favorabilidad con la variable del posicionamiento político del respondiente, pero es bien sabido que los que se adhieren a corrientes populistas-nacionalistas, de izquierda o de derecha, tienen mala opinión del euro y de la UE. En las filas populistas se agrupan los que están decepcionados con la globalización, junto con los que no comulgan con los principios liberales que son el ADN de la integración europea. Ellos culpan a la UE y al liberalismo de los impactos negativos de la globalización

Es la confluencia de estas tres líneas divisivas la que hace ardua la tarea de generar consensos sobre cómo avanzar en el proceso de integración europea. Mientras que Alemania, por ejemplo, está contenta con el actual *status quo* de la UME, Italia piensa que necesita reformas fundamentales. Mientras que la población de alto nivel educativo aprecia los beneficios de la unión monetaria, los *blue collar* de menor nivel educativo tienen una opinión mayoritariamente desfavorable sobre el euro. Y mientras los que políticamente se ubican en el campo liberal-democrático favorecen la integración europea, los populistas propugnan el repliegue a las trincheras nacionales.

Adicionalmente, los estudios de opinión revelan otro hecho que frena seriamente el avance de la integración. Nos referimos a la desconfianza hacia las instituciones comunitarias. A principios de 2007, 57 por ciento de los ciudadanos europeos tendían a confiar en las instituciones de la Unión Europea. Esa confianza cae al nivel de 31 por ciento a principios de 2012, donde se mantiene prácticamente hasta principios de 2016, para recuperarse después hasta un 42 por ciento a fines de 2017. Ello significa que entre la mitad y un tercio de los que piensan que la UE y el euro han sido algo bueno para su país desconfían de las instituciones europeas. La desconfianza es especialmente alta en los países más afectados por la eurocrisis: apenas 22 por ciento de los griegos, 33 por ciento de los chipriotas y 36 por ciento de los italianos confían en las instituciones de la UE. Además de desconfiar, la mitad de los ciudadanos (49 por ciento) piensa que las cosas en Europa están yendo en la dirección equivocada.

Con este alto nivel de desconfianza y desaprobación en buena parte de los países es difícil para las instituciones europeas laborar consensos con legitimidad democrática. También se hace cuesta arriba re-entusiasmar y re-identificar a la población con la visión europea que tienen las instancias comunitarias. En las décadas de construcción de la UE y la UME, la población acompañaba a sus liderazgos nacionales en su visión europea. Existía un "consenso permisivo" en el que coincidían pasivamente los ciudadanos de a pie y las élites nacionales que eran las encargadas de negociar activamente el proyecto europeo. Con el paso del tiempo y especialmente con la eurocrisis, este consenso se fue diluyendo para dar paso a conflictos entre las élites de los países y, al interior de cada país, alienación de la población con sus respectivas dirigencias.

El campo de batalla de las propuestas

¿Cuáles son las opciones que se le presentan al liderazgo comunitario para enfrentar esta precaria situación? Paralelamente a las escisiones en la opinión pública, las propuestas de acción también están alineadas en formación de batalla. De forma muy simplificada, podemos identificar tres líneas de antagonismos, donde se enfrentan bandos que no siempre están compuestos por los mismos países. En cuanto al alcance de las reformas, un primer bando, liderado por la Comisión Europea, parte del diagnóstico de que el edificio de la UME está incompleto y tiene algunas fallas de diseño original. En consecuencia, se necesita más Europa, se deben profundizar los vínculos de la unión, crear o transformar instituciones. Este grupo suele estar imbuido de mucho entusiasmo y voluntarismo en pro de la idea europea. El segundo bando, liderado por Alemania y Holanda, piensa que la unión económica y monetaria está básicamente completa y que lo que se necesita es únicamente reforzar los mecanismos de cumplimiento de la normativa comunitaria. Este eje antagónico corre sobre la misma línea de la dicotomía económica a la que hacíamos mención en el capítulo anterior entre defensores de esquemas de riesgo compartido y defensores de la disciplina de mercado.

Un segundo antagonismo se sobrepone transversalmente a este primero y es el que se refiere a dónde se ubica el centro del poder en la comunidad europea. Evidentemente, la Comisión Europea y el Parlamento Europeo quieren que el poder de decisión resida en las instancias e instituciones comunitarias. Propugnan el "método comunitario" para llevar adelante las reformas, el cual consiste en que:

- Las iniciativas legislativas son de la exclusividad de la Comisión Europea en colaboración con el Consejo de Ministros. El Parlamento Europeo legisla y controla. Estas tres instancias conforman el "triángulo institucional" de la UE.
- Las decisiones son por mayoría calificada (salvo algunas materias que requieren unanimidad)

Otro bando, dentro del que se encuentran Alemania y Francia, propugnan el "método intergubernamental", en el cual el último poder de decisión reside en el Consejo Europeo, conformado por los jefes de gobierno de los países, y las decisiones se toman usualmente por unanimidad. Al Parlamento Europeo se le asignan básicamente funciones consultivas.

Hay una tercera línea de antagonismo, que se refiere al futuro deseado de Europa. Macron, Merkel y Juncker pueden tener muchas diferencias entre sí, pero coinciden en que quieren profundizar la unión europea y la unión monetaria. Otros, sin embargo, piensan que hay que empezar a "rebobinar" a Europa; menos Europa y más protagonismo nacional es lo que propugnan. El argumento principal es que los creadores de la unión europea "forzaron la barra" en la implantación de los avances integracionistas más allá de lo prudente y sin que estuvieran dadas las condiciones para ello. Pusieron en práctica la estrategia de Monnet, según la cual, una vez impuesto algún nuevo esquema de integración, los problemas y las crisis que se derivaran de ese esquema tendrían que ser resueltos con más integración. El "salto doble mortal" de esta filosofía de tierra arrasada fue la introducción del euro en contra de la mayoría de las opiniones técnicas. Con el afán de avanzar la integración en la esfera económico-financiero-monetaria, muchos otros aspectos quedaron desfasados, como, por ejemplo, la armonización comunitaria de las políticas sociales, los regímenes laborales, las políticas impositivas o la nivelación de los estándares de vida. Dos de esos desfases fueron especialmente relevantes: el primero fue en lo político, por la incapacidad de dotar de legitimidad democrática a las instancias comunitarias; y el segundo en lo cultural-identitario, por no lograr que los ciudadanos se identificaran con una ciudadanía europea. En vez de seguir profundizando la integración económico-financiero-monetaria, dicen los "rebobinadores", la UE debería hacer un alto en el camino y sincronizar los diferentes niveles de integración que quedaron rezagados. En algunos casos, como la gestión fiscal, debería incluso devolverse a los poderes nacionales la autonomía de decisión, acompañada, por supuesto, de una política creíble de no rescate en casos de mala gestión.

Como apreciará el lector, el debate acerca del futuro de Europa es intenso y complejo. En nuestra opinión, el enfoque no debe basarse en un voluntarista "deber ser", sino en una realista apreciación de lo que es posible. La realidad es que no están dadas las condiciones políticas para más Europa, más traslados de poder a las instancias comunitarias, más áreas de integración, salvo en áreas menos contenciosas como defensa y seguridad. Existen profundas divergencias entre los países y al interior de los países acerca del camino a seguir. Los populismos nacionalistas están rasgando transversalmente las entrañas de las sociedades. El pueblo de a pie no confía en las élites tecnocráticas y financieras nacionales y menos en las supranacionales. En este contexto de desacuerdos y divisiones, cualquier avance sustancial de integración va a ser cuestionado y va a agravar el problema de la legitimidad democrática del proyecto europeo[125].

Uno de los problemas más difíciles a resolver a la hora de encarar el futuro de Europa es la convivencia entre la eurozona y el resto de la UE. De los 27 países (excluyendo el Reino Unido) que conforman la UE, ocho no son miembros de la UME. El tipo y profundidad de unión política que unos y otros requieren es radicalmente distinta, pero el que lleva la voz cantante y marca el ritmo de integración es el subgrupo de la eurozona. La Comisión Europea es el órgano superior de las 27 naciones, pero su foco de atención es cómo resolver los problemas de vulnerabilidad que una moneda común genera. El euro y sus problemas han dominado excesivamente la agenda europea. En el Parlamento Europeo ya hay propuestas para crear un "subparlamento" de la zona euro. Cómo esta fragmentación de las estructuras comunitarias pueda funcionar es un tema complicado e incierto, pero es necesario "deseuroizar" paulatinamente a la Unión

---

125 Glencross (2013) ve el riesgo de un retorno a una definición puramente nacional de la legitimidad democrática como consecuencia del cuestionamiento de actuaciones del gobierno comunitario.

Europea. Hasta ahora, los países no-euro han sido tratados como europeos de segunda o, en el mejor de los casos, como europeos "en tránsito hacia" la UME, en vez de respetar como algo plenamente válido su opción en pro de la independencia monetaria. No fue esta silenciosa discriminación el motivo principal de la salida del Reino Unido de Europa, pero no hay duda de que tampoco ayudó a su permanencia en la UE.

Una Europa flexible, plural y democrática

Creemos que este asunto espinoso de la convivencia entre los países euro y los no-euro es una excelente oportunidad para ensayar el concepto de lo que se denominado la Europa de varias velocidades. Pensamos que no es afortunado este término de las "velocidades", porque implica semánticamente la visión de que todos los miembros corren hacia la misma meta de la plena unión monetaria y política, aunque a diferentes velocidades. Preferimos hablar de la Europa de varias "esferas de integración". El nuevo concepto de unión europea necesita dejar atrás la idea de una "talla única para todos" e incorporar constitutivamente la idea de múltiples esferas de integración y la libre decisión de los países de incorporarse a una esfera u otra[126]. De hecho, el inicio del euro con solo 11 miembros en 1999 fue la puesta en práctica más fehaciente de la idea de múltiples esferas de integración. Otro caso es el Acuerdo de Schengen, donde solo 22 de los 28 de la UE son miembros del acuerdo de libre movilidad interna de personas. Lo que estaría faltando es el cambio de mentalidad para que las diferentes esferas no sean consideradas simplemente como etapas hacia una misma meta colectiva de la "unión absoluta", a donde todos deben llegar aun cuando sea a diferentes velocidades. Ciertamente no estamos preconizando una actitud de "*cherry-picking*" caprichoso: deberán haber ciertas prelaciones y combinaciones obligatorias, pero de libre elección. No se pudiera pertenecer a la unión monetaria, por ejemplo, sin pertenecer a la unión bancaria. Pero no hace falta ser miembro de la unión monetaria para formar parte de la unión aduanera o del mercado común.

---

[126] Se puede ser miembro de un club recreativo sin necesariamente pertenecer a todas sus áreas de actividad (sub-clubes). Uno puede suscribirse a una membresía básica que te da derecho al uso de la piscina, gimnasio y restaurante, o puede ampliar la membresía al uso de las facilidades de tenis o de las facilidades de golf. Cada nivel de membresía tendrá su costo y sus regulaciones específicas.

Para avanzar, Europa necesita urgentemente nuevos liderazgos portadores de nuevas visiones que los ciudadanos perciban como justas, equilibradas e incluyentes en beneficio de toda la sociedad y no únicamente de los grupos poderosos de interés. Propuestas radicales de reforma para crear una sociedad más abierta y dinámica, con mayor permeabilidad social, mayor tolerancia y diversidad[127]. Y la *conditio sine qua non* es que todo esto sea percibido por los ciudadanos como algo democráticamente legítimo. El "consenso permisivo" de las décadas iniciales facilitó ciertamente la construcción del edificio europeo, pero sus bases políticas tenían pies de barro porque nunca se creó un nivel supranacional de instituciones con legitimidad democrática. La democracia continuó y continúa atada a las instancias nacionales, a pesar de los enormes esfuerzos que se han hecho para elevar el perfil del parlamento europeo. Cuando las sucesivas crisis erosionaron los consensos entre los países y al interior de ellos, esta debilidad de la base de legitimidad del constructo europeo emergió con toda su crudeza. A diferencia de las democracias nacionales, la comunidad europea no tiene manera de resolver sus conflictos sociales o distributivos de una forma que los ciudadanos perciban como legítima y por ello sus decisiones son tan severamente cuestionadas cuando afectan intereses nacionales o algún grupo de interés.

Para ilustrar el punto tomemos el caso del Banco Central Europeo, el pilar central de la UME. La independencia del BCE de cualquier interferencia política, tanto nacional como comunitaria, fue el dogma central del nuevo orden monetario, el *sine qua non* de Alemania para aceptar el euro, así como la forma de otros países de tomar prestada la credibilidad del marco alemán. La realidad es que su política de *one size fits all* y su exclusivo mandato anti-inflacionario afectó negativamente las economías de los países, ya fuera para recalentarlas o para ahondar la recesión, convirtiendo al BCE *de facto* en el ductor de sus políticas económicas sin haber recibido un mandato para ello. Los estatutos de los bancos centrales modernos los protegen ciertamente de las veleidades políticas, lo cual es bueno, pero ello no quiere decir que no tengan que rendir cuentas ante alguna máxima instancia democrática. No así en el caso del BCE, que no rinde cuentas a nadie, a pesar de que permanentemente está tomando decisiones que tienen implicaciones distributivas en los países y que, por lo tanto, deberían estar sometidas a control político.

---

127 Marzinotto (2017).

La lección que Europa debe aprender es que lo que ya esté construido o lo nuevo que se vaya a construir debe tener una sólida fundación política. Una moneda común no es un simple constructo tecnocrático; es una decisión política que debe estar engranada en un entramado de instituciones democráticas, que confieran legitimidad al funcionamiento de la unión monetaria[128]. Más allá de las reformas económico-financieras, la sostenibilidad del euro dependerá de si la UME puede orquestar un grado de apoyo democrático similar al que gozan las instituciones económicas dentro de una nación.

Ahora bien, es pertinente preguntarse si es realistamente esperable que surjan esos nuevos liderazgos que insuflen nuevos entusiasmos alrededor de nuevas visiones. ¿Cómo crear y compartir estas visiones en un contexto de tanta escisión y divergencia de posiciones? Suena hermoso y elocuente pedir que Europa se reconstruya sobre nuevas bases democráticas, pero ¿cómo se logra eso en la práctica y en el momento actual? Algunos líderes europeos, como Macron y los altos mandos comunitarios, prefieren mantenerse en el discurso voluntarista-europeísta de los continuos llamados a seguir avanzando hacia "más Europa". Sienten que no les corresponde a ellos proponer otras opciones que pudieran interpretarse como un retroceso en el proceso de la unión.

Se necesita, sin embargo, repensar Europa y la eurozona con cabeza fría. Se necesitan vías realistas para apuntalar los avances existentes, pero también para desandar algunos caminos que no debieron haberse andado. Lo más fácil de desandar es en la devolución a los niveles nacionales de todo lo que no sea estrictamente necesario mantener a nivel comunitario, de acuerdo al principio de subsidiariedad que siempre debía haber guiado la construcción de la UE. Este fue uno de los principios constitutivos de los Tratados Europeos, que excluían la intervención de la Unión cuando una materia podía ser atendida efectivamente por los estados miembros. En la medida en que más poder de decisión se mantenga en los niveles nacionales, más áreas de la Unión estarán sujetas al control democrático. Con el paso de las décadas, sin embargo, la tendencia natural de las burocracias comunitarias ha sido absorber y controlar más y más áreas

---

[128] En la compilación de trabajos de Matthijs y Blith (2016) sobre el futuro de Europa, Kathleen McNamara elabora sobre este "forgotten embeddeness" democrático de las instituciones europeas y lo califica como causa principal de su futuro incierto.

de acción y materias de decisión. La gestión fiscal, por ejemplo, debería preservarse dentro del ámbito del control parlamentario nacional, lo cual no contradice la necesidad de que eventualmente los países contribuyan recursos a mecanismos comunitarios de estabilización económica o fondos de protección de depositantes bancarios. La seguridad y defensa, la lucha antiterrorista o las políticas de asilo, por el contrario, son materias que requieren alto nivel de coordinación y cooperación supranacional.

Una de las cosas que más ha perturbado el equilibrio entre niveles nacionales y supranacionales, entre democracia y tecnocracia ha sido el euro. La introducción del euro forzó el ritmo de la integración más allá de lo que política y culturalmente Europa podía asimilar. Obligó a "madurar con carburo" una integración que hubiera necesitado mucho más tiempo, mucha más armonía entre los diferentes ámbitos, mucha más identificación colectiva. Los padres del euro sabían que la región no estaba lista para ese paso todavía, pero empujaron el burro en el tradicional estilo de que sobre la marcha se enderezarían las cargas y que las crisis se encargarían de hacer avanzar hacia mayores niveles de integración. Ciertamente las crisis obligan a hacer muchas cosas, pero después no queda garantizada la legitimidad ni la aceptación de las nuevas políticas o estructuras.

La retirada de un hegemón y la nueva Europa

¿Qué tan ganada está Alemania para la tarea de reagrupar a los europeos y asumir el liderazgo del reimpulso de la integración? ¿Qué margen de maniobra tiene su liderazgo para apuntalar el proyecto europeo? ¿Qué idea de Europa tiene en mente? Ya lo hemos dicho: la UME se mantendrá en pie o caerá dependiendo de lo que Alemania haga o deje de hacer.

Alemania tuvo muchos motivos para impulsar en el pasado la integración europea, especialmente políticos. Fueron dos los grandes objetivos que guiaron la política exterior alemana después de la II Guerra Mundial. El primero fue convencer a la comunidad internacional de sus intenciones pacifistas y civilistas a través de un estilo de política internacional marcado por la cooperación entre naciones y por la participación activa en las instancias multilaterales. El segundo fue la reunificación de las dos Alemanias, cosa que se logró en 1990. Para ambos objetivos era absolutamente fundamental promover activamente la integración europea. Europa se convirtió en el escenario de actuación de la nueva Alemania: todo dentro de la Unión, nada fuera de ella. Una vez logrados ambos objetivos, la política exterior alemana experimentó un sutil pero importante giro: no dejó de ser pacifista, civilista y multilateralista, pero se tornó más consciente de sus "propios" intereses y dejó de avergonzarse por defenderlos.

A lo interno de la constelación de poder, tanto la izquierda idealista, representada por el SPD, como la industria exportadora, representada por los partidos conservadores CDU/CSU, convirtieron el proyecto europeo en la máxima prioridad de la segunda mitad del siglo pasado. Para la industria alemana, el mercado común europeo representaba una expansión de oportunidades de negocio. El euro permitió poner fin a las presiones revaluacionistas del marco alemán, que estaban amenazando la competitividad externa de la industria. Con el tiempo, sin embargo, las cosas cambiaron: el segundo "milagro alemán" impulsado por la Agenda 2010 de Schroeder le abrió a la industria exportadora nuevos mercados emergentes y le otorgó nuevas ventajas competitivas intrínsecas que no dependían del valor de la moneda. Europa dejó así de ser tan importante para la industria alemana.

Para las fuerzas políticas tradicionales, la crisis del euro y luego la crisis de refugiados les hizo más difícil conciliar su idealismo europeísta con la creciente incomodidad de la opinión pública alemana respecto a la generosa acogida de refugiados o a la posibilidad de que los impuestos pagados por ciudadanos alemanes pudieran llegar a ser usados para rescatar a países "dispendiosos". Las decisiones que debieron ser tomadas en ambas crisis fueron conflictivas y alertaron a los ciudadanos alemanes de lo costoso que podía ser cumplir con las responsabilidades de un "hegemón benevolente". El fortalecimiento de corrientes populistas nacionalistas tuvo mucho que ver con esta incomodidad de las bases electorales tradicionales, que fueron migrando hacia otras opciones que cuestionaban frontalmente el ideal europeo. Para frenar esta migración, tanto el SPD socialdemócrata, como sobre todo el CDU/CSU socialcristiano tuvieron que moderar ellos mismos su discurso pro europeo. El euroescepticismo se terminó apoderando también de amplios sectores de la población alemana y de su estamento político. La canciller Merkel empezó a ir a las cumbres europeas con las manos atadas por el miedo a soliviantar a sus electores y a los sectores radicales dentro de su coalición de gobierno, si se atrevía a apoyar decisiones que implicaran concesiones o exceso de solidaridad europeísta.

Cuando en el Capítulo x hablábamos sobre la clase de hegemonía que debía haber ejercido Alemania durante la eurocrisis, hacíamos mención a las circunstancias que pueden llevar a un hegemón benevolente a renegar de sus responsabilidades. La circunstancia más común es que el hegemón percibe que los costos de preservar el orden económico-político, particularmente durante y después de una crisis, se tornan excesivos y/o que los demás miembros del sistema "se aprovechan" de la generosidad del líder. Usualmente, los costos de mantenimiento de un sistema hegemónico tienden a incrementarse de forma sustancial con el paso del tiempo, ya sea por efecto de crisis sistémicas o por la dinámica endógena de una integración que exige cada vez mayor integración. No nos referimos únicamente a los costos dinerarios-materiales, sino también al costo político interno de seguir abrazando la idea de Europa y velar por su continuidad. Este es el actual caso europeo.

Se hace cada día más evidente que Alemania no está dispuesta a asumir las responsabilidades y obligaciones de un hegemón "benevolente", al menos tal como las conciben sus socios europeos. Tampoco quiere ejercer de hegemón "coercitivo", porque ello no está en su talante ni concuerda con la nueva identidad que laboriosamente construyó después de la guerra. La paradoja alemana hoy es que ese país es percibido por el resto de Europa como el líder dominante e impositivo, sin que él mismo se perciba a sí mismo como tal líder.

Más allá de la "percepción" que cada parte pueda tener de sí misma o de la otra, la realidad es que hoy Alemania ejerce un peso dominante en la eurozona y se beneficia grandemente de tal posición. Los países de la periferia mediterránea y del Este resienten esa dominación alemana y el estilo impositivo que ejerce, no tanto por el ejercicio del liderazgo en sí, cuanto por el hecho de que no hay correspondencia entre los beneficios asociados a la dominación y las contribuciones necesarias para cohesionar y preservar la estabilidad de la unión. Creemos que esta contradicción entre la coerción *de facto* que ejerce Alemania y la asunción de su responsabilidad está ejerciendo como uno de los principales factores desintegradores en Europa.

La lógica de la constelación política interna y externa hará que Alemania sea cada vez menos "benevolente" hacia Europa. En su cuarto mandato, el gobierno de Merkel se enfrenta a una doble presión: externamente, sus aliados tradicionales del centro-norte, liderados por Holanda, han endurecido su posición en contra de una Europa solidaria; internamente, el partido populista Alternativa para Alemania (AfD) se ha convertido *de facto* en la tercera fuerza política que atrae los votos de la derecha inconforme. Los socios en el gobierno (SPD y CSU) están asumiendo el desgaste de gobernar y sufriendo el castigo de su electorado. Ambas presiones han reducido al mínimo el margen de maniobra de los europeístas dentro del gobierno de Merkel. Y para completar el cuadro negativo, la figura de Merkel emprendió desde el mismo inicio de su cuarto mandato un descenso indetenible, que pone incluso en duda su capacidad de concluir el mandato. Concluya o no el mandato, el capital político que necesitaría para adelantar reformas significativas en Europa no está ya presente.

Lo que vamos a ver en adelante es un liderazgo alemán mucho más asertivo en cuanto a la visión de Europa que propugna. Es prácticamente inexistente la posibilidad de que Alemania vaya a consentir esquemas de riesgo compartido, donde el dinero de sus contribuyentes tenga que ser usado obligatoriamente y sin control previo del parlamento en el rescate de depositantes, bancos o fiscos de otras naciones. La visión alemana de Europa tendrá que ser coherente con los elementos de la filosofía ordoliberal que están arraigados en el pensamiento colectivo alemán, principalmente con el principio de que cada quien debe asumir la responsabilidad de sus acciones. Y si ello implica que una nación "dispendiosa e imprudente" tenga que ser declarada en quiebra y que su deuda deba ser reestructurada a costa de los inversionistas, pues que así sea. Y si ello implica que esa nación deba salir de la unión monetaria, pues que así sea. Y si países en similares circunstancias quieren conformar una nueva zona monetaria, pues que así sea.

La idea de "flexibilizar" la unión monetaria está calando paulatinamente en el pensamiento de la dirigencia alemana. Hay suficientes evidencias de que la política de "talla única para todos" no es compatible con las profundas divergencias existentes entre los países, las cuales no solo no han disminuido con el paso de los años, como lo esperaban los ideólogos fundadores de la UME, sino que por el contrario se han agravado[129]. Pero hay que llamar a las cosas por su nombre: flexibilizar la UME

---

129 Botta et al. (2018), Wortman (2018).

es un eufemismo para decir estar dispuesto a que la unión se fragmente, a que algún o algunos países deban salir de ella. Una unión monetaria, por definición, no puede ser flexible, porque ella es la máxima forma de rigidez cambiaria, en la que no hay espacio para diferencias persistentes de inflación, para desequilibrios fiscales o para desequilibrios externos igualmente persistentes. La única forma de que esas diferencias coexistan con la unión monetaria es que existan mecanismos también persistentes de transferencia de recursos de unos países a otros. Como este último elemento de compensación no va a estar presente en la UME cuando algún país lo requiera, la alternativa será clara e inexorable: o el país se ajusta y está dispuesto a aceptar una severa recesión, o los mercados se encargarán de forzar su salida de la zona del euro. Incluso en la primera alternativa de ajuste recesivo, la dinámica política se encargará más pronto que tarde de llevar al poder a fuerzas políticas que no quieran permanecer en la eurozona.

Alemania no va a rescatar a Italia si los mercados la colocan en situación de cesación de pagos, y eso será así no solo por el enorme tamaño de la deuda italiana, sino porque no tendrá la voluntad política de hacerlo. Durante la eurocrisis de 2010-2012, Alemania todavía pensaba que si fracasaba el euro, fracasaba la Unión Europea. Sigue siendo verdad que un fracaso llevaría al otro, pero ya ésta es una fatalidad aceptada. Pudiéramos ir más allá y afirmar que la muerte de la Unión Europea, tal como hoy la conocemos, no va a ser tan llorada como hace unos pocos años atrás. Más bien puede dar lugar a un nuevo momento histórico en el que se reconozcan realistamente los límites de la integración y se reescriba la Carta Magna europea.

De las cenizas del fracaso del euro surgiría una nueva Unión Europea menos "totalitaria", donde haya espacio para configuraciones más flexibles, donde mantengan una moneda común únicamente los países que realmente reúnan las condiciones para ello, donde puedan existir dos, tres "euros". La moneda común ya no representará un riesgo existencial para todos los otros espacios y esferas de la Unión. La nueva Europa tendrá un mínimo común denominador menos exigente y comprehensivo que el actual, y permitirá una variedad de esferas de integración, de acuerdo a las preferencias y a los intereses nacionales. Las democracias nacionales retomarán el control de cuánta Europa quieren y a qué velocidad. Tendrán una paleta de opciones en la que decidirán si avanzar en instituciones comunes de seguridad y defensa, en esquemas *"light"* de coordinación de políticas monetario-financieras o en una unión monetaria. El nuevo lenguaje comunitario deberá contener palabras como alternativas, flexibilidad o libre elección en vez de imposiciones o uniformidad en aras de un "ideal" de Europa. Esta idea "totalitaria" de Europa –perdone el lector la herejía– pudo haber hecho sentido en las postrimerías de las dos guerras mundiales, pero que ya no está en sintonía con la diversidad del Siglo XXI. Una Europa en la que, por ejemplo, los países que hayan decidido no formar parte de la unión monetaria, no sean considerados "europeos de segunda". En definitiva, una Europa que respete democráticamente su gran diversidad cultural, social y política.

Los portavoces del viejo ideal europeo no comulgarán con estas ideas. Argumentarán que, hoy más que nunca, Europa necesita tener una sola voz, conformar una sólida unidad frente a las graves amenazas mundiales[130]. La administración de Trump no para de subvertir el orden liberal internacional que laboriosamente fue creado en las décadas de la posguerra, tanto en materia de seguridad y defensa, como en materia de relaciones comerciales. El gobierno ruso de Putin está embarcado en un "bandolerismo" internacional, mostrado en la anexión de Crimea o en los ciberataques a múltiples organizaciones y gobiernos. China, el hegemón emergente, no es una aliada confiable que pudiera ofrecer una alternativa al "atlanticismo" que ha caracterizado el posicionamiento internacional de Europa. Estas amenazas no pueden ser, sin embargo, la razón para presionar por "Más Europa" en todos los ámbitos.

Una ventaja de esta Europa más flexible y diversa es que no requeriría tanto de un hegemón benevolente como lo requiere hoy. Al recuperar buena parte de la "simetría de poder" que se perdió en el transcurso del proyecto de una "Europa cada vez más unida", los roles hegemónicos tendrían menor cabida y serían menos necesarios para la sobrevivencia del mosaico de integraciones. Alemania se vería así aliviada de una responsabilidad que nunca quiso tener. Esto no significa, sin embargo, que Alemania no tendría una responsabilidad centralísima en liderar el proceso de "rebobinado" y recomposición de Europa, especialmente de

---

130 Buenos ejemplos de esta posición son dos respetados políticos europeos, como el ex Primer Ministro sueco, Carl Bildt (2017), o el ex ministro alemán de Asuntos Exteriores, Joschka Fischer (2018).

la UME. Y una vez concluido tal proceso, el tamaño determinante de Alemania le continuará otorgando una responsabilidad de liderazgo en Europa, aun cuando éste sea cualitativamente distinto al que se necesitó en una mega unión monetaria de 19 países.

EPÍLOGO

El alma europea está desgarrada y desasosegada. Sus sentimientos hacia todo lo que representa la unión – en todas sus formas- están llenos de contradicciones y confusiones. Los ciudadanos manifiestan mayoritariamente que quieren permanecer en la unión, pero están descontentos con las instituciones comunitarias y con el rumbo que éstas le han dado a la integración. No confían en ellas y sienten que están dominadas por unas élites burocráticas que están alejadas de los ciudadanos de a pie. Culpan a la Unión Europea de casi todos los males que padecen. Curiosamente, los países en los que los ciudadanos confían menos en el gobierno comunitario son aquellos en los que la desconfianza hacia sus propios gobiernos nacionales también es mayor. Uno se pregunta, entonces, si el desencanto en esos países es realmente con Europa o es más bien un hartazgo de cualquier tipo de gobierno o liderazgo político, sea nacional o europeo.

Los ciudadanos europeos tienen una visión positiva de la UE, pero quieren devolver al nivel nacional algunas atribuciones que pertenecen al corazón de la unión, como son los acuerdos de comercio. Más grave aún, quieren que sean los gobiernos nacionales los que controlen la libertad de movimiento y de establecimiento de ciudadanos europeos en sus países, una de las cuatro libertades sagradas del tratado europeo. En vez de una Europa "cada vez más unida", pareciera observarse una vuelta al soberanismo nacional.

Similar dicotomía observamos respecto al euro. Los ciudadanos quieren mayoritariamente preservar el euro, pero no están contentos con la Unión Monetaria, con sus instituciones y con sus políticas. El descontento es mayor cuanto más afectada haya sido la economía de un país durante la crisis del euro. Sienten que el reparto de las responsabilidades y de las cargas durante las políticas de austeridad no fue equitativo. Aquí también surge la duda sobre hacia quién va dirigido el descontento. El hecho de que los ciudadanos de los países del Centro-Norte de Europa manifiesten un apoyo mayoritario hacia las instituciones y políticas de la Unión Monetaria y de que hayan sido estos países los que mejor desempeño económico mostraron durante la crisis, nos obliga a preguntarnos de nuevo si el descontento o apoyo tienen que ver con el euro como tal o con la situación económica de cada país.

Los electores son capaces de darle su voto mayoritario a partidos que abiertamente adversan la membresía del país en la Unión Monetaria y al mismo tiempo afirmar que no quieren que se restituya la moneda nacional. Son los primeros que le exigen a su gobierno que ceda y negocie, cuando el país se asoma al abismo de una eventual salida de la eurozona. Su intuición les dice que su futura pensión en moneda local valdría una fracción de la pensión si se quedaran dentro de la eurozona. Sin embargo, esos mismos ciudadanos no están dispuestos a aceptar las políticas y reformas que serían necesarias para poderse mantener dentro de la moneda común. El rechazo se genera principalmente por la percepción de inequidad del modelo económico que ha venido asociado con el euro, tanto a lo interno del país respectivo como a nivel comunitario. Un factor que incrementa la incomodidad es la sensación de que la unión monetaria está dominada por un país en particular.

Para continuar abundando en contradicciones, a los ciudadanos que viven en países que usan el euro, les es muy difícil separar la Unión Europea de lo que es la Unión Monetaria Europea. No son capaces o no quieren diferenciar los contornos y los ámbitos de cada una de las dos esferas de integración; las perciben como una misma cosa con un mismo destino. Sus gustos y disgustos respecto a cada una de esas dos esferas de integración van al unísono. Esta confusión, de la cual no están libres buena parte de los liderazgos políticos, ha lastrado la construcción del edificio de la unión europea por dos razones. Primero, porque al difuminar las burocracias comunitarias los contornos de la UE y de la UME, han creado *de facto* la división entre ciudadanos europeos de primera (los que están en la UME) y ciudadanos de segunda (los que decidieron no montarse o no han podido todavía hacerlo en el tren de la unión monetaria). Segundo, porque le ha introducido a la UE una carga de "totalitarismo" que nunca debería haber tenido. Una unión monetaria, por definición, no admite divergencias fundamentales a su interior, mientras que una unión económica y política permite diversidad de estructuras económicas y políticas, así como diversidad de niveles de integración.

Casi dos décadas después de su arranque, el veredicto final es que la unión monetaria no ha sido capaz de proporcionarles a los ciudadanos el bienestar y prosperidad adicionales que se les había prometido. La eurozona creció por debajo del mundo desarrollado durante los años de la bonanza pre-2018 y tardó más tiempo y sufrió un mayor costo en superar la crisis financiera global que el resto del Occidente. ¿Cuál fue el beneficio de embarcarse en una aventura tan incierta como una unión monetaria?

A pesar de todas las críticas y de no estar dispuestos a hacer lo necesario para preservar el euro, los ciudadanos europeos no quieren abandonar su moneda común. Más allá del instinto de la gente de querer preservar el valor de sus futuras pensiones, hay otra explicación para esta persistencia del "animus communionis": el fuego que alimenta el amor por el euro tiene mucho que ver con la fuerza de las utopías. La búsqueda de El Dorado de una moneda común y de la consecuente estabilidad cambiaria ha sido una constante en la historia económica de la humanidad. Integración monetaria y estabilidad cambiaria son asociadas en la memoria histórica con períodos de paz, cooperación internacional y prosperidad. Una y otra vez, los países sueñan con la utopía de una moneda común, a veces logran concretarla, pero casi siempre fracasan en mantenerla. Sin embargo, sin importar los fracasos, la atracción de la utopía permanece siempre viva. Las utopías son precisamente eso: ideas-fuerza tan poderosas que nunca se extinguen y siempre renacen en formas diferentes[131].

Pero la realidad es que son demasiadas las contradicciones e incongruencias de las posiciones alrededor de la moneda común como para darle un sólido sustento político a esta pieza tan central del edificio de la integración europea que es la UME. Si a este problema de las percepciones le añadimos la larga retahíla de omisiones en su diseño original, políticas desacertadas, disenso sobre y postergación de reformas fundamentales, el futuro del euro luce muy incierto, por decirlo benignamente. El euro pudo sobrevivir su primera crisis existencial gracias a que el BCE decidió ignorar las reglas de Maastricht –con la vista gorda forzada de Alemania– y actuar como prestamista de última instancia. Una nueva crisis

---

[131] En mi libro "La utopía de la moneda común" (Purroy, 2014) explico por qué es tan arduo construir una unión monetaria y por qué fatídicamente la armonía no perdura.

existencial, que sin duda se volverá a presentar, se va a encontrar con que no se han creado todavía los mecanismos de salvamento y, sobre todo, con que no se vislumbra voluntad política para rescatar a los miembros en problemas de la unión.

Hemos sido críticos con el papel jugado por Alemania durante y después de la eurocrisis. Su responsabilidad fue de acción, pero sobre todo de omisión: no quiso asumir las obligaciones que venían asociadas a su posición de hegemón *de facto* de la eurozona. Las razones por las que Alemania omitió ejercer esa posición, lejos de desaparecer, están adquiriendo mayor fuerza con el paso del tiempo, de tal forma que no podemos esperar un apuntalamiento del euro por el lado del miembro más poderoso de la unión monetaria. Los alemanes no sintieron antes, y menos ahora, que tenían tal responsabilidad; nunca aceptaron la posición de hegemonía y, menos, los deberes asociados a ella. El punto aquí no es que les gustara o no ejercer de hegemón benevolente, sino que la posición *de facto* era de hegemonía y con ella venían asociados una serie de privilegios y beneficios. El hegemón "benevolente" es el que reconoce este hecho y retribuye al resto de los miembros estos privilegios mediante la absorción de una parte sobre proporcional del costo de mantenimiento de la estabilidad del sistema. Solo así la unión puede subsistir en el largo plazo.

Alemania actuó durante la eurocrisis "como si" hubiera sido de la tesis de que la UME era básicamente insalvable a causa de las profundas divergencias existentes entre sus miembros y que, en consecuencia, no tenía sentido dedicar tantos esfuerzos y recursos para salvar a los miembros descarriados. La verdad es que no fue esa su tesis ni su motivación conscientes en ese momento. Con el paso de los años, sin embargo, este planteamiento ha ido silenciosamente tomando cuerpo en el *establishment* alemán y está subyaciendo los puntos de vista que actualmente conforman el posicionamiento de ese país. Al mantenerse firmes con el principio de la disciplina de mercado y con la negativa a orquestar esquemas de soporte solidario en caso de desestabilización de algún miembro débil de la eurozona, Alemania está mandando el claro mensaje de que el club del euro es únicamente para los que sean capaces de atenerse a sus reglas estrictas de disciplina fiscal y competitividad externa. Caso contrario, los miembros que no se sometan a las reglas deberán darse de baja del club. Punto.

Estando así las cosas, las posibilidades de que la eurozona sobreviva en su actual conformación en el caso de una nueva crisis existencial son muy bajas. De ahí nuestra recomendación de que se trabaje en crear un marco formal que permita una separación amistosa de algunos miembros de la unión monetaria. Obviamente, los candidatos naturales para dar el primer paso de salida del euro deberían ser Alemania y sus pares del Centro-Norte. Para los países de monedas más débiles, la sola insinuación de una posible salida los sometería a una espiral especulativa de impredecibles consecuencias. Nuevamente, Alemania no les está poniendo las cosas fáciles a los socios más débiles de la unión monetaria con su negativa a considerar a dar ella el paso de conformar una nueva zona monetaria en su área de influencia. Sea quien sea el que dé el paso inicial de salida, crear este marco es una tarea ardua, larga y compleja, razón por la cual debe iniciarse cuando las aguas están calmadas. De lo contrario, cuando sobrevenga una nueva crisis, la ruptura será caótica y sumamente costosa para todos.

Hay otra poderosa razón para tomarse en serio esta tarea de crear el marco de separaciones amistosas. La unión monetaria de los 19, que representan más de cuatro quintas partes de la UE, ha colocado a la Unión Europea en situación de permanente estrés e, incluso, de peligro. El euro, que nació para unir más, se ha convertido en elemento de discordia. Y lo que es peor, le introduce a la Unión Europea una gran carga de rigidez y totalitarismo, le obliga a invadir espacios soberanos que no debería invadir y le echa leña al fuego de la falta de legitimidad democrática. La simbiosis actual entre la UME y la UE atenta contra la idea de una unión europea flexible, plural, multiesfera y democrática. Por el bien de Europa, el euro, en su conformación actual, debería desaparecer y dar paso a esquemas cambiarios menos rígidos, en consonancia con esquemas políticos de integración más flexibles también.

BIBLIOGRAFÍA

Aizenman, Joshua (2014), "The Eurocrisis: Muddling through, or on the way to a more perfect Euro Union?", *NBER WP 20242*, June.

Alesina, Alberto, and Robert. J. Barro (2000), "Currency Unions", *NBER WP 7927*, Sept.

Alesina, Alberto, R. J. Barro and Silvana Tenreyro (2002), "Optimal Currency Areas", en: *NBER Macroeconomics Annual 2002*, April.

Almunia, Joaquín et al. (2018), "Quit kicking the can down the road: a Spanish view of EMU reforms", *Elcano Royal Institute*, Mayo.

Arahuetes, Alfredo y Gonzalo Gomez-Bengoeche (2018), "Debt mutualisation, inflation and populism in the Eurozone", *Royal Elcano Institut, Technical Report*, April.

Art, David (2015), "The German Rescue of the Eurozone", *Political Science Quarterly, Vol. 130, Nr. 2*.

Ash, Timothy Garton (1994), "Germany's Choice", *Foreign Affairs Magazine*, August.

Ash. Timothy Garton (2012), "The crisis of Europe. How the union came together and why is falling apart", *Foreign Affairs*, October.

Ash, Timothy Garton (2013), "The new German question", *The New York Review of Books*, August.

Baimbridge, Mark. and Phillip Whyman (2015), *Crisis in the Eurozone. Causes, Dilemmas and Solutions*, Palgrave Macmillan.

Baldwin, Richard, (2006), "The Euro's Trade Effects", *Working Papers Series*, No. 594, European Central Bank, March.

Baldwin, Richard and Francesco Giavazzi, editors (2015), *The Eurozone Crisis. A consensus view of the Causes and a few possible solutions*, CEPR Press.

Beetsma, R. and M. Giulodori (2010), "The Macroeconomic Costs and Benefits of the EMU and Other Monetary Unions: An Overview of Recent Research", *Journal of Economic Literature* 48, 603-641, Sept.

Beck, Thorsten and Hans-Helmut Kotz, editors (2017), *Ordoliberalism: a German oddity?*, CEPR Press.

Bénassy-Quéré, Agnes et al. (2018), "Reconciling risk sharing with market discipline: A constructive approach to euro area reform", *CEPR Policy Insight No. 91*, January.

Berger, Helge, Giovanni dell'Ariccia, Maurice Obstfeld (2018), "Revisiting the Economic Case for Fiscal Union in the Euro Area", *IMF Research Department*.

Berthold, N., S. Braun and M. Coban (2014), "Das Scheitern historischer Währungsräume", *Beiträge, Universität Würzburg*.

Bini Smaghi, Lorenzo and Michala Marcussen (2018), "Delivering a safe asset for the euro area", VOX, *CEPR Policy Portal*, July.

Bildt, Carl (2017), "Can Europe sustain the Macron moment", *Project Syndicate*, December.

Blot, Christophe, Jerome Creel, Paul Hubert, Fabien Labondance (2014), "Dealing with the ECB's triple mandate?", *Revue de l'OFCE - Debates and Policies*, *HAL Archives Ouvertes*, October.

Blanchard, Oliver y Francesco Giavazzi, (2002), "Current Account Deficits in the Euro Area: The End of the Feldstein-Horioka Puzzle," *Brookings Papers on Economic Activity* 2.

Blyth, Mark (2013), *Austerity. The history of a dangerous idea*, Oxford University Press.

Blyth, Mark and Matthias Matthijs, editors (2015), *The future of the euro*, Oxford and New York: Oxford University Press.

Bulmer, Simon (2014), "Germany and the Eurozone Crisis: Between Hegemony and Domestic Politics", *West European Politics*, 37:6, August.

Bofinger, Peter (2015), "German Wage Moderation And The Eurozone Crisis", *Sachverständigerrat, Social Europe*, December.

Bonefeld, Werner (2017), "Stateless Money and State Power: Europe as ordo-liberal *Ordnungsgefüge*", *Department of Politics*, University of York, York.

Bordo, Michael and Harold James (2013), "The European crisis in the context of the history of previous Financial Crises", *NBER WP 19112*, June.

Botta, Alberto et al. (2018), "Divergence between the core and the periphery and secular stagnation in the eurozone", *GPERC 63, University of Greenwich*.

Brunnermeier, Markus, Harold James and Jean-Pierre Landau (2016), *The euro and the battle of ideas*, Princeton University Press.

Bulmer, Simon (2014), "Germany and the Eurozone Crisis: Between Hegemony and Domestic Politics", August.

Bulmer, Simon and William E. Paterson (2013), "Germany as the EU's reluctant hegemon? Of economic strength and political constraints", August.

Cafruny, Allan (2015), "Europe's Twin Crises: The logic and tragic of contemporary German power", *Valdai Papers 10*, February.

Calvo, Guillermo, A. Izquierdo y L.F. Mejía (2004), "On the Empirics of sudden Stops: The Relevance of Balance-Sheet Effects", *Inter-American Development Bank*, Research Department, July.

Chari, v. and P. J. Kehoe, (2008), "Time Inconsistency and Free-Riding in a Monetary Union." *Journal of Money, Credit, and Banking*, 40(7).

Churchill, W. (1946), Speech, University of Zürich, 19/IX/1946. http://www.churchill-society-london.org.uk/astonish.html.

Cohen, Benjamin (1993), "Beyond EMU: The Problem of Sustainability", *Economics & Politics, Vol. 5, Issue 2*, July.
Cohen, Benjamin (2003), "Are monetary unions inevitable?", *International Studies Perspective, Vol 4*, July.
Conti, N., Di Mauro, D. and Memoli, v. (2018a), "The European Union under Threat of a Trend toward National Sovereignty", *Journal of Contemporary European Research, Vol 14 #2*.
Conti, Nicoló, Borbala Göncz and José Real-Dato, editors (2018b), *National Political Elites, European Integration and the Eurozone Crisis*, Routledge, London.
Coricelli, Fabrizio (2017), "Surmounting the German Surplus", *Project Syndicate* 2017-09-08.
Debrun, Xabier, D. Hauner and M. Kumar, (2009), "Independent Fiscal Agencies", IMF, *Journal of Economic Surveys, Vol. 23, No. 1*.
de Grauwe, Paul, (2005), "Are Latin America and East Asia optimal currency areas?", *Paper prepared for the 10th Annual Meeting of the Latin American and Caribbean Economic Association*, Paris, France, October.
de Grauwe, Paul (2012), "A fragile Eurozone in search of a better governance", *The Economic and Social Review, Vol. 43, No. 1.*, University of Leuven.
de Grauwe, Paul and Yuemei Ji (2015), "Has the Eurozone become less fragile? Some empirical tests", *CESifo Working Paper 5163*, January.
de Grauwe, Paul y F. Mongelli (2005), "Endogeneities of optimum currency areas. What brings countries sharing a single currency closer together?", *Working Paper* No. 468, European Central Bank, April.
de Grauwe, Paul and Yuemei Ji (2012), "Self-Fulfilling Crises in the Eurozone: An empirical test", CEPS Working Document No. 366, June.
de Haan, J., S. Eijffinger and S. Waller, (2005), *The European Central Bank: Credibility, Transparency and Centralization*. The MIT Press, Cambridge, MA.
Dellas, Harris and George S. Tavlas (2014), "The Gold Standard, the Euro, and the Origins of the Greek Sovereign Debt Crisis", *CATO Journal Vol 33 No. 3*.
Dixit, A. y L. Lambertini, (2003), "Symbiosis of Monetary and Fiscal Policies in a Monetary Union." *Journal of International Economics*, 60(2).
Draghi, Mario (2018), "Risk-reducing and *risk-sharing* in our Monetary Union", *Speech at the University of Florence*, 2018-05-11.
Eichengreen, Barry (1991), "Is Europe an Optimum Currency Area?", *NBER Working Paper 3579*, January.
Eichengreen, Barry (1993). ''European monetary unification", *Journal of Economic Literature*, Sept.
Eichengreen, Barry (2007), "The Breakup of the Euro Area", NBER Working Paper 13393, September.
Eichengreen, Barry (2000), *Vom Goldstandard zum Euro*, Berlin: Verlag Klaus Wagenbach. 2000.

Eichengreen, Barry (2011), *Exorbitant Privilege: The Rise and Fall of the Dollar*, Oxford University Press, Oxford.
Eichengreen, Barry (2017), "The Euro's Narrow Path", *Project Syndicate*, September.
Eichengreen, Barry and P. Temin, (2010), "Fetters of Gold and Paper", *NBER Working Paper Series, Working Paper 16202*, NBER, Cambridge, July.
Eichengreen, Barry and Charles Wyplosz (2016), "Minimal conditions for the survival of the euro", *Intereconomics*, January-February.
Eichengreen,, Barry et al. (2013), "The Eurozone crisis, Phoenix or lost decade?", *BEHL Working Paper Series WP2013-08, University of California, Berkeley*, May.
Eichengreen, Barry, R. Hausmann y U. Panizza (2003), "The Pain of Original Sin", August.
European Commission (2017), "White paper on the future of Europe", March.
European Systemic Risk Board (2017), "Resolving Non-performing loans in Europe", *ESFS*, July.
Faini, R., (2006), "Fiscal Policy and Interest Rates in Europe." *Economic Policy*, 47.
Feld, Lars (2018), "Whither a fiscal capacity in EMU?", *VOX, CEPR Policy Portal*, July.
Feld, Lars, P. Köhler, Ekkehard and Nientiedt, Daniel (2017), "The dark ages of German macroeconomics", *Freiburger Diskussionspapiere zur Ordnungsökonomik, No. 17/03*.
Feldstein, Martin (1992): "The case against EMU", *The Economist*, June 13.
Feldstein, Martin (1997), "The Political Economy of the European Economic and Monetary Union: Political Sources of an Economic Liability", *The Journal of Economic Perspectives*, Vol. 11, No. 4, Autumn.
Feldstein, Martin (2012), "The Failure of the Euro: the Little Currency That Couldn't", *Foreign Affairs*, January-February 2012.
Feldstein, Martin (2015), "Ending the euro crisis", *NBER Working Paper 20862*, January.
Feldstein, Martin (2016), "How EU Overreach Pushed Britain Out", *Project Syndicate*, June.
Fendel, Ralph and Maurer, David (2015), "Does European History Repeat Itself?", *Journal of Economic Integration, Vol 30 No. 1*, March.
Fischer, Joschka (2018), "Reclaiming European Sovereignty", *Project Syndicate*, July.
Frankel, Jeffrey (2015), "Causes of Eurozone crises", *VOX CEPR's Policy Portal*, September.
Frankel, Jeffrey (2015), "The euro crisis: where to from here?", *Journal of Policy Modeling 37*, March.
Frankel, J. and A. Rose, (2002), "An Estimate of the Effect of Common Currencies on Trade and Income", *The Quarterly Journal of Economics*, Vol. 117, No. 2.
Frankfurter Allgemeine Zeitung, 2018-05-22 – "Ökonomen-Aufruf: Euro darf nicht in Haftungsunion führen".
Franks, Jeffrey et al. (2018), "Economic Convergence in the Euro Area: Coming together or drifting apart", *IMF WP 18-10*.

Frieden, Jeffry (2014), "The Political Economy of Adjustment and Rebalancing", *Department of Government, Harvard University*, June.
Friedman, Milton (1997), "The euro: Monetary unity to political disunity?", *Project Syndicate*, August.
Friedman, M. and A. Schwartz (1963), *A Monetary History of the United States*, National Bureau of Economic Research, Washington.
Fuest, Clemens (2017), "The Politics of Germany's External Surplus", *Project Syndicate*, 2017-07-17.
Gilpin, Robert (1987), *The political economy of international relations*, Princeton University.
Germond, Carine and Türk, Henning, editors (2008), *A History of Franco-German Relations in Europe*, Palgrave MacMillan.
Glencross, Andrew (2013), "The EU response to the eurozone Crisis: Democratic contestation and the new fault Lines in European integration", *Europa-Kolleg Discussion Paper No. 3/13*, Hamburg, July.
Gross, Stephen and Chase Gummer (2013), "Ghosts of the Habsburg Empire: Collapsing Currency Unions and Lessons for the Eurozone", *East European Politics and Societies and Cultures*, August.
Guiso, L., P. Sapienza and L. Zingales (2011), "Monnet's Error?", *NBER Working Paper 21121*, April.
Herrera, Helios, Luigi Guiso and Massimo Morelli (2016), "Cultural Differences and Institutional Integration", *Journal of International Economics*, Vol. 99 Suplem. 1, March.
Hien, Joseph and Christian Joerges (2018), "Dead Man walking, Current European Interest in the Ordoliberal Tradition", *European University Institute, EUI Working Papers, LAW 20108/03*.
Hill, Christopher (2018), "Turning back the clock. The illusion of a global political role for Britain", in: Martill Benjamin and Uta Staiger (eds) (2018).
Ikenberry, G.J.; and C.A. Kupchan (1990), "Socialization and Hegemonic Power", *International Organization Vol 44, 3*.
Jacoby, Wade (2014), "The Politics of the Eurozone Crisis, Two Puzzles behind the German Consensus", *German Politics and Society, Issue 111 Vol. 32, No. 2*.
James, Harold (2012), *Making the European Monetary Union*, Bank for International Settlements.
Janning, Josef and Almut Moeller (2016), "Leading from the Centre: Germany's new Role in Europe", *ECFR* July.
Jenkins, Roy (2001), *Churchil*, Macmillan.
Judt, Tony (2005), *Postwar: a History of Europe since 1945*, Penguin.
Kawalec, Stefan and Ernest Pytlarczyk (2013), "Controlled dismantlement of the Eurozone: A proposal for a New European Monetary System and a new role for the European Central Bank", *National Bank Of Poland, Working Paper, No. 155*, Warsaw.

Kennen, P. (1969), "The theory of optimum currency areas: An eclectic view", en: Mundell, R. y A. Swoboda, " eds., *Monetary problems of the...*
Kindleberger, Charles (1973), *The World in Depression 1929-1939*.
Kindleberger, Charles and R. Aliber (2011), *Manias, Panics and Crashes. A History of Financial Crises*, 6th Edition, Palgrave MacMillan, UK.
Krugman, Paul (2012), "Revenge of the Optimum Currency Area", in *NBER Macroeconomics Annual 2012*, p. 439-448.
Krugman, Paul (2014), "The timidity trap", *New York Times*, March 21.
Kundnani, Hans (2011), "Germany as a Geo-Economic Power", *The Washington Quarterly*, 34, 3.
Kundnani, Hans (2015), *The Paradox of German Power*, Oxford University Press.
Lagarde, Christine (2014), "A new multilateralism for the 21st century", *The Richard Dimbleby Lecture*, February.
Lane, Phillip, (2006), "The Real Effects of European Monetary Union", *The Journal of Economic Perspectives*, Vol. 20, No. 4.
Lentner, H. (2005), "Hegemony and Autonomy", in: *Political Studies*, 53, 4.
Le Moigne, M. and X. Ragot (2015), "France et Allemagne : Une histoire du désajustement européen", *OFCE, Working Paper*, June.
Luttwak, Edward (1990), "From geopolitics to geo-economics", *The National Interest, Summer*.
Marsh, David (2009). "*The Euro: The Politics of the New Global Currency*" Yale University Press.
Martill, Benjamin and Uta Staiger, editors (2018), *Brexit and Beyond, Rethinking the Futures of Europe, Brexit, Yet another crisis for the EU*, UCL Press.
Marzinotto, Benedicta (2017), "A Turning Point for Europe", *Project Syndicate* April 14, 2017.
Matthijs, Matthias (2013), "The Euro Crisis and the Erosion of Democratic Legitimacy: Lessons from the Gold Standard", *John Hopkins University SAIS*, July.
Matthijs, Matthias (2014), "Reading Kindleberger in Washington and Berlin, Ideas and Leadership in a Time of Crisis", *John Hopkins Univ SAIS*, November.
Matthijs, Matthias (2016), "Powerful rules governing the euro: the perverse logic of German ideas", *Journal of European Policy, Vol 23, No. 3*, April.
Matthijs, Matthias and Mark Blith (2016), "The Future of the Euro, Possible Futures, Risks and Uncertainties", in: Mark Blyth and Matthias Matthijs (eds.).
Matthijs, Matthias and Mark Blith (2011), "Why Only Germany Can Fix the Euro, Reading Kindleberger in Berlin", *Foreign Affairs Snapshot*, November.
Maull, Hanns (2001), "Germany's foreign policy post-Kosovo: Still a 'Civilian Power'?" in: Sebastian Harnisch and Hanns W. Maull, editors (2001), *Germany as a civilian power? The foreign policy of the Berlin Republic*, Manchester.
Maull, Hanns W. (2018), "Germany's leadership in Europe, Finding its new role", in Ebert and Flemes ed., *Regional Leadership and Multipolarity in the 21st Century, Vol. 3, Issue 1*, February.

McKinnon, R., (1963), "Optimum currency are as", *American Economic Review*, 52, Sept.
MCKINSEY&COMPANY, (2010), "Debt and deleveraging: The global credit bubble and its economic consequences", *McKinsey Global Institute*, January.
Meiers, Franz-Josef (2015), *Germany's Role in the Euro Crisis. Berlin's Quest for a More Perfect Monetary Union*, Springer International Publishing.
Melitz, Jacques (2014), "Why Europe needs two euros, not one", *VOX, CEPR's Policy Portal*.
Merkel, Angela (2010), "Scheitert der Euro, dann scheitert Europa", Rede vor dem Deutschen Bundestag am 19. Mai 2010, available at https://www.bundestag.de/dokumente/textarchiv/2010/29826227_kw20_de_stabilisierungsmechanismus/201760 [Sept. 17, 2017].
Mertes, Michael (2015), "Too Big for Europe, Too Small for the World, *The German Question* Reconsidered", *Israel Journal of Foreign Affairs, Vol 9, No 3*.
Meyer, Niclas (2018), "EU break-up? Mapping plausible pathways into alternative futures", *LEQS Paper No. 136/2018*, August.
Micossi, Stefano (2013), "The Eurozone crisis and EU institutional change: A new CEPR Policy Insight", *CEPR*, April.
Micossi, Stefano (2018), "The crux of disagreement on euro area reform", *VOX, CEPR Policy*, April.
Mody, Ashoka (2018), *Euro Tragedy. A Drama in nine acts*, Oxford.
Mongelli, Francesco (2008), "European economic and monetary integration and the optimum currency area theory", *European Commission, Economic Papers 302*, February.
Mundell, R.A., (1961), "A Theory of Optimum Currency Areas", *The American Economic Review*, Vol. 51, No. 4, Sept.
Mundell, R. and A. Swoboda, editors (1969), *Monetary problems of the international economy*, University of Chicago Press, Chicago.
Obstfeld, Maurice (2013), "Finance at Center Stage: Some Lessons of the Euro Crisis", *European Commission, Economic Papers 493*, April.
Obstfeld, Maurice (2014), "Trilemmas and Tradeoffs, Living with Financial Globalization", *University of California, Berkeley*.
Otero-Iglesias, Miguel (2014), "Germany and political union in Europe: Nothing moves without France", *Royal Elcano Institute WP 8-2014*, August.
Pisani-Ferry, Jean (2016), "Preventing the Next Eurozone Crisis Starts Now", *Project Syndicate*, December.
Pissani-Ferry, Jean, Zettelmeyer, Jerome (2018), "Could the 7+7 report's proposals destabilise the euro? A response to Guido Tabellini", *VOX CEPR Policy Portal*, August.
Purroy, Miguel I. (2014), *La utopía de la moneda común. El debate sobre integración monetaria y régimen cambiario*, Amazon/Kindle Edition.
Purroy, Miguel I. (2015), *Régimen cambiario y estabilidad inflacionaria. Visión desde la economía política*, Amazon/Kindle Edition.

Reinhart, Carmen and Kenneth Rogoff (2010), "From Financial Crash to Debt Crisis", February.
Rodrik, Dani (2017) - How Much Europe Can Europe Tolerate, *Project Syndicate*, March.
Rose, A.K., (2000), "One money, one market: the effect of currency unions on trade," *Economic Policy* 30.
Roth, Felix, Edgar Baake, Lars Jonung and Felicitas Nowak-Lehmann (2018), "Revisiting Public Support for the Euro 1999-2017", *University of Hamburg*.
Roubini, Nouriel and Brunello Rosa (2018), "Italy's Slow-Motion Euro Train Wreck", *Project Syndicate*, June.
Ryan, John y John Loughlin (2018), "Lessons from historical monetary unions - is the European monetary union making the same mistakes?", *International Economic Policy, Springer*, April.
Scharpf, Fritz. (2013), "Political Legitimacy in a Non-optimal Currency Area", *MPIfG Discussion Paper, No. 13/15*.
Scharpf, Fritz (2018), "There Is an Alternative: A Two-Tier European Currency Community", *MPIfG Discussion Paper 18/7*, July.
Schmidt, Vivien (2016), "The *resilience* of 'bad ideas' in eurozone crisis discourse", *Boston University*, April.
Schweiger, Christian (2018), "Germany's role in the EU-27. Leadership constellation after Brexit", *German Politics and Society, Vol. 36, Issue 127 Chemnitz University of Technology*.
Simms, Brendan (2013), Europe: *The struggle for Supremacy. 1453 to the present*, Penguin, London.
Simms, Brendan (2017), *Britain's Europe. A Thousand Years of Conflict and Cooperation*, Penguin, London.
Sinn, Hans-Werner (2016), "Europe's Emerging Bubbles", *Project Syndicate*, March.
Stantcheva, Stefanie (2018), "The Fog of Immigration", *Project Syndicate*, August.
Steinberg, Federico and Mattias Vermeiren (2016), "Germany's Institutional Power and the EMU Regime after the Crisis: Towards a Germanized Euro Area?", *Journal of Common Market Studies*.
Stiglitz, Joseph (2016), *How a common Currency threatens the future of Europe*, W.W. Norton&Company.
Storm, Servaas (2016), "German wage moderation and the eurozone's crisis: a critical analysis", *Delft University of Technology*.
Storm, Servaas (2016), "Response to Peter Bofinger's 'Friendly Fire'", January (https: www.ineteconomics.org-perspectivesblogresponse-to-peter-bofinger).
Streeck, Wolfgang (2015), "German Hegemony Unintended and Unwanted", *Le Monde Diplomatique*, May.
Szász, André (1999), *The Road to European Monetary Union. A Political and Economic History*, Palgrave Macmillan, London.
Tabellini, Guido (2015), "The main lessons to be drawn from the European financial crisis", *VOX CEPR's Policy Portal*, September.

Tabellini, Guido (July 2018), "Risk sharing and market discipline. Finding the right mix", *VOX CEPR's Policy Portal*, July.
Terzi, Alessio (2018), "Macroeconomic Adjustment in the Euro Area", *CID Harvard, WP 88*, February.
The Economist (2016), "More spend, less thrift: German Surplusses", Sept 03.
The Economist (2017), "Vorsprung durch Angst. The good and bad in Germany's economic model are strongly linked", Jul 8.
Thorsten Beck and Hans-Helmut Kotz, editors (2017), *Ordoliberalism: a German oddity?*, CEPR Press.
Tooze, Adam and Shahin Vallée (2018), "Germany's Great European Heist", *Project Syndicate*, May.
Tortola Domenico and Lorenza Vai (2015), "What Government for the European Union? Five Themes for Reflection and Action", *Istituto Affari Internazionali, Documenti IAI 15*, September.
Triepel, Heinrich (1938), *Die Hegemonie. Ein Buch von Führenden Staaten*, Stuttgart und Berlin, W. Kohlhammer Verlag.
Walters, Alan (1990), *Sterling in Danger: Economic Consequences of Fixed Exchange Rates*, London: Fontana.
Wasserfallen, Fabio and Thomas Lerner (2018), "Political Conflict in the Reform of the Eurozone", *University of Salzburg*, March.
Webber, Douglas (2014), "How Likely Is It That the EU Will Disintegrate? A Critical Analysis of Competing Theoretical Perspectives", *European Journal of International Relations Vol. 20, 2*, June.
Wortman, Marcus (2018), Convergence and Divergence in the EMU, *Dissertation Georg-August-Universität Göttingen*.
Wyplosz, Charles, (1997), "EMU: Why and How It Might Happen", *The Journal of Economic Perspectives*, Vol. 11, No. 4, Autum.
Wyplosz, Charles, (2006), "European Monetary Union: the dark sides of a major success", *Economic Policy*, April.
Xifre, Ramon (2017), "Non-price competitiveness factors and export performance: The case of Spain in the context of the Euro area", *SEFO Vol. 6 No. 3, FUNCAS*, May.
Thirion, Gilles (2017), "European Fiscal Union, Economic Rationale and Design Challenges", *CEPS Working Document, No 2017-01*, January.

ÍNDICE DE CUADROS, GRÁFICOS Y RECUADROS

1. CUADROS

CUADRO III-1: UME - Variables representativas de convergencia, 1998 105
CUADRO IV-1: Inflación en la eurozona y en países selectos, 1990-2007 111
CUADRO IV-2: Tasas de interés en la eurozona y en países selectos, 1990-2007 112
CUADRO IV-3: Evolución de la carga de deuda soberana (% PIB), 2007 vs 2016 143
CUADRO V-1: Cifras comparativas España – Reino Unido, 2009-2014 183
CUADRO IX-1: Visiones divergentes entre Alemania y Francia 269

2. GRÁFICOS

GRÁFICO IV-1: Evolución de las primas de riesgo, 1999-2007 113
GRÁFICO IV-2: Diferenciales de crecimiento y convergencia del PIB/cápita, 1998-2016 114
GRÁFICO IV-3: Evolución de las primas de riesgo, 2008-2015 129
GRÁFICO IV-4: Deuda Pública UME 2011: tamaño (billones) y peso (% s. PIB) 130
GRÁFICO IV-5: Comparativo de promedios de crecimiento Eurozona (UME19), Estados Unidos y OCDE 138
GRÁFICO IV-6: Crecimiento comparativo Centro vs Periferia, 2010-2017 139
GRÁFICO IV-7: Crecimiento de la Periferia, 2010-2017 140
GRÁFICO IV-8: Periferia: Tasas de desempleo 2010-2017 141
GRÁFICO IV-9: Centro: Tasas de crecimiento, 2010-2017 142

GRÁFICO V-1: Costos Laborales Unitarios, 1999-2016 162
GRÁFICO V-2: Saldo en Cuenta Corriente (% del PIB), 1999-2017 . 163
GRÁFICO V-3: Componentes de deuda por países, 2008 167
GRÁFICO V-4: Componentes del crecimiento de deuda: España, Alemania, Reino Unido (% del PIB) 168
GRÁFICO V-5: Déficit fiscal (% sobre PIB). Alemania + Francia Vs. Periferia, 1999-2017 175
GRÁFICO VI-1: Mecanismo automático bilateral de ajuste 212
GRÁFICO VI-2: Mecanismo unilateral de ajuste 215
GRÁFICO VII-1: Evolución del sentimiento positivo hacia la membresía en Europa, 1973-2011 (EU 15) 231
GRÁFICO VIII-1: Saldo en Cuenta Corriente (% del PIB), 1999-2017. 252
GRÁFICO VIII-2: Tasas comparativas de ahorro, 1999-2017 (% s.PIB). 255
GRÁFICO VIII-3: Tasas comparativas de Inversión, 1999-2017 (% s.PIB). 256
GRÁFICO XI-1: Deuda pública total, 2017 (% del PIB) 318

3. RECUADROS

RECUADRO IV-1: La burbuja de las hipotecas basura 118
RECUADRO IV-2: Manías y burbujas: la dinámica de las crisis financieras. 120
RECUADRO IV-3: La perversa dinámica del desapalancamiento . . . 143
RECUADRO VIII-1: Breve lección de macroeconomía: el significado de la cuenta corriente de la balanza de pagos 253
RECUADRO XI-1: Italia: amenaza inmanejable 320

ÍNDICE DE TEMAS

Acta Única Europea 70, 71, 73, 79, 92, 99
Acuerdo de Dublín 352, 353, 366
Acuerdo de Locarno 42
Acuerdo de Schengen 73, 353, 354, 384
Adenauer, Konrad 53, 62, 68, 70, 200, 202, 266, 279, 301, 345
AfD 353, 390
Agenda 2010 243, 244, 254, 255, 293, 296, 303, 388
alianza Centro-Norte 351
áreas monetarias óptimas, teoría de las 204, 207, 272, 330
Ash, Timothy Garton 13, 78, 218, 235, 309, 401
austeridad fiscal 19
  Alemania 206
  plataforma política del gobierno italiano 321
  receta de 17
  trampa de la 134
  y modelo exportador 236

Banco Central Europeo 94, 103, 111, 112
  apoyo a Italia y España 131
  espejo del Bundesbank 78
  estabilización del sistema financiero 273
  estatuto del 178
  extrapolación del Bundesbank 293
  fecha de inicio 106
  lentitud de reacción en eurocrisis 219
  mandato de estabilización de precios 172
  miembro de la Troika 125
  papel de último decisor 230
  prestamista de última instancia 17
  sin control político 385
  subida de tasas de interés 127, 137
  y orden monetario ordoliberal 267
Banco de Pagos Internacionales de Basilea 172
Berlin puzzle 276
Bernanke, Ben 135
bienes públicos 42, 286, 296, 307
Bismarck, Otto von 35, 38, 238
Brandt, Willy 70, 301, 345
brechas de inversión en infraestructuras públicas alemanas 257
Bretton Woods 76, 85, 86
  colapso del sistema de 89
  interacción con políticas europeas 89
  muerte oficial de 90
  significado para Europa 87
  similitud con el SME 91
  sistema monetario de 87, 291
Brexit 314, 322, 364, 406, 408
  comparación con Suecia y Dinamarca 367
  impacto sobre eje franco-alemán 365

Brexit (*continuación*)
  impacto sobre Reino Unido 365
  líneas rojas de May 363
  negociaciones previas con Europa 361
  razones del descontento 364
  referendo de 2016 315, 361
  y la desintegración de la UE 358
  y la gran ampliación de la UE 81
buenos desequilibrios 114
Bundesbank 16
  diseño de La Serpiente 70
  papel dentro del SME 91, 95, 292
  y crisis cambiaria 1992-1993 95
  y la arquitectura del euro 78, 102, 104, 178
  y la oposición al euro 77, 101, 267

Churchill, Winston 15, 55, 57, 58, 59, 60, 61, 402
Comisión Europea 19, 22, 220, 383
  bail-out de Grecia 150
  miembro de la Troika 125
  número de comisarios 84
  One Market – One Money Report 93
  pérdida de poder en la eurocrisis 221
  propuestas de reforma 322, 325, 334, 335, 381
  rescate bancos españoles 131
Comité de Gobernadores de los Bancos Centrales 75
  papel en el diseño del euro 103
Comunidad Económica Europea 15, 23, 28, 62, 63, 64, 65, 67, 70, 73, 85, 89, 203, 228, 235, 239, 299, 301
Comunidad Europea de Defensa 54, 59
Comunidad Europea del Carbón y del Acero 52, 59
Confederación Alemana 33, 34, 36, 283

Conferencia de Messina 60, 63
Conferencia de Yalta 48
Congreso de Viena 31, 32, 33, 36, 40, 298
Consejo Europeo 19, 74, 75, 79, 84, 89, 90, 92, 94, 177, 202, 217, 221, 222, 223, 225, 230, 275, 355, 382
consenso permisivo 381, 385
Constitución de Weimar 41
contención salarial 19, 245, 246
  condición para balance externo 164
  efectos indirectos sobre Europa 244
  y competitividad 224, 245, 246
  y costos laborales unitarios 164
  y efecto sobre Europa 243
  y modelo económico 161
  y modelo exportador 236
  y ordoliberalismo 268
  y subvaluación 259
convergencia, criterios de 104
costes del legado 333
costes laborales unitarios 244, 247, 259
crisis cambiaria 1992-93 102
crisis de refugiados 23, 24, 338, 343, 350, 351, 352, 353, 354, 355, 362, 368, 372
crisis financiera global 17, 18, 19, 107, 109, 110, 199, 229, 237, 256, 307
CSU 353, 388, 390
cultura de estabilidad 20, 264, 267

Deauville, acuerdo de 222
de Gaulle, General Charles 15, 51, 58, 59, 64, 65, 67, 68, 69, 70, 76, 345
Delors, Jacques 74, 75, 79, 92, 93, 94, 172, 227
desapalancamiento, dinámica del 143
desintegración de la eurozona 368, 370
d'Estaing, Giscard 70, 76, 84, 287
dilema de la asimetría hegemónica 293

disciplina de mercado 313, 324, 326, 398
  y legado de deuda 331
  y regla de no rescate 338
  y riesgo de inestabilidad 332
Draghi, Mario 74, 189, 220, 326, 328, 339, 403
dualidad estructural 248, 249
dualismo socio-cultural 249

ECOFIN 97, 177
economía social de mercado 20, 236, 239, 266
Eichengreen, Barry 89, 173, 184, 193, 287, 332, 374, 403, 404
eje franco-alemán 23, 58, 70, 323, 342, 344, 348, 365
Erhard, Ludwig 266, 301
Escuela de Friburgo 264, 267, 270, 277
esquemas de riesgo compartido 22, 204, 324, 327, 338, 381, 390
  actuación del prestamista de última instancia 337
  posición alemana 348
  posición de Mario Draghi 326
  propuestas del Grupo 7+7 326
  y costes del legado 333
  y disciplina de no-rescate 333
estabilidad hegemónica, teoría de la 284
Estado Mercantil 302
Eucken, Walter 264
euroescepticismo 388
expansionary fiscal contraction 146

falacia de composición 148
fallas de diseño de la UME 17, 191, 324, 343, 381
fases de la eurocrisis 123
fatiga de integración 230, 232
fatiga de la austeridad 233
Feldstein, Martin 341, 404

Fondo de Compensación de Desempleo 335
Fondo de Garantía de Depósitos 328
Fondo de Resolución Bancaria 328
Fondo Europeo de Estabilidad Financiera 220
Fondo Europeo de Inversión 334
Fondo Monetario Europeo 334, 336, 339, 348, 349
franc fort, política de 69, 76
free riding 173, 174, 205, 270, 289

gasto militar 347
gasto militar de Francia y Alemania 346
globalización 18, 111, 186, 195, 232, 356, 357, 380
gran moderación, la 111, 203
Grupo 7+7 326
Guerra Fría 48, 50, 299, 301

hegemón
  benevolente 21, 288, 323, 398
  benevolente y Alemania 293, 307, 342
  benevolente y Alemania en la crisis de refugiados 352, 354
  benevolente y bienes públicos 286
  coercitivo 297
  renuente 300
hegemonía 51
  concepto de 283
  del dólar americano 16
  del dólar y del marco alemán 86
  de Prusia en la Alemania unificada 34
  e influencia ideologica 310
  Gran Bretaña en el Patrón-Oro 291
  lucha de las potencias europeas por 37
  monetaria alemana en el SME 99
  monetaria del dólar 76
  política de Francia 15, 28, 77
  relevo de Gran Bretaña 41

hegemonía (*continuación*)
  teoría clásica de la 283
  y dotación de bienes públicos 287
hegemón, origen etimológico 283
Hitler, Adolf 43, 44
Hollande, Francois 223, 300, 305, 345

Imperio Alemán 36, 37, 41, 298
Imperio Austro-Húngaro 33, 35
indisciplina fiscal
  incentivo a, en una unión monetaria 18, 172
  mecanismos para evitarla 205
  rasgos en una unión monetaria 175
  y diagnóstico de la eurocris 295
  y *free-riding* 174
Instituto Monetario Europeo 94, 106, 172
intergubernamentalismo 217, 221
Involucramiento del Sector Privado 222, 276, 277

James, Harold 62, 103, 269, 402, 405
Jenkins, Roy 57, 405

Kenen, Peter 172, 330
Kennan, George 49
Kindleberger, Charles 284, 285, 286, 293, 307, 406
Kohl, Helmut 70, 72, 77, 78, 82, 102, 200, 202, 345
Kundnani, Hans 236, 285, 302, 305, 307, 406

Lamfalussy, Alexander 172, 173
legitimidad democrática 19, 224, 357, 399
  afectación por las políticas de ajuste 211
  basada en resultados o en participación ciudadana 228
  déficit por desinstitucionalización de las instancias de gobierno 217

del entramado comunitario 24
evolución de la opinión pública 230
objetivo del Tratado de Lisboa 84
retorno al ámbito puramente nacional 383
significado del término 225
y Brexit 364
y deslegitimación por los populismos 383
y transferencia de recursos fiscales 205
Lehman Brothers 188
límites de exposición a la deuda del gobierno 329

Macmillan, Harold 65, 401, 405, 408
malos desequilibrios 170, 171, 238
Mancomunidad Británica 56, 60, 61, 65
marco alemán 69
  área natural de influencia 90
  credibilidad del 385
  dominancia en el SME 16, 86, 91, 92, 95
  estabilidad del 70, 239
  presiones revaluacionistas 388
  privilegio exorbitante del 102
  renuncia a abandonarlo 202
  renuncia de Alemania al 78
  tercer bloque mundial 90
  y crisis cambiaria 1992-1993 97
  y modelo exportador 160
Martin Wolf 341
Más Europa 321, 392
McCloy, John 49
mecanismo automático bilateral de ajuste 212
Mecanismo Cambiario del SME 92
Mecanismo Europeo de Estabilidad 220, 348
Mecanismo Europeo de Estabilización 334
Mecanismo Único de Resolución 325

mecanismo unilateral de ajuste 215
Menos Europa 321
mercantilismo exportador 259
Merkel, Angela 304, 344, 345, 354, 407
   acuerdo de Deauville 276
   del supranacionalismo al intergubernamentalismo 221
   en su cuarto mandato 390
   necesitamos más Europa 200
   respuesta a propuestas de Macron 348
   y acuerdo de Deauville 127, 150
   y crisis de refugiados 23, 343, 352, 353, 354, 367
   y eje franco-alemán 222, 300, 305, 345
   y ordoliberalismo 265, 279
método comunitario 382
método intergubernamental 382
Mitterrand, François 70, 72, 76, 345
modelo exportador 236, 251, 304
Mody, Ashoka 341, 407
Monnet, Jean 51, 52, 62, 63, 69, 107, 200, 227, 345, 382, 405
Mundell, Robert 207, 242, 406, 407

nacionalismos populistas 23, 357
Napoleón Bonaparte 32, 33, 36
Napoleón III 34, 36
negocio de convergencia 96
Neorrealismo Estructural 285
no militarismo de Alemania 301

orden monetario 16, 87, 198, 264, 267, 285, 293, 385
Ordnungsgefüge 278, 402
ordoliberalismo 278
   en la opinión pública alemana 279
   idelogía predominante en Alemania 264
   orden de reglas y sanciones 310
   rasgos esenciales 266
   y mecanismo automático de ajuste 268
   y nacional-socialismo 270
   y primer milagro económico 20, 266
   y responsabilidad del Estado 266
Ostpolitik 82, 299, 301
OTAN 30, 52, 53, 55, 68, 69, 83, 299, 301, 346, 347
Outright Monetary Transactions 189

Pacto de Estabilidad y Crecimiento 174, 176, 294
Pacto del Acero 51
Pacto de Versalles 15, 36, 37, 298
Pacto para el Trabajo, Educación y Competitividad (Schroeder) 243
parada abrupta de capitales 169, 245
patrón oro 42, 191, 192, 193, 290, 291
pecado original 182, 184, 185, 186
Plan Marshall 50, 67, 87
Pleven, René 54, 60, 70
Política Agrícola Común 64, 301
política exterior alemana 38, 43, 55, 82, 297, 300, 301, 302, 358, 387
Pompidou, Georges 69, 70, 345
populismo 212, 260, 317, 343, 346, 367, 373
populismos nacionalistas 23, 314, 351, 355, 366, 383
posición internacional neta 240
potencia civil 301, 303
potencia geoeconómica 305, 306
prestamista de última instancia 18, 107, 329
   actuación de la Reserva Federal 122
   cuarta fase de la eurocrisis 131
   forma clásica de compartir riesgo 337
   renuencia alemana al 270, 273
   y el círculo perverso de crisis bancarias y crisis soberanas 185, 186
   y hegemón benevolente 286
   y Tratado de Maastricht 190, 337, 397

primas de riesgo 169, 182, 184, 335, 337
principio de responsabilidad 20, 270, 271, 272, 309
privilegio exorbitante 76, 102, 287
problema alemán 37, 50, 307
  después de la II Guerra Mundial 15, 28, 45, 48
  después de la primera unificación alemana 37
  durante la entreguerra 41, 45
  en el siglo XIX 15
  la integración europea como solución al 49, 50, 59, 76, 235, 239, 282, 299
  resurgimiento en la eurocrisis 21
  y la nueva hegemonía 298, 305
Procedimiento para el Desequilibrio Macroeconómico Excesivo 133, 229
Prodi, Romano 75
Programa del Mercado de Valores 220
programas de austeridad 208, 337
propuestas de riesgo fiscal compartido 334
Prusia 15, 32, 33, 34, 35, 36, 238, 283, 298

receta de austeridad 107, 208, 241, 246, 253, 304
reestructuración de deuda 331, 336, 337
reglas vs discreción 270
regulaciones macro-prudenciales 329
Reserva Federal 88, 190, 191, 200, 291
riesgo moral 22, 189, 205, 270, 274, 323, 336, 337
Röpke, Wilhelm 264
Rüstow, Walter 265

sagrada alianza Francia-Alemania 350
Sarkozy, Nicolás 222, 223, 345

Schäuble, Wolfgang
  y el ama de casa suaba 20
  y papel estabilizador del hegemón 285
  y pensamiento ordoliberal 279
  y ruptura del euro 373
Schmidt, Helmut 70, 228, 345
Schröder, Gerhard 243, 293, 296, 303
Schuld, definición 240
Schuman, Robert 52, 59, 62, 200
semihegemonía geoeconómica 307
Serpiente 70, 85, 86, 90, 91, 92
Sikorski, Rodoslaw 282
Simms, Brendan 30, 37, 38, 49, 55, 79, 305, 408
Sistema Monetario Europeo 85
  ampliación de bandas de 1993 97
  crisis cambiaria de 1992-1993 76, 95, 97, 98
  dominancia del marco alemán 91
  economía política de los procesos de ajuste 101
  funcionamiento 91, 292
  génesis y evolución 86, 90
  motivaciones de Francia 16, 70
  paralelismo con Bretton Woods 98
  precursor de la UME 72
  razones para su creación 86
  retorno al 341, 375
Six Pack 133
SoFFin, Fondo Especial de Estabilización del Mercado Financiero 275
solidaridad 14, 108, 195, 196, 250, 272, 277, 279, 322, 349
  concepto de 204, 278, 296
  obligación del hegemón 285, 290, 294
  y crisis de refugiados 353, 355
solidaridad fiscal 22, 205, 337
  paises que la apoyan 324
  rechazo alemán de la 202, 206
  y diseño de la UME 16, 18, 196, 197
  y riesgo moral 22

Stiglitz, Joseph 191, 236, 374, 408
Storm, Servaas 246, 258, 408
subprime 203, 275, 276
superávit comercial alemán 251
supervisión bancaria 185, 190, 329

talla única, política monetaria de 18, 178, 180, 364, 390
tasa de ahorro alemana 255
tasa de inversión alemana 256
teoría cartalista 69, 197
tesis "economista" 201
tesis monetarista 201
Tratado de Amistad Franco-Alemán 68
Tratado de Ámsterdam 83
Tratado de Estabilidad, Coordinación y Gobernanza 178, 272
Tratado de la Unión Europea 72, 93
Tratado de Lisboa 84, 226
Tratado de Maastricht 195
　artículos 103 y 104 178
　e integración fiscal 202
　origen de la UME 85, 93
　rechazo por Dinamarca en 1992 96
　violaciones del durante la eurocrisis 224
　y Acta Única Europea 73
　y cuestionamiento ante el Tribunal Constitucional Alemán 273
　y cultura de estabilidad 267
　y estatuto del BCE 293
　y legitimidad democrática 228
　y papel del BCE 145
　y prohibición de financiamiento monetario 268
　y prohibición de rescate 276, 328, 337
　y soberanía fiscal 93, 198, 330
Tratado de Niza 83, 226
Tratado de Praga 35
Tratado de Roma 60, 62, 63, 64, 65, 73, 85, 320
Tratado de Versalles 40, 42, 48

Tribunal Constitucional Alemán 273, 309
Trichet, Jean-Claude 127, 131
Triepel, Heinrich 283
Troika 220, 229
Tsipras, Alexis 11
Two Pack 133

unificación alemana
　impacto monetario de la segunda 95
　impulso para la creación de la UME 77
　objetivo de la política exterior 51
　primera 29, 44
　segunda 21, 302
　segunda, nuevo tamaño de la economía 239
unión bancaria 329
　condición para unión monetaria 323
　propuesta alemana 349
　tres pilares de la reforma bancaria 329
　y estabilidad financiera 327, 369
　y garantía de depósitos bancarios 202
　y mecanismo de resolución de bancos fallidos 325
unión de transferencias 202, 206, 323, 338, 342
Unión Europea de Pagos 87
Unión Europea Occidental 54, 70
unión fiscal 78, 102, 177, 200, 201, 205, 271, 329
Unión Monetaria Latina 290
unión política 62, 199
　ambigüedad de Alemania 202
　Angela Merkel sobre la 201
　concepto francés de 201
　o unión solidaria como alternativa 204
　pensamiento de Helmut Kohl 102
　prelación sobre la unión monetaria 198

unión política (*continuación*)
  propuestas de Churchill 59
  requisito para una unión monetaria
    18, 108, 195, 199, 200, 201, 202, 322
  y eje franco-alemán 202
  y Más Europa 22, 321
  y solidaridad fiscal 197
Ursula von der Leyen 350

ventaja competitiva alemana 259
Vittorio Emanuele II 34

Walters, Alan 181, 409
Weltreicheslehre 39
Werner, Peter 85, 89, 92, 93, 402, 408
Wilson, Harold 65, 66

NOTA SOBRE EL AUTOR

Miguel Ignacio Purroy, con grados en Economía, Ciencias Políticas y Filosofía de las universidades de Hamburgo y Múnich, ha ejercido simul-táneamente la docencia y la dirección de empresas financieras. Desde su paso en la década de los noventa por el Directorio del Banco Central de Venezuela y su estadía como profesor invitado en la Universidad de Oxford (Andrés Bello Fellowship) se ha especializado en economía monetaria internacional y uniones monetarias. Ha sido docente e investigador en la Universidad Central de Venezuela y en la Universidad Católica Andrés Bello. Es autor de varios libros sobre la materia.

Más sobre el autor en www.miguelpurroy.com.

www.ingramcontent.com/pod-product-compliance
Lightning Source LLC
Chambersburg PA
CBHW031604210526
45464CB00004B/1419